主 编◎程时用 吴和清

亓丽 李敏

国学基础教程

GUOXUE

JICHU JIAOCHENG

北京师范大学出版集团
BEIJING NORMAL UNIVERSITY PUBLISHING GROUP
北京师范大学出版社

图书在版编目(CIP)数据

国学基础教程 / 程时用等主编. —北京：北京师范大学出版
社，2024.1
ISBN 978-7-303-29405-3

Ⅰ. ①国… Ⅱ. ①程… Ⅲ. ①国学—教材 Ⅳ. ①Z126

中国国家版本馆 CIP 数据核字(2023)第 175166 号

图书意见反馈： gaozhifk@bnupg.com 010-58805079
营销中心电话： 010-58802755 58800035

出版发行：北京师范大学出版社 www.bnupg.com
北京市西城区新街口外大街 12-3 号
邮政编码：100088
印 刷：鸿博睿特(天津)印刷科技有限公司
经 销：全国新华书店
开 本：787 mm×1092 mm 1/16
印 张：21.5
字 数：470 千字
版 次：2024 年 1 月第 1 版
印 次：2024 年 1 月第 1 次印刷
定 价：59.80 元

策划编辑：周光明 责任编辑：周光明
美术编辑：焦 丽 装帧设计：焦 丽
责任校对：陈 民 责任印制：马 洁 赵 龙

本书编委会

主　编　程时用　吴和清　亓　丽　李　敏
副主编　方燕妹　王开桃　邓　辉　肖伟平
　　　　　　洪　璇　何永根　孟庆国　王荣波

•• 前　言

传承"国学"的根本目的，就是要弘扬中华民族的精神家园，乃至人类的精神家园。正如英国著名历史学家汤因比所说："世界现在最需要的是中国文明的精髓——和谐。如果中国不能取代西方成为人类的主导，那么整个人类的前途是可悲的。"① 瑞典物理学家、天文学家汉内斯·阿尔文亦持类似观点："人类要生存下去，就必须回到公元前 6 世纪之前，去汲取孔子的智慧。"②

经过多次传统文化的洗礼，国学曾沉入了谷底。章太炎先生最早指出了国学与国家的重要意义："夫国学者，国家所以成立之源泉也。吾闻处竞争之世，徒恃国学固不足以立国矣。而吾未闻国学不兴而能自立者也。吾闻有国亡而国学不亡者矣，而吾未闻国学先亡而国仍立者。"③ 并且，他创办了"国学讲习所"，是近代国学研究机构的开端。1922 年，北京大学掌门人蔡元培先生成立北大国学门。1925 年，清华大学成立国学研究院，拥有梁启超、王国维、陈寅恪、赵元任等名副其实的学术泰斗、国学大师，培养了一大批高质量的学生，成为我国传承弘扬国学的中坚力量。改革开放初期，出现了一股以《河殇》为代表的思潮，认为中国的传统文化封建、落后、反动，是现代化的最大阻力。20 世纪 90 年代，国学出现了一点复兴的迹象，但是好景不长。以季羡林先生、张岱年先生为首的学者，出版了一批国学丛书，可是马上受到了批判，认为是一股复古思潮，不利于改革开放。

21 世纪的中国，最显著的特征表现为经济起飞，文化失落，经济上创造了世界的奇迹，文化上却由于长期对国学的否定，缺乏应有的文化认同。文化认同对于一个民族来

---

① 刘毓庆：《治学论稿》，商务印书馆 2017 年版，第 251 页。
② 许锋华：《共生道德教育论》，华中师范大学出版社 2012 年版，第 87 页。
③ 章太炎：《国学讲习会序》，《民报》1906 年第 7 号。

说，是一种精神上的凝聚和整合的力量，对于个人来说，则是一种文化身份的定位和确认，涉及精神家园的依托和归宿。许多中国人，特别是一些事业有成的中年人，他们走出国门，从事世界性的交往，普遍感到对国学的无知，对中国历史文化的无知，不能确定自己的文化身份，茫然无根，于是激起了一种内在的需要。他们通过各种方式来重新认识国学，复兴国学，这就在全社会范围内自发地促成了一股"国学热"。

一、国学的内涵

"国学"一词，古已有之。《周礼·春官·乐师》云："乐师掌国学之政，以教国子小舞。"朴学家孙诒让注《周礼·正义》云："国学者，在国城中王宫左之小学也。"周代的"国学"只是国家所办的贵族子弟学校，相当于后来的太学、国子监、书院等。因此，古代的"国学"就是指学府、学校。

"国学"作为一门学问，是中国近代知识分子从日本移植来的。日本 17—18 世纪所谓的"国学"学派，从事王朝时代的历史、制度、文学等研究，特别强调古典的语言学研究。1902 年，被清政府内定为京师大学堂总教习的吴汝纶赴任前到日本考察，把在日本三个月听过的演说、会见的人物后的许多"笔谈"记录整理成《东游丛录》。书中记载古城贞吉劝吴汝纶的一段话："勿废经史百家之学，欧西诸国学堂必以国学为中坚。"[1]这是中国公开出版物中最早提到"国学"一词，指各国本国之学，是个泛称，不是专指中国的。"国粹"名称与概念在中国的出现，是章太炎 1902 年在《癸卯狱中自记》有言"上天以国粹付余"；1907 年，刘师培、章太炎、邓实等创办了《国粹学报》，在二十七期，邓实发表了《国学精论》一文。1910 年，章太炎先生的《国故论衡》刊印以后，一直风行海内外，成为莘莘学子的必读之书。所以，国学又被称为"国故""国粹""国故学"，西方学者则称之为"汉学"。

魏晋时期，国家对全国的图书重新分类，分为甲、乙、丙、丁四部。到了隋代和唐代，把这四部确定为经、史、子、集，甲部就是经部，乙部就是史部，丙部就是子部，丁部就是集部。狭义的国学，主要指意识形态层面的传统思想文化，主要表现在对《四库全书》的研究上。这个分类基本上能把中国传统学术全部包容进来。自汉代以

---

① 桑兵：《国学与汉学——近代中外学界交往录》，浙江人民出版社 1999 年版，第 278 页。

降，国力鼎盛，海外又称大汉民族之学为"汉学"，也有人称为"中学"，所谓"中学为体，西学为用"。关于国学的现代定义，严格意义上，学术界还没有作出统一明确的界定。邓实认为："国学者何？一国所有之学也。有地而人生其上，因以成国焉，有其国者有其学。学也者，学其一国之学以为国用，而自治其一国也。国学者，与有国而俱来，因乎地理，根之民性，而不可须臾离也。"①邓先生的国学概念很广泛，但主要强调了国学的经世致用性。国学大师吴宓先生认为，国学是一个国家学术的总体，是本国学术的整体，它应该包容中国学术的方方面面。张岱年先生则认为，国学是中国学术的简称。由此看来，国学应是一国固有之学问，它是一个国家民族性的传统精华，是以儒学为主体的中华传统文化与学术。"国学"，广义的解释把百家之术，如儒、释、道、兵、法、墨等百家之说统统收于囊中，五术六艺诸子百家之说，都能统称为"国学"。

总之，学界对国学概念、国学主要内容、国学的意义还处于一个探索的状态。如果从中华民族 5000 多年的文明发展史来看，国学的内涵可以从以下几个维度来讲：从历史之维来说，国学是中国由传统社会向现代社会急剧变迁，中国传统文化遭受西方近现代文化猛烈冲击的产物；从国度之维来说，国学指的是一个国家的学术之根本和总和；从时间之维来说，国学是相对于新学而言的旧学；从地域之维来说，国学是相对于西学而言的中学；从内容之维来说，国学指的是以儒学为主体的中华传统文化与学术。

二、学习国学的意义

今天学习国学，不是对传统国学的简单回归与重复，而是以现代的理念指导国学的研究与发展。我们力求充满明确的创新意识和与时俱进的当代精神，坚持以历史唯物主义的立场、观点和方法对待中国传统思想与学术，取其精华，弃其糟粕，避免陷入单纯复古的泥淖。

学习国学，对于唤起文化自觉，恢复文化自信，实现文化认同，增强民族凝聚力具有重要意义。一个民族之所以区别于其他民族，主要并不在于这个民族的地域、肤色等先天因素，也不在于这个民族的社会制度和经济发展等后天因素，而是主要在于这个民族自己的历史文化传统。中国的历史文化传统，是造就中国人之所以为中国人、中华民

---

① 邓实：《国学讲习记》，《国粹学报》1996 年第 19 期。

族之所以为中华民族的根本所在，是中华民族的"根"与"魂"。文化自觉、文化认同是实现民族认同、增强民族凝聚力的基础。重振国学，有利于增强海内外中国人在血脉、文化和情感上的联系；有利于增进台湾同胞与大陆民众的亲和感，从而为最终实现祖国统一奠定坚实的文化基础；有利于国内各民族实现共同的文化认同和民族的大团结。所以说重振国学并不是一个可有可无的小事情，而是关系能否传承中国文明，实现中国人的文化自觉、文化认同和文化归属的重要基础。

学习国学，对于挖掘国学的当代价值，提高国人道德水准，提升国人的文化素养，建设和谐社会具有重要意义。伴随着市场经济的发展，我们的精神世界出现了一些问题，产生了一些负面现象。中国历史文化，特别是作为主流的儒家思想，一向重视人的培养和规范，意在使人成为一个有良心、有道德、有教养的人，成为一个对国家、民族和社会以及家庭有责任感和义务感的人，并由此形成了一系列的道德准则和伦理规范，如"仁义礼智信、温良恭俭让"等。当然，这些道德准则和伦理规范有时代局限、阶级局限和理论局限，但也不能否认它们也具有超越的价值，完全可以在与时俱进的基础上加以改造利用。我们完全有理由期待，国学研究和国学教育，将有助于人们了解中国传统文化经典，接受人文精神熏陶，涵养自身德性，提升自身修养，丰富精神世界。了解和熟悉国学经典，是获得文化教养的主要方式，是最起码的文明教养。"建国君民，教化为先"，古人如此，当代亦然。

学习国学，对增强我国文化竞争力，提升国际影响具有重要意义。当今时代，文化已经成为国家"核心竞争力"和"软实力"的重要组成部分。国学应该成为我国软实力建设的重要文化资源。国学中有很多的思想和主张，有如璀璨的明珠闪耀在世界文明的天空。比如"仁者爱人""和为贵""己所不欲、勿施于人""忠恕之道""中庸之道""杂于利害""天人合一""和而不同"等，对于应对当今世界的重大问题，处理人与人、人与自然、国家与国家之间的关系等都能提供重要的启迪，是弥足珍贵的思想文化资源。虽然文化多样性的要求已成为全球性的呼声，然而，当代世界的话语霸权、文化霸权同样存在。在与强势文化的争夺中，我们如果放弃自身固有的国学，就意味着放弃自己的优势，就意味着辱没自己的国格。从这个意义上来讲，弘扬中华民族传统文化、振兴国学，不仅是我国政治、经济、文化协调发展的需要，而且也是应对日趋激烈的国际竞争，增强综合国力，实现中华民族伟大复兴的需要。国学博大精深，世界各地的汉学家都在积极研究并加以利用，我们更没有丝毫道理不去继承、不去推动、不去发展。①

学习国学，对于个人来说，可以传承美德、健全人格、陶冶情操。传统经典中承载的"仁义忠恕孝悌礼信"的道德伦理观，构成了中华传统文化的核心价值体系，对于我们处理人与人、人与社会、人与自然的关系，至今仍具有现实指导意义。如今，外来文化、网络文化等所谓的"流行文化"对人们的影响越来越大，不少孩子不但在文化素养方面出现严重"营养不良"，还不同程度地表现出浮躁、自私、好逸恶劳等不良心态。我们在国学的滋养中成长，健全人格，培育民族精神，非常有必要。

三、学习国学的方法

学习国学，要系统地学习国学经典。要听专家的解读，要读原著，要看专家对国学的解析，尽量做到比较系统地学习国学知识，切不可一知半解，或停留在文字表面。在平时的学习中，往往只学习国学经典中某些片段，这样不能全面了解国学的全部内涵，要从作者生平、贡献、写作背景、原著等多方面、全角度把握国学的内涵，做到学一门，掌握一门，不断积累、不断复习巩固、不断提高。

学习国学，要把学习国学经典与个人素质提高结合起来。国学水平的高低是一个人综合素质的体现，要通过国学的学习，提高个人的文化、思想修养，让每个人充满文化气息，体现传统文化的修养。在学校教育中，要把国学经典教育与学校教育有机结合在一起，体现由易到难、由简到繁的学习过程，培养师生的学习兴趣，特别是为学生的一生奠定良好的基础。

学习国学，要把学习国学经典与借鉴世界文化精华结合起来。世界文化呈现多元化，文化不断融合，各种思想交替发展，只有学习、借鉴、比较、融合，才能不断发展、创新。国学是世界文化遗产的重要组成部分，丰富多彩的文化遗产各具特色，在学习国学的同时，借鉴世界各国的文化遗产，互相融合，互相促进，将国学发扬光大。

学习国学，要把国学精髓与生活、工作结合起来。学国学要做到活学活用，让国学知识为工作服务，为生活服务。在工作中应用国学智慧，在生活中运用国学知识，让国

---

① 纪宝成：《国学何为》，《光明日报》2008 年 7 月 21 日。

学经典与生活、工作实际有机结合起来。

2013 年，国学课程教学团队在暨南大学出版了《国学基础》，经过广东轻工职业技术学院、广东农工商职业技术学院、珠海城市职业技术学院、广州工程技术职业学院、广州番禺区工商技术学校等 10 多年的应用实践，对教材内容体系进行重构，已建成立体化数字资源。教材由程时用、吴和清、亓丽、李敏担任主编，方燕妹、王开桃、邓辉、肖伟平、洪璇、何永根、孟庆国、王荣波等担任副主编。编写过程中，得到了北京师范大学出版社的支持和帮助；数字资源建设中，得到了广州西麦科技股份有限公司王荣波先生的大力支持。同时引用了学者们的学术成果，在此一并表示衷心感谢！ 限于编者水平和时间仓促，书中的缺点和错误恳请各位读者不吝批评指正。

编　者

（课程码）

（网址：https://www.xueyinonline.com）

拓展阅读:章太炎《治国学之方法》	实践操作	过关测试

目

录

目

录

第一章

小学：强基固本

中国传统语言文字学又称小学，包括文字、音韵和训诂三部分。章太炎在《国故论衡·小学概说》中指出："盖小学者，国故之本，王教之端，上以推校先典，下以宜民便俗，岂专引笔画篆、缴绕文字而已。"充分强调了"小学"的重要意义。

"小学"二字，说解歧异。《周官·保氏》："掌养国子，教之六书、九数。六书者，象形、象事、象意、象声、转注、假借也。"《汉书·艺文志》："古者八岁入小学。"周朝儿童入学，首先学六甲六书，把"文字学"称"小学"。西汉时称"文字学"为"小学"，唐宋以后又称"小学"为"字学"。小学，即中国的"传统语言文字学"，必须有"传统"二字，因为它不是指现代的语言文字学，也不指学校。

读书必先识字，掌握字形、字音、字义。明清以来，研究小学有三法：一是通音韵，二是明训诂，三是辨形体。文字学、音韵学、训诂学并立，统称小学。基于教学需要，本章重点讲述文字学和近体诗写作。

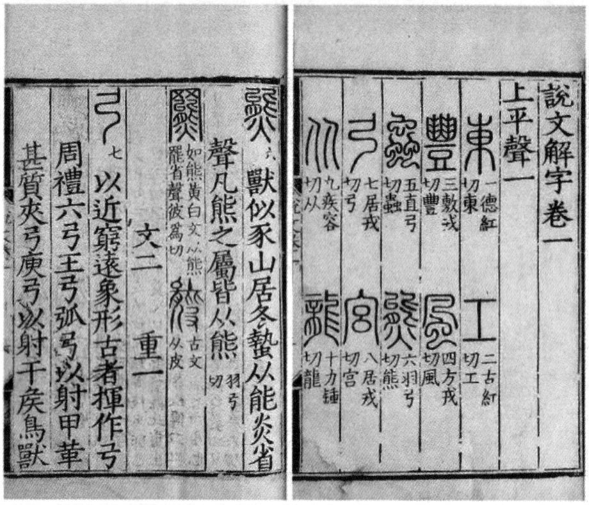

图 1-1　《说文解字》

第一节

文字学

知识目标：

- 理解汉字的起源。
- 熟记汉字的基本结构。
- 熟记汉字的演化历史。

能力目标：

- 能辨别不同时期汉字字体。
- 能分析汉字"六书"结构。

素养目标：

- 进一步增强中华民族文化自信。
- 领悟汉字内涵美和形体美。
- 不断提升自我书写能力。

　　汉字是如何产生的？这是汉字学领域里一个颇具魅力的神秘问题，历代许多文字学家都曾对这一问题进行思考，提出了种种推想和猜测，有的虽不无道理，但还无法从根本上解开汉字起源之谜。随着科学的发展，汉字起源的神秘外衣正在逐层被揭开。

一、汉字的起源

　　许慎《说文解字·叙》论汉字的起源说：

　　　　古者庖牺氏之王天下也，仰则观象于天，俯则观法于地，视鸟兽之文与地之宜（仪），近取诸身，远取诸物，于是始作易八卦，以垂宪象。及神农氏，结绳为治而统其事，庶业其（綦）繁，饰伪萌生。黄帝之史仓颉，见鸟兽蹄远之迹，知分理之可相别异也，初造书契，百工以乂，万品以察，盖取诸夬。

许慎认为，在汉字产生之前，曾有过一些过渡阶段。起初是庖牺（伏羲）氏创作八卦符号用来表示"宪象"，即反映客观世界。其后有神农氏结绳记事，由于不能适应日益繁多的事物，巧饰作伪的事也逐渐萌生了。至黄帝的史官仓颉创造了书契文字，百官由此得到治理，万民由此得到督察，这大约是由易卦中的夬卦得到的启示。从八卦到结绳到书契，这种文字起源的模式虽不见得符合文字起源的客观实际，但也并非毫不相关。

（一）八卦说

所谓"八卦"，就是古代用于占筮的八种符号：乾、坤、震、巽、坎、离、艮、兑。为便于记忆，朱熹编写成《八卦取象歌》："乾三连，坤六断；震仰盂，艮覆碗；离中虚，坎中满；兑上缺，巽下断。"

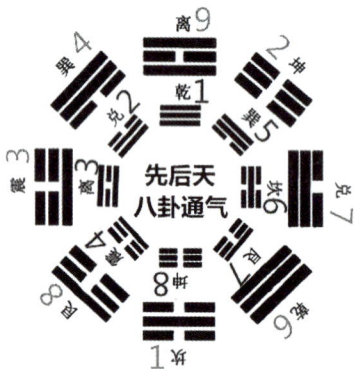

图 1-2　八卦图

这八种符号两两相叠，又可演绎出六十四卦。八卦或六十四卦的符号，都是由阴（——）阳（—）两爻组合而成，这阴阳两种符号到底源于什么，人们有过各种猜测。郭沫若认为阳和阴两种符号分别是男女生殖器的象征[①]；高亨认为阴阳是用于占筮的两节或一节的"竹棍"（即蓍草）的象形[②]；陈道生认为阴阳符号源于结绳时代绳子上

---

① 郭沫若：《中国古代社会研究》，人民出版社 1954 年版，第 23 页。
② 高亨：《高亨著作集林》，第一卷，清华大学出版社 2004 年版，第 423 页。

"有结""无结"的形态①。还有人认为它们是由龟卜兆纹演化而来。诸说之中，似以阴阳符号源于蓍草或小竹棍之类较为可信。另外，随着地下考古资料的出土，人们从甲骨文、金文和陶文中，发现了以数字组成的原始八卦符号，这种八卦原来所采用的数字是一、五、六、七、八等几个数字，而到了战国中期的楚简，其数字已简化为一和六。据此，有人认为后来的卦符"—"和"— —"，就是由数目字一和六（古文作∧）演化而成的②。

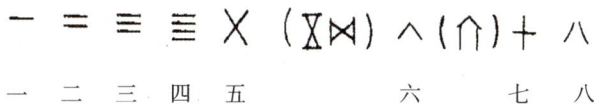

$$\text{一} \quad \text{二} \quad \text{三} \quad \text{四} \quad \text{五} \quad \text{六} \quad \text{七} \quad \text{八}$$

图 1-3　数字与八卦

在传统的观念中，八卦所反映的内容在某种意义上是中国文化的一个源头，一个缩影。由于八卦和汉字都是反映外在世界的符号系统，八卦符号的形成在思维方式方面与汉字的产生具有相似性，都是"观物取象"的结果；又由于某些原始八卦符号与某些汉字的构字偏旁有着具体联系，所以八卦符号很容易与汉字的产生联系起来。首先把它们联系起来的是东汉的许慎。许慎在《说文解字·叙》中谈到汉字的起源时是先从"八卦"说起的。但从《说文解字·叙》原文来看，许慎先言庖牺氏作八卦"以垂宪象"，次言神农氏"结绳为治而统其事"，再言仓颉作书，"百工以乂，万品以察"，显然是从功用的角度把八卦、结绳和汉字联系起来的，未必视八卦为汉字的前身或源头。

罗君惕《说文解字探原》（1973）"六书说"认为："八卦的阳爻作一，即演化为'一'字，两个阳爻作二，即演化为'二'字，乾卦作三，即演化为'三'字，坎卦作☵，即演化为（水）字。"刘师培《小学发微》（《国粹学报》乙巳七期）说："大约《易经》六十四卦，为文字之祖矣。"注意到八卦用象征手法来描述人所认识的事物，已有符号刻画的意味。总之，八卦和汉字虽有一定关系，但它们是两种不同性质的符号系统，且汉字产生在前，八卦流行在后，八卦不可能是汉字的源头。

（二）结绳说

结绳和契刻都是上古社会的记事方法。

---

① 《重论八卦的起源》，《孔孟学报》1966 年台湾版第 12 期。

② 曾宪通：《四十年来古文字学的新发现与新学问》，《学术研究》1990 年第 2 期。

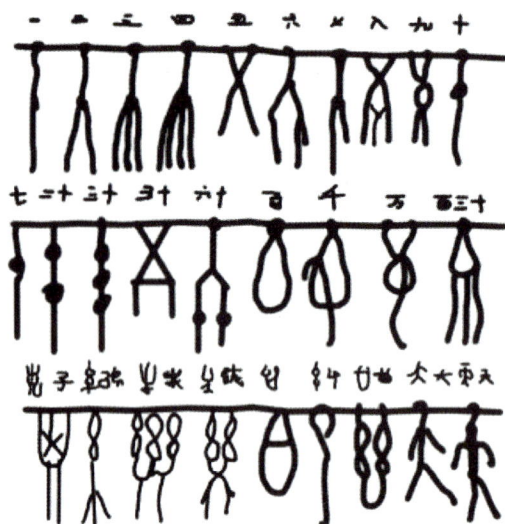

图 1-4　结绳记事

　　《道德经》和《庄子》中都有老百姓"结绳而用"的记载，《易经·系辞下》和《说文解字·叙》也有"结绳而治""结绳为治"的话，可见上古社会结绳既用于记事，也用于管理。结绳的具体方法，《周易正义》引郑玄注云："结绳为约。事大，大结其绳；事小，小结其绳。结之多少，随物众寡，各执以相考，亦足以相治也。"《道德经》第八十章："小国寡民，……使民复结绳而用之。"《庄子·胠箧》："当是时也，民结绳而用之。"许慎《说文解字·叙》："及神农氏，结绳为治而统其事。"《北史·魏本纪》说，北朝魏的先世"射猎为业，淳朴为俗，简易为化；不为文字，刻木结绳而已"，记录了原始社会部落或中国一些少数民族，在文字出现之前，以结绳记事的方法，把战争、猎获、会盟、选举、庆典、联姻、生育、疾病和灾害等大大小小的事件记录下来。

　　结绳的作用在于帮助记忆，它本身不可能完整地记录事件，也不能表示词的读音，因此结绳本身并不具备文字的性质。但是，结绳的一些形象却可能与某些汉字的构形有着直接的联系，比较明显的是"十"和"十"的倍数。如在古文字中，"十"写作↑，"廿"写作🔗，"卅"写作🔗，即是取象于结绳。此外，"世"字金文作🔗，篆文作🔗，是"卅"的变形。《说文解字》云："世，三十年为一世。"可见也与数目有关。甲骨文里有些符号比较特别，如🔗、🔗等，类似秘鲁的结绳架，也可能与结绳有关。由此可见，结绳对汉字的产生也有一定影响，但如果因此断定"文字之作，肇始结绳"①，则又过于绝对。

（三）契刻说

和结绳性质相近的是契刻，即许慎说的"初造书契"中的"书契"。

《诗·大雅·公刘》有"爰契我龟"之语，"契龟"指的是在龟甲上刻契文字（卜辞），现在可见的最早的文字资料恰恰就是殷墟甲骨刻辞，因此人们很容易把许慎所谓"书契"与甲骨刻辞联想到一起。不过，许慎本人只见过山川所出鼎彝文字，并没有见过甚至也未曾听说过商代的甲骨刻辞，因此，许慎所谓"书契"不可能指商代的甲骨契文。"契"的本义许慎释为"大约也"，即"大的契约"。文字结构是"从大从㓞"。许氏又说："㓞，巧㓞也，从刀丰声。""栔，刻也，从㓞从木。"其实契、栔、㓞诸字同源，都指刻木为契，从制作的手段看是契刻，从功能作用看则是契约。西周金文中已出现"㓞"字，其文云："折首执讯，俘车马五乘，大车廿，羊百，㓞用告王。""㓞用告王"即"契以告王"，意谓将战绩（俘获品）刻在简册上向周王报告。"㓞"字形作，从丰（gài）从刀会意（许氏释为形声，不确切）。丰像刻画契约，中间一竖表示一分为二（古代契约于刻契之后，都要在刻契处剖开，双方各持一半，合券时以刻纹吻合作为凭据）；加上"刀"旁表示用刀刻契；再加"大"旁作"契"，表示大的契约；或加"木"旁作"栔"，表示刻木为契；或再加"金"旁作"锲"，表示镂刻金属，即《荀子·劝学》所谓"锲而不舍，金石可镂"。

契刻记数法，即在骨片、木片或竹片上用刀刻上口子，以此来表示数目的多少。汉朝刘熙在《释名·释书契》中说："契，刻也，刻识其数也。"说明契刻的目的主要是用来记录数目。人们在订立契约关系时，数目是最重要的，也是最容易引起争端的因素，于是，人们就用契刻的方法，将数目用一定线条作符号，刻在竹片或木片上，作为双方的"契约"，这就是古时的"契"。后来人们把契从中间分开，分作两半，双方各执一半，以两者吻合为凭。《列子·说符》里记载着这样一个故事：有一个宋国人，在路上拾到别人遗失的契，回到家中便把契藏了起来，并偷偷数契上刻的齿数，以为这些齿代表的钱数不少，非常高兴，情不自禁地对邻居说："我快要发财了。"这段故事说明古代的契上刻的是数目，主要用来作为债务的凭证。契木为约作为一种传统凭信手段，在文字

---

① 朱宗莱：《文字学形义篇》，北京大学出版部民国十四年（1925）第 5 版。

产生以后仍然继续被采用。

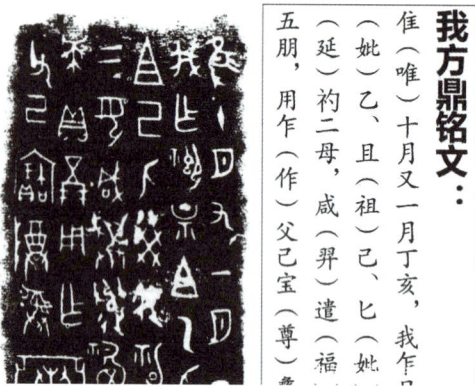

图 1-5　契刻记事

木契上简单刻画的道道，只起帮助记忆的作用，当然不能算是文字。不过，契刻的这种形式，却很可能是最早的文字书写形式之一。古人利用这种形式把一些数字符号或象形符号刻画在陶器或竹木片上，用以传递某种信息，就有可能逐渐演化成类似青铜器上的族徽文或是竹简木牍这类文书，文字和文献也就逐渐形成了。从这点来说，书契比八卦和结绳都更具有促进文字产生的条件。西周《师同鼎》铭文把作册称为"䚿"，把常见的"册告"称为"䚿告"，似乎正透露出远古时代由竹木契演变成竹木册的消息。封建时代把"律师"称为"刀笔"，也反映了以刀为笔的传统观念。由此看来，许慎所谓"初造书契"，大约不是指最原始的刻木为符，而是指最早在竹木简上刻契文字的事情。

（四）仓颉造字说

仓颉其人，一般都认为是黄帝的史官，距今4500年左右。"仓颉造字说"在战国时即已流行。《吕氏春秋·君守》说："仓颉作书，后稷作稼。"《淮南子·修务训》高诱注说：仓颉"生而见鸟迹，知著书"。《荀子·解蔽》云："故好书者众矣，而仓颉独传者，壹也；好稼者众矣，而后稷独传者，壹也；好乐者众矣，而夔独传者，壹也；好义者众矣，而舜独传者，壹也。"认为仓颉专心致志于文字，因此成为

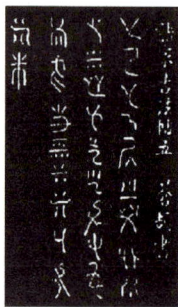

仓颉像　　仓颉书迹

图 1-6　仓颉造字

众多"好书者"中能够流传于世的人。又如，许慎《说文解字·叙》云："黄帝之史仓颉，见鸟兽蹄迒之迹，知分理之可相别异也，初造书契。"认为仓颉是从鸟兽的蹄印足迹中得到启示而造出文字，这是完全可能的。

关于仓颉造字的传说，现代学者多持批判态度，认为"文字在人民间萌芽"，是由劳动人民创造的，不是某个人所能完成的。实际上，承认仓颉造字与文字由劳动人民创造的提法并不矛盾。鲁迅先生说："但在社会里，仓颉也不止一个，有的在刀柄上刻一点图，有的在门户上画一些画，心心相印，口口相传，文字就多起来，史官一采集，便可以敷衍记事了。中国文字的由来，恐怕也逃不出这例子的。"[1]这史官的采集工作，应该就是仓颉的主要工作。在采集整理的过程中，仓颉（或者巫史集团）依类推衍，继续创造出许多文字来，这不是不可能的事。因为仓颉不仅采集整理民间的文字，又创造了许多字，因此出现了"仓颉造字"的传说，他的名字也流传了下来。

（五）图画说

许慎《说文解字·叙》云："书者如也。"《段注》："谓如其事物之状也。"此处的"书"字，其意犹今言"依样画葫芦"，实与绘画无别。而"书"字又可指称文字，如仓颉作书，即指仓颉造字。从这里我们便可看出汉字与绘画的密切关系，即所谓"书画同源"。比较明确地从汉字起源的角度阐明"书画同源"观点的人是宋代的郑樵。他在《六书略·象形第一》中说："书与画同出……凡象形者，皆可画也，不可画则无其书矣……六书也者，皆象形之变也。"后来孙诒让、沈兼士、唐兰、蒋善国等人都曾明确指出图画和象形文字的源流关系。如唐兰先生在《古文字学导论》说："文字的起源是图画。"在后来的《中国文字学》中，他又说："文字本于图画，最初的文字是可以读出来的图画，但图画却不一定能读。"[2]这句话说明了文字和图画的联系和区别。文字起源于图画，但图画并不等于文字。所谓"可以读出来的图画"，是指这种图画已经具有固定的读音，和语言中的词挂上了钩，也就是说，它成为记录语言的符号了，这时，图画才转化为文字。这就是图画和文字的主要区别。文字起源于图画，我们可以从汉字的

---

[1] 鲁迅：《鲁迅文集·杂文集·且介亭杂文·门外文谈》，吉林大学出版社2009年版。
[2] 郑军：《历代书籍形态之美》，山东画报出版社2017年版，第21页。

众多"初文"中得到证明。因为大部分的象形字都是照着它所表现的物体形状画出来的，即所谓"画成其物，随体诘诎"，如太阳写作☉，月亮写作☽等。现在，"图画说"已是为学术界所普遍接受的一种主要的汉字起源因素了。

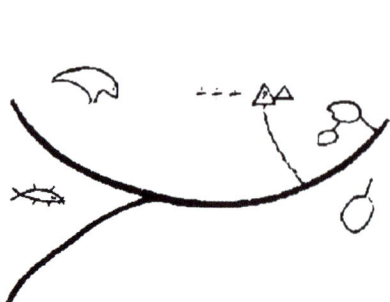

图 1-7　北美印第安人奥基布娃的情书

图 1-8　十二生肖象形字

　　一般认为汉字的形成经历了三个阶段。一是图画阶段，形成了汉字表意的"象形"意识。仰韶文化遗址出土的彩陶绘画中单独的鱼、羊、草木等，还只是图画。五六千年前的贺兰山岩画狩猎图、连云港岩画等，主要是按照自然形态的生活样态进行描绘的，也不能看作文字。二是意合阶段（指事、会意），从现实物象中抽取一些特征来进行刻画，用概括性的线条来描述，意合的意味很浓。描绘的图像多了，就有了抽象的"上下、左右、高低、前后"等空间感，就可用指事的方法来示意。三是形声阶段，声音是语言最早的交际工具，音与义约定俗成，就成为最初的固定话语。话语中词汇的音与义有图像化的结合形式，出于记声的需要，字形就有了半表义类半表读音的组合体，就出现了形声字，"形声"是汉字体系中较后出现的产生汉字最多的构形方法。

二、汉字的演化

　　汉字是世界上最古老的文字之一，至少有 4000 年的历史，现存最早可识的成熟汉字系统是商代的甲骨文。汉字在形体上逐渐由图形变为笔画，象形变为象征，复杂变为简单；在造字原则上从表形、表意到形声。除极个别的例外，都是一个汉字一个音节，相对于其他的文字，复杂了很多。汉字的演变经历了甲骨文、金文、篆书、隶书、草书、楷书和行书等阶段，至今普遍使用楷书来书写和应用。

甲骨文　金文　小篆　隶书　楷书　行书　草书

图 1-9　汉字演化举例

(一)甲骨文

甲骨文也叫契文，多契刻在龟甲兽骨上，也叫龟甲文字，其内容以占卜为主，也称甲骨卜辞，多出土于安阳殷墟，故又称叫殷墟文字。自 1899 年甲骨文被学者发现至今，已发掘出 10 多万片，已释读的字形有 2000 多个。甲骨文的特点：在甲骨上刻画，注重形象可感性，象形字、会意字居多，笔画较细且方笔居多，笔画的多少、正反、向背还未能完全统一，形体多变，繁简不一，还带有较浓的图像意味。尽管如此，甲骨文总体上用笔讲究、章法统一、结字整齐，已具备较好的实用价值和交际功能，是成熟的文字形态。

(二)金文

商代青铜器文字，一般通称为金文，也称钟鼎文、彝文、吉金文等，主要刻铸在钟鼎彝器之上，内容多记载商周时期的铭文、诏令、颂词、功勋等。铭文长短不一，少者几个字，多者几十个字，西周后期的毛公鼎长达 497 字（也有说 499 字、500 字）。北宋时就已开始钟鼎文字的收集著录，至今已发现的青铜器文字有 4000 多个字，释读出来的有 1000 多个。与甲骨文比较，金文明显趋于成熟：字形结构与甲骨文相近，但形声字明显增多，异体字相对较少，即规范性增强。金文铸模而成，笔画粗而较圆润，多呈块面状。西周后期和春秋时期，铸模工艺不断提高，金文渐趋线条化。

（三）小篆

《说文解字·叙》描述道："其后诸侯力政，不统于王，恶礼乐之害己，而皆去其典籍。分为七国，田畴异亩，车涂异轨，律令异法，衣冠异制，言语异声，文字异形。"最突出的是俗体流行，出现了很多简体字，书写的随意性较大，不同侯国、地区有不同的异体，一国、一地乃至一人所书也会有不同的写法。虽然各行其是，六国文字之间还是相互影响的，并非每一个字在各国都有不同形体，这就使六国文字虽然异体繁多而仍能认读。

小篆，是在大篆和六国文字基础上，经过秦代"书同文"后通行的规范字系。《说文解字·叙》："秦始皇帝初兼天下，丞相李斯乃奏同之，罢其不与秦文合者。斯作《仓颉篇》，中车府令赵高作《爰历篇》，太史令胡毋敬作《博学篇》，皆取史籀大篆，或颇省改，所谓小篆者也。""省"是省并繁复的笔画，即大篆的简化；"改"是以通用字替代各种异体字。李斯编成《仓颉篇》作为文字的统一标准加以推广，就形成了小篆。对比看来，小篆是汉字发展史上最早的规范化、标准化的文字系统，它逐渐摒弃早期汉字的图像化和随意性，开始向符号化和规定性迈进。《仓颉篇》《爰历篇》《博学篇》都是秦代教育学童的字书，约 3300 字，汉初合编总称为《仓颉篇》。小篆经官方统一并通行全国，是一次自觉的文字全面规范化行动，影响是巨大而深远的。小篆规范化的成果，后来集中反映在东汉许慎的《说文解字》中。《说文解字》是汉字传世文献的代表，它以小篆为基准，兼收古文、籀文，全书共收 9353 字，重文 1163 字，全书正文 14 篇，分析并建立 540 个部首，同偏旁的字列为一部，同条共贯，据形系联，系统而有理据。字形解说中，兼顾字的形、音、义，"博采通人"，保存了大量的古音、古义以及前人的说解，提供了丰富的汉字构形理据的历史线索。《说文解字》的出现，标志着汉字系统的完善和中国文字学的正式建立。

（四）隶书

隶书，又称"佐书""八分""分隶"。秦孝公后，文字使用越来越频繁，小篆笔画繁多而圆转，写起来很不方便，官吏们在忙于书写时就把一些圆笔画写成直笔画，逐渐推进隶化的过程。《说文解字·叙》："是时秦烧灭经书，涤除旧典，大发吏卒，兴役戍，官狱职务繁，初有隶书，以趣约易。"隶书分"秦隶（古隶）"和"汉隶（今隶）"，经过秦汉两朝漫长的实践，才形成了成熟规范的隶书。与篆书相比，隶书有五点主要变化：一是象形意味减弱而符号化倾向显著。二是偏旁的合并、分化、变形，如"奉、秦、奏"等字上半部在小篆中为含义不同的笔画而到隶书就合而为一了，"灸、烈、尉"下部在小篆中都从"火"而隶书分作"火、灬、小"三形，"阜、邑、人、犬"变为"阝、亻、犭"等。三是结构简化、笔画减少，隶化时将部分笔画省去，如"香"字小篆上部作"黍"下部为"舌"，隶书简省了很多笔；"靁、曡"省为"雷、星"等。四是笔画形状的改变，改曲为直、改圆为方、改连为断等，去掉篆体尚存的绘画意味，用点、横、竖、撇、捺代替小篆的曲线型笔画，形成了汉字便于书写的笔画体系。五是以"横画蚕头燕尾"为特征的八分体形成，张怀瓘《书断》说"八分"笔形"若八字分散"。

（五）草书

草书，约与隶书同时兴起，最初只是隶书的草率写法，《说文解字·叙》谓"汉兴，有艸书"，庾肩吾《书品论》谓"草势起于汉时，解散隶法，用以赴急"。草书分章草、今草和狂草。汉魏通行章草，是"章程书"的简称，保留隶书笔势而有明显的波势挑法，每字内笔画相连，字间笔画则不相连。晋代以后，楷书、行书出现，书法家利用两者的笔法改造章草而成今草，取消章草所保留的隶书"波折之势"，字间笔势多相牵连。狂草是今草的简化，随意增减笔画，笔势连绵回绕，颇难辨认，狂草是写意性的书法艺术，不是交际用的字体。

（六）楷书

楷书，唐以前称"正书""真书"或"今隶"。宋代《宣和书谱》谓"汉建初有王次仲者，始以隶字作楷法"，魏钟繇《宣示表》《荐季直表》、晋王羲之《乐毅论》《黄庭经》等，已改变隶书波挑之势为点、横、撇、捺、钩等规范笔画，除捺笔较重外，笔画明显没有隶书蚕头雁尾的风格，形成结体方正、笔画平直的字体。唐朝以后称此书体为楷书，成为常用字体。

（七）行书

行书，是介于楷书和草书之间的书写方式，它保留楷书的字体结构，特点是笔画连绵、书写快速，虽有连笔而不失原形，书写便捷而易于辨认，写得规整一些就接近楷书而称"行楷"，写得放纵一些就靠近草书而称"行草"。行书是使用最广泛的一种字体，它与其他书体主要不是字形结构上的差异，而是书写方法方面的差异。

三、汉字的结构

《说文解字》是东汉的经学家、文字学家许慎编撰而成的，成书于汉和帝永元十二年（100 年）到汉安帝建光元年（121 年），是我国第一部按部首编排的字典，全书正文以小篆为主，也是我国乃至世界上最早、影响最大的字典。"文"在古代是指独体象形字和指事字，这些字基本能显示事物的原有形象。而"字"则指由"文"引申和衍生的形旁和声旁相结合的形声字或会意字。"说文解字"就是对所有汉字的本原加以阐释，故此得名。

《说文解字》开创了部首检字法的先河，后世的字典大多采用这个方式，段玉裁称这部书"此前古未有之书，许君之所独创"。历代对于《说文解字》都有许多学者研究，清朝时研究最为兴盛。段玉裁的《说文解字注》，朱骏声的《说文通训定声》，桂馥的《说文解字义证》，王筠的《说文释例》《说文句读》尤被推崇，四人也获尊称为"说文四大家"。

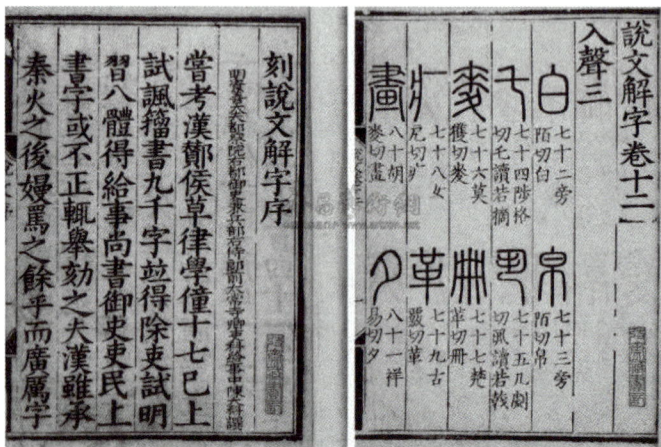

图 1-10 　《说文解字》

"六书"理论是最传统的、影响最深远的一种关于汉字结构的学说。"六书"一词，最早见于战国时期的《周礼·地官·保氏》："保氏掌谏王恶，而养国子以道，乃教之六艺：一曰五礼，二曰六乐，三曰五射，四曰五驭，五曰六书，六曰九数。""六艺"是周代用来教育贵族子弟的六种科目，其中的"六书"，一般认为就是分析汉字结构的，但具体内容无从得知。汉代学者把这进一步细化，有的列出细目，有的加以解释。

东汉班固在《汉书·艺文志》中说："古者，八岁入小学，故周官保氏掌养国子，教之六书，谓象形、象事、象意、象声、转注、假借，造字之本也。"

其后，郑众在《周礼·地官·保氏》注中说："六书，象形、会意、转注、处事、假借、谐声也。"

稍后的许慎对"六书"做了全面的、权威性的解释：

> 《周礼》：八岁入小学，保氏教国子，先以六书：一曰指事。指事者，视而可识，察而见意，"上""下"是也。二曰象形。象形者，画成其物，随体诘诎，"日""月"是也。三曰形声。形声者，以事为名，取譬相成，"江""河"是也。四曰会意。会意者，比类合谊，以见指撝，"武""信"是也。五曰转注。转注者，建类一首，同意相受，"考""老"是也。六曰假借。假借者，本无其字，依声托事，"令""长"是也。[①]

汉代班固、郑众、许慎三家六书之说，名称顺序有所不同。但名称以许为优，次第以班为胜，即名称及定义大多采纳许慎之说，顺序则依据班固之说。一般认为象形字产生较早，应居于六书之首。指事字产生的时间，总体上说可能与象形字相当，但有一部分指事字是在象形字的基础上形成的，因而列于象形字之后比较恰当。会意形声为合体之字，在独体的象形指事之后，因为合体之字是由独体之文拼合而成的；会意形声两者之间，当以会意居前，形声居后。因为早期的会意多是以形会意，与象形图画关系密切，而形声造字法已经从单纯的以形表意发展到字形与其所表示的词的读音的结合，显然要排在四书之后。

(一)象形字

"象形者，画成其物，随体诘诎，'日''月'是也。""诎"通"屈"，"诘诎"即弯曲。意思是说，按照物体的轮廓，用弯曲的线条把它画出来，就是象形字。简单说，象形字就是"依样画葫芦"，其特点就是"随物赋形"，如日字写作⊙、月字写作☽。

---

① 许慎：《说文解字》，岳麓书社 2006 年版。

　　象形字源于图画，但又不同于图画。古人造象形字，很善于抓住对象特点，寥寥几笔，形神俱现。"日""月"本都可作圆形，但"日"字作圆形，"月"字作月牙形，一是为了互相区别，二也正是抓住了对象的主要特征，因为"月有阴晴圆缺"，而缺是经常的状态。又如"燕"字甲骨文作𠮷，燕子之剪刀似的尾巴，轻盈的体态，均跃然纸上。此外，如"犬"之翘尾𤜵、象之长鼻𧰼、虎之斑纹利齿𧈢、鱼之鳞片𩼐等都是以特征来表现对象的。

　　象形字可以简单记录语言，比只能笼统表意的图画来说，自然是一个很大的进步。但是，它毕竟是刚从图画中脱胎出来的，只能反映人类思维最初阶段水平的、最为原始的造字方法，不可避免地会有它的缺陷和局限性。其一，象形字一般是对具体事物的描写，所以多半是名词，远远不能满足记录语言的需要；其二，一些物体的局部不易用象形表现，如要画刀口，不画刀背是很难显出刀口来的；其三，一些抽象的意思无形可像，看不见的东西也无法描绘，如果要用象形法把"南方"的"南"和"风雨"的"风"画出来，那是怎么也办不到的，只有语法意义而没有词汇意义的虚词更加无法象形；其四，靠略描轮廓，形近事物易生混淆，例如，"狗"与"狼"、"马"与"驴"、"虎"与"猫"等。

　　由于汉字形体的不断演变，现在的所谓象形字其实与最早的象形文字差别很大。在商周古文字里，象形字个个宛然如绘，与图画差不多。到了小篆阶段，由于仍然用圆转的笔画，象形字的象形意味仍多少保留着。经过隶变，圆转的笔画变成了方折的笔画，象形的意味大大丧失，象形字就成了不像形的象形字了。因此我们分析象形字一定要用古文字材料，最好能追溯到最原始的写法。下面我们举一些象形字的例子。

　　子　甲骨文作𠀉，金文作𠀉，像婴儿之形，头较大，两手在外舞动，下肢裹在襁褓里。

　　人　甲骨文作𠂉，金文作𠂉，像侧立的人形。

　　大　甲骨文作大，金文作�，像正面而立的大人形。

　　女　甲骨文作𡚸，金文作𡚸，像女人敛手跪坐之形。

　　身　甲骨文作𠂤，金文作𠂤，篆书作𨉌，像人怀孕之形。后指身体，又造"娠"字表示其本义。《诗·大雅·大明》："大任有身，生此文王。"俗语谓怀孕为"带身"，均可证其古义。

首　甲骨文作 🔲，金文作 🔲，像人头之形。此字如附带画出人身，就是 🔲（页）字。以页为形符的字，意义大都跟头部有关。如顾、领、颈、项、颠、顶、额等。表示"人头"的还有"元"字，此字甲骨文作 🔲，下部的人身是为了衬托人头而连带画出的。《左传·僖公三十三年》"狄人归其元，面如生"，正用其本义。"元首"一词亦可见其本义所在。

耳　甲骨文作 🔲，金文作 🔲，像人耳之形。

目　甲骨文作 🔲，金文作 🔲，像眼睛之形。本为横写，小篆为了行款整齐，改为竖写，变成竖眼，形已失真。

臣　甲骨文作 🔲，金文作 🔲，却真是竖眼之形。郭沫若慧眼，认出是人俯首时从侧视角度所看到的眼睛状态。这是家臣或奴隶头目向其主子低头时的一个重要特征。家臣或奴隶监工的地位比主子低，但又比一般奴隶高，故可引申为"官吏"。

须　甲骨文作 🔲，金文作 🔲，像胡须之形。"页"也是为了衬托胡须而连带画出的。

自　甲骨文作 🔲，金文作 🔲，像鼻子之形。此字后用作"自己""自从"之"自"，表本义之字遂写作"鼻"，变成形声字。

又　甲骨文作 🔲，金文作 🔲，像侧视的右手之形。手的象形字还有 🔲，甲骨文作 🔲，像左手之形。手，金文作 🔲，为人手的正视形，五指俱全。

鸟　甲骨文作 🔲，金文作 🔲，篆书作 🔲，像鸟之形。此字繁体作"鳥"，简化作"鸟"。可以看出，即使是笔画已经平直化了的繁体字和简化字"鸟"，还依稀可见鸟的侧视之形的轮廓。

象　甲骨文作 🔲，小篆作 🔲，像大象之形，突出其长鼻的特点。

龟　甲骨文作 🔲，金文作 🔲，像龟的侧面之形。

木　甲骨文作 🔲，金文作 🔲，像树木之形，上像枝干，下像树根。

来　甲骨文作🌾，小篆作🌾，像麦之形。假借为"来往"之"来"，假借义成为常用义。

麦　甲骨文作🌾，是个形声字，从夊，来声。从夊之字与脚的动作有关，故朱骏声《说文通训定声》认为"往来之来正字是麦，菽麦之麦正字是来"。

门　金文作門，小篆作門，像两扇门。"门"与"户"是同义词，一扇叫户，两扇曰门。《说文·门部》："从二户，象形。"

弓　甲骨文作🏹，金文作🏹，小篆作🏹，像弓形。

箕　本作"其"，甲骨文作🧺，金文作🧺，像簸箕之形。后"其"被借为代词、副词，表本义之字附加"竹"字头。

车　甲骨文作🚗、车，金文作🚗、🚗，像车之形，写法有详有略，多为俯视形。

斤　甲骨文作🪓，金文作🪓、🪓，像古代的一种斧类工具，类似后代的锛。《孟子·梁惠王上》："斧斤以时入山林，材木不可胜用也。"正用其本义。"斤"用作斤两义，是假借用法。

鼎　甲骨文作🫕、🫕，金文作🫕、🫕，像鼎之形。鼎是古代炊具，三足两耳，多用青铜铸成。《左传·宣公三年》云："昔夏之方有德也，远方图物，贡金九牧，铸鼎象物，百物而为之备，使民知神奸。"是说夏禹收九牧之金，铸成九鼎。这鼎后来就成为传国的重器和政权的象征。后称建立王朝为"定鼎"，图谋王位为"问鼎"。

豆　甲骨文作🫘，金文作豆，像一种盛食器。《说文·豆部》："豆，古食肉器也。"后借为豆麦之"豆"。

衣　金文作👕，小篆作👕，像上衣之形。古代上曰衣，下曰裳。《离骚》："制芰荷以为衣兮，集芙蓉以为裳。"

象形字还有不少，如"口、齿、止、足、心、云、雨、豕、虫、皿、舟、帚、刀、网"等，不备举。

原则	类型	举例								释意
象形	①	人	女	子	口	鼻	目	(手)	止(足)	人体全部或部分
	②	马	虎	犬	象	鹿	羊	蚕	龟	动物正像或旁像
	③	日	月	雨	(电)申	山	水	禾	木	自然物体符号
	④	壶	鬲	弓	矢	丝	册	卜	兆	人工器物符号

图 1-11　象形字举例

(二)指事字

"指事者，视而可识，察而见意，'上''下'是也。"指事字以象形为基础，通常都有一部分构件是象形字，所以，看到字形一般都有一种似曾相识的感觉，这就是所谓的"视而可识"，但指事字的含义，不是直接由事物的形象表现的，它要通过特定符号去提示给人们。由于这些特定符号往往都是一些不成字的抽象标记，一般都要经过细心观察才能理解它的确切含义，这就是所谓的"察而见意"。如"上""下"。甲骨文"上"作 二、⌒，"下"作 二、⌒。长线表示水平线。短线在上者，表示位置在上，故为"上"；短线在下者，表示位置在下，故为"下"。由于这种"上""下"的写法容易与数目字"二"相混，春秋时"上""下"开始异化为 上、下。后小篆写作 上、下。

亦　　为"腋"的本字。在像大人之形的"大"的基础上增加两点，表示人的腋窝之所在。后造一形声字"腋"从肉，夜声。

刃　　在象形字"刀"的基础上增加一个指事符号表示刀锋之所在。

寸　　在象形字"又"的基础上增加一个指事符号，表示手臂上靠近手腕约一寸的部位。后引申为长度单位。

本　　《说文·木部》："木下曰本，从木，一在其下。"本义是树根。木下的一点或一横表示树根之所在。后来"根"和"本"构成一个同义复合词，意指"事物的根源或最重要的部分"等意思。

末　木　《说文·木部》："木上曰末，从木，一在其上。"本义是树梢。点或横表示树梢的位置。引申为一般的末梢，指次要的部分。

朱　木　郭沫若《金文丛考·释朱》认为"朱"为"株"的本字，意为树干，在木中加一点指示树干之所在，写为一横是圆点的演变。用为赤色义是假借。《说文·木部》："朱，赤心木，松柏属，从木，一在其中。"若依《说文》对其本义的解释，则赤色是引申。

图 1-12　指事字举例

（三）会意字

"会意者，比类合谊，以见指撝，'武''信'是也。""比"本身就是一个会意字，意为"并"，"类"指字类，"合"指会合，"谊"同"义"，"指"即"指挥"，意为指向。所谓会意，是指把两个或两个以上的构字符号（形符或意符）合并在一起，并把它们的字义会合起来，出现一个新义的指向，记录一个新词。

林　《说文·林部》："平土有丛曰林。从二木。"又"森"，《说文·林部》："木多貌，从林从木。"

友　小篆写作，《说文·又部》："同志为友，从二又相交。"《周礼》郑玄注："同师曰朋，同志曰友。"

多　《说文·多部》："多，緟（重）也。从緟夕，夕者相绎也，故为多。"徐中舒主编《汉语古文字字形表》："多像两块肉形，古时祭祀分胙肉，分两块则多义自见，说文以为从二夕，实误。"以重夕为多，正如"因火成烟夕夕多"一样在文字学的原则上是错误的。

炎　《说文·炎部》："火光上也。从重火。"

轟　《说文·车部》："群车声也。从三车。"

从　《说文·从部》："相听也。从二人。"甲骨文有"从"字，后又加走之底增繁为"從"。简化字作"从"是采用了古字。

步　甲骨文作🦶，小篆作🦶，字从二"止"（趾）相承，表示走路时两脚一前一后。按：古代举足两次为一步，相当于现在的两步，《荀子·劝学》："不积跬步，无以至千里。""跬"相当于现在的一步。

北　甲骨文作🦶，小篆作🦶，字从两人相背，为"背"之本字。后假借为方位名词"南北"之"北"，另造"背"字以区别。《说文·北部》："北，乖也。从两人相背。"字形分析是对的，但"乖"只是它的引申义。

武　甲骨文作🦶，金文作🦶，小篆作🦶，《说文·叙》作为会意字的例子，在"戈"部"武"字是会合"止""戈"二字而成义，"止"有"停止、制止"之意，"戈"指武力、战争，所以"武"字有禁暴止兵、安民定功的意义。

取　甲骨文作🦶，金文作🦶，小篆作🦶，《说文·又部》："取，捕取也。从又从耳。《周礼》：获者取左耳。"古代战争杀敌，一般取下左耳作为计功的凭证，故字从又从耳会意。后引申为一般的"拿取""获取"。

妇　甲骨文作🦶，金文作🦶，小篆作🦶，从女从帚，表示妇女执帚从事家务劳动。《说文·女部》："妇，服也。从女持帚洒扫也。"

爨　小篆作🦶，本义是"烧火做饭"。上部之"臼"为两只手，其中之"同"为釜甑之类的炊具，"⼀"为灶台，"林"为木柴，"大"也是两只手的变化，最下边是"火"字。整个字形形象地表现了这样一个过程：双手把炊具放在灶台上，然后把木柴推进灶口中，点火燃烧，正是"烧火做饭"的意思。古时兄弟分家过日子叫"分居异爨"，或叫"分爨"。所谓"异爨""分爨"，就是兄弟分开，各自煮饭吃。

寒　小篆作🦶，字形是一个人在宀（房子）里面，以草莽（茻为"莽"本字）覆盖身体，地下有仌（冰），表示冷的意思。

伐　甲骨文作🦶，金文作🦶，小篆作🦶，字形本作以戈砍人头，表示杀伐之意。卜辞常有"伐若干人"的记载，即指杀人以祭祀。春秋战国以来，字形中之"人""戈"两字逐渐分开，砍人头之意隐晦不明，故《说文·人部》解为"从人持戈"，这是错的。真正"从人持戈"的是"戍"字。甲骨文作🦶，金文作🦶，小篆作🦶，《说文·戈部》："守边也。从人持戈。"另外，"戒"字甲骨文作🦶，金文作🦶，小篆作🦶，表示两手持戈有所戒备。

莫 甲骨文作❋、❋，小篆作❋，字形以太阳落在草莽或丛林之中表示黄昏时分。《说文·茻部》："日且冥也。从日在茻中。"经籍中常借为否定性无定代词，如《庄子·秋水》："天下之水，莫大于海。"后另造"暮"字表示本义。

朝 甲骨文作❋、❋，金文作❋、❋，小篆作❋，甲骨文字形表示农历下旬时太阳刚出来而月亮尚未落山的清晨景象。"朝"字甲骨文从"月"，而金文大都从❋、❋，后讹为"舟"，小篆从"舟"，秦简的"朝"字也都从"舟"。与"朕""服"等字所从的"月"旁本来也是从"舟"演变而来的情况相同，隶、楷"朝"字的"月"旁也是由"舟"字省变而来。这样一来，倒与更古老的甲骨文字形相吻合了。

即 甲骨文作❋，金文作❋，字形表示一人席地而坐，靠近❋准备就食。故"即"有"靠近、就"等意思。与此字字形相关的字还有"既"和"卿"二字。"既"字甲骨文作❋，与"即"不同的是席地而坐的人不是面向食物，表示饭已吃完。"既"在古代有"尽""终了"的意义，又作副词"已经"等，都是从本义引申出来的。"卿"字甲骨文作❋，金文作❋，字形表示两人相向而食，是"飨"的初文。用它来表示卿大夫的"卿"，当是引申或假借的用法。方向的"向"，甲骨文、金文是用"卿"来表示，古书则多用"鄉（乡）"字来表示。"鄉"字小篆写作❋，是由"卿"字分化出来的。另有嚮字，是晚出的表示方向之"向"的专用字。

射 甲骨文作❋，金文作❋，小篆作❋，甲骨文、金文字形表示以手张弓搭箭而射击。此字中之"弓"作❋，古文字"身"字有作❋者，二者形近，"弓"遂讹为"身"。在此基础上，"射"字又往两个方向发展：一种是省"又（手）"，变成从身从矢，这就是《说文》小篆"躲"字的来源。许慎解为"弓弩发于身而中于远也"，是据讹变了的字形来解说，自然是不对的。另一种是省"矢"，"又"加点变成"寸"，这就是《说文》作为的异体的"射"，也就是现在通行的字形。

各 甲骨文作❋，小篆作❋，"夂"是倒写的"止（趾）"，字的下部是"坎"的本字。字形表示脚踏进门坎，是"徦"的本字。《方言》："徦，至也。"此字经典常假借

"格"字为之。如《尚书·汤誓》："格尔众庶，悉听朕言。""各"字作"各自""各别"解当是假借用法。与"各"字相反的是"出"字。"出"字甲骨文作 ，小篆作 ，字形表示脚跨出门坎。有一对联的上联云："此木为柴山山出。"把"出"字解为两个"山"，是据隶楷字形进行拆分，自然是不对的。与脚相关的还有：正、之、韦（违）、陟、降、企、走、奔等。

（四）形声字

"形声者，以事为名，取譬相成，'江''河'是也。"段玉裁注："事兼指事之事，象形之物，言物亦事也。名即'古曰名今曰字'之名。譬者，谕也，谕者，告也。以事为名，谓半义也；取譬相成，谓半声也。江河之字，以水为名，譬其声如工、可，因取工、可成其名。"用通俗的话来说，形声字就是由形符和声符构成的合体字，其形符是用与这个字所代表的词的意义相同或相类的字符来充当，其声符是用与这个字所代表的词的读音相同或相近的字符来充当。比如"江""河"是水一类的事物，所以用"水"作它们的形符；"江""河"的读音如"工""可"，所以就用"工""可"作它们的声符。当然这里的读音指的是造字时代的读音。由于形声字的声符与字音相同或相近，所以形声字又叫"谐声字"。《说文解字》9353字中有形声字7697个，占80%以上，之后历代所造新字也都是形声字。《说文解字》分析形声字一般是"从某，某声"，如"妹，女弟也，从女，未声"。

由上可见，形声字的特点有两个：一是合体字，这一点与会意字相同，与象形字、指事字相异；二是它由形符和声符构成，形符表示意义类别，声符表示读音。有形符，说明形声字不单纯是表音字；有声符，说明形声字具有表音的优越性，这是象形字、指事字和会意字都没有的，是形声字的独特之处。

当人们对形声结构有了清楚的理解之后，形声字的创造就可根据对象的意义取一个相当的形符，再根据对象的读音取一个相当的声符，构成一个新的形声字。如为"身"的本义而造的"娠"，为"亦"的本义而造的"腋"，都是取形取声创造的形声字。近代以来所创造的化学方面的专有名词，如"氧、氮、氟、氢、镭、铀"等也都是这样的。但是汉字里的形声字，特别是早期的形声字，往往并不是以这种直接取形取声的方式创造出来的，而是通过某种特殊的途径和方式演化而来的。归纳起来，大致有以下几种情况。

1. 增加声符

为了使表意字能够表音，就以原字为形符，通过增加声符形成形声字。这种情况也叫"增益"。

凤　本作🐦，高冠修尾，像凤鸟之形，后加注声符"凡"而写成🐦。因凤属鸟类，凤形遂简化为鸟，声符"凡"移到上方，就成了"鳳"。"鸡"的演变过程与"凤"字相似。鸡本作🐓，像鸡之形，后加注声符"奚"🐓，再后来鸡形简化为"鸟"，就成了"鷄"。

齿　本作🦷，像牙齿之形，后加声符"止"变成形声字🦷。

宝　本作🐛，像长虹横空，其形如虫。后加声符"工"，成了形声字🐛。

2. 增加形符

这种情况是以原字为声符，通过加注形符而形成形声字。

暮　本作莫，是个会意字，表示太阳落到草莽中，意思是黄昏。此字被借作否定性无定代词，为了保留本义，增加形符"日"，成为形声字。

背　本作北，也是会意字，表示两人背靠背。后被借为"南北"之"北"，为保留本义，增加形符"肉"，成为形声字。

溢　本作益，是会意字，表示水满出来。引申为"增加""利益"等，为明确其本义，增加形符"水"，形成形声字。

娶　本作取，以手取耳会意，引申为"拿取""获取""娶妻"等。为明确"娶妻"这个引申义，后加形符"女"，成为形声字。

懈　本作解，从刀判牛角会意，引申为"解散""松懈"等。后为其引申义"松懈"增加形符"心"，形成形声字。

贞　甲骨文借"鼎"为之，字作🔶，周原甲骨增加形符"卜"，作🔶，成为形声字。后"鼎"又省为"贝"，如金文有作🔶之形者。《说文·卜部》："贞，卜问也。从卜，贝以为贽。一曰，鼎省声，京房所说。"按京房与许慎所处年代论，京房所说的

"鼎省声"更符合实际。

避　古书多借"辟"为之。如《左传·隐公元年》："姜氏欲之，焉辟害？"后增加形符"辵"，成为形声字。

3. 改换声符

这种情况可分为两类。

一是把表意字的偏旁改换成声符，如"囿"字甲骨文作 或 ，本为会意字，表示供田猎用的园子内有很多草木。金文写作 ，改为从"囗""有"声的形声字。"闻"字，甲骨文作 ，表示一个人在侧耳倾听，小篆改为从"耳""门"声的形声字等，这种情况一般被视为汉字表音化的表现。

二是把原有形声字的声符改换成另一声符。有一些字本身就是形声字，随着时间的推移，语音的变化，其声符变得不能准确表音或完全丧失表音作用，于是就以改换声符的方式恢复声符的表音作用。如"耻"字本作恥，《说文·心部》："辱也。从心耳声。"后来变成了从耳止声的形声字。不过这样一改，原来的声符"耳"在"耻"这个字形中就成了既不表音也不表意的记号了。又如"裤"本作袴，从夸得声，后改为从"库"得声，表音就更准确了。再如：

护　繁体作"護"，从言蔓声，改为"户"声。

态　繁体作"態"，从心能声，改为"太"声。

惊　繁体作"驚"，从马敬声，改为"京"声。

桩　繁体作"樁"，从木春声，改为"庄"声。

4. 改换形符

这种情况也可分为两类，一类是通过改换形符形成异体字，如"虹"本从虫工声，马王堆中有从雨工声的，造成异体字。另一类是通过改换形符形成分化字，如"振—赈""赴—讣""张—胀、帐"等。

5. 讹变

有些字本来不是形声字，但在字形的发展过程中，由于各种原因，使用者把某些字的构件偏旁误写成了与之相似而意义不相干的构件偏旁，这个讹变而成的构件偏旁，恰好与这个字的读音相同或相近，充当了这个字的声符，从而变成了形声字。

年 甲骨文本是从禾从人的会意字，后在"人"的竖画上加点为饰画，点拉伸为横，则变成了"千"字，"年"便写作 ^季，《说文》就解为"从禾千声"，成了形声字。

奔 字的下部本从三"止"（"趾"本字），后三"止"讹为三"屮"（卉），与"卉"混同，于是《说文》也视为形声字，解为"从夭，贲省声。"

何 负荷之"荷"的本字，甲骨文作 、，像人肩上荷一物，其代表所荷之物的形符与"可"字相近，后遂改为从人可声的形声字了。

羞 本作 ，从又持羊，会进献食物之意。"又"与"丑"的篆文写法相近，后"又"遂讹为"丑"，"羞"就成了从羊丑声的形声字。

（五）关于转注

"转注者，建类一首，同意相受，'考''老'是也。"通常的理解是把这里的"类"解释为部类。《说文》中的540部，即540类。"首"即540部的部首。《说文解字·叙》云："其建首也，立一为耑。方以类聚，物以群分；同牵条属，共理相贯；杂而不越，据形系联；引而申之，以究万原。毕终于亥，知化穷冥。"这段话中，"方以类聚，物以群分"云云，指的就是"建类"的原则；"其建首也，立一为耑"等，说的就是"一首"的问题。可见这段话其实就是对"建类一首"的最好解释。其实，所谓的"建类一首"，意思就是建立字类要统一它们的部首，如"考""老"同部。所谓"同意相受"，意思就是同组转注字的意义可能互训，如《说文·老部》："考，老也。""老，考也。"据此，转注要有以下两个条件：

（1）同组转注字要有相同的部首；

（2）同组转注字的字义要相同或相近，可以互相解释。

作为转注字，这两个条件应该同时具备，缺一不可。如"松柏"同属"木"部，"福、祸"同属"示"部，"铜、铁"同属"金"部，但它们之间的意义不能互相解释，不能算转注字。又如"问"与"讯"可以互相解释，"杀"与"戮"意义也相同，但它们部首不同，也不应该被视为转注字。

舟—船 《说文·舟部》："舟，船也。古者共鼓、货狄刳木为舟，剡木为楫，以济不通。"《段注》："《邶风》：'方之舟之。'传曰：'舟，船也。'古人言舟，汉人言船。

毛以今语释古，故云舟即今之船也。"又《说文·舟部》："船，舟也。"《段注》："二篆为转注，古言舟，今言船，如古言屦，今言鞋。"可见舟、船为古今转注字。《方言》卷九："舟，自关而西谓之船，自关而东或谓之舟。"那么舟、船也可算是方言转注字。

身—躬　《说文·身部》："身，躬也，像人之身。"又《说文·吕部》："躬，身也。从身，从吕。躬，躬或从弓。"按《说文·吕部》以"吕"为"脊骨也"，故以"躬"从身从吕为会意。《段注》认为从"弓"的"躬"也是会意，"弓身者，曲之，会意也。"其实，"躬"当是从身吕声的形声字，"躬"当是从身弓声的形声字。《尔雅·释诂上》："躬，身也。"今"鞠躬"之"躬"，尚存"身"之义，"鞠躬"即"弯身"。

履—屦　《说文·履部》："足所依也。"《段注》："履，依叠韵。古曰屦，今曰履，古曰履，今曰鞋，名之随时不同者也。引申之训践，如'君子所履'是也……"又："屦，履也。从履省，娄声。"《段注》："晋蔡谟曰：今时所谓履者，自汉以前皆名屦。"

关于转注的问题，是争论了1000多年的老问题，自唐以来，各抒己见者几近百家，如徐锴、戴震、朱骏声、孙雍长等，但至今尚无一个大家都乐于遵从的说法。

（六）关于假借

"假借者，本无其字，依声托事，'令''长'是也。"许慎给假借字所下的定义是十分清楚的，所谓"本无其字，依声托事"，就是说，语言当中有某个词，但是没有用来记录它的专用字，于是就从已有的文字中选择一个读音跟这个词的读音相同或相近的字来记录这个词，这就是假借。比如，语言中有作为代词或语气词用的读作"qí"这个音的词，没有专用字，于是古人就从已有的文字中选择一个读音与之相同的、本来是表示箕畚的"其"字来作为这个词的借用字。这样，一个"本无其字，依声托事"的假借字就产生了。宋代的戴侗《六书故·六书通释》云："所谓假借者，义无所因，特借其声。""其"之所以能被借去表示代词或语气词，就是因为它的读音与要借它为记录符号的词的读音是相同的，所以假借的条件就是声音相同或相近，"依声托事"是很重要的。

语言中需要用假借之法来为之选择记录符号的词，往往都是意义比较复杂的或比较虚幻的词，为这些词语造字，往往显得比较困难。假借法借形表音，通过增加原有字的职能的办法，为那些意义比较复杂的词语或虚词解决了记录符号的问题。从这个意义上讲，假借也应该被视为造字之法，只不过它是一种比较特殊的造字之法，有人称为"不造字的造字"。另外，某些字被借用后，借义成了常用义，为保留其本义，往往以原字为基础，通过增加偏旁形成新字，如"其"字被借用后，为保留其本义，后加"竹"旁形成"箕"字；"莫"字被借用后，为保留其本义，后加"日"旁形成"暮"字等。这说明假借即使本身不造字，但通过假借，也可促使新字的产生。因此，"四体二用"说认为假借只是单纯的用字之法，也是有偏颇的。下面我们举一些假借字的例子。

我 甲骨文作 𢦏，金文作 𢧜，小篆作 𢦏，字形原像刃部有齿的兵器，《说文·我部》："我，施身自谓也。"王国维认为"我"字形，作为第一人称代词是借义，应该是可信的。可能在上古时期，"我"的读音与第一人称代词的读音是相同或相近的，故可借为表示第一人称。此字后来借义成了常用义。本义倒废弃不用了。

而 金文作 𦓔，小篆作 𦓔，字形像颊毛。《说文·而部》："而，颊毛也。像毛之形。《周礼》曰：'作其鳞之而。'"《段注》："颊毛者，须部所谓髯须之类耳……盖'而'为口上口下之总名，分之则口上为'髭'，口下为'须'。""而"字经常借为第二人称代词，如《论语·微子》："且而与其从辟人之士也，岂若从辟世之士哉？"《史记·越王勾践世家》："我令而父霸，我又立若。"又常借为连词，如《左传·宣公二年》："人谁无过，过而能改，善莫大焉。""而"字作为连词，既可用于顺接，又可用于逆接，使用频率很高。为保留其本义，曾又另造"髵"字，但不常用。

易 甲骨文作 𦘔，金文作 𦘔，小篆作 易，是截取原字之一部分而形成的。关于它的本义，有多种说法。《说文·易部》："易，蜥易。"以"易"之本义为蜥易（后来写作"蜴"），是错的。经典常借易为难易之易，如《孟子·滕文公上》："是故以天下与人易，为天下得人难。"与"易"相反的"难"字，《说文》从"鸟"，本是鸟名，作为"难易"之"难"，也是假借。

且 甲骨文作 且，金文作 且，一般认为是"祖"的本字，其字形当是祖宗神位之象形。甲骨文、金文中祖先之"祖"即写作"且"，如甲骨卜辞"高且"即"高祖"。典籍中常借为连词，如《左传·僖公二十四年》："以志吾过，且旌善人。"又借为副词，如《论衡·刺孟》："禹至汤且千岁，汤至周亦然。"为保留本义，后加"示"旁形成"祖"字。

無 甲骨文作 𣥂，金文作 𣥂，字形像人两手持物而舞，为"舞"之本字。《吕氏春秋·古乐》："昔葛天氏之乐，三人操牛尾，投足以歌八阕。"正是此字之写照。卜辞中的"無"均用本义，如"無，允从雨"，此"無"即求雨的舞祭。典籍常借"無"为有无之"無"，不毋之"毋"，为保留本义，另造从"舛"的"舞"字。"无"字为人挥长袖而舞的形象，为"無"的异体。现作为"無"的简化字。

焉　金文作🐦，小篆作🐦，《说文·鸟部》："焉，焉鸟，黄色，出于江淮。象形。"本是一种鸟名。段玉裁注："今未审何鸟也。"典籍中常借为疑问代词，如《左传·隐公元年》："姜氏欲之，焉辟害？"又借为兼词，如《左传·僖公三十二年》："余收尔骨焉。"《荀子·劝学》："积土成山，风雨兴焉；积水成渊，蛟龙生焉。"后借义成了常用义，本义已废。

自　甲骨文作🔡，金文作🔡，小篆作🔡，本像鼻子之形。《说文·自部》："自，鼻也。像鼻形。""自"之本义在典籍中未见，卜辞有"疾自"的记载，用的正是本义。此字在古籍中常被借为代词，表示第一人称，如《易经·乾卦》："天行健，君子以自强不息。"又被借为介词，如《孟子·滕文公上》："有为神农之言者许行，自楚之滕，踵门而告文公。"借义成了常用义，为保留本义，就以原字为形符，加上声符界，形成"鼻"字。

关于假借，还有"本无其字"与"本有其字"之分，前面所举，都是"本无其字"的假借，也就是文字学上的假借。"本有其字"的假借，其实是古人写同音白字。在文字规范还不很严格的古代，这是允许的。不过，古人的同音替代也有一定的习惯，并不是凡同音或音近皆可通用。为了把"本无其字"的假借与"本有其字"的假借区分开来，通常把"本有其字"的假借称为通假。通假现象是比较纯粹的用字问题，与"本无其字"的假借其实是不同的，因为，正如上面所说，"本无其字"的假借本身虽不造字，但还能促使新字的产生，与文字的创造多少还有一些关系。文字的意义，可以分为三大块：本义、引申义和假借义。当一个字被用作假借字时，它就在本义和引申义之外又多了假借义。假借义和本义、引申义应该没有必然的联系。

●● 第二节
● 音韵学

> 知识目标：
>
> • 了解中国古代主要韵书。
>
> • 熟记近体诗写作常识。
>
> • 熟记音韵学的基本功能。
>
> 能力目标：
>
> • 能分析格律诗的平仄、对仗和韵律。
>
> • 能写作格律诗。
>
> 素养目标：
>
> • 体会中国古代诗词韵律美，提升审美水平。
>
> • 从格律诗写作中领悟为人处世的"规则"艺术。

音韵学（汉语音韵学）又叫声韵学，是研究汉语各个历史时期的声、韵、调系统及其发展规律的科学。它同文字学、训诂学一样，是传统语言学的一个分支。

音韵学和语音学是两个不同的概念，它们在内容上是有分歧的。语音学是对语音的客观描写，它对语音从生理属性和物理属性两方面展开研究。语音学研究有三个主要分支：发音语音学、声学语音学、听觉语音学，还有所谓实验语音学。它们是从普通语言学的角度讲述发音器官的作用、各种语音的构成等，适用于全人类所有的语言。而音韵学是研究某种语言的语音和该语言语音系统中语音功能的一门学科。它包括音位学，包括研究某种语言历史上的语音变化等。音韵总是属于一种具体语言的，它具有很显著的民族特点，不可能有"普通音韵学"。

音韵学和语音学虽然都以语音为研究对象，但它们内容上的分歧决定了它们在观点和方法上也有不同。音韵学侧重于音类的划分，侧重于语音系统的归纳整理；语音学则侧重于发音原理的分析。但是，音韵学跟语音学又是有密切联系的，不能想象一个人不懂发音的道理而能把音韵学研究好，从这个意义上我们又可以说语音学是音韵学的基础。

一、音韵学的功用

（一）音韵学是建立汉语史的前提

汉语的历史，自汉民族产生以来即已发端。古人没有也不可能给我们留下客观的语音材料，我们今天研究汉语语音的历史情况主要凭借的是书面文字材料。如上所述，人们把汉语语音几千年的历史分成了上古期、中古期、近古期、现代期四个阶段，古代汉语各个时期相应的语音也因而被称为上古音、中古音、近古音，研究各个时期语音的分支学科则分别被称为古音学、今音学、北音学。现代期阶段的语音则属于现代汉语的研究范畴，古代还有一种研究和分析汉语语音的专门学问——等韵学（研究声韵配合规律），这样，汉语音韵学就分成了四个部分：古音学、今音学、北音学和等韵学。

严格说来，这四个部分只包括了汉语音韵学的一半内容，它只把几个代表时期的横的面进行了剖析，都属于共时的研究，都不研究汉语语音的发展规律。对汉语语音发展规律的研究，形成了汉语语音史这个分支。整个汉语史的研究，应该是共时和历时的立体交叉，但目前共时研究能够提供的东西不是太多，所以语音史的研究还非常薄弱。目前，汉语语音史方面比较重要的成果是王力先生的《汉语语音史》，比较详细地展示了汉语各个历史阶段的声、韵系统及其拟音，指出了汉语语音发展的某些规律。科学的汉语语音史是构建系统科学的汉语史的一个重要基础，所以，这方面的工作还有待今后的努力。

（二）音韵学是进行方言研究的必备知识

汉语方言学是研究汉语地方性口语的一门学科。要对方言进行深入研究，不能不牵涉方言的历史，只有从历史的角度找出方言特点的根据，才能弄清方言的来龙去脉，才能对方言的特点及其演变规律作出合乎科学的解释。因此，要从事方言研究，就必须具备一定的音韵知识。

（三）音韵学是文字学、训诂学的工具

在传统的语言文字学的三个分支中，音韵学是其他两个学科的基础，古今有成就的语言学家，无一不精通音韵学知识或本身就是音韵学大师。对普通人和初学者来说，音韵学对文字词汇学习的意义体现在以下几个方面：掌握反切；认识文字上的通假；理解汉字构造；认识声训；有助于古汉语语法的研究；是学习和研究古代诗歌声律的基础。

（四）古代主要韵书

所谓韵书，是指按照字音分韵编排文字的一种工具书。汉字是形、音、义的统一体，古代的工具书，也是分别按这三个方面来编排的。按意义编排的有《尔雅》，约战国末期问世；按形体编排的有《说文解字》，公元100年也已问世。但按音编排的韵书却出现得较晚，这是因为人们对汉语语音音节特点的认识和分析到南北朝以后才有了较大的自觉和较高的水平。按音编排最早的韵书是三国时期魏韵学家李登的《声类》，据清谢启昆《小学考》所录，魏晋南北朝时声韵类著作有27种，还有70种音义书，但均已佚。六朝的韵书因"楚夏各异"，各有土风，各自按自己的语音系统编制韵书，甲地的韵书只适用于甲地，乙地的韵书只适用于乙地。隋统一后，要求语言上也有统一的标准，所以，陆法言的《切韵》就应运而生。

（1）《切韵》。作者陆法言（名"词"或"慈"，字法言），原书已佚，仅存《切韵序》（敦煌残卷）。《切韵》是在研究分析六朝韵书的基础上编辑而成的，它是前代韵书的总结。由于它的完整性、系统性，故"时俗共重，以为典范"。但到目前，它所反映的音系还是一个有争议的问题（四派）。王力："切韵的语言系统是以一个方言的语音体系为基础（可能是洛阳话），同时照顾古音系统的混合物。"[①]《切韵》问世以后，基于它较好的适用性，在盛唐发达的文化和科举取士的背景下，不少人为它增字加训，出现了很多增广《切韵》的韵书，到了孙愐的《唐韵》，几乎成了官书，成为押韵的标准和规范。

---

① 杨剑桥：《〈切韵〉的性质和古音研究》，《古汉语研究》2004年第2期。

（2）《广韵》。作者陈彭年、丘雍等人据《切韵》及唐人增订本对《切韵》进行了修订，成于宋真宗景德四年（1007年），于真宗大中祥符元年（1008年）改名为《大宋重修广韵》，习惯上称《广韵》。《广韵》一出，隋唐韵书都渐渐亡佚，这样，《广韵》在汉语音韵学上就有着非常重要的地位。黄侃曾说："音韵之学，必以《广韵》为宗，其在韵书，如《说文》之在字书，轻重略等。"[①]它的重要价值体现在三个方面：一是《切韵》系韵书的代表，是研究中古音的重要依据；二是研究上古音的阶梯；三是研究等韵学的参考书。

（3）《声类》。我国古代最早的一种韵书是三国时期魏人李登编的《声类》。《声类》一书今已不传，有关李登生平情况亦不详。《隋书·经籍志》著录《声类》为10卷，按我国古代音乐上用的术语，即"宫、商、角、徵、羽"五音编排，不分韵部。《声类》收字11520个，比许慎的《说文解字》多2167个字。此书在训诂方面有着一定的贡献。

（4）《集韵》。《广韵》颁行后31年，即宋景祐四年（1037年），宋祁、郑戬等认为《广韵》"多用旧文，繁略失当"，建议重修。于是，宋仁宗命北宋文字训诂学家丁度和宋祁等人重修《广韵》，到宋英宗治平四年（1067年）终于重修完毕。皇帝赐名为《集韵》，颁行于天下。《集韵》不同于《广韵》之处主要有以下六点。第一，增加了卷次，由原来的5卷增至10卷。第二，调整了韵部，精简注释。《广韵》的注释一般比较繁多，而《集韵》则适当作了删减。第三，增加了字数，《集韵》的收字原则是"务从该广"，一个字不管有多少不同的写法，也不管是所谓的正体、古体、俗体……只要有根据，都一一收集起来。《集韵》共收53525字，比《广韵》多出27331字，它是我国现存收字最多的韵书。第四，纠正和补充字义，增多了古籀和异体。第五，改变了音注顺序，即先注字音，后释字义。第六，引证古书保存了若干可贵的原文与本义，这是《集韵》最大的成就和功绩。《集韵》现存较早的有宋刊本及影宋抄本若干种，其中以汲古阁影宋抄本最为有名。《集韵》编好以后，流传并不广泛，尤其元、明两代，不为人们所重视，直到清代才被文人学者垂青。此书在研究语音（指宋代音）、词义等方面有一定的参考价值。

[①]　黄侃：《黄季刚先生与友人论治小学书》，《唯是》1920年第3册。

（5）《平水韵》。《礼部韵略》行世后，历代时有增补。宋淳祐十二年（1252年），刘渊修编成《壬子新刊礼部韵略》，把原书的206部归并成107部。此书后代亡佚。由于刘渊是江北平水人，有人以为后代流行的"平水韵"就是指刘渊这部韵书。但是根据钱大昕《十驾斋养新录》的说法，应该是金代平水书籍王文郁所写的《平水韵略》，王书分106部，比刘书少1部，这106韵一直流行到现在。据近人研究，106韵或107韵是金朝科举所定的用韵条例，它是在前代韵书所规定的独用同用条例的基础上加以删并而成。

（6）《韵府群玉》。宋阴时夫撰，其弟中夫注。按黄虞稷《千顷堂书目》云："阴幼遇一作阴时遇，字时夫，奉新人。登宋宝祐九经科，入元不仕。""康熙中，河间知府徐可先之妾谢瑛，又取其书重辑之，名《增删韵玉定本》。今书肆所刊皆瑛改本。此本为大德中刊板，犹时夫原书也。""然元代押韵之书，今皆不传，传者以此书为最古。又《今韵》称刘渊所并，而渊书亦不传世。所通行之韵，亦即从此书录出，是《韵府》《诗韵》皆以为大辂之椎轮。将有其末，必举其本。"

（7）《中原音韵》。《古今韵会举要》之后，完全摆脱正统韵书的束缚而根据实际语音另创编排体例编成的韵书是《中原音韵》。《中原音韵》系元人周德清根据当时戏曲家，如关汉卿、马致远、郑光祖、白朴等人的戏曲作品用韵字编辑而成的。初稿完成于元泰定元年（1324年），曾抄写了几十本在外流传。到了元元统元年（1333年），才加以修改，写成定本，并正式刻印出来。今天所能看到的，就只有刻印出来的写定本。《中原音韵》的编排，体例简明而合乎实用，和以前的韵书迥然不同。全书分19韵，四声不分立，这和元曲四声通押有关，韵目都用两个字标出。平声分阴、阳，把入声分别派入平、上、去。所以，它的四声是阴平、阳平、上声、去声，和旧有的平、上、去、入是两回事。周德清的这种彻底改革，如果不是正视当时的语音实际，重视戏曲用韵的实际需要，当然做不到。《古今韵会举要》等韵书主要依据的是当时的官话和读书音；而《中原音韵》却是反映当时的口语，是说话音。一般说来，读书音多少有一些因袭守旧和人为的色彩，甚至还有一些兼顾方言的味道，忠实地反映了这种读书音的系统，对于研究官话的形成和发展，不能不说有一定贡献，但对于了解当时的语言在声音方面的系统，对于研究某些语音现象的演变规律，就很不足。从这个意义上讲，《中原音韵》更显出它不可比拟的价值。作为北曲用韵依据的韵书《中原音韵》，是中国语言学史上一部划时代的著作。虽然它是为戏曲家作曲服务的，但很大程度上反映了元代中叶北方话的语音系统。这个系统有下面几个特点：一是全浊声母消失；二是平声分化成阴阳两调；三是入派三声。今天中国北方大部分地区普遍使用的北方方言（又称官话）都具备上述特征。

（8）《佩文韵府》。我国规模最大之韵典。清康熙年间编撰，全书共 106 卷，18000 余页。本书依诗韵分卷：以韵统字，以字统事。每字之下，列有韵藻、对语及摘句。韵藻收录，接词尾排比，如南东、江东、瑶池东、宿西食东诸词，均系于东字下，每一词下，或注其出处意义，或引诗词以明见用，所引用者，经史子集乃至类书皆与焉，搜罗致富。对语则以二字或三字成对者录之，仍以末字系之，如渭北、江东为对，三岛外、五湖东为对，皆系之东字下。摘句则摘录前人诗句，或五言，或七言，皆单句，仍以末字系之，如力障百川东、翠华拂天来向东等，皆系东字下。此书乃为赋诗填词，查考典故之工具书也。本书尚有拾遗，约占正编二十分之一，自康熙五十五年(1716 年)四月至康熙五十九年（1720 年）正月，由武英殿词臣奉敕增辑御定而成。正编韵藻所未载而别增者谓之补藻，其韵藻所已载而增注者谓之补注，合正编与拾遗而得全璧也。

另外，还有《礼部韵略》《韵集》《唐韵》《古今韵会》《古今韵会举要》《洪武正韵》《韵略易通》《音韵阐微》《词林正韵》《词韵简编》等韵书。

二、近体诗的格律

近体诗是相对于古体诗而言的一种诗体。唐代以前的旧体诗，包括五言诗、七言诗和乐府民歌等，称为古体诗或古诗。古诗的特点是全诗句数不拘，或三言四言，或五言七言，还有杂言；不讲求平仄、对仗；押韵方式较自由等。唐以后产生的讲究平仄和对仗的格律诗（包括律诗、绝句、排律）称为近体诗或格律诗。这里的"近"和"古"是相对于唐代而言的。近体诗是汉魏六朝时期受佛经翻译的启发，文人们对汉语音韵特点的认识日渐深入，在诗歌创作中自觉探索的产物。近体诗和古体诗的不同主要有四点：句数字数固定、押韵严格、平仄相对、对仗严格。这四点实际上也就是近体诗的诗律。

(一)句数字数固定

古体诗的句数是不限的。一首古体诗，可以很短，如刘邦《大风歌》："大风起兮云飞扬,威加海内兮归故乡,安得猛士兮守四方!"项羽《垓下歌》:"力拔山兮气盖世,时不利兮骓不逝,骓不逝兮可奈何,虞兮虞兮奈若何!"也可以很长,如《孔雀东南飞》,全诗350余句,被称为"古今第一长诗"。和《孔雀东南飞》一道被誉为乐府双璧的《木兰辞》也有62句。而近体诗的句数都是固定的。律诗一般是8句,绝句都是4句。超过8句的叫长律或排律。

古体诗的句式(字数)也是不限的,主要有四言、五言、七言还有杂言,一首诗中,可以从三字到八九字甚至十几个字的句子并存。而近体诗严格要求句子的字数,或五言,或七言,且绝对要求纯粹一律。近体诗的句数、句式是固定的,但不能反过来说,凡五言、七言八句的都是律诗,五言、七言四句的都是绝句,因为近体诗还有其他更为内在的形式要求。如虞美人《和项王歌》:"汉兵已略地,四方楚歌声。大王意气尽,贱妾何聊生。"更不用说歌谣、谜语等民间或通俗体裁的韵语作品了。所以,句数句式固定只是近体诗的一个必要条件。

(二)押韵严格

古体诗用韵不严,它的韵脚可平可仄,中间可换韵;近体诗有严格的韵律,一般要押平声韵,一韵到底,不得换韵。一般来说,诗词的双数句子的末尾,必须押韵。如《宿建德江》:"移舟泊烟渚,日暮客愁新。野旷天低树,江清月近人。"其中的"新""人"就是韵脚,韵母是"in"和"en",在平水韵中同属"十一真"韵部,是押韵的。

近体诗押韵严格,主要指以下两点:一是近体诗一般只用平声韵(有极少数仄声韵诗,但非正体),古体诗则既可押平声韵,也可押仄声韵;二是近体诗不能"出韵",也就是说,韵脚必须只用同一个韵中的字,不允许用邻韵的字。这里的"同韵""邻韵"非指《广韵》的206韵,而是指金人王文郁《平水新刊韵略》中的106韵,即"平水韵"可"诗韵"。

唐以后一直到现代,尽管实际语音已经发生了很大变化,但人们做近体诗时,还都依照"平水韵"。如《送杜少府之任蜀州》:"城阙辅三秦,风烟望五津。与君离别意,同是宦游人。海内存知己,天涯若比邻。无为在歧路,儿女共沾巾。"此诗用"真"韵:"秦、津、人、邻、巾"都没有出韵。"出韵"的诗不能算标准的近体诗。但近体诗首句入韵的可以用邻韵。如苏轼《题西林壁》:"横看成岭侧成峰,远近高低各不同。不

识庐山真面目，只缘身在此山中。"首句用"冬"韵"峰"字，而二、四句用"东"韵
"同、中"。

（三）平仄相对

平仄是一种声调的关系，相传沈约最先发现汉语里有四个声调，又相传仄声这个名
称也是沈约起的。仄就是侧，侧就是不平。仄声和平声相对立，仄声是上、去、入三声
的总名。平仄是形成近体诗的最重要的因素之一。

1. 句内相间，对句相对，邻句相粘

（1）句内相间是指一句中，平仄要间隔，如平平仄仄平。

（2）对句相对就是一联中的上句和下句平仄刚好相反，如：

"仄仄平平仄，

平平仄仄平。"

（3）邻句是指上联的下句和下联的上句，相粘的原意为相同。但在格律诗中，按
仄起平收的原则，下句最后一个字为平声，上句最后一个字为仄声，所以只能是"头粘
而尾不粘"，如：

"仄仄平平仄，（句内平仄相间）

平平仄仄平。（第二句和第一句平仄对立）

平平平仄仄，（第三句和第二句平仄相粘）

仄仄仄平平。（第四句和第三句平仄对立）"

失粘和失对就是违反以上的粘对原则。失粘会造成句式重复，而失对会造成违律。
"对"和"粘"的作用是使诗的声调有变化而不单调，朗读起来和谐，从而加强了音乐美
感。如果出句和对句不对，上下两句的平仄就重复了；如果上一联的对句和下一联的出
句不粘，上一联和下一联的平仄就重复了。这样的重复就失去了音乐美感。所以，失粘
和失对在格律诗中都是绝对要规避的。

2. 平仄的变格

格律诗除了前面的一些格律规则外，还有一些规则是必须注意的。（1）孤平句，如
五言中的平起平收句"平平仄仄平"。按照"一三五不论，二四六分明"的说法，第
一个字可平可仄，若为仄则全句变为"仄平仄仄平"。除过韵脚（最后一个字）外，全

句只有一个平声字，叫作孤平，是格律诗中的大忌。（2）三平尾和三仄尾。诗句的末三字称为三字尾。三字尾的平仄安排关系这句诗的声律是否和谐，所以一般要求三字尾须避免三平或三仄。如："静听松风寒"（刘长卿《弹琴》）是三平尾的诗句，"悲秋宋玉宅"（杜甫《奉汉中王手札》）是三仄尾的诗句。"孤平""三平尾""三仄尾"的句子都是拗（ào）句。诗人就采取了一些特殊的规则，特定平仄格式进行补救。这就叫"拗救"，经过拗救的句子就是变格。此部分内容复杂，这里不讲述。

（四）对仗严格

对仗就是对偶，把字数相等、意思相对（或相反）、结构相同（或相近）的两个句子对称地排列在一起。对仗是作诗词的基本功。

1. 对仗的要求

律诗对仗有三个要求：一是字面相对，构成对仗的两个句子，字数相等，结构对称，字词的意义相对。二是词性一致，在一联中，名词对名词，动词对动词……相对字词的词性应该是相同的，是工对还是宽对，往往由此决定。三是平仄相对。

2. 对仗的方法

对仗有工对、宽对、借对、流水对、扇面对（又叫隔句对）、错综对等多种方法。

（1）工对。工对不仅要求词性相同的词相对，而且要求小门类都是相对的。例如，"水落鱼龙夜，山空鸟鼠秋"（杜甫《秦州杂诗》）、"晓战随金鼓，宵眠抱玉鞍"（李白《塞下曲》）、"枫林木脱悲秋瘦，霜菊花开向客圆"（吴继曾《登元辰山》）。

（2）宽对。宽对只要词性相对就可以。例如，"情人怨遥夜，竟夕起相思"（张九龄《望月怀远》）、"却看妻子愁何在，漫卷诗书喜欲狂"（杜甫《闻官军收河南河北》）、"三十一年还旧国，落花时节读华章"（毛泽东《和柳亚子先生》）等都是宽对。尤其是毛泽东的这联诗，"三十一年"与"落花时节"分别指时间和时令，应该说是非常宽的宽对了。

（3）借对。借对是借用音义，达到字面工整的对仗。例如，"那堪将凤女，还以嫁乌孙"（沈佺期《送金城公主适西蕃应制》），借"乌"的本义以对"凤"；"辛苦灌园忘我老，未甘伏枥得春先"（吴毓苏《辛未年春联》），借"甘"之甜的意思对"苦"；"酒债寻常行处有，人生七十古来稀"（杜甫《曲江》），古人以八尺为"寻"，两寻为

"常"，故借"寻常"为数字以对"七十"。有时是借声音，如"马骄珠汗落，胡舞白蹄斜"（杜甫《秦州杂诗》其三）、"事直皇天在，归迟白发生"（刘长卿《新安奉送穆谕德归朝，赋得行字》）。

（4）流水对。流水对是出句与对句为一个整体，共同表达一个意思，不能分开来看，也不能倒过来读，仿佛江河之水顺流而下，所以称为流水对。例如，"那堪玄鬓影，来对白头吟"（骆宾王《在狱咏蝉》），"请看石上藤萝月，已映洲前芦荻花"（杜甫《秋兴》），"大人怜瘦影，令我惜华年"（谭莺初《忆旧》），"遥怜小儿女，未解忆长安"（杜甫《月夜》），"唯将终夜长开眼，报答平生未展眉"（元稹《遣悲怀》），"可怜无定河边骨，犹是春闺梦里人"（陈陶《陇西行》）。

（5）扇面对。扇面对又叫"隔句对"，即出句与下一出句相对，对句与下一对句相对。如，"缥缈巫山女，归来七八年，殷勤湘水曲，留在十三弦"（白居易《夜闻筝中弹潇湘送神曲感旧》），"缥缈巫山女"对"殷勤湘水曲"，"归来七八年"对"留在十三弦"，是隔句相对；又如在"昔年共照松溪影，松折溪荒僧已无，今日重思锦城事，雪销花谢梦何殊"（郑谷《将之泸郡旅次遂州遇裴晤员外谪居于此话旧凄凉因寄》）中，"昔年共照松溪影"对"今日重思锦城事"，"松折溪荒僧已无"对"雪销花谢梦何殊"，也是隔句相对。

（6）错综对。错综对又称"犄角对"或"交股对"，主要是为了适应平仄而颠倒词序，错位相对。例如，在"禅宫分两地，释子一为心"（储光羲《题虬上人房》）中，"一"和"两"错位相对；又如，在"裙拖六幅湘江水，鬓耸巫山一段云"（李群玉《同郑相并歌姬小饮戏赠》）中，"六幅"和"一段"错位相对，都是错综对。

3. 对仗的避忌

（1）忌同字相对。在一组对仗的句子中，上句和下句在同一字序位置上不能同字。同字必同声，同声就必然失对。如"无边落木萧萧下，不尽长江滚滚来"若改成"无边落木萧萧下，无尽长江滚滚来"便成了同字相对，上下句的同一位置上都是"无"便是同字相对，此为大忌。

（2）忌合掌。合掌是指句的意义相同，应该避免同义词相对。如"蚕屋朝寒闭，田家昼雨闲"中的"朝"与"昼"便是对仗合掌。

（3）忌失对。律诗每联的出句与对句是平仄相对的，也就是说，出句与对句的平仄必须相反，出句是平平仄仄平平仄，对句应该是仄仄平平仄仄平。出句是平平平仄仄，对句就应该是仄仄仄平平。首句押韵的，末字落在平声上，因而首联不全相对，但其他各联都要平仄相反。这叫"对"，不符合"对"的规则，就是"失对"。

（4）忌失粘。粘就是粘连的意思，五律要求上一联对句与下一联的出句前两个字平仄必须相同。由于律诗的一、三、五处可以不论平仄，实际上我们只用看第二个字是否平仄相同。不符合"粘"的规则，则是"失粘"。对于七律则是第三、四字处平仄相同，由于一、三、五处平仄不论，所以我们只用看七律第四字平仄是否相同。

三、近体诗的写作

诗词的创作题材是多种多样的，可以将它们大致分为以下几类：时事类、山水田园类、咏物类、题画题照类、酬唱贺挽类、咏志抒怀类、军旅类、边塞类、情爱类、讽喻类等，当代又出现了旅游诗词、环保诗词、校园诗词等。

(一)立意

立意，是作者在自己作品中先经过认真的考虑和锤炼，而后用确切的形象化的语言，准确地表达对某一事物的看法或对某些情景的感受。"意"，就是指作品所表达的中心思想，它是作品的主体与核心。一首诗立意的好坏，必将决定这首诗的优劣。立意高、立意新则立意好。高，就是不同凡响；新，就是不落俗套。杜牧的《山行》：

> 远上寒山石径斜，
>
> 白云生处有人家。
>
> 停车坐爱枫林晚，
>
> 霜叶红于二月花。

这首诗一扫历代文人悲秋之感，生动地描绘了枫叶流丹，层林尽染，满山云锦，比春天还要艳丽的秋色。他在诗中歌颂了大自然的秋色美，体现了乐观向上的精神。这首诗的立意既新又高，成为不朽的名作。

即使是同一题材的诗，由于作者在立意上的差别，他们的诗作所营造出来的意境也会给人以不同的感受。

（二）布局

布局就是在诗词主题确立后，将选取的相关素材根据深化主题、表现内容、营造意境的需要，进行恰当的剪裁和合理的安排，使诗词中的各个部分有机地联系起来，形成一篇完整的诗歌作品。一首诗词的布局，在确立主题以后，就要有一个选材、安排的初步打算。下面简单介绍几种布局方法。

1. 起承转合法

起承转合法是最常见的方法。它是按照事物的发展顺序、感情波澜的自然起伏或事理的内在逻辑往下写的。此法往往表现为起、承、转、合在一首诗中四句的具体运用。"起"，诗的开头；"承"，接着开头的意思加以发展；"转"，是转折，开拓新意；"合"，是结束全篇。为了写好绝句，在采用此法时，要求：起要扣题、突兀；承要连贯、自然；转要新颖、巧妙，多为结句作准备；结要含蓄、深邃或铿锵有力，醒明本旨，起到画龙点睛的作用。李白的《客中作》：

> 兰陵美酒郁金香，
>
> 玉碗盛来琥珀光。
>
> 但使主人能醉客，
>
> 不知何处是他乡。

此诗用的就是起、承、转、合布局法。起句"兰陵美酒郁金香"，既贴题，又突兀；第二句"玉碗盛来琥珀光"，紧承上一句"美酒"说来，连贯自然。这两句说明了朋友的盛情款待，李白欢饮美酒的情景，这才使第三句转到抒情"但使主人能醉客"，第四句表明看法，"不知何处是他乡"。第三句用"但"字转，且为第四句作了引线；而第四句表达了诗人高昂的精神状态和豪放不羁的个性，一扫古人作客时怀乡的凄楚情绪。

绝句从总体上讲，通常可分为前、后两半。前半部分往往起引带、铺垫的作用；后半部分是主题意旨所在。但关键在第三句，第三句得力，则末句易之。王楷苏《骚坛八略》云："在第三句着力，须为第四句留下转身之地。第三句得势，第四句一拍便着。譬之于射，三句如开弓，四句如放箭也。"杨载《诗法家数》云："要婉曲回环，删芜就简，句绝而意不绝。多以第三句为主，而第四句发之……大抵起承二句困难，然不过平直叙起为佳，从容承之为是。至如宛转变化，功夫全在第三句。若于此转变得好，则第四句如顺水之舟矣。"①由古人的这些议论，可见结句的重要性，结句一好，全诗尽活，顿然生辉。"结"是诗的最精彩处，是作者画龙点睛之笔。

2. 并列对合法

绝句中的四句，用两组对仗句分别写四个事物或分别写一个事物的四个方面，这样的布局叫"并列对合法"，这种方法工整而优美。杜甫是最杰出的律诗大师之一，精于对偶，能够将这种形式极其成功地运用到绝句中来，而不见板滞，如《绝句四首》（其三）：

> 两个黄鹂鸣翠柳，
>
> 一行白鹭上青天。
>
> 窗含西岭千秋雪，
>
> 门泊东吴万里船。

3. 对比法

把性质相反的两件事或情况迥异的两种景，写在一首绝句中，以进行对比，这样的布局法叫"对比法"。常用的有悲喜对比、贫富对比、盛衰对比、贵贱对比、劳逸对比等。对比，能突出事物的本质特征，增强说明力和表现力。在正反两方面的对比中，妍媸立现，善恶分明，诗人虽不着议论而旨意自明。诗人作今昔对比时，第一句往往用"忆昔""去岁""别时""旧"等词语开头，第三句中往往用"今日""如今""祗今""而今"等词语，来点明时间之不同。王播《题木兰院》：

> 三十年前此院游，
>
> 木兰花发院新修。
>
> 如今再到经行处，
>
> 树老无花僧白头。

4. 先景（事）后议法

在一首绝句中，前两句写风景或事实，后两句写议论，即属此法。风景或事实是议论的根据，触景生情，就事生议，那就不是无稽之谈了。诗中的议论应观点新颖，见解

---

① 周拥军：《学诗快速入门120问》，天津教育出版社2013年版，第218页。

高超，成为全诗的画龙点睛之笔，以收警策动人之效。如王之涣的《登鹳雀楼》一诗的前两句"白日依山尽，黄河入海流"，写景，写得景象壮阔，气势雄浑；其后两句"欲穷千里目，更上一层楼"，是发表议论，含意深远，耐人探索，道出了站得高才能看得远的哲理，成为流传千古的名句。前两句写所见，后两句写所感，衔接自然、紧密，达到了景入理势、理抒景情的妙境。钱明锵的《仙女岩》：

> 琼宫仙女落红尘，
>
> 出浴归来意态真。
>
> 何用移山掩羞涩，
>
> 天公造物本清纯。

5. 先议后景（事）法

先议后景（事）法与先景（事）后议法在内容排列的次序上正相反，它是先发表议论，而后写景或叙事来证明其论点。议论与写景、叙事有相辅相成的作用。如刘禹锡的《秋词》：

> 自古逢秋悲寂寥，
>
> 我言秋日胜春朝。
>
> 晴空一鹤排云上，
>
> 便引诗情到碧霄。

前两句是诗人表明自己对秋天的看法与古人悲秋的论调不同，而后描绘一幅碧空万里、白鹤凌云飞翔的图景，予以证明。诗人为革新经受了守旧派的严重打击而依然斗志昂扬；诗人接触过不少知识分子，深知他们不得志，对前途失望，因而有悲秋的实质。诗人不同意他们悲观失望的表现，所以在诗中偏说秋天比春天好。好在何处？ 他举出晴空一鹤，排云直上，矫健飞翔，奋发有为的事实，来说明秋天的清明、凛冽、萧条、寂寥，正是大自然别开生面，催人精神抖擞，奋发向上的良剂。这只"鹤"是自强不息的志士的化身，这"诗情"便是志气，便是奋斗精神，这"碧霄"便是一个知识分子爱国爱民的高尚的思想境界。

●● 第三节
● 训诂学

训诂学既是传统语言文字之学的重要组成，又是文字、音韵、语义、历史语法、修辞及校勘等的综合运用。洪诚先生说："训诂学是为阅读古代书面语服务的一门学科。阅读古书，必须综合运用文字、词汇、语音、语法、修辞、逻辑、篇章结构等知识，因此训诂学与研究汉语的文字词汇、语音语法、修辞等各门学科均有密切的关系。"①

一、训诂学的意义

训诂学是我国传统语言学的重要组成部分，它以历代的训诂理论和实践为研究对

---

① 洪诚：《洪诚文集》，江苏古籍出版社(现凤凰出版社)2000年版，第1页。

象，是批判地继承我国古代文化遗产必须运用的一门基础科学。随着训诂学的发展，训诂学被广泛地应用于各个文化领域，人们逐渐认识到训诂学不仅仅是专家之学，而且是一门有广泛实用价值的学问。

（一）由训诂以考文化

1. 通过名物训诂阐释古代物质文化

早在汉代，训诂学就以经学为基础发展起来，而且有了专门解释词语的训诂学著作，主要有《尔雅》《方言》《说文解字》《释名》四种。这四部训诂专书被后世称为中国训诂学的基石。其中，《尔雅》是最早的训诂专书，也成为后代解词释义的重要依据。《尔雅》3 卷 20 篇（今留 19 篇），书中《释诂》《释言》《释训》3 篇是解释名物以外的语词，主要类聚一般意义相同或相近的词语，用一个通用词作解释。不同品物则用不同的训解方法，很是详尽。其余 16 篇都是解释各种事物名称的，如亲属、宫室、器物、山川、草木、虫鱼、鸟兽等，其解释对象多是经传古籍中的词语。所谓"名物"是指范围比较固定、性质比较具体的专门名词。通过名物训诂阐释古代物质文化，是训诂学的任务之一。例如，我们可以依据《释宫》阐释古代民居文化和建筑文化，依据《释器》阐释古代各种器制、服饰文化和饮食文化，依据《释乐》阐释古代音乐表现艺术，依据《释天》推导先秦天文学史研究，依据《释地》《释丘》《释山》推导先秦地理学史研究，依据《释水》推导先秦水文学史研究，依据《释草》《释木》《释虫》《释鱼》《释鸟》《释兽》《释畜》推导先秦生物学史研究。这些都是我们借以阐释古代物质文化的宝贵文本。

2. 通过训诂阐释古代制度文化

物质文化是活跃的、经常变动的文化，而制度文化则相对稳定一些，它规定着文化的性质，是文化中的权威因素。但是，同语言文化相比，制度文化更为活跃一些。因此即使现实的人类社会制度已经发生变化，它的消逝了的制度文化的痕迹也仍然可以在语言中沉淀并保留下来。例如，我们可以依据《尔雅》中的《释亲》来阐释古代宗法制度和婚姻制度，依据《释天》阐释古代祭祀制度，依据《释地》阐释古代封建分封制度等。

（二）训诂学在提高中国文化历史学术现代化、国际化中的作用

中国现代训诂学的研究，是联系中国历史文化背景，对汉语字词的形音义、汉语字

词的内在条理与系统以及语言、文学、史学、哲学、文化学所作的综合研究，是对中国的学术文化与外国的学术文化实行贯通的研究。所以，这种研究体现了 20 世纪初中国语言研究的民族特点和时代特点，是中国语言研究中既有传统根基又有创新意义的研究范式，为中国文化历史学术的现代化、科学化、国际化开辟了正确的道路。

1. 训诂学在文史研究中的作用

训诂学是文史工作者必须掌握的基础知识之一。在学习和研读文史专著与论文时，常常发现一些有名望的专家学者，由于忽略了训诂学的研究成果，而产生常识性的错误。现以文史工具书中的错误为例，阐述训诂学在文史研究中的重要作用，以引起学术界的关注。

《辞源》《辞海》和《现代汉语词典》是文史工作者最常用的工具书，也是与训诂学关系最密切的专著。但是，如果编者对前人训诂学成就注意不够，也难免导致失误。如对"狼狈"一词，三书皆袭唐代的旧说，没有吸收清代与近代学者的训诂学成就。《辞源》："狼狈：兽名。唐段成式《酉阳杂俎》十六《广动植·毛》：'或言狼狈是两物，狈前足绝短，每行常驾两狼，失狼则不能动。故世言事乖者称狼狈。'俗谓互相勾结为非作歹者为狼狈为奸。"《辞海》："狼狈：比喻彼此勾结，如狼狈为奸。按，旧说狼狈两兽名。狈前脚绝短，每行必驾两狼，失狼则不能动。"《现代汉语词典》："狼狈：传说狈是一种兽，前腿特别短，走路时要趴在狼身上，没有狼，它就不能行动，所以用'狼狈'形容困苦或受窘的样子：十分狼狈、狼狈不堪。"对于"狼狈""犹豫"这一类联绵词，古人早有训释。王念孙《广雅疏证》："踌躇，犹豫也。"疏证曰："后人误读狐疑二字，以为狐性多疑，故曰狐疑。又因《离骚》犹豫、狐疑相对成文，而谓犹是犬名。犬随人行，每豫在前，待人不得，又来迎候，故曰犹豫。或又谓犹是兽名，每闻人声，即豫上树，久之复下，故曰犹豫。或又以豫字从象，而谓犹豫皆是多疑之兽。以上诸说，具见于《水经注》《颜氏家训》《礼记正义》……本因声以见义，不求诸声而求诸字，故宜其说之多凿也。"王引之继承其父的成果，在《经义述闻·通说上》中，又一次告诫说："其义即存乎声，求诸其声则得，求诸其文则惑矣。"近代人朱凤起在《辞通》中，再一次肯定了王氏父子的见解，学术界已成定论。可见，训诂学在文史研究中起着重要作用，广大文史工作者应当对其加以重视。

2. 训诂学在当代文学创作中的作用

训诂学属于传统语言文字学的范畴，它与当代文学的创作似乎联系不大。事实上，当代作家在以历史为题材从事文学创作时，必将涉及一些古代汉语的词汇、典故和古代文化常识等方面的问题。即使是创作以现实生活为题材的文学作品，也难免运用一些古代的词汇、典故等。某些作家正是由于缺乏古汉语修养，缺乏训诂学知识，所以在文学创作中出现了一些误用古语词、误用典故、误解成语和不明古代文化常识等方面的问题。限于篇幅，在此不一一列举。总之，训诂学与当代文学创作之间的确存在紧密联系。如果作家不懂得一点训诂学知识，缺乏古汉语修养，那么他在写作的过程中需要用到一些古汉语词和成语典故的时候，就可能因理解不准确而用词不当，从而影响表达效果。中华民族具有五千多年灿烂的文化，作为一位作家，应该也必须从博大精深的古代文化中吸收营养，继承和发扬中华民族的优秀文化传统，同时提高自己的文化修养和文学作品的文化品位。要做到这一点，作家就必须具有一定的古汉语知识，懂得一点训诂学知识。

训诂的实用价值当然远不止上述这些，但从以上分析可知，训诂学是我们正确理解古代文献、深刻了解古代社会文化的工具和桥梁，同时也对继承和发扬我国古代优秀文化遗产起着至关重要的作用，甚至在当代文学创作中也有不容小觑的地位。训诂学的实用价值决定了当代训诂学要不断地建设发展，走向科学化、理论化、系统化，使这门古老学问焕发青春，在民族化和现代化的道路上不断前进。

二、训诂学的方法

训诂学，虽然内容繁多，但其中心内容是释词。因此，"所谓训诂的方法，主要就是释词的方法。""我们所说的方法，是指一个陌生的词摆在面前，我们采用什么样的手段，才能使它由未知变为已知。这种由未知求得已知的手段，便是我们所说的方法。"[①]20 世纪 40 年代以来，训诂学专著也好，训诂学论文也好，人们研究训诂方法，一般都是这样认识的，也都是这样做的。研究的结果，则认为《说文》的训释是形训，《释名》的训释是音训，《尔雅》与传注的训释其无关乎形与音者则定为义训，等等。以

---

① 郭在贻：《训诂学》，湖南人民出版社 1986 年版。

下简述形训、音训、义训三种基本训诂方法。

(一)形训

形训，就是以形说义，即用分析文字形体的方法来解释字的意义。它是基于汉字的表意特征而形成的一种训诂方法。

1. 汉字形义统一的一般规律

最早的汉字是依据字义来绘形的，字形和字义有直接的联系。

如：册，古文字作　。秉，古文字作　。射，古字形作　或　。

传统语言文字学用"六书"分析汉字形体。事实上，只有其中前四书是汉字的构造方法，即象形、指事、会意、形声。但就据义绘形的类型看，这四书只有两种类型。

第一种类型包括象形、指事和会意。它们共同的特点是利用字所记录的词义中具体的一面来直接绘形。如上举"册"和"秉"，这类字，形与义的联系是直接的，在以形索义的训诂中，这类字形的参考价值较大。

第二种类型包括形声。形声半标形、半标声。而标形的一半也仅仅是借别的字义来表明它本身意义的类别，而不是直接根据它自己的意义构形。如"省"，古文字作　。

形声字形与义的联系是间接的。这两类字形，虽然形与义的联系方式和密切程度不同，但它们的形与义都是相统一的。形义统一是早期汉字的客观规律。早期汉字有形义统一的特点，使通过古文字字形分析而推求字义成为可能，形训，以形索义便因此成为训诂学最早提出的一个重要方法。形义统一是研究古文字和古文献词义的重要原则，全面系统地贯彻这一原则的实践著作是许慎的《说文解字》。

2.《说文解字》形训的方式

（1）用指明是象形、指事或说明像某某之形的方法解释字义，主要用来解释象形字和指事字。如：

仌（冰），冻也。像水凝之形。

牟，牛鸣也。从牛，像其声气从口出。

二，高也。此古文上。指事也。

交，交胫也。从大，像交形 、。

（2）用离析字形的方法解释字义，主要用来解释会意字。

（寒），冻也。从人在宀下，以茻荐覆之，下有仌。

（3）用指明义符的方法说明字义所属的意义类别，主要用来说明形声字。

吻，口边也。从口，勿声。

喉，咽也。从口，侯声。

唾，口液也。从口，垂声。

问，迅也。从口，门声。

呦，鹿鸣声也。从口，幼声。

以上皆为从"口"的形声字，本义皆与"口"有关。

囗（wéi），回也，像回币之形。

囹，狱也。从囗，令声。

圃，种菜曰圃。从囗，甫声。

圈，养畜之闲也。从囗，卷声。闲，栅栏。

以上形声字，本义都和"囗"有关。

（二）声训

声训又叫"音训"，就是"因声求义"，即用声音相同或相近的字（词）来解释字（词）义的方法。声训的对象是同源字和假借字。由同一个词分化出来的若干新词由于有共同的母体，彼此之间具有形异、义通、音同或音近的特点，这样就形成了一个个字形不同、意义相通、语音相同或相近的词族。同一族的词，同出一源，是同源词。记录同源词的汉字就是同源字。假借字，指因读音相同或相近而借用的字。假借字和本字之间以声音为联系，因而可以根据声音的线索去推求本字本义。如《汉书·晁错传》："风雨罢劳，饥渴不困。"颜师古注："罢读曰疲。"用同音的本字来解释假借字在此处的意义。

声训分为说解同源字的声训和说明假借字的声训两类。

说解同源字的声训方式有以下两种。

1. 用音同或音近的同声符的字相训释

具体有以下三种形式。

（1）以被释字的声符为训。如：

讹，化也。

帽，冒也。

袷，大合祭先祖亲疏远近也。

（2）以后起形声字为训。如：

古，故也。

冬，终也。

（3）以声符相同的形声字互训。如：

富也者，福也。

郡者，群也。

2. 用其他音同音近的字为训

（1）以同音字为训。如：

山顶曰冢。冢，肿也，言肿起也。

山大而高曰嵩。嵩，竦也。

（2）以音近字为训。训释字和被释字或者有双声关系，或者有叠韵关系。如：

祈，求也。

契，刻也。

设，施陈也。

逢，迎也。

霜，丧也，其气惨毒，物皆丧也。

（3）以音转字相训。何为音转？ 在传统的汉语音韵学中，把汉字的韵母分为三大类：一类叫阳声韵，指今天所说的以鼻音［m］［n］［ng］收尾的韵母。如："三"的韵母［an］、"邦"的韵母［ang］。以［m］收尾的韵母，虽在现代汉语普通话语音系统中消失了，但保留在某些方言里，如粤语的"三"读［sam］，就是以［m］收尾的。一类叫阴声韵，指以元音收尾的韵母，如［ai］［au］。一类叫入声韵，指以清塞音

［p］［t］［k］收尾的韵母，这些也是在现代汉语普通话语音系统中消失了的，但保存在一些方言中。如闽南话"压"读［ap］。

根据古音学家的研究，在上古汉语中，汉语"阴""阳""入"三种韵母有相当整齐的对应规律。而由于语音的历史发展和地域的不同，主要元音相同的阴、阳、入三种韵母可以互相发生转化，古人统称之为"阴阳对转"。由于汉字的字音可能由于"对转"而发生变化，训诂学者也就用这种互相转化的字来训释古语和方言，这种训诂方法就叫作"以音转字相训"。

古代学者对"对转"早有认识。如《礼记·中庸》："壹戎衣而有天下。"郑玄注："衣读如殷，声之误，齐人言殷如衣。"这里阳声韵的"殷"音转为阴声韵的"衣"，文中的"衣"就是"殷"，殷朝。

（三）义训

在训释词语时，仅从现有意义的角度来选择训释词或作出义界，而不考虑词义来源与形义关系，这种直陈词义的训释方法就叫义训。义训是训诂学上运用得最普遍的一种训诂方法。

义训的表现形式主要有同义为训、反义为训、递相为训三种形式。

1. 同义为训

同义为训就是用同义词说解词义。如：

《诗经》："硕鼠硕鼠。"郑笺："硕，大也。"

《尚书》："九族既睦。"孔传："既，已也。"

2. 反义为训

反义为训简称"反训"，就是用反义词来解释词义。古代汉语中，有一部分词兼有正反相因的两个意义，这在训诂学上叫"施受同辞"或"美恶同名"。后世只通行其中一个意义，训诂学者为了说明古书中本来的词义，往往就要用反义词来说明词义。如：

《尚书》："予有乱臣十人，同心同德。"孔安国传："我治理之臣虽少而同心同德。"

《尚书》："乱而敬，扰而毅，直而温。"孔安国传："乱，治也。"

"乱"在《尚书》时代有"治理"和"紊乱"两个相反的意义，到汉代只通行"紊乱"一义。

3. 递相为训

递相为训就是几个字辗转训释，意义相同。《尔雅·释言》："速，徵也。徵，召也。"邢昺疏："转相解也，皆谓呼召。"这种方法的使用应该注意：如果释词和被释词都是多义词，那么递相训释的义项所表示的概念必须有同一性，否则就会犯移花接木的错误。

义训的实质——据文证义。形训是从字形分析寻找解释词义的依据，声训是从读音线索寻找解说词义的依据，义训是不利用语音和字形线索，不考虑词义来源和形义关系，只是就文献中具体的语言材料来解释词义。

拓展阅读:《说文解字》全文及注解	实践操作	过关测试

第二章

经学：立德修身

经学，即注经之学，为阐释儒家经典的学问，是我国古代四大学科门类之一。关于经学产生的年代，有两种说法，一说是创始于孔子，因为孔子曾修订古代典籍为"六经"，并以此来传授弟子，开启了以"传经"的方式来"传道"的儒家学风；另一说是经学始于汉武帝时代，标志是朝廷设立五经博士，以精通儒家典籍作为选拔官员的考察标准，从而使得阐释儒家经典成为专门的学问，也成为一种显学。孔子时期的注经仅限于私家传授，而并未在社会上形成一种通行的学问，严格来讲，经学的正式形成当在汉代注经之学成为官学之后。自此而始，从汉代至清代，虽然形式有异，内容有变，但经学始终是中国官方所定的最高学问，在整个封建社会体制运行中发挥着十分重要的作用。经学形成之后，在汉代因所据典籍文本的不同而有今文经学与古文经学之分；魏晋南北朝时期因为政治地理的分割又形成了"南学"与"北学"之别；隋唐统一之后兴起了较之往前更为进步的义疏之学；至宋明又发展为理学化的经学；到清朝时期，经学家继承汉代古文经学的传统，将考据、训诂发扬光大，取得了空前的成就，形成了所谓的"乾嘉学派"，也达到了中国古代经学发展的巅峰。经学的发展本源于儒家经典著作，同时又作为君主政治的御用学说，虽然受到种种的拘泥和约束，但是历代的才智之士仍然在经学的论说中提出了很多极具思想性的创见，展现出中国学人光辉的一面。2000多年里，经学一直延续和发展着中国古代的社会理念和民族思想，一部经学史，同时就是一部中国古代社会的思想史。

第一节
经学说略

知识目标：

- 熟记各朝代经学概况,包括代表人物和主要思想。
- 了解十三经基本内容。
- 背诵每本经书的经典名句 20 段以上。

能力目标：

- 能读懂经书。
- 能分析不同时代经学演变的规律。
- 在生活和工作中会活用经典名句和经学思想。

素养目标：

- 在经典学习中提升自我修养、思维能力和为人处世艺术。
- 培养学习经典的兴趣,陶冶情操,拓展视野,提升人生格局。

经部是记录儒家思想经典的文献。汉武帝接受董仲舒的建议,罢黜百家,独尊儒术,儒家思想就成了此后中国保持了 2000 多年的主流意识形态,不了解经学就很难了解中国历史和思想文化。

一、经学之史

经之本义,乃是指织布、织素时纵向的丝或线。许慎《说文解字》说:"经,织纵丝也。"段玉裁注解说:"织之纵丝谓之经,必先有经然后有纬。"

经之引申义为"常"，亦即从始至终永久恒定之义，历久而永存。将某类著作叫作"经"，或者"经典"，就是表示它寄托着始终不变的道理和深意，具有永恒的价值。"经"成为后人修习大道的主要典范和著书立说、成一家之言的理论源头和根据。

（一）先秦经学：孔子与六经

有孔子而后有儒家，有儒家而后才有儒家经典。因此说到六经，避不开孔子。

《白虎通义》"孔子定五经"条："孔子所以定五经者何？以为孔子居周之末世，王道陵迟，礼乐废坏，强陵弱，众暴寡，天子不敢诛，方伯不敢伐。闵道德之不行，故周流应聘，冀行其圣德。自卫返鲁，自知不用，故追定五经，以行其道。"皮锡瑞在《经学历史》中表达了自己的观点："经学开辟时代，断自孔子删定六经为始。孔子以前，不得有经……《仪礼》十七篇……亦自孔子始定；犹之删诗为三百篇，删书为百篇，皆经孔子手定而后列于经也。《易》自孔子作《卦爻辞》《彖》《象》《文言》，阐发义、文之旨，而后《易》不仅为占筮之用。《春秋》自孔子加笔削褒贬，为后王立法，而后《春秋》不仅为记事之书。此二经为孔子所作，义犹显著。"

孔子与六经之关系，是今古文学家争论的一个焦点。今文学家认为，孔子是政治家、哲学家，六经都是孔子所作，目的是托古改制，经文微言大义，无处不渗透着孔子的政治和哲学思想；古文学家认为孔子是历史学家，是第一个整理、保存、传授和阐述古代文献的学者，六经是周公旧典，孔子"述而不作"，只是修订而已[①]。种种史料证明，春秋时期，儒生们就以六经为课本学习儒家思想。在春秋战国时期，六经就已被人们公认为宝典。

（二）秦汉经学：大落大起

到了秦代，秦始皇采纳李斯的建议焚书坑儒，将全国图书以及学术著作集中到咸阳城，秦亡后，项羽焚烧咸阳，以致大量先秦典籍丢失，六经除了《易经》以外也未能幸免于难。

图 2-1　焚书坑儒

---

① 周予同：《中国经学史讲义》，上海文艺出版社 1999 年版，第 49 页。

虽说秦始皇焚书坑儒，但秦国并非消灭了一切学术，反而在秦代官职中设立博士之官，有 70 余人。这本身在先秦时期也不是孤立现象，齐国稷下学者 70 余人，大抵也是博士之制。秦博士淳于越进谏始皇效法先王而遭李斯排议。"臣请史官非秦记皆烧之。非博士官所职，天下敢有藏诗、书、百家语者，悉诣守、尉杂烧之。有敢偶语诗书者弃市。"（《史记·秦始皇本纪》）叔孙通为高祖制定朝仪，而他本为秦官博士。济南伏生，传《尚书》之学，本为秦博士。说明秦汉之际，学者不断如缕。

秦始皇焚书目的在统一文化，但做法残酷，似乎要灭绝文化。汉代皇帝兴文，目的也是统一文化，但做法甚妙，先兴文道，然后定为一尊。汉文帝开始从民间收集各家著述和诸家学说。在这样的风气下，儒家经典先后得到了极大的重视。就《诗经》而有齐鲁韩三家之学，又有《尚书》之学。

对汉代经学发展贡献最大的是董仲舒。董仲舒是今文经大师，专治公羊之学，代表作是《春秋繁露》。他在著名的"天人三策"（答汉武帝征问"天人关系"的三篇策论，也称《贤良对策》）中提出崇教化、抑豪门、选郡吏等主张，深受汉武帝的赏识，其学说得以广行。他用阴阳之说来比附社会，提出"天人感应、三纲五常"等重要思想，主张"罢黜百家、独尊儒术"，《汉书·董仲舒传》记其言："《春秋》大一统者，天地之常经，古今之通谊……臣愚

图 2-2　董仲舒
（约前 179—前 104）

以为诸不在六艺之科，孔子之术者，皆绝其道，勿使并进。邪辟之说灭息，然后统纪可一，而法度可明，民知所从矣。"董仲舒、公孙弘等人指出黄老之学日见严重的弊端，改造和系统阐发儒学在安邦治国上的优势，投合汉武帝加强皇权一统、盛世至治的愿望，儒家学说被汉武帝采纳而成为官方学说，大大促进了以五经为核心的儒家学说的发展。

汉代经学发展，与博士制度的建立密不可分。博士官制度起源于战国时代齐国的稷下学宫制度，汉承秦制，博士官制度在汉代得以保留。汉文帝时，申公、韩婴为《诗》博士，汉景帝又以辕固生为《诗》博士，余经未立。汉武帝建元五年春，置五经博士，《乐》经失传，《书》《礼》《易》《春秋》四经只有一家博士，而《诗》则有鲁、齐、韩

三家。汉武帝以后，经学发展日益兴盛，博士的数量也逐渐增多，据《后汉书·儒林列传》记载：汉光武帝时"立五经博士，各以家法教授，《易》有施、孟、梁丘、京氏，《尚书》欧阳、大小夏侯，《诗》齐、鲁、韩，《礼》大小戴，《春秋》严、颜，凡十四博士。"众博士依据的本子、讲经的方法各有师承而不相同，这就在同一经内部形成了不同的学术谱系，使汉代讲经讲究师法和家法。皮锡瑞在《经学历史》中指出："前汉重师法，后汉重家法。先有师法，而后能成一家之言。师法者，溯其源；家法者，衍其流也。师法、家法所以分者：如易有施、孟、梁丘之学，是师法；施家有张、彭之学，孟有翟、孟、白之学，梁丘有士孙、邓、衡之学，是家法。家法从师法分出，而施、孟、梁丘之师法又从田王孙一师分出者也。"也就是说，师法是源，家法是流，西汉时是否尊师法可以根据自我的意愿，到东汉如果不守家法则要受到同门的攻击，甚至是朝廷的责罚。两汉对家法和师法的注重客观上有利于经书的传承，但"师之所传，弟之所受，一字勿敢出入；背师说即不用，师法之严如此"，这样的限制既导致了国学发展的凝滞，也导致解经的日趋烦琐冗余。汉代经学的师承情况如图 2-3 所示。

经学在汉代最为兴盛，后来有所谓"汉学"一说。此期经学具有以下特征。

1. 汉代人学习经术，极重家法和师法

汉代时期，书籍是十分难得的财产，不仅仅是精神财富，而且是一笔不小的物质财富。汉初书籍短缺，经术的流传也依靠先师后学口耳相传而来。尤其是古学微茫，必须依靠经师的讲述才能明白，而没有什么可以钻研的参考书。因此，汉代人求学，往往不远千里，来到京师从当代巨儒名师学习。

不同的经师所传授的经文，有可能存在差异，而尤其重要的是不同的经师，对经文的理解和解释彼此不同，因此就形成了不少流派。如《诗》就有齐、鲁、韩三家，后来又有毛诗，是为四家。直到五经分立为十四博士时，则大体有十四家师法相传。汉代人治经，因此最重师法，学生弟子严格按照经师的教授来理解，不能轻易变更一字，更不能违背师法。

《宋书·百官志》中云："博士，班固云秦官。史臣案，六国时往往有博士掌通古今。汉武建元五年，初置《五经》博士。宣、成之世，《五经》家法稍增，经置博士一人。至东京凡十四人。《易》，施、孟、梁丘、京氏；《尚书》，欧阳、大小夏侯；《诗》，

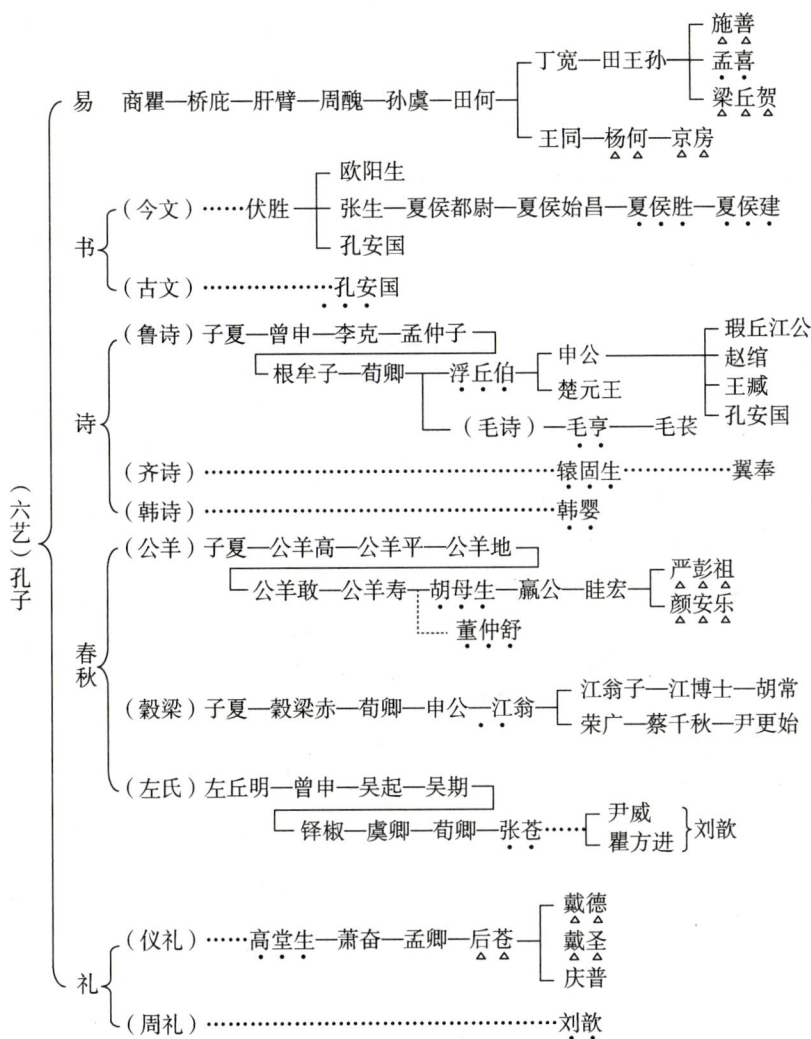

图 2-3　汉代经学师承关系图①

齐、鲁、韩；《礼》，大小戴；《春秋》，严、颜：各一博士。而聪明有威重者一人为祭酒。"

家法之争，则有石渠阁、白虎观之会议，辩论异同。

2. 经学又有所谓今古文之别

秦始皇焚书坑儒，"六经"也遭一炬，其后治经者遂有今文家、古文家之分。两汉时

---

① 表例说明：凡传授不断者，以"——"标记；传授不明者，以"……"标记；汉初本派第一师，以"···"标记；立于学官者，以"△△"标记。

期，经学师法不同，形成今文经学与古文经学两大派别，两派各守门户，开展了激烈而持久的学术论争，大大促进了经学的全面发展。图 2-4 为今文家发展流派。

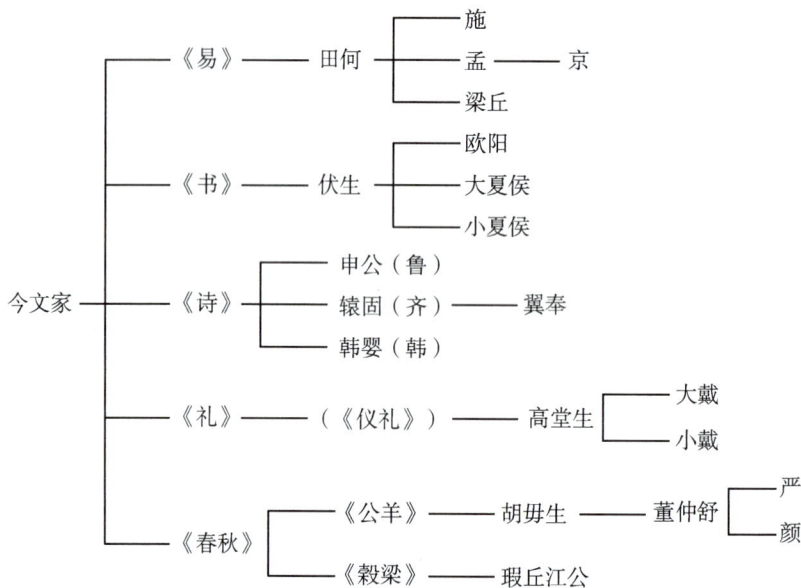

```
                                    ┌── 施
                    《易》── 田何 ──┤── 孟 ── 京
                                    └── 梁丘

                                    ┌── 欧阳
                    《书》── 伏生 ──┤── 大夏侯
                                    └── 小夏侯

                          ┌── 申公（鲁）
   今文家 ──────  《诗》──┤── 辕固（齐）── 翼奉
                          └── 韩婴（韩）

                                           ┌── 大戴
                    《礼》──（《仪礼》）── 高堂生 ──┤
                                           └── 小戴

                          ┌──《公羊》── 胡毋生 ── 董仲舒 ──┤── 严
                    《春秋》──┤                              └── 颜
                          └──《穀梁》── 瑕丘江公
```

图 2-4　今文家发展流派图

汉初，田何传《易经》，伏生口授《尚书》，齐、鲁、韩三家治《诗经》，高堂生传《礼经》，胡毋生治《公羊》，瑕丘江公治《穀梁》，那时除了《乐经》以外，"五经"都已完备。后来《易》分四家，《诗》《书》各分三家，《礼》分二家，《公羊》分二家，汉室设学官，立十四博士（《穀梁》不在内），即以上十四家。十四博士在汉初还没十分确定，在西汉末年才确定下来。

"经"有兼今古文的，也有无今文而有古文的，也有无古文而有今文的。汉代古文家，可以列如图 2-5。

```
                ┌──《易》── 费氏
                ├──《书》── 孔氏
   古文家 ──────┼──《诗》── 毛氏
                ├──《礼》── 桓公（据刘歆语）
                └──《春秋》── 左氏
```

图 2-5　古文家流派图

今古文的区别，本来只在文字版本上。因为六经遭秦火，秦代遗老就所能记忆的，用当代语言记出，称为今文；后来从山崖屋壁发现古时原本，称为古文；也不过像近代今版、古版的分别罢了。但今文所记忆，和古文所发现的篇幅的多少，已有不同；今文家所主张和古文家所说，根本上又有不同，因此分道扬镳。

3. 经学中又有所谓谶纬神学

西汉时期，流行一种天人感应的学说。这主要是受到战国以来齐国学术的影响。在齐国的稷下学派中，就有邹衍一派。这一派学者宣扬阴阳五行的学说，推行五德终始的观点。后来齐国流传的其他学说，也都带上了这种阴阳学的色彩。最有代表性的是董仲舒的《春秋公羊》学。

董仲舒在汉武帝初年的对策文中阐述了一种"天人感应"的理论，认为天际人事之间存在一种阴阳感应的现象。因此，上天将以其灾异、祥瑞等不同的先行来昭示对人事的意志。而人事的是非善恶也必将引起上天的反应。这就形成了一种带有神学意义的天人关系。这种思想当时影响较大，汉代形成了一种学究天人的理想。司马迁所谓"究天人之际"以及认为学兼"天地人"的人才思想，都是如此。

与此相关的还有图谶。所谓图谶就是一种带有政治性的预先的征兆，尤其是改朝换代、江山易主时显示天命变动的一种神奇的征兆。汉高祖起兵时斩过白蛇，神妪说刘邦是赤帝之子；后来汉武帝时大范围出现所谓祥瑞。到了西汉后期，很多人认为汉朝的天命即将改换，也借助神奇的阴阳灾异和图谶说事，最后王莽就在全面复古的学术潮流和极度泛滥的祥瑞征兆中革除了汉的天命而建立新朝。东汉光武帝刘秀起兵，中兴汉室，也借助了图谶，因此他对图谶十分迷信，致使汉代的许多学者都开始钻研这类学术。

然而，两汉之际，图谶之学渐盛，并与纬书相染相杂。当时的臣子不但借用天人灾异和图谶等现象评论时事，研究古史，而且还用它来解释五经，产生了大量的以阴阳五行、图谶、灾异思想为主的"纬书"。

4. 两汉经学的衰败

经学在东汉明帝、章帝时，威望达于顶点，不仅经学大师破例封侯，皇帝本人也以能亲自讲经，充当经学大师与经学弟子为荣，但到汉安帝时就骤然衰落了。经过党锢之祸，经学之士被大批囚禁、打击，汉代经学就彻底衰败了。汉代经学由盛骤衰的原因，流行的说法归之于农民起义以及东汉政治黑暗腐败等，但本质上是它自身内在因素的发展造成的。

第一，经学的政治性格造成了它的毁灭。汉代经学"以三百五篇当谏书，以春秋当一王之法"，是直接合学术与政治为一的。经学大师既是学术的权威，又是政治的官僚，以致皇帝本人也成为政教合一的化身。经学的是非常由政治权力来裁判，政治上的意图也借经学名义来推行。经典就是最高的政典与法典。这样，经学的独尊与发展就使经学之士成为兼学术、道义、政治与经济四位一体的社会力量。它与皇权的关系是既相互依赖，又相互分歧、猜疑。因此，它在东汉充分发展，出现了四世三公、四世太尉等，如出现袁氏、杨氏那样的名门望族时，分制宰割皇权的野心与危险就出现了（如袁绍），并终于出现了摊牌的局面，这就是桓灵之世的"党锢之祸"。经过党锢之祸，皇权对经学连续三次猛力摧残，结果经学就只能奄奄一息了。

第二，经学的道义与政治性格又使经学成为束缚"人性"发展的力量，走向了儒家人学的反面。汉代实行察举制，孝廉、贤良是入仕当官的捷径，以致许多人为"孝廉"而弄虚作假，又为"孝廉"而从小成为"循规蹈矩、小心翼翼、心口不一"的伪君子，这也就是程颐讲的"苦节"。这种苦节使儒学成为可怕的人性异化力量。因此，它是注定不能长久而要走向反面的。程颐说："东汉之士多名节，知名节而不知节之以礼，遂至于苦节……苦节既极，故魏晋之士变而为旷荡，尚浮虚而亡礼法。"（《语录》卷第十八）

第三，经学的烦琐支离与经验主义，使它越来越走向理性发展的反面，成为束缚理性自由创造的枷锁。这种烦琐集中表现于汉代易学的象数学之中，其基本特点是"以历限易"，把易的义理支解为卦气、爻辰、纳甲、八宫等，使人们的思维不是由感性上升为理性，而是使理性被支解为互不联系的孤立的具体对象的存在，从而堵死了认识正常发展的道路。它被扫进垃圾堆而由王弼那样的义理之学取而代之，也是必然的。

第四，谶纬神学的迷信本质发展到极端而矛盾百出，必然由无神的自然论取而代之。所以正当经学权威达于顶点时，王充就引黄老于儒学，使儒学基础发生了变化。郑玄又引老子自然思想以注《易》，使《易》发生重大变化。魏晋时期的三玄之学，大畅玄风，《周易》是基础，其玄风正是王、郑这种倾向的全面发展。

（三）魏晋南北朝经学：玄学化

东汉末年，经学大师郑玄"括囊大典，网罗众家"①，融今古文经学于一体，结束了汉代今古文之争的时代而一统天下。但是，汉代的经学，有严格的师法和家法，相承不乱，而郑玄却杂糅今古文，混乱家法，这便引起了王肃的不满，出现了王学与郑学之争。王学，是指王肃所创立的经学体系。王肃是司马昭的外祖父，所以王学获得了司马氏的支持，他注解的《尚书》《诗》《论语》《礼》《左氏春秋》以及其父所作的《易传》都被列为官学。王学和郑学之间的纷争，并不是纯粹的学术争论，而带有强烈的政治斗争的意味。这场纷争同时也标志着两汉经学的衰落。王肃之学，动摇了郑学在人们心目中的至上权威，使人们对旧的章句之学发生怀疑，从而为玄学对儒家经训之改造提供了自由发挥的丰厚沃土。玄学兴起于曹魏正始年间，史称"正始玄风"。其代表人物首推何晏、王弼。何晏、王弼在思想倾向上较为接近，都是玄学"贵无论"的首倡者。何晏的《论语集解》、王弼的《周易注》是玄学理论的奠基之作。何、王站在抽象思维的哲学理论高度，去探索万物之真、万物之本和万物之性，建立起比较完整的"以无为本"的唯心论体系。王弼注《周易》，摆脱了汉代用"象数"和谶纬解说《周易》的老路，开创了用义理、思辨哲学解说《周易》的新路，这是经学史上一次重大变革。何晏所作《论语集解》收集了汉以来各家之说，对后世影响很大。这一时期经学的特点是经学逐渐玄学化。汤用彤《魏晋玄学论稿》将玄学分为四个时期：正始时期，易、老思想最盛，何晏、王弼为其代表；元康时期，庄学最盛，在自然与名教问题上，激烈派的"越名教而任自然"大行其道；永嘉时期，"新庄学"大盛，至少有一部分名士上承正始时期的"温和派"之态度，调和名教与自然之关系；东晋时期，佛学最盛，名教与自然之关系再度分行。现在通行的分段法为三期：何晏、王弼开创的"正始玄学"；以嵇康、阮籍为代表的"竹林玄学"；以郭象、裴頠为代表的元康玄学及以佛道合流为特色的东晋玄学。

南北朝时期经学也随着政治上的南北对立而分立为南学和北学。从学术风格上讲，南学受玄学和佛学影响比较大，能博取众家之长，又喜标新立异，反映了其哲学思辨能力的提高；而北学受北方游牧民族质朴风尚的影响，保持了汉朝经学以章句训诂为宗的特点。总体来说，魏晋时期，经学派别杂多，义理之学、训诂之学并存。所以，未能形

---

① 《后汉书·郑玄传》。

图 2-6　竹林七贤图

成统一的局面而像汉代那样在学术思想界占据绝对优势，但它大都打破了两汉经学今古文壁垒和师法、家法的界域，也破除了其烦琐、迂腐、荒诞、粗俗的内容，而力求有所创新，形成了不同于汉儒风格的魏晋经学，为后来经学发展创造了条件。

（四）隋唐经学：从分立到统一

迄至唐代，将《春秋》《礼经》各分为三，立三传、三礼之名，儒家经典演变为九部，即《诗》《书》《易》《仪礼》《周礼》《礼记》《左传》《公羊传》《穀梁传》，称为《九经》。

隋朝代周而有天下，政治上实现了统一，也必然要求思想文化上的统一。再后来，为了使经学统一，唐太宗从贞观四年（630 年）开始，下令对经书进行整理。他以经籍年代久远、文字讹谬为由，诏令前中书侍郎颜师古于秘书省考订《五经》，贞观七年（633 年）告成。又诏尚书省左仆射房玄龄集诸儒重加详议。但诸儒均拘守所习旧说，皆共非之。于是师古引晋、宋以来古今本，随方晓答，援据详明，皆出其意表，诸儒莫不叹服。由此可知，考订后的《五经》版本，便成为当时的最佳版本。之后，唐太宗"又以儒学多门，章句繁杂"，于贞观十二年（638 年）令孔颖达与诸儒撰定《五经义疏》，以求对经文作出统一解释。贞观十五年（641 年）《五经义疏》撰成，并命名为《五经正义》。自《五经正义》颁布之后，学士和举子都奉为圭臬，一直沿袭至宋，这是经学统一最长的一个时期。

唐代经学的第二次变化是在武则天到玄宗时期。武则天统治时期，随着庶族地主在政治上取得胜利，经学领域也吹进一股新风。当时，守先儒章句的一派便遭到了魏知古、徐坚、刘知几等一派的批判，并掀起了一股疑经思潮。长安三年（703 年），博士王元感上表所撰《尚书纠谬》十卷、《春秋振滞》二十卷、《礼记绳愆》三十卷等书。当时武则天"诏令弘文、崇贤两馆学士及成均博士详其可否"，但却遭到了"专守先儒章句"的学士祝钦明、郭山恽、李宪等人非议，他们"深讥元感掎摭旧义"。王元感对他们的非难却能"随方应答，竟不之屈"。这件事得到了凤阁舍人魏知古、司封郎中徐坚、左史刘知几、右史张思敬等人的支持。在这次斗争中，批判章句之学的一派得到了武则天的支持。刘知几《疑古》《惑经》等篇，正是通过对儒家经典《尚书》《春秋》讳恶失实、褒美过当等问题提出怀疑、批判，虽为论史，但却从根本上动摇了经学的基础和地位。尤其《惑经》篇，虽为论史，实际正是在谈经。因此，在武则天至玄宗时期，疑经思潮的兴起，对经学界发生了深远的重大的影响。

唐代经学的第三次演变是在中唐以后。这次经学演变是以《春秋》三传为其始，继而引发了其他经学的变化。而唐之啖助、赵匡、陆淳杂采三传，不主一家，以意去取，开宋儒春秋学派的先声。当时的儒家学者开始从各个方面研究安史之乱爆发的原因，以图救治天下。如贾至指出："夫先王之道消，则小人之道长，小人之道长，则乱臣贼子由是生焉。臣弑其君，子弑其父，非一朝一夕之故，其所由来者渐矣。渐者何？儒道不举。"这就是说，儒学不振，经学衰败，统治者削弱了对思想领域的控制，这便是安史之乱爆发的原因之一。这种论说是有一定道理的。为了恢复专制主义中央集权统治，必须重视经学，并对经学作出合乎时代要求的解释，在这种情况下，陆淳春秋学便应运而生了。①

（五）宋朝经学：经学变古

清末学者皮锡瑞将经学史上的宋代时期称为"经学变古时代"，所谓"经学变古"，即宋学变汉学之"古"。宋初，于《九经》外，复加《论语》《孝经》《尔雅》《孟子》四部，"《十三经》之名，遂一定而不可复易矣。"从大的方面说，宋代经学变古主要包括三项内容，它们既是一个整体，又互相促进、互相影响。

一是经学观念的转变。宋儒经学观念的转变主要体现在两个方面。首先，在宗经与

---

① 杨荫楼：《唐代经学略论》，《求是学刊》1992 年 8 月。

重道的问题上，重视对经典所蕴含的"圣人之道"的发掘和阐发。在处理经典文本与圣人之道的关系问题上，一方面强调文本的重要性，另一方面又主张"以心明经"，在"典册"之外去寻求"圣人之心"。其次，在通经与致用的问题上，宋儒将二者更加紧密地结合在一起。很多宋儒认为，通经只是手段，致用才是目的。李觏、王安石以及薛季宣、陈亮、叶适、陈傅良等浙东学者的经学研究，就具有鲜明的通经致用特征。经世致用，其本质是以社会效用衡量学术的价值。

二是经学解释方法的革命。在儒学革新运动中，宋代学者建立了一套舍传求经、义理至上、六经注我、我注六经的经学解释方法，或者叫宋学方法。在宋儒的经典注释中，着重凸显主体意识，不仅诠释经典的本意，更注重对文本"意义"的发掘。宋代学者通过对汉唐经学的批判与超越，对儒家经典进行重新诠释，建立了一套以心性论为核心的"道德性命之学"，称之"新儒学"，这是孔孟儒学在宋代的新的发展。

三是经学怀疑思潮的兴起。经学怀疑思潮的兴起与经学变古是同步的，事实上，经学怀疑思潮是经学变古的重要内容和必然产物。"变"的前提是"疑"，"疑"的结果是"变"。怀疑精神是宋学的基本特征之一。宋代疑古思潮涉及经、史、子、集各个领域，而以疑经改经最为突出。因此我们讲宋代疑古思潮，主要是指经学怀疑思潮。

北宋中期的经学变古，实际上是中唐以来儒学新风的延续与发展。可以说经学变古始于中唐，成于庆历之际。通过经学变古，宋儒建立起一套与汉唐传注之学不同的新的经学范式——宋学①。

（六）明朝经学：积衰时代

清代经学家皮锡瑞认为，"论宋、元、明三朝之经学，元不及宋，明又不及元。""故论经学，宋以后为积衰时代。"②以下根据社会思潮的变迁，分三个阶段简述。

明初经学，沿袭宋、元，朱熹经学是当时学术的主流。明代朱熹经学始盛于洪武年间。明初太祖为了整顿战乱后的社会风气，除施以严刑峻法外，又为恢复道统秩序，敦厚民俗。明太祖朱元璋即任用儒生宋濂、范祖干、叶仪等，参与谋议，宋濂等洪武诸儒学宗程、朱，更从"道统"角度将朱熹经学奉为嫡传，适应元末明初由乱而渐趋于治的

---

① 杨世文：《宋代经学变古的几个问题》，《四川大学学报（哲社版）》2006年6月。
② 皮锡瑞：《经学历史》，中华书局2004年版。

社会现实需要，洪武诸儒不尚性理空谈，力倡经世致用之学。

明朝中期，社会稳定和谐，经济发展。在经学研究上朱熹经学日趋式微，阳明心学逐渐取代朱熹经学，广为流传。同时，自明中期起，学者开始检讨"宋学之失"，重新肯定汉人传经的功劳，体现在经书注解方面的趋向是逐渐突破宋人经说的束缚，扬弃宋人空发议论的解经方式，注意文字、声韵的研究，以杨慎为首的经学家所倡导的考据学风悄然兴起。

明朝后期，政治腐败，经济秩序混乱，民生凋敝，乱民四起。在这段时期，占据思想界统治地位数百年之久的宋明理学迅速走向衰颓，王阳明的心学却日益走向极端，形成一种清谈空疏的风气。士子不读群书，不讲经世，只知空言心性，造成了严重的学术危机。为反对空谈心性、谈玄弄虚的王门后学之流弊，晚明求实思潮兴起，考据学风逐渐盛行，成为清代"朴学"之先启。①

（七）清朝经学：实学

明清之际，经学出现了求是致用的倾向，顾炎武、黄宗羲等著名学者治经，取汉、唐注疏及宋、元、明人之说，亦多择善而从，不分汉、宋，至乾、嘉时期，汉学（即清代复兴的古文经学）完全脱离宋学成为专门的学问，与宋学对立。在汉、宋两派互相对垒之际，今文经学逐渐兴起，与汉学对立，具体表现在以下四方面。

一是经世之风的突起。明清之际的经学家，无论是学宗程、朱，还是推崇陆、王，无不力惩宋学末流空谈心性之弊，倡导经世致用。一大批志士仁人在清末的资产阶级民主主义运动中，利用手中的经学宣扬民主思想，反对封建专制主义，使经世之风发展到一个前所未有的高度。

二是疑古、考证之风的兴盛。以戴震为代表的皖派汉学家，不仅信古，且亦疑古，敢于突破古说，实事求是，断以己见。章炳麟将汉学的研究方法归纳为：审名实、重佐证、戒妄牵、守凡例、断情感、汰华辞。清代学者这种怀疑与考证相表里的学风，无疑有利于人们从封建儒学经典的桎梏下解放出来，终致在清末学潮中激荡起一阵阵惊涛巨浪，进而有康有为对古文经学进行总攻击。

三是以复古求解放。清初学者力反明末之所为，于是学风为之一变，即由明末之空

---

① 郭素红：《明代经学的发展》，山东大学，博士学位论文，2008 年。

疏转变为清初之健实；由明末之束书不观转变为提倡"博学于文"；由明末之轻忽践履转变为注重躬行。清初理学家如孙奇逢、李颙、唐甄等虽承王学余绪，却力求修正王学，主实用，重践履，教人切己反躬，把日常行事视作"致良知"的源头，强调事功。其学与明学大不相同，而多数理学家则以程、朱为宗，张履祥、陆世仪、陆陇其、李光地、汤斌、魏象枢、魏裔介、熊赐履、张伯行等，或以学有声名，或身居显位，相互呼应，力挽明季学风，回归于宋。就总体而言，清初理学，多趋于复宋之古。

四是对垒、融合与经学的总结。清代经学一方面是宋学、古文经学、今文经学先后复兴，取前此2000多年学术"倒卷而缫演之"，出现历史上经学各派并显于世的局面；另一方面各派既互相对垒，又相互融合。清初大儒顾炎武、黄宗羲等倡导经世匡时，大体汉、宋兼采；乾嘉时期，汉学鼎盛，汉学家中戴震、汪中一派人物，除考证外，亦言义理；理学家中，姚卿则以义理、辞章、考证相标榜，道光咸丰年间曾国藩等大张其帜，务使理以明道，言之有据，吸取汉学家考证求是之长，避免蹈空虚覆辙，义理、辞章、考证遂为士子治学不易之道，至此汉宋两派大有融合之势，黔中名儒郑珍治古文经学，则以考证、辞章、义理为定式。[1]

(八)民国以后的经学

民国以后，西学、政治运动思潮强烈冲击了传统经学地位，古代经书的权威性遂下降，经学也就逐渐式微。

新中国成立之后，经学在中国大陆受到一定程度的破坏。相对而言，当时的台湾地区对于经典思想的保存较为完整妥善。

二、十三经说略

经典本身是逐步形成的，特别是儒家的经典，是对古代典籍的删定"损益"而成，加上秦代的焚书事件，所以古代经典有一个不断演变的过程。当然也有一些书是在不同的朝代被尊为经的。现在所谓的儒家经典一般是指儒学十三经，即《诗经》《尚书》《仪礼》《周礼》《礼记》《周易》《论语》《孟子》《孝经》《尔雅》《左传》《公羊传》《穀梁传》。

---

[1] 吴雁南：《清代经学的特点》，《中州学刊》1990年第2期。

(一)《诗经》

《诗经》是中国最早的诗歌总集，是中华民族的瑰宝。《诗经》原本叫《诗》，共有诗歌305首（另外还有6篇有题目无内容，即有目无辞，称为笙诗），因此又称《诗三百》。从汉武帝起儒家将其奉为经典，称为《诗经》。

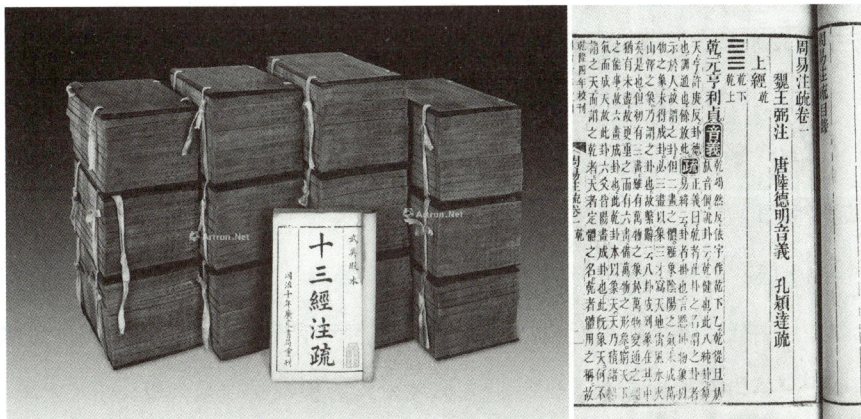

图 2-7　《十三经注疏》

《诗经》所录诗歌时间跨度长，记录了从西周初年（公元前11世纪）直至春秋中期（公元前6世纪）500多年的社会生活，涵盖地域广泛，从黄河以北直至江汉流域。汉时，先有鲁、齐、韩三家诗，立于学官。汉朝毛亨、毛苌曾注释《诗经》，因此又称《毛诗》。《毛诗》盛行后，齐、鲁、韩三家诗先后亡佚。历代解《诗经》者颇多，较好的有宋朱熹《诗集传》，清王夫之《诗经稗疏》、马瑞辰《毛诗传笺通释》、王先谦《诗三家义集疏》等。

《诗经》存305篇，分《风》《雅》《颂》三部分。《风》有十五国风，是出自各地的民歌，这一部分文学成就最高，有对爱情、劳动等美好事物的吟唱，也有怀故土、思征人及反压迫、反欺凌的怨叹与愤怒。《雅》分《大雅》《小雅》，多为贵族祭祀之诗歌，祈丰年、颂祖德，是西畿正音。《小雅》中也有部分民歌。《颂》则为宗庙祭祀之诗歌。《雅》《颂》中的诗歌，对于我们考察早期历史、宗教与社会有很高价值。孔子曾概括《诗经》宗旨为"无邪"，并教育弟子、孩子读《诗经》以作为立言、立行的标准。先秦诸子中，引用《诗经》者颇多，如孟子、荀子、墨子、庄子、韩非子等人在说理论证时，多引述《诗经》中的句子以增强说服力。在汉朝《诗经》被儒家奉为经典，成为

《六经》(《诗》《书》《礼》《乐》《易》《春秋》) 及《五经》(《诗》《书》《礼》《易》《春秋》) 之一。

关于《诗经》的收集和编选，有"王官采诗"和"孔子删诗"的说法。《汉书·食货志》中记载，周朝朝廷派出专门的使者在农忙时到全国各地采集民谣，由周朝史官汇集整理后给天子看，目的是了解民情，这就是王官采诗。而《史记》记载了孔子删诗，据说原有古诗 3000 篇，孔子根据礼义的标准编选了其中 300 篇，整理出了《诗经》。现在通常认为《诗经》为各诸侯国协助周朝朝廷采集，之后由史官和乐师编纂整理而成。孔子也参与了这个整理的过程。

(二)《尚书》

《尚书》原称《书》或《书经》，到汉代改称《尚书》。这是我国第一部上古历史文献和部分追述古代事迹著作的汇编，是了解商周特别是西周初期历史的一部重要典籍。

尚书的文体为六类。典，如《尧典》，记述尧舜的事迹和言论；谟，如《大禹谟》，是商议；训，如《伊训》，是训导、教诲；诰，如《康诰》，是执政者发布的号令；誓，如《汤誓》，主要是战争之前的誓言；命，如《文侯之命》，主要是一些帝王奖励臣子的命令。还有一些篇目不一定能列入这些范围，但却是十分重要的，如《洪范》。

传说孔子时期《尚书》还存 3000 多篇，是孔子将其删定至 100 多篇作为教材。事实上《尚书》确切有多少篇现在已无法了解，在可见的先秦诸子中征引《尚书》最多的是墨子。

汉朝初年，有一个叫伏生的人，将自己保存的《尚书》整理出 28 篇，并在齐鲁之间传授，逐渐形成了欧阳高的"欧阳尚书"，夏侯胜的"大夏侯尚书"，夏侯建的"小夏侯尚书"，这三家在西汉陆续被立于学官。这三家《尚书》用汉代通行的文字隶书抄写，称"今文尚书"。受汉代的谶纬之风的影响，《尚书》的《洪范》篇中的五行思想被改造成五行和灾异思想的源头，西汉末年的儒生甚至把《洪范》"九畴"说成是上天命神龟驮着在洛水上授予大禹，因此成为《洛书》。

《古文尚书》的情况更为复杂，《史记·儒林传》记载孔子的第十一世孙孔安国藏有先世留下的《尚书》，随后陆续有各种《古文尚书》被发现的传闻。晋元帝时，梅颐献伪《古文尚书》及孔安国《尚书传》。这部《古文尚书》比《今文尚书》多出 25 篇，又从《今文尚书》中多分出 5 篇，而当时今文本中的《秦誓》篇已佚，所以伪古文与今文合共 58 篇。唐太宗时，孔颖达奉诏撰《尚书正义》，就是用古今文真伪混合的本子。

历来注释和研究《尚书》的著作很多，有唐孔颖达的《尚书正义》，宋蔡沈的《书集传》，清孙星衍的《尚书今古文注疏》等。

（三）《仪礼》《周礼》《礼记》

中国素称礼仪之邦，主要是指有十分发达的礼乐教化传统，尤其是礼制十分完备。古代丰富而复杂的礼制主要记载在《周礼》《仪礼》《礼记》中，通称"三礼"。一般认为《周礼》《仪礼》是周公所作，《礼记》则系汉戴德（人称大戴）、戴圣（人称小戴）叔侄所删记。

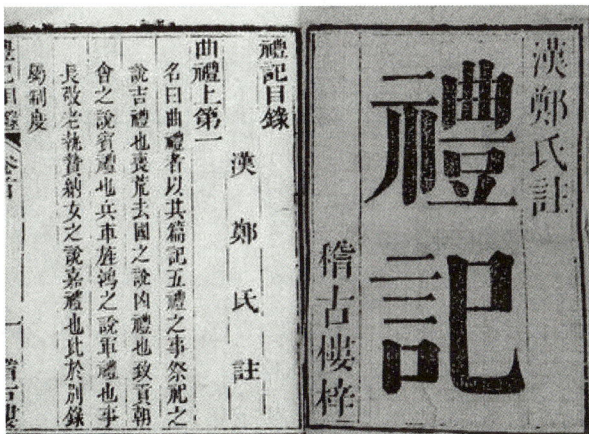

图 2-8 《礼记》

《周礼》又名《周官》，是三礼之首，因为《尚书》有《周官》篇，所以也有人将之混为一书，改为《周官经》。西汉末列为经而属于礼，所以称为《周礼》。唐代的陆德明在《经典释文·叙录》中说："王莽时，刘歆为国师，始建立《周官经》，以为《周礼》"。《周礼》记述的是中国古代的官制及制度，以儒家的政治理想加以增减取舍汇编而成。《周礼》共分 6 篇，包括《天官冢宰》《地官司徒》《春官宗伯》《夏官司马》《秋官司寇》《冬官司空》。其中，《冬官》一篇早已散佚，西汉时补以《考工记》，称为《冬官考工记》。全书共分 42 卷。

《周礼》因为在三礼中形成最晚，又没有明确的传经谱系，所以对于作者，说法众多。最流行的说法认为是周公所作，称之为"周公致太平之迹""太平经国之书"。但也有人认为虽为周公所作，但未曾付诸实行或局部为后人添入。第二类认为非周公所作，而是西汉晚期刘歆校书时，加以整理补充而伪造成书，或与王莽合作窜改。比如，汉代的何休就怀疑《周礼》作于六国之时，宋代儒者也多怀疑这个说法。不过，刘歆、郑玄信为周公致太平之书。清代以来也有人认为《周礼》是刘歆伪造，清方苞《周官义》已开其端，康有为在其影响广泛的《新学伪经考》一书中，断言为刘歆伪造。

《仪礼》最早称为《礼》，因书中主要是记述春秋战国时期士大夫阶层的礼仪，所以汉代又称《士礼》。而相对于《礼记》，又被名之为《礼经》，到晋时始有《仪礼》之名，唐文宗开成年间（836—840 年）石刻九经，用《仪礼》之名，成为通称。《仪礼》共17 篇，包括《士冠礼》《士昏礼》《士相见礼》《乡饮酒礼》《乡射礼》《燕礼》《大射仪》《聘礼》《公食大夫礼》《觐礼》《丧服》《士丧礼》《既夕礼》《士虞礼》《特牲馈食礼》《少牢馈食礼》《有司彻》。内容遍及上古贵族生活的各个方面。宋人王应麟依照《周礼·春官大宗伯》对于礼的分类，将 17 篇分为 4 类：《特牲馈食礼》《少牢馈食礼》《有司彻》三篇是关于祭祀鬼神、祈求福佑之礼，属于吉礼。《丧服》《士丧礼》《既夕礼》《士虞礼》等记述丧葬之礼，属于凶礼。《士相见礼》《聘礼》《觐礼》等记述宾主相见之礼，属于宾礼。《士冠礼》《士昏礼》《乡饮酒礼》《乡射礼》《燕礼》《大射仪》《公食大夫礼》记述冠婚、宾射、燕飨之礼，属于嘉礼。①

《礼记》是战国至秦汉年间儒家学者解释说明经书《仪礼》的文章汇集，其中很多篇章可信是孔子的七十二弟子及再传弟子们的作品。《礼记》的内容主要是记载和论述先秦的礼制、礼意，解释《仪礼》，由郑玄作注而传世的《礼记》共 49 篇。郑玄和刘向曾经把《礼记》的内容分为 8 类。即通论类有《檀弓》上下、《礼运》《玉藻》《大传》《学记》《经解》《哀公问》《仲尼燕居》《孔子闲居》《坊记》《中庸》《表记》《缁衣》《儒行》《大学》16 篇。制度类有《曲礼》上下、《王制》《礼器》《少仪》5 篇。明堂阴阳类有《月令》《明堂位》2 篇。丧物类有《曾子问》《丧物小记》《杂记》上下、《丧大记》《丧物大记》《奔丧》《问丧》《服问》《间传》《三年问》《丧服四制》12 篇。子法类有《文王世子》《内则》2 篇。祭祀类有《郊特牲》《祭法》《祭义》《祭统》4 篇。吉事类有《投壶》《冠义》《昏义》《乡饮酒礼》《射义》《燕义》《聘义》7 篇。乐记类有《乐记》1 篇。

（四）《周易》

《周易》素来被视为群经之首，"易"之名本身就充满辩证的气息，《易纬乾凿度》

---

① 彭林：《〈三礼〉说略》，载《经史说略》，北京燕山出版社 2002 年版，第 105 页。

说，"易"有三种含义，易简、变易、不易。

对于《周易》的作者，《汉书·艺文志》有一个说法叫"人更三圣，世历三古"，即认定伏羲画八卦，周文王演为六十四卦，作卦爻辞，孔子作传来解释易之精义。后来又有人说，文王演卦而作"卦辞"，周公又祖述文王的思想，著了"爻辞"，所以朱熹便说是"人更四圣"。

《周易》的卦最基本的构成为阴阳，一般由阳爻"—"和阴爻"— —"来表示阴阳。将上述阴阳两爻按照由下往上重叠三次，就形成了八卦，即"乾、坤、坎、离、震、艮、巽、兑"八个基本卦。每一卦形代表一定的事物：乾代表天，坤代表地，坎代表水，离代表火，震代表雷，艮代表山，巽代表风，兑代表沼泽。再将八卦两两重叠，就可以得到六个位次的易卦，共有六十四卦，这六十四卦称为六十四别卦，每一卦都有特定的名称。（见图2-9）

八宫	八纯卦	初爻变	二爻变	三爻变	四爻变	五爻变	游魂卦	归魂卦
乾宫	乾为天	天风姤	天山遁	天地否	风地观	山地剥	火地晋	火天大有
坎宫	坎为水	水泽节	水雷屯	水火既济	泽火革	雷火丰	地火明夷	地水师
艮宫	艮为山	山火贲	山天大畜	山泽损	火泽睽	天泽履	风泽中孚	风山渐
震宫	震为雷	雷地豫	雷水解	雷风恒	地风升	水风井	泽风大过	泽雷随
巽宫	巽为风	风天小畜	风火家人	风雷益	天雷无妄	火雷噬嗑	山雷颐	山风蛊
离宫	离为火	火山旅	火风鼎	火水未济	山水蒙	风水涣	天水讼	天火同人
坤宫	坤为地	地雷复	地泽临	地天泰	雷天大壮	泽天夬	水天需	水地比
兑宫	兑为泽	泽水困	泽地萃	泽山咸	水山蹇	地山谦	雷山小过	雷泽归妹

图 2-9 六十四卦分宫卦象次序

孔子以后的儒生不断地以各种方式来解读这本书，逐渐形成了《易传》，《易传》共10篇，汉儒郑玄将之称为"十翼"，"翼"，即羽翼。其中包括：《彖传》《象传》《系辞》《文言》《说卦》《序卦》《杂卦》等。

到汉代，《周易》被尊为五经之首，在不断地传承和演化过程中，属于今文经学的施雠、孟喜、梁丘贺和京房四家被立于学官，而以费直为代表的费氏易，属于古文经学，是民间易学的代表。除了古、今文的差异之外，《周易》因其著作的特殊性，历代解易的方式也分为象数和义理两派。象数派以阴阳奇偶之数和八卦所象征的物像来解释《周易》文本；而义理派则注重阐发周易文辞中所包含的哲理。

（五）《春秋》三传

"春秋"被用来指称古代记载各国历史的典册，所以各国有各国的"春秋"。"春秋"由普通的名词变为专门的名词，源于《孟子》，孟子说过孔子作《春秋》，使得那些乱臣贼子深感恐惧而不敢作乱。

作为儒家经典的《春秋》其实是一部鲁国的编年史，记载了上起鲁隐公元年（公元前722年）到鲁哀公十四年（公元前481年）之间鲁国的重大事件。因为《春秋》是王道之大要，所以无论是当国者还是为臣者，都必须了解《春秋》。

据《汉书·艺文志》，西汉传《春秋》的有五家，其中《左传》最早，而被列入学官的是《公羊传》和《穀梁传》。在刘歆的努力之下，西汉末年《左传》也被列入学官。《公羊传》因其作者可能是公羊高而得名，但阐发公羊家义理最为重要的人物是董仲舒和何休。他们提出了"三统""三世""黜周王鲁""三科九旨"等命题，发挥大一统、尊王攘夷、君臣之道、上下尊卑等道德观念，深刻地影响了中国人的历史观和价值观。晚清时，康有为倡导变法，所依据的"据乱世、升平世、太平世"三世说，即是公羊学的原则的发展。与《公羊传》同为今文经学的《穀梁传》据说为穀梁赤所作，但其影响要小于《公羊传》，所以相对不受重视。

在《春秋》三传中，《左传》的作者左丘明是与孔子同时代的人物，左丘明恐怕后人不了解孔子的意图，因而详细记录史实来加以说明。所以，与《公羊传》和《穀梁传》主要以阐述经义为主，间或涉及史实不同，《左传》的着重点在从史实上"解经"或"补经"。因此，《左传》也并非如另两传那样与经文一一对应，而是有一些独立的内容。

（六）《论语》

《论语》是记录孔子及其门人弟子言行的文集，可能是在孔子死后由他的弟子和再传弟子将这些谈话加以收集和整理编辑而成。《论语》也有今文和古文不同的版本，根据《汉书·艺文志》载，《齐论》22篇和《鲁论》20篇属于今文，而古文的《论语》有21篇。现在通行的《论语》是根据《张侯论》而逐渐形成的。《张侯论》的作者张禹，西汉末年做过博士，汉成帝时官至丞相。他对《鲁论语》和《齐论语》做了比较以后，选择了其中20篇编成一个定本，称为《张侯论》。

后来何晏为之做了《论语集解》，这便是我们现在所阅读到的《论语》，虽然何晏自己承认根据前人的不同的本子，对于《论语》做了一些"改易"，不过后人似乎并不再进行"再创造"，而是在何晏的集解基础上作进一步的解释和考证。在《论语》的发展史上，有一些重要的注疏类著作，比如南朝皇侃的《论语义疏》、宋代邢昺的《论语注疏》、朱熹的《论语集注》、清代刘宝楠的《论语正义》等。

《论语》的篇章，一般是取其第一句话的前二三字为标题，全书比较全面地体现出孔子对于仁、礼、孝等观念的说法，也提供了孔子对于自然、社会及生活态度的基本认识，是我们研究孔子思想的最重要的资源之一。

（七）《孟子》

这是记录孟轲言行的一部著作，也是儒家重要经典之一。《孟子》是十三经中唯一以作者名字命名的经典，它在相当长的时间里属于"子部"的作品。据说秦始皇焚书的时候，就因为《孟子》属于诸子而免于劫难，这也使得《孟子》被比较完整地保存下来。

按照赵岐的说法，《孟子》在汉孝文帝的时候与《论语》《孝经》《尔雅》等一并设置博士，但后来汉武帝独尊五经，而废置传记博士，所以《孟子》一书又重新回到诸子的地位，但其地位又略高于诸子。

孟子的地位在唐代有一个质的变化，因为在韩愈的道统谱系中，孟子是接续道统的最后一个人，所以"求观圣人之道者，必自孟子始"。而到宋代，孟子的地位进一步升级。由于宋代兴盛起来的理学系统更加侧重于心性之学，《孟子》书中的许多范畴均成为理学的关键词。宋代理学史上的另一个举措是将《论语》《孟子》《大学》《中庸》合称为"四书"，其地位与五经并列。同时，在政治层面，孟子的地位也日隆一日。自宋神宗熙宁四年（1071年）改革科举，《孟子》成为经书。1083年，孟子被封为邹国公，与颜回一起被供奉到孔庙。到元文宗时（1330年），孟子被封为邹国亚圣公。这样"亚圣"便成为孟子的官方称呼。

不过《孟子》书中强烈的民本思想也使其著作被朱元璋等人所顾忌。据传，有一次，朱元璋在《孟子》中读到"君之视臣如手足，则臣视君如腹心；君之视臣如犬马，则臣视君如国人；君之视臣如土芥，则臣视君如寇仇"，认为这不是臣子所应该说的话。因此罢免了孟子配享孔庙的资格，并让翰林院的学士刘三吾删除《孟子》书中不利于确立君主绝对权力的言论，新编一部《孟子节文》，并下令被删掉的部分不准用来命制科举试题。后来在明世宗嘉靖九年（1530年）的礼制改变中，孟子的地位被恢复甚至进一步提高，直接被称为"亚圣"。

《孟子》的注本中，东汉赵岐的《孟子章句》、宋朱熹的《孟子集注》、清焦循的《孟子正义》最受人重视。孟子所提倡的性善论和王道仁政思想，是儒家思想中极为重要的组成部分。

（八）《孝经》

在儒家经典中《孝经》因为主要是对于儒家所看重的"孝道"进行阐述，所以一直受人重视。《孝经》的作者，传统的说法集中在孔子与曾子两个人身上。司马迁在《史记·仲尼弟子列传》中认定《孝经》为曾子所作。他说："曾参少孔子四十六岁，孔子以为能通孝道，故授之业，作《孝经》。"而《汉书·艺文志》则说："《孝经》者，孔子为曾子陈孝道也。"从《孝经》的文本看，这样的说法似乎很有一些道理，因为《孝经》的文本主要就是孔子和曾子之间的对话。但根据文中对孔子和曾子的称呼方式和内容，可以断定它成书于孔子、曾子之后，《吕氏春秋》之前。①

中国传统社会里，家庭伦理是社会伦理的基础。《孝经》被称为"小经"，共18章1799字，但一直拥有非同一般的地位。汉代的儒生，在政治合法性的建设上主要依据《春秋》，而在社会行为层面则依据《孝经》。所以纬书《孝经钩命诀》中，孔子自称"志在春秋，行在《孝经》"，而《隋书·经籍志》说"孔子既叙六经，题目不同，指意差别，恐斯道离散，故作《孝经》以总会之。明其枝流虽分，本萌于孝者也"。鉴于孝

---

① 彭林：《〈孝经〉说略》，载《经史说略》，北京燕山出版社2002年版，第265页。

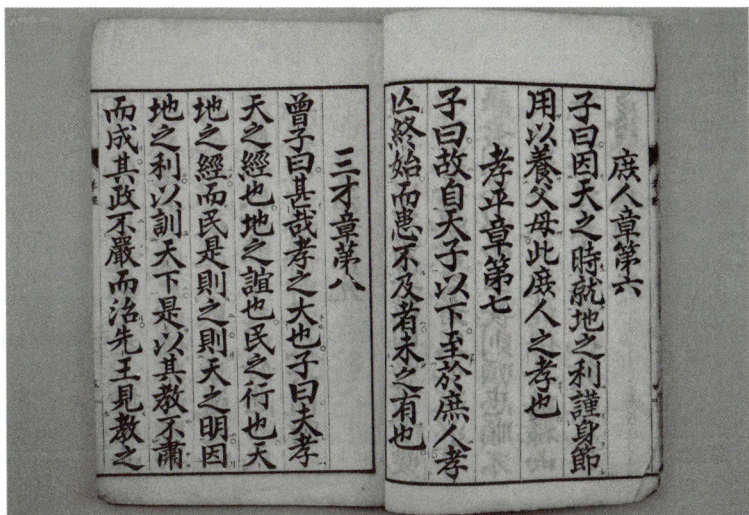

图 2-10 《孝经》

道与社会秩序之间的关系，历代的封建帝王十分热衷于注解和讲解《孝经》。《孝经》开宗明义地提出，孝由家到社会，再到成就自己的历程，即所谓"始于事亲，中于事君，终于立身"。《孝经》规定了各阶层的人对孝的要求，指出不孝是最大的罪行。

《孝经》并不强调"顺"，而是认为在父母和君主有过失的时候，应勇于谏诤，君父如能从善而改过，则可有福报。《孝经》鼓励通过事功而使父母得以显耀，这可以看作光宗耀祖观念的一种体现。《孝经》对于"忠"和"孝"之间的关系也有巧妙的解释，即《广扬名章》所说的："君子之事亲孝，故忠可移于君。"这既是儒家家庭和社会国家的一致性的观念的延伸，同时也使儒家的观念和权力阶层的需求之间有一个协调。

（九）《尔雅》

《尔雅》是十三经中比较特殊的著作，它本身并不提供任何的儒家观念，它的主要功能是古代治经的工具书，是一部中国最早解释词义的书，可以说是中国古代的词典。王宁说："《尔雅》是一部古代经典的词语解释之书，它在释词上有三大任务：（1）标准语释方言俗语。（2）当代语释古语。（3）常用语释难僻词语。对文献语言作出的解释，我们古代称作'故训'，又称'训诂'，《尔雅》实际上是一部训诂的汇编。它不像一般的经书，是供阅读的；而像古代的字书，是供查检的。"[①]

---

① 王宁：《〈尔雅〉说略》，载《十三经说略》，北京燕山出版社 2002 年版，第 283 页。

"尔"是近正的意思;"雅"即"雅言",是某一时代官方规定的规范语言。"尔雅"就是使语言接近于官方规定的语言。《尔雅》也是后代考证古代词语的一部参考著作。这部书被认为是中国训诂学的开山之作,在训诂学、音韵学、词源学、方言学、古文字学方面都有着重要影响。同时,《尔雅》也是我国第一部按义类编排的综合性辞书,是疏通包括五经在内的上古文献中词语及古文的重要工具书。

《尔雅》的作者历来说法不一,有人认为是孔子门人所作,也有人认为是周公所作,经后人增益而成。后人大都认为是秦汉时人所作,经过代代相传,各有增益,在西汉时被整理加工而成。作者可能是秦汉间的学者,缀缉春秋战国秦汉诸书旧文,递相增益而成。现存《尔雅》为 19 篇,班固在《汉书·艺文志》著录《尔雅》有 3 卷 20 篇。唐朝以后《尔雅》被列入"经部",成为儒家经典之一。

第二节
修齐平治的儒家理想：《论语》

📖 **知识目标：**

- 知人论世，熟悉孔子的人生经历。

- 熟记《论语》的结构体系和思想体系。

- 牢记《论语》为学、为人、为政的主要观点。

- 熟记《论语》有关仁和礼的观点。

📖 **能力目标：**

- 能分析孔子思想体系产生的原因。

- 能用孔子为学观点指导自我学习。

- 能正确理解儒家人生目标及处世模式。

- 能灵活运用《论语》的名言名句。

📖 **素养目标：**

- 自觉用《论语》修身的观点提升自我综合素养。

- 运用《论语》和谐思想，学会与自己和解，与他人和解，与社会和解。

    《论语》是儒家学派的经典著作之一，由孔子的弟子及其再传弟子编撰而成，通行本《论语》共20篇。它以语录体和对话文体为主，记录了孔子及其弟子言行，集中体现了孔子的政治主张、伦理思想、道德观念及教育原则等。南宋时，朱熹把它与《大学》《中庸》《孟子》一起列为"四书"，后又与《诗经》《尚书》《礼记》《易经》《春秋》并称"四书五经"，是古代学校官方指定教科书和科举考试的必读书，是历代儒家学子研学的核心书经。宋朝宰相赵普曾赞颂说"半部《论语》治天下",这充分体现了此书的价值,要了解孔子和他的学说,《论语》是最直接、最可靠的资料。

一、孔子的曲折人生

孔子因父母曾为生子而祷于尼丘山,故名丘,字仲尼,鲁国陬邑(今山东曲阜)人,春秋时期的伟大的思想家、教育家,儒家学派的创始人。

孔子的祖先为宋国贵族,父叔梁纥(hé)是鲁国著名的武士,以勇气闻于诸侯。孔子的家世,从殷天子、宋国君、大夫,层层下降到他为士。孔子自道:"吾少也贱。"这里的所谓"贱",不是指一般的贱人贱族,而是指比他任何一代的祖先地位都低下。

图 2-11　孔子
(前 551—前 479)

孔子 3 岁丧父,少时家境贫寒,随母亲颜征在移居阙里,并受其教。孔子幼年,"为儿嬉戏,常陈俎豆,设礼容",及长,做过管理仓库的"委吏"和管理牛羊的"乘田"。

孔子 15 岁立志于学,16 岁丧母。他虚心好学,学无常师,相传曾问礼于老聃,学乐于苌弘,学琴于师襄。30 岁时,已博学多才,成为当地较有名气的一位学者,并在阙里收徒授业,开创中国教育史上私人办学之先河。

35 岁时,孔子因鲁国内乱而奔齐。为了接近齐景公,做了齐国贵族高昭子的家臣。次年,齐景公向孔子询问政事,孔子说:"君要像君,臣要像臣,父要像父,子要像子。"景公极为赞赏,欲起用孔子,因齐相晏婴从中阻挠,于是作罢。不久孔子返鲁,继续钻研学问,培养弟子。

51 岁时,孔子任鲁国中都宰(今汶上西地方官)。由于为政有方,"一年,四方皆则之"。52 岁时由中都宰提升为鲁国司空、大司寇。鲁定公十年,鲁、齐夹谷之会,孔子提出"有文事者必有武备,有武事者必有文备"。齐桓公欲威胁鲁君就范,孔子以礼斥责桓公,保全了国格,使齐侯不得不答应定盟和好,并将三地归还鲁国。

54 岁时,孔子受季桓子委托,摄行相事。他为了提高国君的权威,提出"堕三都"、抑三桓(鲁三家大夫)的主张,结果遭到三家大夫的反对,未能成功。

55 岁时,鲁国君臣接受了齐国所赠的文马美女,终日迷恋声色。孔子则大失所望,遂弃官离鲁，带领弟子周游列国，另寻施展才能的机会，此间"干七十余君"，终无所遇。直到公元前 484 年，鲁国季康子听了孔子弟子冉有的劝说，才派人把他从卫国迎接回来。孔子回到鲁国，虽被尊为"国老"，但仍不得重用。他也不再求仕，乃集中精力继续从事教育及文献整理工作。一生培养弟子三千余人，身通六艺（礼、乐、射、御、书、数）者七十二人。在教学实践中，总结出一整套教育理论，如因材施教、学思并重、举一反三、启发诱导等教学原则，学而不厌、诲人不倦的教学精神，以及"知之为知之，不知为不知"和"不耻下问"的学习态度，为后人所称道。他先后删《诗》《书》，订《礼》《乐》，修《春秋》，对中国古代文献进行了全面整理。他老而喜《易》，曾达到"韦编三绝"的程度。

69 岁时，独子孔鲤去世。

71 岁时，得意门生颜回病卒。孔子悲痛至极，哀叹道："天丧予！ 天丧予！"这一年，有人在鲁国西部捕获了一只叫麟的怪兽，不久死去。他认为象征仁慈祥瑞的麒麟出现又死去，是天下大乱的不祥之兆，便停止了《春秋》一书的编撰。72 岁时，突然得知弟子仲由在卫死于国难，哀痛不已。

次年（前 479 年）夏历二月，孔子寝疾 7 日，赍志而殁。孔子一生的主要言行，经其弟子和再传弟子整理编成《论语》一书，成为后世儒家学派的经典。孔子一生培养出大批优秀人才，同时系统整理了古代遗留文献，成为"其前数千年文化的继承者"和"其后数千年文化的开创者"，是影响极其深远的世界级文化名人。

二、《论语》的思想体系

孔子一生的思想体现在《论语》中，孔子的思想体系以"仁""礼"为核心，以"中庸"为基本准则，贯穿他的哲学、政治、教育、伦理、处世等方方面面。

(一)论仁

儒家的仁，是孔子思想的理论核心，既是哲学思想的最高范畴，又是伦理道德准则；既是治理天下的基本原则，又是立身做人的基本准则。它的内涵极为丰富，《论语》中论仁有 58 章，仁字共出现 105 次，仁是孔子学术思想里的关键词。

什么是仁？ 在孔子看来，仁至少包括以下三种含义。(1) 仁就是"人"。"仁者，人也。"从个体的角度看，仁就是仁德，也就是做人的基本道德准则，仁是君子的根本条件，孔子讲"克己复礼为仁"，能管得住自己，任何时候都不能缺了人性、少了人味，始终坚守人性原则底线。（2）仁就是"亲"。《说文解字》中讲："仁，亲也"，这里的亲既可以理解为亲人，又可以理解为亲近，仁就是人与人之间的相亲相爱的关系，由血缘亲情而来的最朴素的情感。（3）仁就是"爱人"。樊迟问孔子什么是仁时，孔子回答是"爱人"。孔子把仁解释为"爱人"，是基于"亲亲"思想，《中庸》引孔子的话说："仁者，人也，亲亲为大。"从社会整体的角度看，仁就是仁政。仁的核心在于爱，仁德要求人要关爱他人，仁政要求统治者要关爱百姓。同时，孔子也对仁的标准作了阐释，即一个人有了刚强、坚毅、质朴、说话谨慎这四种品质，只是近于仁，还没有达到仁。要想做到仁，还需具有恭、宽、信、敏、惠这五种道德。

子曰："刚、毅、木、讷，近仁。"（《论语·子路》）

子张问仁于孔子。孔子曰："能行五者于天下，为仁矣。""请问之。"曰："恭、宽、信、敏、惠。恭则不侮，宽则得众，信则人任焉，敏则有功，惠则足以使人。"（《论语·阳货》）

如果一个人失去了仁，其实也就失去了一颗仁爱之心，失去了恭、宽、信、敏、惠五项优秀的品质，这会给人带来灾难。一个人失去了仁，面对富与贵的诱惑，很可能因为抵挡不住诱惑而走上犯罪的道路。

子曰："民之于仁也，甚于水火。水火，吾见蹈而死者矣，未见蹈仁而死者也。"（《论语·卫灵公》）

子曰："富与贵，是人之所欲也；不以其道得之，不处也。贫与贱，是人之所恶也；不以其道得之，不去也。君子去仁，恶乎成名？君子无终食之间违仁，造次必于是，颠沛必于是。"（《论语·里仁》）

在弟子多次问如何实现仁德时，孔子提出了"行仁"的原则。一是亲亲要孝悌，这是做人的根本。二是怀有一颗敬畏之心，这是做人做事的根本行为准则。三是克己复礼。

子曰："其为人也孝悌，而好犯上者，鲜矣；不好犯上，而好作乱者，未之有也。君子务本，本立而道生。孝悌也者，其为人之本与？"（《论语·学而》）

子曰："出门如见大宾，使民如承大祭。己所不欲，勿施于人。在邦无怨，在家无怨。"（《论语·颜渊》）

子曰："克己复礼为仁。一日克己复礼，天下归仁焉。为仁由己，而由人乎哉？"颜渊曰："请问其目？"子曰："非礼勿视，非礼勿听，非礼勿言，非礼勿动。"（《论语·颜渊》）

"仁"是君子的内在品质，"克己"是要靠人对自身内在品质（"爱人"的品德）的自觉。"礼"是人的行为的外在的礼仪规范，它的作用是为了调节人与人之间关系的。在孔子看来，君子只有自觉地遵守礼仪规范，才符合"仁"的要求，所以说："为仁由己，而由人乎哉？"孔子主张君子约束自己，使每件事都归于"礼"（"礼"为西周之礼）。"克己复礼"是达到"仁"的境界的修养方法。

（二）论礼

在孔子丰富而又博大的思想体系中，"礼"是仅次于"仁"的重要组成部分，在《论语》中，仅"礼"就出现了 73 次。它既是典章、制度、仪节、习俗以及人们以这种礼乐制度为准绳的行为规范，是修身齐家治国平天下的准则，又是对于仁的体现与实施。孔子之"礼"与"仁"学说共同构成了其人道思想的两条主要脉络。孔子认为，一个人要真正成为有学问、有道德修养的人，学习和运用"礼"是一个根本条件。在社会交往、治理人民、处理国家大事方面，人们应该以"礼"来对待他人。以"礼"治天下还体现为"孝悌"原则。

首先，"礼"是君子立身、处世的重要条件。"礼"是君子外在的行为规范。

子曰："不知命，无以为君子也；不知礼，无以立也；不知言，无以知人也。"（《论语·尧曰》）

子曰："恭而无礼则劳，慎而无礼则葸，勇而无礼则乱，直而无礼则绞。君子笃于亲，则民兴于仁；故旧不遗，则民不偷。"（《论语·泰伯》）

子曰："非礼勿视，非礼勿听，非礼勿言，非礼勿动。"（《论语·颜渊》）

其次，君子从"礼"以成事，"礼"是君子处理人际关系、成就大业的必要条件。

定公问曰："君使臣，臣事君，如之何？"孔子对曰："君使臣以礼，臣事君以

忠。"(《论语·八佾》)

子曰:"导之以政,齐之以刑,民免而无耻;导之以德,齐之以礼,有耻且格。"(《论语·为政》)

最后,"礼"与时俱进,不能因循守旧。

子张问:"十世可知也?"子曰:"殷因于夏礼,所损益,可知也;周因于殷礼,所损益,可知也;其或继周者,虽百世,可知也。"(《论语·为政》)

子曰:"夏礼,吾能言之,杞不足征也;殷礼,吾能言之,宋不足征也。文献不足故也。足,则吾能证之矣。"(《论语·八佾》)

子曰:"麻冕,礼也;今也纯,俭,吾从众。拜下,礼也;今拜乎上,泰也。虽违众,吾从下。"(《论语·子罕》)

在孔子的心目中,有着两种社会状态,一种是理想的大同世界,一种是现实小康社会。大同世界,是天下为公;小康社会,则是天下为家,即天下为私。天下为家就会有祸乱产生,这就需要一种"礼乐"来规范大家的行为,使其合理有序,以保持小康社会的健康稳定地发展。孔子认为,每一个时代的王室,都要制定一套贵族的行为标准,夏、商两代的礼,不是很清楚了,但由周公制定的礼,他全部知道,这个礼非常完美、完备,涉及各方面,如果大家都遵守它,这个世界就太平了。现在社会大乱的原因,就是很多人在破坏这个礼,所以君子的任务就是要"复礼"。

(三)论中庸

孔子思想中除了"仁"和"礼"比较重要外,"中庸"思想也是重要的一方面。它不仅在孔子思想体系中占有重要的一席之地,更重要的是他概括了中国人为人处世之道。子曰:"中庸之为德也,其至矣乎,民鲜久矣。"朱子注说:"中者,无过不及之名也。庸,平常也。"有人误会"中"就是不彻底,有人误解"中"是模棱两可的意思,有人误解"庸"就是庸碌的意思,凡事"不求有功,只求无过"。这些认识都是对"中庸"的错误理解,"中"其实是无过不及、恰到好处的意思。所谓恰到好处就是说大凡事物必有两端,两端也就是阴与阳,恰到好处就是在把握好两端的一个适合的度,这个度也就是中。

孔子一生推行仁政和德政,用仁、义、礼、智、信教化民众,追求天下大同,主张

"和而不同"。他的思想基础和世界观就是"中庸"，也就是后来人们常说的"中庸之道"。何谓"中庸"？"不偏之谓中，不易之谓庸。中者，天下之正道。庸者，天下之定理。""中"是不偏不倚，中正，无过不及。中者天下之正道。"庸"是坚持不能改变的法则，不偏离正常。

孔子在强调个人修养方面也特别注重行中庸之道。子曰："喜怒哀乐之未发，谓之中；发而皆中节，谓之和。中也者，天下之大本也。和也者，天下之达道也。致中和，天地位焉，万物育焉。"人都有喜怒哀乐的情绪，当这些情绪未发泄时，我们的情绪就处于心平气和，中庸平稳的状态；但有时因发生了异常的变故，人就会有情绪的变化和波动，只要是适当、有节制，不过度与激烈地发泄，就是温和平和。意思是说，人与人相处，行中庸，遇事心平气和，包容共济，相互谦让，文明处世，礼貌待人，就会减少摩擦与争斗，化解社会矛盾，实现和谐相处。

(四) 论君子

古有"半部《论语》治天下"之说，《论语》则承载了儒家思想的大半精华，很多为人处世之道至今仍值得我们学习。个人修养上，孔子在为人上最大的主张，是做人要做君子。"君子"一词在《论语》中出现了 100 多次。

图 2-12　孔子论礼

一是追求"仁德"，这是做人的根本。如何实现仁德？孔子提出了"忠恕之道"，具体表现为两方面："忠"为"己欲立而立人，己欲达而达人"，推己及人、关爱他人，尽己之力为人谋事，忠于职守，是"仁"的内涵之一；"恕"是"己所不欲，勿施于人"

即不把自己憎恶的东西强加给别人；忠恕既是"仁者爱人"的表现，又是"推己及人"的具体化，也就是将心比心、设身处地为他人着想。这是妥善处理人与人、人与群体之间的关系的基本方式，也是孔子倡导的做人根本原则。

子曰："参乎！吾道一以贯之。"曾子曰："唯。"子出，门人问曰："何谓也？"曾子曰："夫子之道，忠恕而已矣。"(《论语·里仁》)

子贡问曰："有一言可以终身行之乎？"子曰："其恕乎？己所不欲，则勿施于人。"(《论语·卫灵公》)

二是修己安人，严于律己。修己安人，就是求仁、行仁的人格完善过程，是一个不断学习、在实践中巩固的过程。在为人处世方面，孔子强调修书安人，需要做到孝悌、博爱和律己。

子曰："孝悌也者，其为仁之本与！"(《论语·学而》)也就是说，孝乃第一忠，是"仁"的根本所在，是做人的根本所在，如果一个人具有"孝悌"的品格，就不会犯上，就会立足于天下。因为"其为人也孝悌，而好犯上者，鲜矣；不好犯上，而好作乱者，未之有也。君子务本，本立而道生。孝悌也者，其为人之本与？"《论语·学而》那么，什么是孝呢？《论语·为政》记载："孟懿子问孝。子曰：'无违'。"那么，什么是无违呢？ 子曰："生，事之以礼；死，葬之以礼，祭之以礼。"(《论语·为政》)由此可见，孔子对孝有两个标准，即对老人生前的无违和死后的无违，就是能养、能敬、能葬、能祭。

孟武伯问孝。子曰："父母唯其疾之忧。"(《论语·为政》)

子曰："父母在，不远游，游必有方。"(《论语·里仁》)

子游问孝。子曰："今之孝者，是谓能养。至于犬马，皆能有养。不敬，何以别乎？"(《论语·为政》)

子夏问孝。子曰："色难。有事，弟子服其劳；有酒食，先生馔；曾是以为孝乎？"(《论语·为政》)

子曰："父在观其志，父没观其行，三年无改于父之道，可谓孝矣。"(《论语·学而》)

樊迟问仁，子曰"爱人"(《论语·颜渊》)。子路问君子，子曰"修己以敬人""修己以安人""修己以安百姓"（《论语·宪问》）。他还提出，不仅要"入则孝，出则悌，谨而信，泛爱众，而亲仁"，还要"博学于文，约之以礼"（《论语·颜渊》），即还应该广泛地学习文化典籍，用礼约束自己的行为，尽心尽力去做事情。还有，孔子强调做人要反求诸己，自省律己。子曰："君子求诸己，小人求诸人。"（《论语·卫灵公》）"吾日三省吾身：为人谋而不忠乎？与朋友交而不信乎？传不习乎？"（《论语·学而》）"躬自厚而薄责于人，则远怨矣。"（《论语·卫灵公》）子曰"见善如见不及，见不善如探汤"（《论语·季氏篇》），"见贤思齐焉，见不贤而内自省也"，（《论语·里仁》）"君子有九思：视思明，听思聪，色思温，貌思恭，言思忠，事思敬，疑思问，忿思难，见得思义"。（《论语·季氏》）这些都表明了孔子主张做人要严于律己，自我反省，向善离恶，这样才能立信于人、感召人和管理人。

三是全面发展。在《论语·为政》中，孔子提出"君子不器"，即君子不应该像器皿一样只有专门的用途，而应是博学多识，具有多种才干，强调做人要全面均衡发展。在《论语·述而》中，孔子提出做人要"志于道，据于德，依于仁，游于艺"，即立志追求人生理想，把握德行修养，绝不背离人生正轨，优游自在于礼、乐、射、御、书、数这些艺文活动中。

图 2-13　孔子讲学

（五）论学

"修身齐家治国平天下"是儒家追求的人生理想，一个人要实现自己的理想抱负，首要就是"修身"，"勤奋学习"是修身的主要手段。孔子一生好学善思，才成为圣人，成为万世师表。在《论语》当中，孔子这样总结自己："十室之邑，必有忠信如丘者焉，不如丘之好学也。"孔子认为自己最大的特点就是好学。孔子晚年曾这样总结自己的一生："吾十有五而志于学，三十而立，四十而不惑，五十而知天命，六十而耳顺，七十而从心所欲，不逾矩。"孔子还说，五十以学《易》可以无大过矣。学习是孔子生命的起点，也是孔子生命的终点。

图 2-14　孔子讲学

在孔子的学生当中，孔子最喜欢的人是颜回，原因固然很多，但主要有两点：一是"回也其心三月不违仁，其余则日月至焉而已矣。"仁是孔子思想的核心，一个人是不是君子，关键看这个人仁不仁。二是颜回好学。在孔子晚年，有两个重要人物——鲁哀公与季康子——问孔子同一个问题："弟子孰为好学?"孔子的回答是颜回。

> 哀公问："弟子孰为好学?"孔子对曰："有颜回者好学，不迁怒，不贰过，不幸短命死矣。今也则亡，未闻好学者也。"(《论语·雍也》)

> 季康子问："弟子孰为好学?"孔子对曰："有颜回者好学，不幸短命死矣。今也则亡。"(《论语·先进》)

《论语》中出现了 65 次"学"字。这 65 个"学"字，充分体现了孔子对学习的认识和把握。这 65 个"学"字，除了"好学"以外，还可以归纳为乐学、博学、恒学、会学、学以致用。

一是乐学。孔子说，"知之者不如好之者，好之者不如乐之者。"孔子把学习当成是一件快乐的事情，所以他乐此不疲。《论语》开篇第一句话孔子就讲："学而时习之，不亦说乎?"正是因为从学习当中体会到快乐，孔子才反复强调学而不厌。

> 子曰："学而时习之，不亦说乎? 有朋自远方来，不亦乐乎? 人不知，而不愠，

不亦君子乎？"（《论语·学而》）

子曰："朝闻道，夕死可矣。"（《论语·里仁》）

子曰："贤哉，回也！一箪食，一瓢饮，在陋巷，人不堪其忧，回也不改其乐。贤哉，回也！"（《论语·雍也》）

子曰："知之者不如好之者，好之者不如乐之者。"（《论语·雍也》）

二是博学。何为博学？ 广泛学习就是博学，学做人，学做事，学文化，学礼仪。孔子讲"君子不器"，就是强调博学，强调君子要成为通才。人只有"博学于文"，且约之以礼，才可能少犯错误。博学可以格物，可以致知，可以掌握自然（天）和人类社会（天下）的规律。在《中庸》第二十章，子思也谈到博学问题，"博学之，审问之，慎思之，明辨之，笃行之"。由此观之，在强调博学这一点上，祖孙的态度高度一致。

子曰："君子不器。"（《论语·为政》）

子曰："君子博学于文，约之以礼，亦可以弗畔矣夫。"（《论语·雍也》）

三是恒学。孔子和他的弟子们认为，"格物致知"不是一件简单的事情，必须付出艰苦的努力，必须持之以恒。一个人不坚持学习，连巫医都做不成。一个人不坚持学习，会一事无成。一事无成的人，会招致别人的羞辱。

子曰："南人有言曰：'人而无恒，不可以作巫医。'善夫。""不恒其德，或承之羞。"子曰："不占而已矣。"（《论语·子路》）

子曰："譬如为山，未成一篑，止，吾止也；譬如平地，虽覆一篑，进，吾往也。"（《论语·子罕》）

四是会学。一个人喜欢学习，如果态度不对或方法不对，也不会有好的效果。一是态度端正。会学者要树立不耻下问的学习观念，不管对方年龄大小、职位高低、富裕还是贫穷，只要比我们强，就要"择其善者而从之""见贤思齐焉，见不贤而内自省也"。二是方法正确。孔子是一个学而不厌的典范。小的时候他到太庙当中去，就坚持每事问。孔子到了老年，还坚持学习。孔子50岁开始学《易》，留下了韦编三绝的典故。

子曰："学而不思则罔，思而不学则殆。"（《论语·为政》）

冉求曰："非不悦子之道，力不足也。"子曰："力不足者，中道而废，今汝划。"（《论语·雍也》）

子曰："三人行，必有我师焉。择其善者而从之，其不善者而改之。"(《论语·述而》)

子夏曰："博学而笃志，切问而近思，仁在其中矣。"(《论语·子张》)

子曰："见贤思齐焉，见不贤而自省也。"(《论语·里仁》)

五是学以致用。这是最重要的理念，学了就要用，学了不用等于没学。孔子说"古之学者为己，今之学者为人"。有的人学习是为了提升自己，也有的人学习是为了显摆自己。对后一种情况，孔子是极其反感的。子曰："诵《诗》三百，授之以政，不达；使于四方，不能专对；虽多，亦奚以为？"学以致用、活学活用成为我们学习的出发点和落脚点。

子曰："吾尝终日不食，终夜不寝，以思。无益，不如学也。"(《论语·卫灵公》)

子曰："由也，汝闻六言六蔽矣乎？"对曰："未也。""居，吾语汝。好仁不好学，其蔽也愚；好智不好学，其蔽也荡；好信不好学，其蔽也贼；好直不好学，其蔽也绞；好勇不好学，其蔽也乱；好刚不好学，其蔽也狂。"(《论语·阳货》)

子夏曰："百工居肆以成其事，君子学以致其道。"(《论语·子张》)

(六)论交友

《论语》中"友"出现 27 次，"朋"出现 9 次，"朋友"连用共 8 次。孔子开创私学，招收贫民入学读书，使不少庶人有机会接受教育入仕为官。"朋友"继父子、夫妇、兄弟、君臣等基本人际关系，作为独立的人与人之间的关系，最早适用于没有血缘之亲的同门弟子之间，它的主要来源就是士阶层集团。友由兄弟之情演变为"同门曰朋，同志曰友"，由此扩大了朋友的主体内涵，使交友之道成为人与人之间交流情感进德修业的必要一环。

一是善交友。在朋友的选择上，孔子提出了三个主要标准。

交志同道合的朋友。朋友不是任意选择的，要有共同的志向与追求，此种朋友才能产生精神上的共鸣。儒家的"道"即"仁道"，是以孝悌为本、以忠恕为原则、以礼为精神规范的修齐治平的道德实践，目的是实现天下归仁、天人合一的最高理想。有共同追求的朋友之间还能产生激励共勉的效果，相互督促共同进步，人生得一知己也是何等的乐事。孔子曰："乐节礼乐，乐道人之善，乐移贤友，益矣。"(《论语·季氏》)

交优秀的朋友。交朋友不仅是情感需求也是进德修业的需要，所以尽量结交比自己优秀的朋友。良师益友可以增长我们的学识扩宽我们的眼界，从而更好地修身养性培育仁德。好的朋友一定是在某方面有突出的才能，或见闻广博或品德高尚，能为自己树立榜样，以友为镜反观自己寻找差距，从而不断激励自己自强不息。那么应该向朋友学习什么内容呢？具体而言就是孔子时代的"六艺"：礼、乐、射、御、书、数。

交品德高尚的朋友。好的朋友有三种，坏的朋友有三种。与正直的人、诚实的人、见多识广的人交朋友对自己有益处。这些人德才兼备，不会做损人利己之事，与他们交朋友耳濡目染既保证自己不会受到无谓的损失也能让自己增进修养。而与阿谀奉承的人交朋友，与当面恭维背后诋毁表里不一的人交朋友，与惯用花言巧语的人交朋友对自己有损害。这种人品德低下小人嘴脸，随时有可能为了一己私利伤害身边的朋友，最终害人害己。

"道不同，不相为谋。"（《论语·卫灵公》）

"无友不如己者。"（《论语·学而》）

"益者三友，损者三友。友直，友谅，友多闻，益矣。友便辟，友善柔，友便佞，损矣。"（《论语·季氏》）

二是善察人。"巧言令色，鲜矣仁。"在孔子看来，有仁德的人是不喜欢花言巧语的，"君子当讷于言，而敏于行"。还有，说话要把握好限度，不该说时就不要说，"多闻阙疑，慎言其余，则寡尤；多见阙殆，慎行其余，则寡悔。言寡尤，行寡悔，禄在其中矣。""多闻阙疑"，就是要先带着耳朵去多听，有疑问的地方就先保留。"慎言其余"，讲自己觉得有把握的地方，说话时也要小心。"则寡尤"，是说做到上述两点后就会少了很多怨尤。"多见阙殆"，就是要多看，有疑问的地方先保留。对于人的观察孔子还特别指出：

子曰："视其所以，观其所由，察其所安，人焉廋哉？人焉廋哉？"（《论语·为政》）

三是讲诚信。如何与朋友相处？孔子也提出了三个基本原则。

第一是取信于友。诚信是一个人的立身之本，人无信而不立。一个不讲信用的人言而无信出尔反尔，别人又如何能放心地与他交友共事。人是社会的人，诚信是人际交往的基本道德规范。子曰："君子不重则不威，学则不固，主忠信，毋友不如己者，过则勿惮改。"(《论语·学而》)子曰:"人而无信,不知其可也。大车无輗,小车无軏,其何以行之哉?"(《论语·为政》)曾子曰:"吾日三省吾身:为人谋而不忠乎?与朋友交而不信乎?传不习乎?"(《论语·学而》)曾子把诚信作为反思自己言行的重要内容之一。要想得到别人对自己的信任,首先要以诚信的态度对待别人,这即是"己所不欲,勿施于人",更是"己欲立而立人,己欲达而达人"的道德实践要求。朋友之间彼此以诚待人、信以为上才能逐渐纯净社会风气,形成良好的人际关系。

第二是与友切磋,互相激励。朋友之间互有所长,吸取别人的长处,弥补自己的短处才能不断进步。"子路问曰:'何如斯可谓之士矣?'子曰:'切切偲偲,怡怡如也,可谓士矣,朋友切切偲偲,兄弟怡怡。'"(《论语·子路》)朋友之间应经常相互切磋学问道德,交流思想。学问广博的人往往又是虚心向学的,因为深知天道之高远,人力之有限,所以谦虚好学不会妄自尊大。与朋友相处要善于发现他人身上的闪光点,好的德行学问要学习,不好的言行品性也告诫自己不可效仿。子曰:"见贤思齐焉,见不贤而自省也。"(《论语·里仁》)《论语》中就经常有孔子与弟子们讨论学问志向的场景,各抒己见、其乐融融。这种互相激励、彼此劝勉的精神值得我们现代人借鉴学习。

第三是忠告善导,不可则止。朋友之间相互切磋的过程中,难免有不同的观点。观点的对错有时有明确的标准,有时因条件立场的不同并无确切的标准。子曰:"忠告而善道之,不可则止,毋自辱焉。"(《论语·颜渊》)对于朋友的缺点不足,要及时提醒忠言劝告,意在使其不断完善、改正错误。但经过自己循循开导后,朋友仍然坚持己见、一意孤行,那就到此为止,不要再勉强为之,否则友情可能破裂,自己也会遭受羞辱。

(七)论为政

孔子曾经比较过两种为政模式:"道之以政,齐之以刑,民免而无耻。道之以德,齐之以礼,有耻且格。"(《论语·为政》)用政令刑法来领导、治理,民众慑于威严,不敢冒犯,但心无羞愧,不能根本解决问题;用道德、礼义来领导、治理,民众不仅懂得羞耻,而且心悦诚服。以上两种模式,大致相当于我们今天所说的法治和德治,孔子显然是主张德治的,但也没有完全否定法治。"为政以德,譬如北辰,居其所而众星共(同拱,环绕)之。"(《论语·为政》)依靠自己的品德来实施行政领导,下属和百姓的尊奉服从,就像众星环绕北极星一样。在孔子看来,以德服人,几乎可以无为而治。

　　一是修己以敬。与以德治国的理念相应，孔子十分注重从政者的个人道德修养，认为"修己以敬"，严肃认真地对待自身修养，是"修己以安人""修己以安百姓"的基础。因而，孔子主张"学而优则仕"，学习优秀，道德文章俱佳才能去做官；他一再告诫弟子，"不患无位，患所以立。不患莫己知，求为可知也。"（《论语·里仁》）不要担心没人了解你，不要担心没人重用你，关键在于机会降临时，你准备好了没有。"德之不修，学之不讲，闻义不能徙，不善不能改，是吾忧也。"（《论语·述而》）真正可怕的是自己不具备从政的必要条件。《论语》中，孔子反复讲："政者，正也。子帅以正，孰敢不正？"（《论语·颜渊》）"其身正，不令而行；其身不正，虽令不从。""苟正其身矣，于从政乎何有？不能正其身，如正人何？"（《论语·子路》）从政必先修身，从政之后则要以身作则，率先垂范，用自己的人格，用道德的力量，来感召、教化部属和民众。对为政者而言，修身是没有止境的。《论语·子路》篇载："子路问政，子曰：'先之劳之。'请益，曰：'无倦'。"从政者的"先之"必须"无倦"才行，以身作则要持之以恒，永不懈怠。

　　二是举才以贤。从政者当然不可能真正地无为而治，推行仁政德治，也要有帮手，也要有干部。"仲弓为季氏宰，问政。子曰：'先有司，赦小过，举贤才。'"（《子路》）举贤才的观点，也是孔子答为政之问时反复讲的，如"举直错诸枉，则民服""举善而教不能，则劝"（《论语·为政》）等。卫国大夫公叔发，他的家臣馔，由于公叔发的举荐，和公叔发一起做了国家的大臣，孔子大加赞赏（《论语·宪问》）；鲁国大夫臧孙辰，明知柳下惠是贤才，却不任用他，孔子批评臧孙辰是"窃位者"（《论语·卫灵公》）。褒贬之间，可见举贤在孔子心目中的地位。

图 2-15　孔子讲学（徐悲鸿）

三是使民以义。孔子评论郑国宰相子产的执政行为符合君子之道："行己恭，事上敬，养民惠，使民义"(《论语·公冶长》)。养民以惠，使民以义，也正是孔子的执政理念。孔子主张对老百姓要"庶之""富之""教之"(《论语·子路》)，役使民众也要"择可劳而劳之"。

(八)论天地鬼神

天是中国古代思想的重要概念。商周时代，天被奉为是至高无上的神，是百神之大君，是世界的主宰者，也是人世间的主宰者。春秋末期的孔子及其弟子受此影响，也常以天为最高主宰者，如孔子说："吾谁欺？欺天乎？"子贡说："固天纵之将圣，又多能也。"(《论语·子罕》)同样承认天是最高主宰者，也有不同的理解和说法。一种观点认为，天与最高统治者(天子)关系密切，会保佑他的平安幸福。如尧对舜说："咨！尔舜！天之历数在尔躬，允执其中。四海困穷，天禄永终。"(《论语·尧曰》)按照天的意志，该是舜当天子，舜要慎重处理一切政务。孔子虽然受世俗的影响，也讲天的主宰问题，但有怀疑，他说："天何言哉？四时行焉，百物生焉，天何言哉？"所以，他的弟子很少听到他讲天道。子贡说："夫子之言性与天道，不可得而闻也。"(《论语·公冶长》)

儒家讲命，首先指天命，指不以人的意志为转移的客观必然性。孔子说："道之将行也与？命也；道之将废也与？命也。公伯寮其如命何！"(《论语·宪问》)道的行废，都是由命决定的，因此公伯寮对其也无可奈何。孔子主张"知命""不知命，无以为君子也"(《论语·尧曰》)。并且说他自己"五十而知天命"(《论语·为政》)，这个天命，实际上是指客观必然性，相当于命。孔子说："回也其庶乎，屡空；赐不受命，而货殖焉，亿则屡中。"(《论语·先进》)颜回的道德很高尚，但他很贫困；子贡不受命运的安排，自己出去经商赚钱，往往猜中行情，赚了钱。子夏听孔子说过："死生有命，富贵在天。"(《论语·颜渊》)生死是命决定的。

对"鬼神"的态度，孔子既不否定，也不迷信，而是抱着一种比较清醒的怀疑态度。"祭如在，祭神如神在"(《论语·八佾》)；"樊迟问知，子曰：'务农之义，敬鬼神而远之，可谓知矣'"(《论语·雍也》)；"子不语怪、力、乱、神"(《论语·述而》)；"季路问事鬼神。子曰：'未能事人，焉能事鬼'"(《论语·先进》)。孔子对于祭神，用"如在""如神在"，这两个如字值得注意，说明在孔子看来，"神"实际上并不一定存在，但是他又不完全否定鬼神。他只是不语鬼神，"敬鬼神而远之"。他所注重的是"务农之义""未能事人，焉能事鬼"，这说明孔子是重人事而轻鬼神的。

第三节
先民质朴的人生写照：《诗经》

知识目标：

- 熟记《诗经》的起源。

- 了解孔子与《诗经》的关系。

- 熟记《诗经》的内容、艺术特征和历史地位。

能力目标：

- 能理解"艺术来源于生活，又高于生活"的观点，通过作品了解先民的生活状态。

- 能从不同的角度分析和赏析《诗经》作品。

- 能灵活运用《诗经》名言名句。

- 能在写作中传承和创新《诗经》的赋、比、兴手法。

素养目标：

- 自觉诵读《诗经》作品，丰富自我情感，提高对民族文化的热爱之情。

- 透过作品，领悟先人的生活状态，珍惜当今美好生活。

《诗经》是我国最早的一部乐歌总集。它产生于商、周之交，经历春秋中期或稍后五六百年漫长的时代，是我国古代先民对自己社会生活的歌唱，是我国古代文化辉煌灿烂的篇章。

一、《诗经》的来源

《诗经》，原先只称《诗》，或称《诗三百》，并不称为《诗经》。孔子对他的儿子伯鱼说："不学《诗》，无以言。"（《论语·季氏》）对他的学生说："小子何莫学夫《诗》？《诗》可以兴，可以观，可以群，可以怨。"（《论语·阳货》）他总结《诗》的旨意说："《诗》三百，一言以蔽之，曰：思无邪。"（《论语·为政》）他主张学《诗》贵在实用，说："诵《诗三百》，授之以政，不达；使于四方，不能专对；虽多，亦奚以为？"（《论语·子路》）可见孔子言《诗》，但称《诗》或《诗三百》，不曾提到《诗经》这个名称。

把《诗》和"经"联系起来加以论述是《庄子·天运》："丘治《诗》《书》《礼》《乐》《易》《春秋》六经。"视"经"为典册书籍，《诗》为六种典籍之一。《荀子·劝学》说："学恶乎始？恶乎终？曰：'其数则始乎诵经，终乎读礼；其义则始乎为士，终乎为圣人。……《礼》之敬文也，《乐》之中和也，《诗》《书》之博也，《春秋》之微也，在天地之间者毕矣。"视"经"为学习的科目。《荀子》把培养人分为高低不同的层次，所开设课程也有先修和后修的不同。而《诗》则为先修课程之一。"经"作为一般典册书籍的通称，在这里则赋予了道可常行于"天地之间者毕矣"的意义。于是，六书称为"六经"，成为儒家宗奉用以教育儒门弟子必读的典籍。而《诗》在"六经"中则居于领先的地位。

到了汉代，汉武帝首先推行罢黜百家，独尊儒术，表彰六经，提倡读经的政策，尊奉"孔子为万世师表，六经即万世教科书"（皮锡瑞《经学历史》）。以经取士，公卿大夫士吏，无不通经；朝廷议礼、议政，无不引经；利禄之辈，也往往皓首穷经。由是，"诗"作为"经"，又被官方确立起权威的地位。

现存《诗经》有305篇，所谓《诗三百》，乃就其成数而言。但就《诗经》的篇目看，却有311篇，其中《小雅》里的《南陔》《白华》《华黍》《由庚》《崇丘》六篇，被认为是用笙管吹奏伴唱的"笙诗"。《毛诗政训传》（以下简称《毛传》）认为，"笙诗"原是有词的，后来失传了。朱熹《诗集传》认为，"笙诗"原为乐曲名，在演唱时，以笙插入伴奏，原是有声而无词的。这两种说法，至今尚无定论。

《诗经》305 篇，分别编排为《风》《雅》《颂》三部分。《风》分十五国风，共有诗 160 篇。《雅》分《大雅》《小雅》，共有诗 105 篇。《颂》分《周颂》《鲁颂》《商颂》，共有诗 40 篇。

二、《诗经》的内容

《诗经》内容丰富，反映了劳动与爱情、战争与徭役、压迫与反抗、风俗与婚姻、祭祖与宴会，甚至天象、地貌、动物、植物等方方面面，是周代社会生活的一面镜子。

（一）先民的真实人生：农事诗

我国农业有悠久的历史，很早就开始了农业种植活动，新石器晚期的仰韶文化和龙山文化，标志着农业的初步发展。周人将自己的始祖与发明农业联系在一起，可见农业在周人社会和经济生活中的地位。《诗经》时代，农业生产已占有重要地位。《诗经》中的《七月》《臣工》《噫嘻》《丰年》《载芟》《良耜》等作品，不仅在道德观念和审美情趣上打上了农业文明的烙印，而且产生了一些直接描写农业生产生活和相关的政治、宗教活动的农事诗。

《豳风·七月》是直接反映周人农业生产生活的作品，无论在内容上还是在艺术上，都是《诗经》农事诗中最优秀的作品。原文如下：

> 七月流火，九月授衣。一之日觱发，二之日栗烈。无衣无褐，何以卒岁。三之日于耜，四之日举趾。同我妇子，馌彼南亩，田畯至喜。
>
> 七月流火，九月授衣。春日载阳，有鸣仓庚。女执懿筐，遵彼微行，爰求柔桑。春日迟迟，采蘩祁祁。女心伤悲，殆及公子同归。
>
> 七月流火，八月萑苇。蚕月条桑，取彼斧斨，以伐远扬，猗彼女桑。七月鸣鵙，八月载绩。载玄载黄，我朱孔阳，为公子裳。
>
> 四月秀葽，五月鸣蜩。八月其获，十月陨箨。一之日于貉，取彼狐狸，为公子裘。二之日其同，载缵武功，言私其豵，献豜于公。
>
> 五月斯螽动股，六月莎鸡振羽，七月在野，八月在宇，九月在户，十月蟋蟀入我床下。穹窒熏鼠，塞向墐户。嗟我妇子，曰为改岁，入此室处。
>
> 六月食郁及薁，七月亨葵及菽，八月剥枣，十月获稻，为此春酒，以介眉寿。

七月食瓜，八月断壶，九月叔苴，采荼薪樗，食我农夫。

九月筑场圃，十月纳禾稼。黍稷重穋，禾麻菽麦。嗟我农夫，我稼既同，上入执宫功。昼尔于茅，宵尔索綯。亟其乘屋，其始播百谷。

二之日凿冰冲冲，三之日纳于凌阴。四之日其蚤，献羔祭韭。九月肃霜，十月涤场。朋酒斯飨，曰杀羔羊。跻彼公堂，称彼兕觥，万寿无疆。

《七月》是西周初年豳地（在今陕西旬邑县、邠县一带）的奴隶所做的诗歌。全诗八章，每章各十一句，基本上是按季节的先后，逐年逐月地来写男女奴隶们的劳动和生活的。这首诗按时序叙事，很像是一首农历诗，类似后世民歌中的四季调或十二月歌，但它所叙述的内容反映了当时奴隶们一年到头的繁重劳动和无衣无食的悲惨境遇。

图 2-16 《七月》

此诗向我们展示了一幅古代奴隶社会阶级压迫的图画。男女奴隶们一年到头无休止地劳动，结果都被贵族们剥夺得一干二净。读着这悲歌式的诗篇，我们眼前仿佛出现了一位被压迫的老年奴隶，面对面地向人们叙说着自己的生活境况，倾诉着血泪斑斑的历史。他对于自家和邻居们年复一年的繁重劳动，苦难生活，倾诉得那么周全，那么悲切，虽然不敢流露出强烈的愤懑感情，但在倾诉中不时地夹杂着怨叹和悲哀，用活生生的事实来揭露奴隶主的罪恶和残酷。这些奴隶们虽然暂时慑于奴隶主的淫威，精神呈现出麻木状态，但总有一天他们会怒吼起来，把积压在胸中的愤懑火山似地喷发出来。

此诗语言朴实无华，完全是用铺叙的手法写成的。全篇围绕着一个“苦”字，按照季节的先后，从年初写到年终，从种田养蚕写到打猎凿冰，反映了一年四季多层次的工作画面和高强度的劳动。语词凄切清苦，仿佛是在哭吟着的一部沉重的历史。但值得我们深入体味的是，这首诗在哀哀诉苦的同时，也表现了一定的清醒的阶级意识。“女心伤悲，殆及公子同归”“我朱孔阳，为公子裳”“取彼狐狸，为公子裘”“献豜于公”“上入执宫功”等，都表现了奴隶们对贵族不劳而食、蛮横霸道的疑惑和暗恨。在表现阶级压迫时，诗篇还采用了对比的描写来昭示，比如：奴隶们在辛勤劳动，而“田畯至喜"，苦与乐的对比；奴隶们无衣无褐，却在为"公子裳""为公子裘"，冷与暖的对比；"言私其豵，献豜于公，"少与多的对比等，这种描写，是在有意识地揭示阶级压迫的不平等。

诗篇善于抓住各种物候的特征，来表现节令的演变，使全诗充满了自然风光和强烈的乡土气息。特别是第五章："五月斯螽动股，六月莎鸡振羽。七月在野，八月在宇，九月在户，十月蟋蟀入我床下"，用昆虫的鸣叫和蟋蟀的避寒迁徙，非常形象地表现了季节变迁的过程。这几句没有一个"寒"字，但却让我们感受到天气在一天天地变冷，以至于寒气逼人了。这种手法在《七月》中应用得很普遍，再如："一之日觱发，二之日栗烈"，用风声的愈演愈烈来显示季候的愈加寒冷，也很形象生动。

（二）先民的爱国情怀：征役诗

《诗经》中反映的战争，有抵抗猃狁、蛮族、徐方、淮夷等部族侵扰的战争，也有春秋时期诸侯间的兼并战争。因此在《诗经》这类诗歌中我们既可以听到将士们同仇敌忾、共御外侮的高歌，如秦风中的《无衣》《小戎》、小雅中的《出车》《六月》、大雅中的《江汉》《常武》等，也可以听到士兵们厌战思乡对穷兵黩武的怨恨。而繁重不堪的徭役则给人民的生活带来了田园荒芜、妻离子散、家破人亡的苦难，人民的怨声哀歌表达了强烈的不满，如《邶风·击鼓》《魏风·陟岵》《唐风·鸨羽》《豳风·东山》《小雅·采薇》《小雅·何草不黄》《卫风·伯兮》《王风·君子于役》《周南·卷耳》等。以下选几首进行分析。

1.《秦风·无衣》

岂曰无衣？与子同袍。王于兴师，修我戈矛。与子同仇！

岂曰无衣？与子同泽。王于兴师，修我矛戟。与子偕作！

岂曰无衣？与子同裳。王于兴师，修我甲兵。与子偕行！

图 2-17　《无衣》

本诗共三章，采用了重叠复沓的形式。每一章句数、字数相等，但结构的相同并不意味简单机械的重复，而是不断递进，有所发展的。如首章结句"与子同仇"，是情绪方面的，说的是我们有共同的敌人。第二章结句"与子偕作"，"作"是起的意思，这才是行动的开始。第三章结句"与子偕行"，"行"是往的意思，表明诗中的战士们将奔赴前线共同杀敌了。这种重叠复沓的形式固然受到乐曲的限制，但与舞蹈的节奏起落与回环往复也是紧密结合的，而构成诗中主旋律的则是一股战斗的激情，激情的起伏跌宕自然形成乐曲的节奏与舞蹈动作，正所谓"长言之不足，故嗟叹之。嗟叹之不足，故不知手之舞之足之蹈之也。"（《礼记·乐记》）

2.《豳风·东山》

> 我徂东山，慆慆不归。我来自东，零雨其濛。我东曰归，我心西悲。制彼裳衣，勿士行枚。蜎蜎者蠋，烝在桑野。敦彼独宿，亦在车下。
>
> 我徂东山，慆慆不归。我来自东，零雨其濛。果臝之实，亦施于宇。伊威在室，蠨蛸在户。町畽鹿场，熠燿宵行。不可畏也，伊可怀也。
>
> 我徂东山，慆慆不归。我来自东，零雨其濛。鹳鸣于垤，妇叹于室。洒扫穹窒，我征聿至。有敦瓜苦，烝在栗薪。自我不见，于今三年。
>
> 我徂东山，慆慆不归。我来自东，零雨其濛。仓庚于飞，熠燿其羽。之子于归，皇驳其马。亲结其缡，九十其仪。其新孔嘉，其旧如之何？

这是一篇分为四章的行役诗。行役有兵役、劳役、事役。行役诗在《诗经》中，占有重要的位置，说明行役在当时人民身上和心上压力之大。反映这一史实诗，有广泛的社会意义。这篇所写，属于兵役，是写诗中的主人从军出征，经过三年之久，才得以回来时的悲喜交加的心情。

每章的开头，都是"我徂东山"等四句。这虽是音乐叠章的惯例，但就本篇各章的意义看，这种写法，却不是简单的重复，而是层层推进。第一章写将归，第二章写归途，第三章写归至（到家），第四章写归后，而以重叠的前四句为总纲。前四句，从"徂东山"到"来自东"，是从"不归"到"归来"，也是从过去到现在。"慆慆"，极言"不归"的时间之久，细"雨"迷"濛"，却是到家时的气候特征。这是印象很深，难以忘掉的时刻，而长期的苦闷和当前的喜慰，尽在不言之中。在第一章里，像电影镜头一样，刚显出了细雨一归人，就转对过去的回忆。回忆的首先是将归时的心情：决定要回去了，却面向着西方伤感。没有亲身的感受，是不会体味到这一点的。因为人们对没有希望的事，可以不去想；而希望到眼前，情绪却会立刻波动起来。于是，他从心底发出了愿望：从今以后，再不要穿军装了！ 紧接着又把思绪拉回到现实。现实的具体生活，是大家还像聚集在桑叶下的野蚕那样，仍蜷缩在兵车下露宿着啊！ 第二章重复前四句，再展现了一下现景，回头转写归途看到的荒凉景象：栝蒌虽然仍蔓延在人家的房上，但没有人！ 土虺在室内爬行，蜘蛛结网在门口，田边留着野兽的蹄印，夜里闪烁着鬼火。一片凄凉，但征人认为没有什么可怕的，越是如此越想家。想什么？ 没有说。可是眼前的荒凉残破景象，"孰实为之，孰令致之？"不正是想的主要内容吗？第三章首四句和下八句，联系得更为密切，一个画面是细雨归人，另一个画面是"鹳鸣""妇叹"。妇不只叹，而是行动起来，忙着迎接亲人。她刚把房屋打扫修补好，征人恰好进门。真像柴堆上垂下的一个个苦瓜，受尽了苦！ 在悲喜交集的情况下，千言万语，无从说起，唯一的寒暄，只是一句："自我不见，于今三年！"语是那么淡，情却是无限深。第四章是征人到家后的事了。也许已隔了一段时间，和平为人们带来了幸福。青年人纷纷结婚，就是标志。黄莺闪耀着美丽的羽毛，比翼齐飞；青年女子出嫁，热闹非凡，仪式隆重，一片欢乐！ 和第一、第二章形成强烈对比。难道这欢乐只限于青年人？最后用反问语气说：新婚诚然是美好的，但那久离重聚的旧夫妻，不是更感到欣慰吗？没有歌颂和平，没有歌颂为取得和平而付出代价的人，但却是最切实、最真挚的歌颂。

3.《王风·君子于役》

君子于役，不知其期。曷至哉？鸡栖于埘。日之夕矣，羊牛下来。君子于役，如之何勿思！

君子于役，不日不月。曷其有佸？鸡栖于桀。日之夕矣，羊牛下括。君子于役，苟无饥渴？

《君子于役》以徭役和战争为题材，写一个妇女思念在外服徭役的丈夫。全诗分为两章。

第一章陈述丈夫在外面服役之事，抒发盼夫归来的感情。又分为三层：第一层"君子于役，不知其期"用"赋"的手法点明所要吟咏

图 2-18 《君子于役》

的事，极言役期之长，直抒胸臆，亟盼丈夫归来。第二层从"鸡栖于埘"到"羊牛下来"从侧面烘托，家畜尚且出入有时，而人外出却无归期。第三层"君子于役，如之何勿思"极言思念之深，不能自已。第二章直接承上章，希望能够和丈夫相见，表达了对于服役丈夫的惦念。也分三层：第一层从"君子于役"到"曷其有佸"再次重申役期漫长，"曷其有佸"承上章"曷至哉"。第二层从"鸡栖于桀"到"羊牛下括"和第一章的语意相同。第三层"君子于役，苟无饥渴"细腻地传达了这位妇女的矛盾心理，君子既然没有归期，只好退一步想，希望他在外面不要受饥受渴。

诗中写这位妇女的心理非常细致真实，她看到羊牛归来，自然会联想到久役不归的丈夫，她极力抑制这种思念之情——"君子于役，不知其期"，思念也无济于事，不如不去思念吧。但这又怎能做得到呢？她是那样爱着自己的丈夫，时刻都在惦记着他。最后，在无可奈何之中，她只能以"苟无饥渴"来寄托自己对丈夫的深情。这首诗风格细腻委婉，诗中没有一个"怨"字，而句句写的都是"怨"，它从一个侧面写出了繁重的徭役给千百个家庭带来的痛苦。

《君子于役》抒写在家的思妇盼望久役在外的丈夫回家的感情，诗选用了夕阳下山、牛羊牧归的场景来触动情感。所谓触景生情，自然会引起一番惆怅，但她将思念化为祝愿"苟无饥渴"，聊以慰藉，又可叫人体味这位思妇的温存了。《诗》常在风中雨中写思，《君子于役》却不是，甚至通常的"兴"和"比"也都没有，它只是用了不着色泽的、极简极净的文字，在一片安宁中写思。"鸡栖于埘，日之夕矣，羊牛下来"，固有空间的阔远和苍茫，但家之亲切，在黄昏的背景中更伸向亘古之邈远。"日出而作，日入而息"（《击壤歌》），"自古在昔，先民有作"（《商颂·那》），不是古来如此么，今亦何殊。然而，"君子于役，不知其期"，本来的平静安宁中，偏偏没有道理地荒荒地空了一块。夕阳衔山，羊牛衔尾的恒常中原来是无常，于是一片暖色的亲切中泛起无限伤心，所谓"诗意正因思而触物，非感物而兴思也"（沈守正），而由"不知其期"把忧思推向更远，"日之夕矣"之暮色也因此推向无边无际。

（三）先民的爱情生活：婚恋诗

《周礼·媒氏》："仲春之月，令会男女。于是时也，奔者不禁。"《周礼》规定每年早春二月让青年男女自由恋爱同居，朝廷不禁。《诗经》中的婚恋诗真实地反映了周代的男女关系、恋爱、结婚、家庭生活的各个方面。甜蜜动人的恋歌有《周南·关雎》《邶风·静女》，《郑风·溱洧》《卫风·木瓜》《郑风·子衿》《王风·采葛》《郑风·风雨》《郑风·蹇裳》《陈风·东门之枌》《郑风·萚兮》《召南·野有死麕》《召南·摽有梅》等，苦恼迷惘的情歌有《郑风·狡童》《秦风·蒹葭》《郑风·将仲子》《鄘风·柏舟》等，美满婚姻的赞歌有《周南·桃夭》《郑风·出其东门》《郑风·女曰鸡鸣》《唐风·葛生》等，不幸婚姻的悲歌有《卫风·氓》《邶风·谷风》等。

1.《周南·关雎》

关关雎鸠，在河之洲。窈窕淑女，君子好逑。

参差荇菜，左右流之。窈窕淑女，寤寐求之。

求之不得，寤寐思服。悠哉悠哉，辗转反侧。

参差荇菜，左右采之。窈窕淑女，琴瑟友之。

参差荇菜，左右芼之。窈窕淑女，钟鼓乐之。

《关雎》的内容其实很单纯，是写一个"君子"对"淑女"的追求，写他得不到"淑女"时心里苦恼，翻来覆去睡不着觉；得到了"淑女"就很开心，叫人奏起音乐来庆贺，并以此让"淑女"快乐。作品中人物的身份十分清楚："君子"在《诗经》的时代是对贵族的泛称，而且这位"君子"家备琴瑟钟鼓之乐，

图 2-19 《关雎》

那是要有相当的地位的。以前常把这诗解释为"民间情歌"，恐怕不对，它所描绘的应该是贵族阶层的生活。另外，说它是爱情诗当然不错，但恐怕也不是一般的爱情诗。这原来是一首婚礼上的歌曲，是男方家庭赞美新娘、祝颂婚姻美好的。《诗经·国风》中的很多歌谣，都是既具有一般的抒情意味、娱乐功能，又兼有礼仪上的实用性，只是有些诗原来派什么用处后人不清楚了，就仅当作普通的歌曲来看待。把《关雎》当作婚礼上的歌来看，从"窈窕淑女，君子好逑"，唱到"琴瑟友之""钟鼓乐之"，也是喜气洋洋的，很合适的，当然这首诗本身，还是以男子追求女子的情歌的形态出现的。之所以如此，大抵与在一般婚姻关系中男方是主动的一方有关。就是在现代，一个姑娘看上个

小伙，大多也总是要等他先开口，古人更是如此。娶个新娘回来，夸她是个美丽又贤淑的好姑娘，是君子的好配偶，说自己曾经想她想得害了相思病，必定很讨新娘的欢喜。然后在一片琴瑟钟鼓之乐中，彼此的感情相互靠近，美满的婚姻就从这里开了头。即使单从诗的情绪结构来说，从见关雎而思淑女，到结成琴瑟之好，中间一番周折也是必要的：得来不易的东西，才特别可贵，特别让人高兴。

这首诗可以被当作表现夫妇之德的典范，主要是由于有这些特点：首先，它所写的爱情，一开始就有明确的婚姻目的，最终又归结于婚姻的美满，不是青年男女之间短暂的邂逅、一时的激情。这种明确指向婚姻、表示负责任的爱情，更为社会所赞同。其次，它所写的男女双方，乃是"君子"和"淑女"，表明这是一种与美德相联系的结合。"君子"是兼有地位和德行双重意义的，而"窈窕淑女"，也是兼有体貌之美和德行之善。这里"君子"与"淑女"的结合，代表了一种婚姻理想。最后，是诗歌所写恋爱行为的节制性。细读可以注意到，这诗虽是写男方对女方的追求，但丝毫没有涉及双方的直接接触。"淑女"固然没有什么动作表现出来，"君子"的相思，也只是独自在那里"辗转反侧"，什么攀墙折柳之类的事情，好像完全不曾想到，爱得很守规矩。这样一种恋爱，既有真实的颇为深厚的感情，又表露得平和而有分寸，对于读者所产生的感动，也不致过于激烈。以上种种特点，恐怕确实同此诗原来是贵族婚礼上的歌曲有关。那种场合，要求有一种与主人的身份地位相称的有节制的欢乐气氛。孔子从中看到了一种具有广泛意义的中和之美，借以提倡他所尊奉的自我克制、重视道德修养的人生态度。《毛诗序》则把它推许为可以"风天下而正夫妇"的道德教材。这两者视角有些不同，但在根本上仍有一致之处。

2.《秦风·蒹葭》

　　蒹葭苍苍，白露为霜。所谓伊人，在水一方，溯洄从之，道阻且长。溯游从之，宛在水中央。

　　蒹葭萋萋，白露未晞。所谓伊人，在水之湄。溯洄从之，道阻且跻。溯游从之，宛在水中坻。

　　蒹葭采采，白露未已。所谓伊人，在水之涘。溯洄从之，道阻且右。溯游从之，宛在水中沚。

图 2-20 《蒹葭》

如果把诗中的"伊人"认定为情人、恋人，那么，这首诗就是表现了抒情主人公对美好爱情的执著追求和追求不得的惆怅心情。精神是可贵的，感情是真挚的，但结果是渺茫的，处境是可悲的。

然而这首诗最有价值意义、最令人共鸣的东西，不是抒情主人公的追求和失落，而是他所创造的"在水一方"——可望难即这一具有普遍意义的艺术意境。好诗都能创造意境。意境是一种格局、一种结构，它具有含容一切具备相似格局、类同结构的异质事物的性能。"在水一方"的结构是：追寻者——河水——伊人。由于诗中的"伊人"没有具体所指，而河水的意义又在于阻隔，所以凡世间一切因受阻而难以到达的种种追求，都可以在这里发生同构共振和同情共鸣。

由此看来，我们不妨把《蒹葭》的诗意理解为一种象征，把"在水一方"看作表达社会人生中一切可望难即情境的一个艺术范型。这里的"伊人"，可以是贤才、友人、情人，可以是功业、理想、前途，甚至可以是福地、圣境、仙界；这里的"河水"，可以是高山、深堑，可以是宗法、礼教，也可以是现实人生中可能遇到的其他任何障碍。只要有追求、有阻隔、有失落，就都是它的再现和表现天地。如此说来，古人把蒹葭解为劝人遵循周礼、招贤、怀人，今人把它视作爱情诗，乃至有人把它看作上古之人的水神祭祖仪式，恐怕都有一定道理，似不宜固执其一而否决其他，因为它们都蕴含在"在水一方"的象征意义之中。自然，当我们处在与"在水一方"类似的境遇时，应当欣赏的是它的锐意追求，而不是它的悲观失望。

这首诗以水、芦苇、霜、露等意象营造了一种朦胧、清新又神秘的意境。早晨的薄雾笼罩着一切，晶莹的露珠已凝成冰霜。一位羞涩的少女缓缓而行。诗中水的意象正代表了女性，体现出女性的美，而薄薄的雾就像是少女蒙上的纱。她一会出现在水边，一会又出现在水之洲。寻找不到，急切而又无奈的心情正如蚂蚁爬一般痒，又如刀绞一般痛。就像我们常说的"距离产生美感"，这种美感因距离变得朦胧、模糊，不清晰。主人公和伊人的身份、面目、空间位置都是模糊的，给人以雾里看花、若隐若现、朦胧缥缈之感。蒹葭、白露、伊人、秋水，越发显得难以捉摸，构成了一幅朦胧淡雅的水彩画。诗的每章开头都采用了赋中见兴的笔法。通过对眼前真景的描写与赞叹，绘画出一个空灵缥缈的意境，笼罩全篇。诗人抓住秋色独有的特征，不惜用浓墨重彩反复进行描绘，渲染深秋空寂悲凉的氛围，以抒写诗人怅然若失而又热烈企慕友人的心境。诗每章的头两句都是以秋景起兴，引出正文。它既点明了季节与时间，又渲染了蒹苍露白的凄清气氛，烘托了人物怅惘的心情，达到了寓情于景、情景交融的艺术境地。"蒹葭""水"和"伊人"的形象交相辉映，浑然一体，用作起兴的事物与所要描绘的对象形成一个完整的艺术世界。开头写秋天水边芦苇丛生的景象，这正是"托象以明义"，具有"起情"的作用。因为芦苇丛生，又在天光水色的映照之下，必然会呈现出一种迷茫的境界，这就从一个侧面显示了诗的主人公心中的那个"朦胧的爱"的境界。王夫之《姜斋诗话》说："关情者景，自与情相为珀芥也。情景虽有在心在物之分，而景生情，情生景，哀乐之触，荣悴之迎，互藏其宅。"《蒹葭》这首诗就是把暮秋特有的景色与人物委婉惆怅的相思感情交铸在一起，从而渲染了全诗的气氛，创造出一个扑朔迷离、情景交融的意境，正是"一切景语皆情语"的体现。总之，《蒹葭》诗的丰富美感，不论是从欣赏的角度，还是从创作的角度，都颇值得我们重视和予以认真地探讨。

3.《周南·桃夭》

桃之夭夭，灼灼其华。

之子于归，宜其室家。

桃之夭夭，有蕡其实。

之子于归，宜其家室。

桃之夭夭，其叶蓁蓁。

之子于归，宜其家人。

这首诗非常有名，即便只读过很少几篇《诗经》的人，一般也都知道"桃之夭夭，灼灼其华"。这是为什么呢？无非有这样几个原因。第一，诗中塑造的形象十分生动。

拿鲜艳的桃花，比喻少女的美丽，实在是写得好。谁读过这样的名句之后，眼前不会浮现出一个像桃花一样鲜艳、像小桃树一样充满青春气息的少女形象呢？ 尤其是"灼灼"二字，真给人以照眼欲明的感觉。写过《诗经通论》的清代学者姚际恒说，此诗"开千古词赋咏美人之祖"，并非过当的称誉。第二，短短的四字句，传达出一种喜气洋洋的气氛，这很可贵。"桃之夭夭，灼灼其华。之子于归，宜其室家"，细细吟咏，一种喜气洋洋、让人快乐的气氛，充溢字里行间。"嫩嫩的桃枝，鲜艳的桃花。那姑娘今朝出嫁，把欢乐和美带给她的婆家。"你看，多么美好。这种情绪，这种祝愿，反映了人民群众对生活的热爱，对幸福和美的家庭的追求。第三，这首诗反映了这样一种思想，一个姑娘，不仅要有艳如桃花的外貌，还要有"宜室""宜家"的内在美。这首诗，祝贺人新婚，但不像一般贺人新婚的诗那样，或者夸耀男方家世如何显赫，或者显示女方陪嫁如何丰盛，而是再三再四地讲"宜其家人"，要使家庭和美，确实高人一等。这让我们想起孔子称赞《诗经》的话："诗三百，一言以蔽之，曰'思无邪'。"(《论语·为政》)孔子的话内容当然十分丰富，但其中是否也包括了《桃夭》篇所反映出的上述这样一种思想呢？ 陈子展先生说："辛亥革命以后，我还看见乡村人民举行婚礼的时候，要歌《桃夭》三章……"(《国风选译》)联系这首诗所表达的思想，农民娶亲"歌《桃夭》三章"，便是可以理解的了。

《桃夭》篇的写法也很讲究。看似只变换了几个字，反复咏唱，实际上作者是很用心的。头一章写"花"，二章写"实"，三章写"叶"，利用桃树的三变，表达了三层不同的意思。写花，是形容新娘子的美丽；写实，写叶，是让读者想得更多更远！ 密密麻麻的果实，郁郁葱葱的桃叶，真是一派兴旺景象啊！

4.《卫风·氓》

氓之蚩蚩，抱布贸丝。匪来贸丝，来即我谋。送子涉淇，至于顿丘。匪我愆期，子无良媒。将子无怒，秋以为期。

乘彼垝垣，以望复关。不见复关，泣涕涟涟。既见复关，载笑载言。尔卜尔筮，体无咎言。以尔车来，以我贿迁。

桑之未落，其叶沃若。于嗟鸠兮，无食桑葚！于嗟女兮，无与士耽！士之耽兮，犹可说也。女之耽兮，不可说也。

桑之落矣，其黄而陨。自我徂尔，三岁食贫。淇水汤汤，渐车帷裳。女也不爽，士贰其行。士也罔极，二三其德。

三岁为妇，靡室劳矣。夙兴夜寐，靡有朝矣。言既遂矣，至于暴矣。兄弟不知，咥其笑矣。静言思之，躬自悼矣。

及尔偕老，老使我怨。淇则有岸，隰则有泮。总角之宴，言笑晏晏。信誓旦旦，不思其反。反是不思，亦已焉哉！

《卫风·氓》是一首距今 2700 余年的民间歌谣。它以一个女子之口，率真地述说了其情变经历和深切体验，是一帧情爱画卷的鲜活写照，也为后人留下了当时风俗民情的宝贵资料。观照当今，仍有启迪。

这样一首短短的夹杂抒情的叙事诗，将一个情爱故事表现得真切自然。诗中女子情深意笃，爱得坦荡，爱得热烈。即便婚后之怨，也是用心专深的折射，表现了一个善解人意、勤劳聪慧、果敢率真、通

图 2-21 《氓》

情明义的鲜明形象。在婚前，她怀着对氓炽热的深情，勇敢地冲破了礼法的束缚，毅然和氓同居，这在当时来说，是一件难能可贵的事。按理说，婚后的生活应该是和睦美好的，但事与愿违，她被氓当牛马般使用，甚至被打被弃。原因就是当时妇女在社会上和家庭中都没有地位，而只是丈夫的附庸。这种政治、经济的不平等决定了男女在婚姻关系上的不平等，使氓得以随心所欲地玩弄、虐待妇女而不受制裁，有抛弃妻子解除婚约的权利。"始乱终弃"四个字，正可概括氓对女子的罪恶行为。因此她虽曾勇敢地冲破过封建的桎梏，但她的命运，仍同那些在父母之命、媒妁之言压迫束缚下逆来顺受的妇女命运一样，很不幸地异途同归了。"士之耽兮，犹可说也；女之耽也，不可说也。"诗人满腔愤懑地控诉了社会的不平等，使这首诗的思想意义更加深化。诗中女主人公的惨痛经历，可说是阶级社会中千千万万受压迫受损害的妇女命运的缩影，故能博得后世读者的共鸣。

《氓》诗的结构，是和它的故事情节与作者叙述时激昂波动的情绪相适应的。全诗共六章，每章十句。前两章是追叙，第一章，叙述自己由初恋而定性。第二章，叙述自

己陷入情网，冲破了媒妁之言的桎梏而与氓结婚。诗人叙述到这里，情绪极度激昂，悲愤与悔恨交加，使叙述中断。第三章，对一群年轻貌美的天真少女，现身说法地规劝她们不要沉醉于爱情，并指出男女不平等的现象。第四章，对氓的负心表示怨恨，指出这不是女人的差错，而是氓的反复无常。第五章，接着追叙，叙述婚后的操劳、被虐和兄弟的讥笑而自伤不幸。第六章，叙述幼年彼此的友爱和今日的乖离，斥责氓的虚伪和欺骗，坚决表示和氓在感情上一刀两断。这些都是作者的经历、内心活动、感情变化的再现，全文结构严整，形成一首千古动人的诗篇。

（四）先民的政治觉醒：怨刺诗

西周在文武成康时代，史称盛世，其后传至厉王，暴虐无道，上下离心。后汉郑玄《诗谱序》指出："自是而下，厉也、幽也，政教尤衰，周室大坏。《十月之交》《民劳》《板》《荡》，勃尔俱作，众国纷然，刺怨相寻。"这些怨刺诗主要是"二雅"之中厉王、幽王时代的作品，作者是统治阶级内部不得志者和士人，诗歌内容是针砭时弊，直刺朝政，忧国忧民，或祈求王朝复兴，或哀叹国运将尽。《板》《荡》指责厉王无道，变先王之法度，横征暴敛，正告他"殷鉴不远，在夏后之世。"《节南山》将造成王朝危难的责任归于太师尹氏，说他处世不公，结党营私，以致国家濒危，篇末指出，"以究王訩"，乃刺幽王。《正月》《十月之交》对权臣弄权，宵小当道，祸国殃民十分痛恨，《正月》哀叹国运将尽，痛心疾首："燎之方扬，宁或灭之？赫赫宗周，褒姒灭之！"《瞻卬》直刺幽王宠爱褒姒，以致任用小人，酿成大乱。还有一些诗对自己勤于王事却屡遭谗毁、劳逸不均的现象发泄了不满。

1.《魏风·硕鼠》

硕鼠硕鼠，无食我黍！三岁贯女，莫我肯顾。逝将去女，适彼乐土。乐土乐土，爰得我所。

硕鼠硕鼠，无食我麦！三岁贯女，莫我肯德。逝将去女，适彼乐国。乐国乐国，爰得我直。

硕鼠硕鼠，无食我苗！三岁贯女，莫我肯劳。逝将去女，适彼乐郊。乐郊乐郊，谁之永号？

这首诗出自《国风·魏风》，是一首劳动者之歌。老鼠偷吃庄稼，因此除掉老鼠是古代先民经常的活动。《礼记·郊特牲》记载，岁末腊祭，"迎猫，为其食田鼠也"。人们呼唤猫的到来，以便把田鼠都吃掉。这首诗把不劳而获的贵族比作大老鼠，它吞食农奴的劳动果实，对农奴的生活却漠不关心，根本没有感恩之意。在这种情况下，农奴们幻想离开这些吸血鬼，到没有剥削的乐土生活。

老鼠作为负面形象出现，这篇作品首开其例。后来出现的文学作品，大多沿袭《硕鼠》的传统，把老鼠作为揭露鞭挞的对象。《韩非子·外储说右上》把依托君主做坏事的奸臣比作社鼠。当然，也有羡慕老鼠那种寄生方式的人，李斯就是其例。《史记·李斯列传》记载，李斯有感于厕鼠和仓鼠悬殊的生存状态，决心做一只仓鼠，这说明其人格之低下，最终落得身死家破的下场。

《硕鼠》的作者幻想逃离现实的社会，前往没有剥削的乐土。这种幻想在《山海经·大荒西经》已经初见端倪："有沃之国，沃民是处。沃之野，凤鸟之卵是食，甘露是饮。凡其所欲，其味尽存。"这是人间理想在神话中的呈现。到了陶渊明的《桃花源记》，则描绘出一幅男耕女织、没有剥削的乐土。不过这片乐土却最终没有被找到。

这首诗不但写出了奴隶们的痛苦，而且写出了奴隶们的反抗；不但写出了奴隶们的反抗，而且写出了奴隶们的追求和理想。因此，它比单纯揭露性的作品，有更高的思想性，有更大的鼓舞力量。

2.《小雅·北山》

> 陟彼北山，言采其杞。偕偕士子，朝夕从事。王事靡盬，忧我父母。
> 溥天之下，莫非王土；率土之滨，莫非王臣。大夫不均，我从事独贤。
> 四牡彭彭，王事傍傍。嘉我未老，鲜我方将。旅力方刚，经营四方。
> 或燕燕居息，或尽瘁事国；或息偃在床，或不已于行。
> 或不知叫号，或惨惨劬劳；或栖迟偃仰，或王事鞅掌。
> 或湛乐饮酒，或惨惨畏咎；或出入风议，或靡事不为。

《北山》这篇诗着重通过对劳役不均的怨刺，揭露了统治阶级上层的腐朽和下层的怨愤，是怨刺诗中突出的篇章。诗的前三章陈述士的工作繁重、朝夕勤劳、四方奔波，发出"大夫不均，我从事独贤"的怨愤。后三章广泛运用对比手法，十二句接连铺陈十二种现象，每两种现象是一个对比，通过六个对比，描写了大夫和士这两个对立的形象。大夫成天安闲舒适，在家里高枕无忧，饮酒享乐睡大觉，什么征发号召不闻不问，吃饱睡足闲磕牙，自己不干，谁干却挑谁的错，说谁的闲话。士却被这样的大夫役使，他尽心竭力，奔走不息，辛苦劳累，忙忙碌碌，什么事都得去干，还成天提心吊胆，生怕出了差错，被上司治罪。这样两种对立的形象，用比较的方式对列出来，就使好与坏、善与恶、美与丑在比较中得到鉴别，从而暴露了不合理的等级社会的不平等事实及其不合理性。在对比之后全诗戛然而止，没有评论，也没有抒发感慨。

（五）先民的浑厚历史：史诗

愈来愈多的学者认为《诗经》中有史诗，而《诗经》中至少存在五大史诗：即《大雅》中的《生民》《公刘》《绵》《皇矣》《大明》。从周人的五篇开国史诗，我们比较清楚地看到了周人在灭商以前的社会进程。它由向氏族社会父系制的转化开始，在生产力发展的基础上使国家体制日趋完备。周人的开国史，亦可说是人类走向文明和进步的历史。《生民》讲述周民族的第一个男性始祖后稷神异的诞生，以及后稷发明农业、率领族人定居邰地的历史。《公刘》写周人祖先公刘带领周人自邰迁居豳地以及在此开垦荒地、建设家园的历史。《绵》则写古公亶父为避开戎狄的侵扰，率领族人由豳地迁至岐山之南名为"周"的平原沃野，从此该民族自称为周人的历史。《皇矣》歌颂周文王讨伐崇、密两个小国的战绩，《大明》则赞颂武王在牧野大胜，一举灭商的事迹。因此它们必然具有史诗的性质。

《大雅·生民》

厥初生民，时维姜嫄。生民如何？克禋克祀，以弗无子。履帝武敏歆，攸介攸止，载震载夙。载生载育，时维后稷。

诞弥厥月，先生如达。不坼不副，无菑无害，以赫厥灵。上帝不宁，不康禋祀，居然生子。

诞寘之隘巷，牛羊腓字之。诞寘之平林，会伐平林。诞寘之寒冰，鸟覆翼之。鸟乃去矣，后稷呱矣。实覃实吁，厥声载路。

诞实匍匐，克岐克嶷，以就口食。蓺之荏菽，荏菽旆旆。禾役穟穟，麻麦幪幪，瓜瓞唪唪。

诞后稷之穑，有相之道。茀厥丰草，种之黄茂。实方实苞，实种实褎。实发实秀，实坚实好。实颖实栗，即有邰家室。

诞降嘉种，维秬维秠，维穈维芑。恒之秬秠，是获是亩。恒之穈芑，是任是负，以归肇祀。

诞我祀如何？或舂或揄，或簸或蹂。释之叟叟，烝之浮浮。载谋载惟，取萧祭脂。取羝以軷，载燔载烈，以兴嗣岁。

卬盛于豆，于豆于登，其香始升。上帝居歆，胡臭亶时。后稷肇祀，庶无罪悔，以迄于今。

《毛诗序》说："《生民》，尊祖也。后稷生于姜嫄，文武之功起于后稷，故推以配天焉。"它是一首周人叙述其民族始祖后稷事迹以祭祀之的长诗，带有浓重的传说成分，而对农业生产的详细描写，也反映出当时农业已同畜牧业分离而完成了第一次社会大分工的事实。

诗共八章，每章或十句或八句，按十字句章与八字句章前后交替的方式构成全篇，除首尾两章外，各章皆以"诞"字领起，格式严谨。从表现手法上看，它纯用赋法，不假比兴，叙述生动详明，纪实性很强。然而从它的内容看，尽管后面几章写后稷从事农业生产富有浓郁的生活气息，却仍不能脱去前面几章写后稷的身世所显出的神奇荒幻气氛，这无形中也使其艺术魅力大大增强。

诗的第一章写姜嫄神奇的受孕。这章最关键的一句话是"履帝武敏歆"，对这句话的解释众说纷纭，历来是笺注《诗经》的学者最感兴趣的问题之一。《毛传》把这句话纳入古代的高禖（古代帝王为求子所祀的禖神）祭祀仪式中去解释，云："后稷之母（姜嫄）配高辛氏帝（帝喾）焉。……古者必立郊禖焉，玄鸟至之日，以大牢祠于郊禖，天子亲往，后妃率九嫔御，乃礼天子所御，带以弓韣（dú），授以弓矢于郊禖之前。"也就是说高辛氏之帝率领其妃姜嫄向生殖之神高禖祈子，姜嫄踏着高辛氏的足印，亦步亦趋，施行了一套传统仪式，便感觉怀了孕，求子而得子。唐代孔颖达的疏也执此说。但汉代郑玄的笺与毛传之说不同，他主张姜嫄是踩了天帝的足迹而怀孕生子的。现代学者闻一多对这一问题写有《姜嫄履大人迹考》专文，认为这则神话反映的事实真相，"只是耕时与人野合而有身，后人讳言野合，则曰履人之迹，更欲神异其事，乃曰履帝迹耳"。

诗的第二章、第三章写后稷的诞生与屡弃不死的灵异。后稷名弃，据《史记·周本纪》的解释，正是因为他在婴幼时曾屡遭遗弃，才得此名。此篇对他三次遭弃又三次获救的经过情形叙述十分细致。第一次，后稷被扔在小巷里，结果是牛羊跑来用乳汁喂养了他。第二次，后稷被扔进了大树林，结果正巧有樵夫来砍柴，将他救出。第三次后稷被扔在了寒冰之上，结果天上飞来只大鸟，用温暖的羽翼覆盖他温暖他。初生的婴儿经历了如此大的磨难，终于哇哇哭出了声，声音洪亮有力，回荡在整条大路上，预示着他将来会创造辉煌。

诗的第四章至第六章写后稷有开发农业生产技术的特殊禀赋，他自幼就表现出这种卓越不凡的才能，他因有功于农业而受封于邰，他种的农作物品种多、产量高、质量好，丰收之后便创立祀典。这几章包含了丰富的上古农业生产史料，其中讲到的农作物有荏菽、麻、麦子、瓜、秬、秠、虋、芑等。他对植物生长周期的观察也很细致，发芽、出苗、抽穗、结实，一一都有描述。而对除杂草和播良种的重视，尤其引人注意。这说明周民族已经开始成为以农耕为主要生产方式的民族。这几章修辞手法的多样化，使本来容易显得枯燥乏味的内容也变得跌宕有致，不流于率易。修辞格有叠字、排比等，以高密度的使用率见其特色，尤以"实……实……"格式的五句连用，最富表现力。

诗的最后两章，承第五章末句"以归肇祀"而来，写后稷祭祀天神，祈求上天永远赐福，而上天感念其德行功绩，不断保佑他并将福泽延及他的子子孙孙。诗中所述的祭祀场面很值得注意，它着重描写粮食祭品而没有提到酒（虽然也是用粮食制成），这大约也表明后稷所处的尧舜时代酒还没有发明吧。据《战国策·魏策》记载："昔者帝女令仪狄作酒而美，进之禹。禹饮而甘之，遂疏仪狄，绝旨酒，曰：后世必有以酒亡其国者。"说明中国酒的发明在夏代，此诗的叙述当可作为一个重要的旁证。而烧香蒿和动物油脂这一细节，恐怕也是后稷所创祀典的特殊之处。"上帝居歆"云云，则反映出当时可能有人扮的神尸来享用祭品，可供研究上古礼制参考。全诗末尾的感叹之词，是称道后稷开创祭祀之仪得使天帝永远佑护周民族，正因后稷创业成功才使他有丰硕的成果可以作为祭享的供品，最后一结赞颂的对象仍落实在后稷身上，而他确也是当之无愧的。

三、《诗经》的艺术

《诗经》是在中国文学史上占有极其重要地位的奠基之作，作为一部乐歌总集，它的作者不一、地域不同、内容各异、艺术风格也多种多样。概括而言，其艺术成就主要体现在以下四个方面。

（一）强烈的现实主义精神

《诗经》里的绝大多数诗篇是奴隶制社会的生活写照。作者们对于社会生活有着深刻的认识和理解，并能通过完美的艺术形象加以表现，抒发了他们对现实生活的直接感受。譬如《七月》，以铺叙直陈的手法，展现了一幅古代农奴悲惨生活的真实图画。诗篇不仅概括地描绘了一年的全部劳动过程，而且通过鲜明的对比，深刻有力地揭露了社会的不平，表达了人民对统治阶级的愤恨。《伐檀》《硕鼠》表现了奴隶们在繁重剥削压迫下的觉悟和反抗；《君子于役》《东山》反映战争与徭役给人民带来的痛苦；《氓》《柏舟》揭示爱情、婚姻的种种悲欢。这些诗歌不仅深刻地反映了社会生活，而且以惊人的艺术概括力，把握和揭示出当时社会生活中的一些本质矛盾。他们通过对现实生活的具体描述，真实而又形象地反映了当时的社会面貌，表达了广大人民的理想与愿望。

（二）赋比兴是《诗经》中最突出的艺术表现方法

赋比兴同风雅颂被称为诗的"六义"。尤其比、兴，是古人研究《诗经》时总结出来的艺术规律。古人一般认为赋比兴是用，即表现方法；风雅颂是体，即表现内容、体制。这里谈谈"赋比兴"三种艺术表现方法的艺术效果。"赋"就是铺陈直叙事物的方法。其写法特点就在于"直"，而不加譬喻，把要表达的内容有层次地叙述出来，给人以明确而完整的印象。如《七月》，诗人按季节和物候的变化，由春至冬分类排比地记述了农奴一年的劳动过程，直诉其苦，事事铺陈，整体而全面地反映了农奴生产、生活的真实面貌。赋这种表现手法，多表现在一首诗的总体方面，它对社会生活的反映能够给人以整体感，既有深度，又有概括力。"比"，就是比喻和比拟。它是用形象事物来打比方，使被比喻的事物生动形象，给人以真实感、形象感，增强诗的感染力量。如《卫风》中的《硕人》，连用六个比喻来描绘硕人的手、肤、领、齿、首、眉的美艳，形象地赞美了卫庄公夫人庄姜的姿容和神态，给读者以鲜明而深刻的印象。比的表现方法，抓住了事物的本质特征和事物之间的内在联系，相似的特征或共同属性，以形写神，将抽象的事物诉诸形象，从而深化了主题。"兴"，就是托物起兴。它是一种凭借自然界的事物，先起个头，然后借以联想，引出诗人内心感情的表现方法。兴句多放在一首诗或一章诗的开头。《诗经》中运用兴的方法，有时起象征、联想、比拟的作用，如《周南·关雎》，以雎鸟的和鸣引起下文男女求偶的联想；《周南·桃夭》开头"桃之夭夭，灼灼其华"两句，以盛开的艳丽桃花，象征出嫁少女容光焕发的艳美。有时起创造意境、烘托气氛的作用，如《秦风·蒹葭》开头"蒹葭苍苍，白露为霜"两句，描绘了一幅萧疏清冷的意境，为抒发忧伤失望的心情，渲染了浓烈的气氛；有时起协调韵律的作用，如《秦风·黄鸟》开头"交交黄鸟，止于棘"两句，与下文控诉殉葬制度没有什么联系，它只起个协调韵律的作用。好的起兴，借景抒情，情景交融，能把读者引入诗的意境之中。诗三百篇中的赋比兴多是结合为用的。

（三）复叠是诗三百章法上的一个显著特点

复叠又叫复沓或重章叠句，即各章的词句基本相同，中间只更换几个字，反复咏唱。它的作用在于加深印象，渲染气氛，深化诗的主题，增强诗的音乐性和节奏感，使感情得到尽情的抒发。如《伐檀》，全诗三章采用章节复沓的形式，诗中更换的字词起到了层层深入表现诗歌主题的作用："伐檀""伐辐""伐轮"，显示了奴隶有干不完的活儿："三百廛""三百亿""三百囷"和"县貆""县特""县鹑"，揭露了奴隶主的残酷剥削："胡取禾……兮"，表现了奴隶主极大的愤怒。每章又以"素餐""素食""素飧"作结，对统治者表示出极大的讽刺。诗中运用上述手法，层层揭露，层层讽刺，再现了劳动场面，深化了主题，同时加强了控诉力量，突出了劳动者的抒情形象，也使诗的形式整齐完美，便于歌唱和记忆。

（四）四言为主的句式和丰富、生动、形象的语言

《诗经》中的基本句式，是四言一句，但也有不少诗句突破四言定格，在四言中又杂以二、三、五、六、七、八言句，在整齐中显示出参差错落之美、《诗经》是诗歌的语言宝库，词汇丰富多彩，用词生动准确。《诗经》中还大量地运用了双声字、叠韵字和重叠字，这不但丰富了语汇，而且写景状物，拟形传声，使诗歌更富于形象美和音韵美。

四、《诗经》的评价与影响

（一）社会功用

《诗经》是中国最早的诗歌总集，收入自西周初年至春秋中期大约五百多年的诗

歌，它最直接的功用有以下几点。

一是作为学乐、诵诗的教本。

二是作为宴享、祭祀时的仪礼歌词。

三是在外交场合或言谈应对时作为称引的工具。通过赋诗来进行外交上的来往，在春秋时期十分广泛，这使《诗经》在当时成了十分重要的工具。《左传》中有关这方面情况记载较多，有赋诗挖苦对方的（《襄公二十七年》），听不懂对方赋诗之意而遭耻笑的（《昭公二十年》），小国有难请大国援助的（《文公十三年》）等。这些引用《诗》的地方，或劝谏、或评论、或辨析、或抒慨，各有其作用，但有一个共同之处，即凡所称引之诗，均"断章取义"。这种现象，在春秋时期堪称"蔚成风气"。这就是说，其时《诗经》的功用，并不在其本身，而在于"赋诗言志"。想言什么志，则引什么诗，诗为志服务，不在乎诗本意是什么，而在乎称引的内容是否能说明所言的志。这是《诗经》在春秋时代一个实在的，却是被曲解了其文学功能的应用。

赋诗言志的另一方面功用表现，切合了《诗经》的文学功能，是真正的"诗言志"——反映与表现了对文学作用与社会意义的认识，是中国文学批评在早期阶段的雏形。如《小雅·节南山》："家父作诵，以究王讻"，《大雅·民劳》："王欲玉女，是用大谏"等。诗歌作者是认识到了其作诗的目的与态度的，以诗来表达自己的思想感情，表达自己对社会、人生的态度，从而达到歌颂、赞美、劝谏、讽刺的目的。这是真正意义上的赋诗言志，也是使赋诗言志真正切合《诗经》的文学功能及其文学批评作用。

四是社会（包括士大夫与朝廷统治者）利用它来宣扬和实行修身养性、治国经邦——这是《诗经》编集的宗旨之一，也是《诗经》产生其时及其后一些士大夫们所极力主张和宣扬的内容。孔子十分重视《诗经》，曾多次向其弟子及儿子训诫要学《诗》。孔子认为："《诗》可以兴，可以观，可以群，可以怨。"（《论语·阳货》）这是孔子对《诗经》所作出的具有高度概括性的"兴、观、群、怨"说，也是他认为《诗经》之所以会产生较大社会功用的原因所在。孔子的"兴、观、群、怨"说阐明了《诗经》的社会功用，既点出了《诗经》的文学特征——以形象感染人，引发读者的想象与联想，又切合了社会与人生，达到了实用功效。

（二）历史价值和民俗价值

从历史价值角度言，《诗经》实际上全面反映了西周、春秋的历史，全方位、多侧面、多角度地记录了从西周到春秋的历史发展与现实状况，其涉及面之广，几乎包括了社会的全部方面——政治、经济、军事、民俗、文化、文学、艺术等。后世史学家的史书叙述这一历史阶段状况时，相当部分依据了《诗经》的记载。如《大雅》的《生民》等史诗，本是歌颂祖先的颂歌，属祭祖诗，记录了周自母系氏族社会后期到周灭商建国的历史，歌颂了后稷、公刘、太王、王季、文王、武王等的辉煌功绩。这些诗篇的历史价值是显而易见的，它们记录了周氏族的产生、发展及灭商建周统一天下的历史过程，记载了这一历史发展过程中大迁徙、大战争等重要历史条件，反映了周氏族的政治、经济、民俗、军事等多方面情况，给后人留下了宝贵的史料。虽然这些史料中掺杂着神话内容，却无可否认地有着可以置信的史实。

《诗经》的民俗价值也显而易见，包括恋爱、婚姻、祭祀等多个方面。如《邶风·静女》写了贵族男女青年的相悦相爱；《邶风·终风》是男女打情骂俏的民谣；《郑风·出其东门》反映了男子对爱情的专一。这些从不同侧面和角度反映表现各种婚姻情状的诗篇，综合地体现了西周春秋时期各地的民俗状况，是了解中国古代婚姻史很好的材料，从中也能了解到古代男女对待婚姻的不同态度和婚姻观。

《诗经》中不少描述祭祀场面或景象的诗篇，以及直接记述宗庙祭祀的颂歌，为后世留下了有关祭祀方面的民俗材料。如《邶风·简兮》中写到"万舞"，以及跳"万舞"伶人的动作、舞态，告诉人们这种类似巫舞而用之于宗庙祭祀或朝廷的舞蹈的具体状况。更多更正规的记录祭祀内容的诗篇，主要集中于《颂》诗中。如《天作》记成王祭祀岐山，《昊天有成命》为郊祀天地时所歌。这些诗章充分表现了周人对先祖、先公、上帝、天地的恭敬虔诚，以祭祀歌颂形式，作讴歌祈祷，反映了其时人民对帝王与祖先的一种良好祈愿和敬天畏命感情，从中折射出上古时代人们的心态和民俗状况，是宝贵的民俗材料。

周代文化的鲜明特征之一，产生了不同于前代而又深刻影响后代的礼乐文化。其中的礼，融汇了周代的思想与制度，乐则具有教化功能。《诗经》在相当程度上反映、表现了周代的这种礼乐文化，成了保存周礼有价值的文献之一。例如，《小雅》的《南有嘉鱼》《南山有台》，均为燕飨乐章，它们或燕乐嘉宾，或臣工祝颂天子；而《蓼萧》则为燕远国之君的乐歌，从中可知周朝对于四邻远国，已采取睦邻友好之礼仪政策，反映了周代礼乐应用之广泛。又如《小雅·彤弓》，记叙了天子赐有功诸侯以彤弓，说明周初以来，对于有功于国家的诸侯，周天子均要赐以弓矢，甚而以大典形式予以颁发。相比之下，《小雅·鹿鸣》的代表性更大些，此诗是王者宴群臣嘉宾之作。"周公制礼，以《鹿鸣》列于升歌之诗。"朱熹更以为它是"燕飨通用之乐歌"诗中所写，不光宴享嘉宾，还涉及了道（"示我周行"）、德（"德音孔昭"），从而显示了"周公作乐以歌文王之道，为后世法"。

除燕飨之礼外，《诗经》反映的礼乐文化内容还有：《召南·驺虞》描写春日田猎的"春蒐之礼"；《小雅·车攻》《小雅·吉日》描写周宣王会同诸侯田猎；《小雅·楚茨》《小雅·甫田》《小雅·大田》等描写祭祀先祖，祭上帝及四方、后土、先农等诸神；《周颂》中多篇写祀文王、祀天地，可从中了解祭礼；《小雅·鸳鸯》颂祝贵族君子新婚，《小雅·瞻彼洛矣》展示周王会诸侯检阅六军，可分别从中了解婚礼、军礼等。

（三）文学影响

《诗经》在中国文学史上具有崇高的地位和深远的影响，奠定了中国诗歌的优良传统，中国诗歌艺术的民族特色由此肇端而形成。

一是现实主义精神与传统。《诗经》立足于社会现实生活，没有虚妄与怪诞，极少超自然的神话，描述的祭祀、宴饮、农事是周代社会经济和礼乐文化的产物，对时政世风、战争徭役、婚姻爱情的叙写，展现的是周代政治状况、社会生活、风俗民情，这一"饥者歌其食，劳者歌其事"的精神传统为后世所代代继承和发扬。

二是抒情诗传统。从《诗经》开始，抒情诗成为诗歌的主要形式之一。

"诗者，志之所之也。在心为志，发言为诗，情动于中而行于言。"我们可以看出，诗人作诗的目的是言志，然而他内心产生激荡，并有所感悟的情感是诗人作诗的动机。因此，中国古典诗歌的传统，从《诗经》开始就产生了"抒情"的传统。

三是风雅与文学革新。《诗经》中关注现实的热情、强烈的政治和道德意识、真诚积极的人生态度，为屈原所继承和发扬，被后人概括为"风雅"精神。后世诗人往往倡导"风雅"精神，来进行文学革新。陈子昂感叹齐梁间"风雅不作"，李白慨叹"大雅久不作，吾衰竟谁陈"，杜甫更是"别裁伪体亲风雅"，白居易称张籍"风雅比兴外，未尝著空文"，以及唐代的许多优秀诗人，都继承了"风雅"精神。而且这种精神在唐以后的创作中，从宋代的陆游延伸到清末的黄遵宪。

四是赋比兴的垂范。《诗经》的"赋、比、兴"的表现手法，在古代诗歌创作中一直被继承和发展着，成为中国古代诗歌的一个重要特点。《诗经》还以鲜明的事实证明了劳动人民的艺术创造才能，《诗经》民歌重叠反复的形式，准确、形象、优美的语言，被后世诗人、作家大量的吸取运用。《诗经》以它所表现出的深刻的社会内容和优美的艺术形式，吸引着后代文人重视民歌，向民歌学习。《诗经》灵活多样的诗歌形式和生动丰富的语言也对后代各体文学产生了重要影响。魏晋时期，曹操、嵇康等人都学习《诗经》，创作四言诗。文学史上的赋、颂、箴、铭等韵文也都与《诗经》不无关系。

拓展阅读：《诗经》全文及注解	实践操作	过关测试

第三章

史学：明智励能

历史包括自然发展史和人类社会发展史。狭义的历史指人类社会发展史。在中国古代，文史哲相通而统一于人。由于历史与现实之间具有"相因之义"，史学的作用在于鉴往知来，垂训于后；学习历史，上可治国安邦，下可启迪做人。

"史"，就是手拿笔秉公记事。据《左传》记载：鲁襄公二十五年（前548年）夏天，齐国发生宫廷政变，大夫崔杼杀死国君齐庄公。目睹这一事件的太史如实在史册上写道："崔杼弑其君。"崔杼把太史也杀了。太史的大弟弟又把弑君兼杀太史一事如实记下。崔杼把太史大弟弟也杀了。太史的二弟弟又如实地记下崔杼弑君和连杀两位太史的事。崔杼又杀了太史的二弟弟。太史的小弟弟又不怕死地记下崔杼弑君以及连杀三名太史的经过。崔杼看这情景，就没敢再杀他。这时，在通往王宫的路上跑来另一位太史，手里还拿着史册，准备在小弟弟死后再续写这段史实。中国史学的这一早期典范，充分说明了史学的求真精神，历史是用生命谱写出来的。

图 3-1　崔杼弑其君

第一节
史学说略

知识目标：

• 了解中国史学发展简史。

• 熟记中国史学的起源与分类。

• 熟记史学的"四大史体"基本特征。

能力目标：

• 能理解中国史学的分类方法。

• 能正确分析"四大史体"的特征及优势。

• 能理解史家的创作态度、创作方法。

素养目标：

• 自觉运用"不虚美、不隐恶"的态度对待人生。

• 自觉提升自我"才、学、识、德"综合素养。

现在所知我国古代最早的图书目录，是西汉末年成帝时刘向等编纂、由刘向的儿子刘歆在汉哀帝时最后纂辑成书的《七略》。《七略》原书久已佚失，但东汉班固编著的《汉书》，在《艺文志》中，完全采用了《七略》的分类方法，并且沿承了《七略》诸略的名称。

《汉书·艺文志》之后，直到唐初纂修《隋书》之前，正史中均再未设立艺文志。曹魏时人郑默，编著有一部名为《中经》的目录书籍。至西晋，荀勖在此基础上，撰著了一部新的典籍目录，名为《晋中经》或《晋中经簿》，为与郑默的《中经》相区别，史称《中经新簿》。

《中经新簿》在我国古代目录学史上，占有重要地位，即由此初步创立了四部分类法。它是把所有典籍划分为甲、乙、丙、丁四部，大略相当于后世的经、子、史、集，另外把佛经附录于四部之外。当时，是把相当于后世史部的书籍，列入丙部，排在乙部子书的后面。至东晋李充编制《晋元帝四部书目》，才开始把后世的史部书列为乙部，子部书列为丙部，由此确立了经、史、子、集的排列次序。与李充约略同时的葛洪，在《抱朴子外篇》的自序中，谈到各类书籍时，其排列次序，为"五经七史百家之言，兵事杂技"，也是把史部书籍，列在子部之前。这说明经、史、子、集的排列次序，在东晋时已经成为普遍定制。在这之后，至迟在梁元帝校定秘阁图书时，已经采用了经、史、子、集的名称。

由荀勖创立并经李充排定次序的经、史、子、集四部分类法，成为此后各种书目特别是官修书目的主流，一直沿袭到清末。

一、史学的起源和发展

中国是一个史学大国，它的历史学特别发达，为世所罕见。中国史学萌芽于夏商周三代。据文献记载，从夏代开始就有专门的史官，还分为左史、右史、御史等名目。至迟到商代后期，已有比较成熟的文字。当时巫史不分，巫即史官，史官多行巫事，史官们在祭祀卜筮以后，在甲骨上刻记下有关的历史事件，主要是国王的祭祀、战争、狩猎等方面的内容。在记录的过程中，形成了记事、记言、编纂等方法。现存最早的史书是《尚书》，可信编辑于春秋时，但其中有周史官搜集整理的尧、舜、禹及夏代、商代的一些重要政治文件。《尚书》以记言为主，内容除了远古尧舜禹夏商的一些政治文件以外，还包括西周至春秋间约 600 年的一些史实。而真正系统的古史，当以《春秋》为首。春秋时除周室外，各个诸侯也都设有史官，记载各自的历史，但对史书的称呼不一，楚国叫梼杌，晋国叫乘，鲁国叫春秋。《春秋》是孔子根据鲁国史官的历史记录并参考其他史料整理而成的世界上最早的一部编年体史书。它记载了鲁隐公元年（公元前 722 年）到鲁哀公十四年（公元前 481 年）共 242 年的史事，内容涉及 124 个诸侯国的政治、军事、外交诸方面的大事。一般记事都有年月日，而且是按时按月记载史事的，但它记述非常简略，所以它只是一部史纲。

春秋时期的另两部历史著作是《左传》和《国语》，据说都是左丘明所作。《左传》又叫《春秋左氏传》，据说它是解释《春秋》的，实际它是一部比较成熟的编年史，它记事比较完整、详细，年月清楚，前后连贯，叙事周密而生动，它比《春秋》又多记载了十多年的史事。《国语》分别记录了自周穆王至春秋时期的周、齐、鲁、晋、郑、楚、吴、越八国君主与辅臣议论得失之语，是中国最早的一部国别体史书，以记言为主。它与《左传》相互补充，两书记事的年代大体与《春秋》相合，且多解释《春秋》书法或微言大义，故人们认为都是解释《春秋》的，把《左传》叫作"春秋内传"，把《国语》叫作"春秋外传"。

战国时期也出现了几部史书，一是《战国策》。《战国策》主要记载战国时期一些谋臣策士的游说活动和权变故事，也以记言为主，亦为国别体。但此书多夸饰之词，所载并非完全信史。二是《竹书纪年》，是晋朝人盗魏襄王墓时发现的，共 13 篇，记夏以来至周幽王为犬戎所灭，以后仅记晋国之事，三国分晋后仅记魏事，可能是魏国史官所作，文字亦很简略。三是《世本》，记黄帝以来至战国之史事，体例与前各史稍异，它有系、纪、世家、谱、传等体裁，为纪传体的雏形。

两汉是封建史学的建立期。司马迁继承父志，发凡起例，搜集资料，发愤著书，用 20 多年的时间，著成具有划时代意义的《史记》。这是一部纪传体通史，它由十二本纪、十表、八书、三十世家、七十列传五种体裁组成，各体间互相配合、相互补充，以人物为中心，组织严密。记载了上自传说中的黄帝、下至汉武帝时代的 3000 多年的历史。它体制宏大，举凡政治、军事、经济、典章制度、学术文化、医药卜筮、各王朝盛衰、人物活动、天文地理、少数民族历史等，无不囊括。该书共 52 万多字，是当时世界上最大的一部通史。司民迁又以"究天人之际，通古今之变，成一家之言"为写作宗旨，从哲学的高度来写历史，因而他重人事、倡仁义、斥暴虐、褒扬农工虞商，集史学、文学、思想于一体，使《史记》成为不朽的历史阶段名著。东汉班固继承司马迁所开创的体例，断西汉一代而为史，著为《汉书》，成十二纪、八表、十志、七十列传，开创了断代为史的著史体例。《汉书》以史料丰赡见长，史实记述较《史记》为详，且包含了经济、学术、地理等专门学科。《汉书》以儒学为正统，鼓吹汉承尧运，宣扬君权神授，赞美封建伦常，因而被视为史学"正宗"的代表。此后，班固又与刘珍等奉诏辑成《东观汉记》，开后世官修国史的先河。东汉末，荀悦又编成我国第一部编年体断代史——《汉纪》，使儒家正统史学的统治地位得以确立。

魏晋南北朝时期虽然动乱不断，但史学仍在继续发展。陈寿作《三国志》，专记魏、蜀、吴三国的史事；范晔为《后汉书》，记东汉一代之史；沈约撰《宋书》、萧子显撰《南齐书》，魏收撰《魏书》。以上数史，皆为纪传体，而编年体则有袁宏的《后汉纪》、崔鸿的《十六国春秋》。人物传记则有西晋皇甫谧的《高士传》、南梁慧皎的《高僧传》、刘义庆的《世说新语》。史注则有裴松之的《三国志注》、刘孝标的《世说新语注》等。

从唐至元，是中国史学的繁荣期。隋唐专设国史馆修史，很少私家著述，官修纪传体史书被视为正史，一般由宰相主持或监修，且形成制度。

唐代的史书有八部，其中官修史书有房玄龄、褚遂良的《晋书》，姚思廉的《梁书》《陈书》，李百药的《北齐书》，令狐德棻、陈叔达的《周书》，魏征、颜师古的《隋书》，李延寿的《南史》《北史》。五代及宋代的史书有：后晋刘昫等的《旧唐书》，宋欧阳修、宋祁的《新唐书》，欧阳修私修的《新五代史》。元代有脱脱主修的《宋史》《辽史》和《金史》。除正史外，还有南宋郑樵撰的《通志》，其记事上起三皇，下迄于隋，尤重各种文化形态，有民族、六书、七音、都邑、图谱、金石等科目。司马光又撰编年体通史《资治通鉴》，其记事上起周威烈王，下至五代后周，成书 294 卷，外加《考异》《目录》各 30 卷。材料采自除各正史外，还外采杂史诸书，凡 222 家，史料既丰富又可信。《资治通鉴》问世后，效之者蜂起，计有数十家。宋代有刘恕的《通鉴外纪》、李焘的《续资治通鉴长编》、李心传的《建炎以来系年要录》、金履祥的《资治通鉴前编》。此外，还有多部专门史，如唐代杜佑的《通典》、元代马端临的《文献通考》。值得一提的是，这一时期还出现了一些少数民族和地方史著作，如无名氏的《蒙古秘史》、蔡巴·贡噶多吉的《红史》(记吐蕃藏族史)、布敦·仁钦珠的《布敦佛教史》、叶隆礼的《契丹国志》、彭大雅的《黑鞑事略》、范成大的《桂海虞衡志》。

唐代还出现了我国第一部史学理论著作——刘知几的《史通》,《史通》内容包括评论上古以来的史家、史书、史官、修史等，并重点论述了正史的体例、内容、编纂方法等。这是对孔子以来 1000 多年史学所作的系统的总结。他所提出的一些观点，如"史学三长"——才、学、识问题，对后世影响很大，曾成为评价史家优劣、衡量史家修养高下的标准。《史通》的出现标志着封建史学的成熟。

明清二代是封建社会的晚期，封建史学也步入其末期。明代官修正史只有一部《元史》，为宋濂、王祎主修。但野史繁多，各种野史杂记共有 1000 余家，其可观者有：王世贞《弇山堂别集》、李贽的《藏书》、焦竑的《国朝献征录》、沈德符的《万历野获编》等。清代史学又呈繁盛之势，清初即有王夫之的《读通鉴论》、黄宗羲的《明儒学案》等。乾嘉时期的许多学者埋头于史书的校勘、辨伪、辑轶、考证工作，其代表作有王鸣盛的《十七史商榷》、钱大昕的《廿二史考异》、赵翼的《廿二史札记》、梁玉绳的《史记质疑》等。而同时代的章学诚则走另一道路，著《文史通义》，专论史学方法和史学理论，提出了"六经皆史""史德"等重要观点，而反对考据之学，宣扬经世致用，极具现实意义。清道光以后，封建制度开始解体，封建史学也走向其终结，近代疑古之风兴起，人们开始重视研究现实问题，史学也逐渐进入新的发展时期。

二、中国史学的"四大史体"

中国作为一个拥有 5000 多年历史的文明古国，在其发展的过程中诞生了很多不同体例的历史著作。要读懂历史，必先从史书开始，要读懂史书，先要了解不同史书的体例特点，以下介绍四种。

（一）纪传体

纪传体是由司马迁的《史记》所创立、后为中国历代正史所遵循的一种体裁，也是中国史书中地位最高、包容量最大的一种体裁。纪传体史书是以人物传记为中心，本纪、列传、世家（载记）、书志、表和史论等多种形式相配合的综合体史书。其中，本纪基本上是编年体，也有关于帝王本人的事迹；列传，是各个方面代表人物的传记；世家，是诸侯和贵族的历史；载记，是割据政权的历史；书志，是关于典章制度和有关社会文化生活各方面的历史；表，是用表的形式来表述错综复杂的社会情况；史论，是关于历史人物的历史事件的议论。更具体地说，列传里有人物的专传、合传、杂传，书志里包括经济史、地理书、法制史和学术史。纪传体把这些体裁综合起来，在每一部书里形成一个相互配合的整体。所以它既是多种体裁的混合，又有自己特殊的规格，形成了一种新的体裁。唐代刘知几所著的《史通》是世界上第一部系统的史学理论著作，其中对中国史书的体裁有详尽的论述，指出纪传体史书的优点是以记述历史人物为中心，可以更多反映各类人物在历史上的活动，同时，因记述的范围比较广泛，便于通观一个时期历史的发展形势；缺点是难以清楚表达历史发展的时间顺序和各事件、各人物之间的相互联系。故唐皇甫湜《编年纪传论》称其"举其大纲而简于叙事，是以多阙载、多逸文"。纪传、编年各有优缺点，互相无法代替。刘知几在《史通》的《二体》篇中总结说："然则班、荀二体，角力争先，欲废其一，固亦难矣"，认为编年体、纪传体是中国史学中最有发展潜力的两种体裁，两者互相补充，不可偏废。史学的发展也证明了刘知几的先见之明，在此后很长一段时间内，纪传体和编年体成为记述历史的主要体裁，只是各个时代流行的程度不一样。《史记》《汉书》相继问世后，纪传体就成为历代王朝正史的主要模式，编年体一度式微，但自《资治通鉴》问世后，编年体史书再度振兴。

（二）编年体

编年体是较早出现的一种史书体裁，其最早的一部完整作品是《春秋》，此后有《左传》《竹书纪年》等，或出现于春秋末期，或出现于战国时期。这种体裁以时间为中心，按年、月、日顺序记述史事。刘知几同样指出编年体的优缺点，优点是按照时间顺序记载史事，线索清晰、易于掌握；但因以记事为原则，很多重要历史人物因与所记史事无关而无法记载。另外，编年体还具有的优点是以时间为经，以事件为纬，比较容易反映同一时期各个历史事件的联系；缺点是不易于集中反映同一历史事件前后的联系。白寿彝分析道："编年体的好处是可以在同一年代内看出不同方面的史实，有利于对历史之总的考察。而且，史事之年代顺序的排列，可以发现记载上的分歧和错误，更利于对史事真相的考核。它的缺点是，在同一年代记载的史事，头绪较多，对于一般的读者来说，往往不容易看出一个眉目来。"[1]编年体为了弥补以上缺陷，在按年代记载史事的同时，有时追叙往事，有时附带记述后事，并不绝对按时间的先后来叙述。其中东汉末荀悦的《汉纪》运用连类列举，即历史人物的"言行趣舍，各以类书"的方法，扩大了编年史可容纳的范围。北宋司马光主编的《资治通鉴》进一步丰富了编年体的编撰方

---

① 白寿彝：《谈史书的编撰》，载《中国史学史论集》，中华书局 2001 年版，第 496 页。

法，取得了辉煌的成就，使编年体史书一度中兴。在它的影响下，出现了南宋李焘的《续资治通鉴长编》、李心传的《建炎以来系年要录》、清毕沅的《续资治通鉴》、夏燮的《明通鉴》等一系列编年体史著。从此，编年体与纪传体史书相颉颃，成为中国史书中的另一大宗。此外，汉代以后出现的历朝的"起居注"和"实录"，也是一种编年体史书，是编年体演化出的一个重要的分支。

（三）纪事本末体

纪事本末体出现得较晚，是由南宋袁枢在《通鉴纪事本末》中所创立的。《通鉴纪事本末》把《通鉴》中的记载归纳为 239 个事目，分别详其本末，归类叙述。《四库全书总目提要》称赞说："纪传之法，一事而复见数篇，宾主莫辨。编年之法，一事而隔越数卷，首尾难稽。编年纪传贯通为一，实前古所未见。"这是说，纪事本末体把一件一件的史事，分着纪其本末，可以救编年和纪传二体之缺失。此书出现以后，有很多仿效者。因袁枢之书以《通鉴》为限，只到五代，于是就有《宋史纪事本末》，以至《元史纪事本末》《明史纪事本末》《三藩纪事本末》《辽史纪事本末》《金史纪事本末》《西夏纪事本末》，还有《左传纪事本末》。此一体例，共有 9 部书，合称"九朝纪事本末"，是中国史学体裁上的一个创新。纪事本末体的特点是以记事为主，把历史上的大事，详其首尾，集中表述其过程。它的优点是克服了编年体和纪传体"首尾难稽"的缺点，便于读者掌握历史事件的完整脉络，与今日流行的章节体史书有异曲同工之处。因此，清代史学理论家章学诚很推崇这种史书体裁，称之"文省于纪传，事豁于编年"。但是，纪事本末并不容易写，它需要作者先分清事情的轻重，识历史大体，否则会遗漏掉一些重要的历史信息。例如，《通鉴纪事本末》在内容上把《通鉴》中的记载归纳为 239 个事目，对于经济、文化等非"事"的历史内容则无法记述。钱穆分析此书之"事目"后指出，袁书"重变不重常，重外不重内，并亦没有制度，没有人物"，明确地指出了《通鉴纪事本末》的缺点。

（四）国别体

所谓"国别体"史书，就是以国家为单位，分别记叙历史事件的史书。春秋战国时期，是中国历史上不同寻常的年代，在这短暂的几百年中，中国历史不仅在政治、经济上经历着深刻的变迁，而且在思想文化领域产生了一批巨著。《国语》正是这一重要时期在史学领域的一部名著。《国语》编者在处理各国史料时，没有局限于以前各诸侯国自行记录国史的传统，而是创造性地把各国所记国史（百国春秋）与记言体史料（"语"体史书）汇合编排在一起，只是不像《左传》采用了编年方式，而是先按国分类，然后在一国之内再按年代前后进行编次组织。这是史学史上的一个巨大贡献。但是，为什么《国语》会采取"国别体"这种分国叙事的方式，这种方式对《国语》的内容和形式又产生了什么样的影响，历来并没有多少人给予应有的关注。

"国别体"，顾名思义，这类史书应该是在一定的体例要求下，对全书所记叙之人物、事件、制度等史料按照其所发生之国家、地域区分开来，分国叙事，国与国之间并没有上下之分。我国的第一部国别体史书，古今史学界都认为是《国语》。但是，如果真正使用以上所用的标准来衡量，则《国语》在某种程度上并不完全符合上述条件。不过，这种分类却并不像后世完全意义上的国别体史书如《十六国春秋》《十国春秋》等所采用的方式，"不附正朔，自相君长"，而是正如白寿彝先生所指出的，是有其深刻内涵的。白先生认为《国语》的编次依循两个原则：一是以周王朝为中心，按周与各诸侯国的关系远近以及华夷之分来安排；二是以各国兴起的先后为顺序。所以《国语》首列《周语》，然后是鲁、齐，因为两国分别是对周王朝建国立有殊勋的周公（封给其长子伯禽）和姜尚的封国；其后晋、郑，因为"周之东迁，晋郑焉依"，两国为平王东迁立有大功；再后是楚、吴、越三个蛮夷之国，按称霸先后为序。全书共 21 卷，分《周语》《鲁语》《齐语》《晋语》《郑语》《楚语》《吴语》《越语》八个部分，《晋语》最多。全书起自周穆王，终于鲁悼公，以记述西周末年至春秋时期各国贵族言论为主，因其内容可与《左传》相参证，所以有《春秋外传》之称。

三、中国史学的特点和传统

（一）学贯天人、会通古今的创作初衷

中国古代的许多史家及其著述都具有恢宏的历史视野，他们学贯天人，会通今古，用包容一切的气势和规模，来阐述历史的发展过程，探究历史的前因后果。司马迁作《史记》就明确提出，他要"究天人之际，通古今之变，成一家之言"。《史记》的视野辽阔，牢笼百家气象宏伟，它囊括了上下 3000 年之史，横贯历代政治、经济、文化、外交、军事等各个领域。《汉书》断汉一代为史，它全面地记载了西汉一代 200 多年的历史，也囊括了政治、经济、文化、军事、学术等各个方面。同时，中国夏至汉代的史学

自始至终都不是纯粹的社会科学，它不仅记录了人类的各种社会活动，而且记载了自然历史，包含了天文地理的变化，如《史记》有《天官书》《河渠书》等，《汉书》有《地理志》《五行志》，这种既讲天、又讲人的史学内容，是中国古代天人合一思想的体现。

会通古今，重视通史著述，是中国史学的主流。许多史学家著作通史，目的就是会通古今。会通古今，就是指史学家运用历史知识，有高屋建瓴、融汇古今的见识；同时要求史家有通变的意识，通过著史，从历史的发展变迁中找出历史发展的一些规律。司马迁作《史记》就提出"通古今之变"的宗旨。杜佑撰《通典》、郑樵作《通志》、袁枢作《通鉴纪事本末》、司马光作《资治通鉴》，都发展了会通古今的宗旨，展示了恢宏的历史视野。《汉书》以下的断代史也不乏鸿篇巨著，如《宋书》《魏书》《晋书》《五代史》等都展现了史家学兼天人、会通古今的宏大气魄。中国古代史家的这一传统，不仅促进了中国史学的繁荣，而且也影响和造就了许多通人、名家。

（二）以史为鉴、经世致用的修史原则

会通古今的目的也就是以古为镜、古为今用，中国古代的史学家非常注重当代史的研究，注重史学研究的古为今用。司马迁就说："居今之世，志古之道，其所以自镜也。"①所以，他写《史记》略古而说详今，《史记》写了3000多年的历史，而秦汉史却占了一半以上的篇幅。唐太宗也说："以铜为镜，可以正衣冠。以古为镜，可以知兴替。以人为镜，可以明得失。"房玄龄、魏征等的《五代史》修完，唐太宗很高兴地说："朕睹前代史书，彰善瘅恶，足为将来之戒。""欲览前王之得失，为在身之龟镜。"②以古为镜，就是古为今用，就是发挥史学的经世作用。史家著史，以考论政治得失，劝善惩恶为己任，他们所撰史书的主要内容是现实社会中实实在在的政治和人事，司马迁说："夫《春秋》，上明三王之道，下辨人事之纪，别嫌疑，明是非，定犹豫，善善恶恶，贤贤贱不肖，存亡国，继绝室，补敝起废，王道之大者也。"③司马光写《资治通鉴》就"专取关国家盛衰，系生民休戚，善可为法、恶可为戒者，为编年一书"。

（三）不虚美、不隐恶的直录精神

所谓"不虚美，不隐恶"，是指对自己所肯定的正面人物——历史上的那些尊者、

---

① （西汉）司马迁：《史记》，中华书局1975年版。
② 门岿主编：《二十六史精粹今译》，人民日报出版社1995年版。
③ 周远斌：《儒家理论与春秋叙事》，齐鲁书社，2008年版，第16页。

贤者，当然主要是指那些帝王将相和赢得美名的贤圣之人，能够尊重历史，实事求是地叙述他们的事迹，既不夸大他们的美德，也不隐瞒他们的恶行。概括起来就是两句话，叫"不为尊者讳，不为贤者隐"，还他们以历史原貌。对于史家来说，对历史上那些尊者、贤者"不虚美"较为容易做到，但要做到"不隐恶"却是非常困难的事情，尤其是像《史记》那种主要篇幅用来写现代、当代历史的史书来说尤为不易，稍有不慎，就会落下"谤书"之名，甚至惹得龙颜大怒，招致身首异处的下场。

春秋时晋国的赵穿弑晋灵公，太史董狐直书曰："赵盾弑其君。"齐国权臣崔杼杀齐庄公，齐太史兄弟三人前仆后继写："崔杼弑君。"司马迁著《史记》不为尊者讳，不为爱者讳，不避帝君，其书被人认为，"其文直，其事核，不虚美，不隐恶"，人称"实录"。东晋孙盛写《晋阳秋》，冒着灭族的危险，将慕容垂大败桓温的真相留示于世人。宋人袁枢断然拒绝其同乡、当朝权贵章惇的请托，不为章惇文饰其传，毅然道："我宁负乡人，不可负天下后世公议。"这种不顾身家性命，秉笔直书，誓为后世留下信史的事迹和精神可歌可泣，是中国历史学最优良的传统。

(四)重视史家的个人修养

唐人刘知几认为优秀的史家应具备"才、学、识"。清代章学诚则提出了史家的"才、学、识、德"四个方面，只有具备这四个方面的史家才能称为所谓的"良史"。班固评论《史记》就说："自刘向、扬雄博极群书，皆称迁有良史之材，服其善序事理，辨而不华，质而不俚。其文直，其事核，不虚美，不隐恶，故谓之实录。"古代认为作为史家，学识上要"博闻强记"，有丰富的知识，"疏通知远"；还要有历史编纂和文字表达的才华和能力。但光有才学还不行，史家还要有"史识"，即史家应具有历史的见识、见解、眼光、胆识，有秉笔直书的胆气。更重要的是，史家必须具备"史德"，即高尚的史学道德。章学诚就说，史家应"慎辨于天人之际，尽其天而不益以人也。"史家应尊重客观历史，不能用主观的好恶去影响对历史客观的真实反映。所以在"才、学、识、德"四个方面，"德"和"识"在先，但也不能无"才"无"学"。

第二节
纪传体通史先河：《史记》

知识目标：

• 了解作者司马迁的人生经历。

• 熟记《史纪》的成书过程。

• 熟记《史记》的体例特征的和基本内容。

能力目标：

• 能理解司马迁人生历程与写作态度之关系。

• 能通过作品分析，进一步理解纪传体的特点。

• 能分析《史记》在中国史学和文学的历史地位及影响。

素养目标：

• 自觉学习作者司马迁自强不息、坚忍不拔的人生态度。

• 培养学习中国历史的兴趣，以史为镜，提升自我。

　　司马迁（约前145—？），字子长，又称太史公，汉朝著名的史学家，与司马光并称"史界两司马"，与司马相如合称"文章西汉两司马"。司马迁以其"究天人之际，通古今之变，成一家之言"的史识，成就了《史记》——中国历史上第一部纪传体通史，被称为"实录、信实"，被鲁迅誉为"史家之绝唱，无韵之《离骚》"，史学"双璧"之一，前"四史"之首。

一、《史记》的成书过程

东周时期王道废弛，秦朝毁弃古代文化典籍，以致明堂、石室的珍贵图书典籍散失错乱。汉朝建立后，萧何修订法律，韩信申明军法，张苍制立章程，叔孙通确定礼仪，品学兼优的文学之士逐渐进用，《诗》《书》等被毁弃的古书亦不断在各地被爱好文学的人士搜寻并献出。《史记》在这种背景下产生。

《史记》取材相当广泛。当时社会上流传的《世本》《国语》《秦记》《楚汉春秋》及诸子百家等著作和国家的文书档案，加之实地调查获取的材料，都是司马迁写作《史记》的重要材料来源。特别可贵的是，司马迁对搜集的材料做了认真的分析和选择，淘汰了一些无稽之谈，如不列没有实据的三皇，以五帝作为本纪开篇，对一些不能弄清楚的问题，或者采用阙疑的态度，或者记载各种不同的说法。由于取材广泛，修史态度严肃认真，所以，《史记》记事翔实，内容丰富。

司马氏世代为太史，整理和论述历史。《隋书·经籍志》载："谈乃据《左氏春秋》《国语》《世本》《战国策》《楚汉春秋》，接其后事，成一家之言。"可见司马迁之父司马谈有意继续编订《春秋》以后的史事。司马谈曾任太史令，将修史作为自己的神圣使命，可惜壮志未酬。元封元年，汉武帝进行封禅大典，司马谈身为太史令，却无缘参与当世盛事，引为终生之憾，忧愤而死，死前将遗志嘱咐儿子司马迁说："今天子接千岁之统，封泰山，而余不得从行，是命也夫！余死，汝必为太史，无忘吾所欲论著矣……"司马迁则回答道："小子不敏，请悉论先人所次旧闻，不敢阙。"可知司马迁乃秉承父亲的遗志完成史著。《史记》以《封禅书》为其八书之一，即见其秉先父之意。司马迁是绍继《春秋》，并以汉武帝元狩元年"获麟"，撰写《史记》。

司马迁子承父志，继任太史令。他早年受学于孔安国、董仲舒，漫游各地，了解风俗，采集传闻。初任郎中，奉使西南。太初元年（前104年），司马迁开始了《太史公书》即后来被称为《史记》的史书创作。但是，事出意外，天汉三年（前98年），李陵战败投降

图 3-2　司马迁和《史记》

匈奴，司马迁因向汉武帝辩护事情原委而被捕入狱，并处以宫刑，在身体和精神上给了他巨大的创伤。出狱后任中书令，他忍辱负重，发愤继续完成所著史籍，以其"究天人之际，通古今之变，成一家之言"的史识，前后经历了 14 年，创作了中国第一部纪传体通史《史记》。

二、《史记》的价值取向

《史记》最初没有固定书名，称"太史公书"，或"太史公记"，也省称"太史公"。据现知材料考证，最早称司马迁这部史著为《史记》的，是东汉桓帝时写的《东海庙碑》，此前"史记"是古代史书的通称。从三国开始，"史记"由通称逐渐成为"太史公书"的专名。

全书 130 篇，52 万余字，包括十二本纪、十表、八书、三十世家和七十列传，主要记诸侯之事，对后世的影响极为巨大。《本纪》十二篇，自黄帝迄于五帝，构成了《史记》通史的骨架，是作者"通古今之变"的主要内容，主要反应王朝兴衰的历史，记叙帝王事迹，兼以统理众事，它主要采用编年纪事的方式，提挈一代大事，可以看作各朝代的历史大纲。《表》十篇，表以朝代发展阶段为线索，集中反映了作者对历史分期的观点，并以编年的形式记载国家大事，表列王侯将相公卿大夫，使历史在历时性和共时性两个方面都得到鲜明集中的反映。《书》八篇，主要着眼于政治，记载典章制度及与国计民生有密切关系的经济、文化专题，以进一步扩大反映社会生活的层面。《世家》三十篇，主要记诸侯国之事，也兼载少数对历史发展具有重要影响的人物，兼用编年和传记的形式。《列传》七十篇，所载人物最为广泛，上至公卿大夫，下至庶民百姓，都在载录之列，它占了半数以上，五体之中，要数列传的内容最为丰富、具体。《列传》也涉及少数民族以及域外国家的传记，非常翔实。

（一）究天人之际

研究"天人之际"的关系，无论在古代或者现代都是史学工作者的一项重要任务。在先秦和秦汉时期，一方面，天命史观占主导地位；另一方面，有不少的思想家提出对"天人之际"关系的看法。例如，荀子提出过"制天命而用之"的思想，董仲舒提出"天人感应"的思想。

"究天人之际"即探究天道与人事之间究竟是什么关系。司马迁提出这一重大课题，无疑是对先秦以来占统治地位的天命史观的一个大胆挑战。司马迁曾参与编撰过《太初历》，据他自述，重黎是司马氏的远祖，以序理天地为是，至司马迁仍守其职，擅长于天文之学，乐于探究天人之间的关系。他指出："自初生民以来，世主曷尝不历日月星辰，及至五家三代，绍而明之""天则有日月，地则有阴阳""天有五星，地有五行"。他要通过研究天人之间的关系，来为他写《史记》服务，进而阐明自己的观点，达到"天人之际，承敝通变"的目的。

在董仲舒"天人感应"思想的影响下，司马迁在天人关系问题上的观点表现出矛盾的两个方面。他心中的天是一种神秘的力量，有时隐隐约约操纵着人，有时又不能操纵人。人事的兴衰，其中有人的因素，也有天的因素。从其思想体系方面来看，他接受的是天命论和董仲舒的"天人感应"说，并试图以这种观点来解释历史。从其实践方面来看，在解释具体的社会历史现象时，他又对这种观点和学说产生了怀疑和动摇，甚至批判和否定这种观点而强调人的作用。在《史记》中有大量的记载就属于这种情况。

司马迁在《史记》中已不是从一般的意义上来肯定人在历史中的作用，而是以具体的历史人物的实践活动去丰富和证实他的这一认识。更为可贵的是，司马迁并没有将人的作用仅局限于君主，而是认为各类人才在历史上都有重要的作用，这种思想在当时是不容易的。《史记》中为各种各样的人物列传，正是承认这些人物的创造作用。

(二)通古今之变

司马迁提出的"通古今之变"就是要把古往今来历史事实的变化联系起来，从而找出古今之间的因果关系，即"原始察终，见盛观衰"，总结历史上的经验教训，为现实社会服务，这是对历史学作用的最好注脚。为了能够通古今之变，他写的《史记》起自传说中的黄帝，一直到今上（即汉武帝），达3000多年的历史。对于历史上的古今之变，他的观点同于荀子，而不同于孔子，即反对"法先王"，主张"法后王"。他指出："战国之权变，亦有可颇采者，何必上古。"他批评一些人认为秦的灭亡是由于法后王的结果，指出："秦取天下多暴，然世异变，成功大。传曰：'法后王'，何也？以其近己而俗变相类，议卑而易行也。学者牵于所闻，见秦在帝位日浅，不察其终始，因举而笑之，不敢道，此与以耳食无异，悲夫！"司马迁的这个观点无疑是正确的，不能因为秦的速亡而贬低其历史地位。

司马迁写《史记》主要是为当时的统治者服务的。《史记》之所以上溯到五帝三代，就是要寻找汉王朝的渊源。他认为："汉继五帝末流，接三代统业。"因而秦汉部分写得非常翔实，亦是为当时的统治者提供经验教训，以供借鉴。正如班固在《汉书·司马迁传》中指出的："司马迁据《左氏》《国语》，采《世本》《战国策》，述《楚汉春秋》，接其后事，讫于天汉，其言秦汉详矣。"

《史记》中的"十表"和"八书"特别关注古今之变。如《礼书》中首言三代"缘人情而制礼，依人性而作仪"，至周衰而"礼崩乐坏"。"秦有天下，悉内六国礼仪，采择其善"，汉有天下，叔孙通制礼仪，大抵皆袭秦之故。汉武帝即位后，招致儒术之士，令共定仪，十余年不就。后"乃以太初之元改正朔，易服色，封太山，定宗庙百官之仪，以为典常，垂之于后"，古今之礼，其变如此。

（三）成一家之言

对于司马迁的"成一家之言"，有的学者认为就是他将以前的史学著作的撰写方法加以综合，创立了纪传体的历史著作写作方法。实质上，司马迁自己讲的"成一家之言"，其主要思想是不因袭前人的论断，敢于正视现实，评论现实，因而才在书中出现了许多不同于当时社会思潮的观点。

司马迁所处的时代，正是汉武帝专制集权的全盛时期。他目睹了西汉王朝统治的方方面面，看到了汉武帝执政时期的前后变化，以及当时老百姓的社会生活状况。因此在其书中，他同情人民的反抗斗争，从而歌颂农民起义，将陈涉列入世家中，并且将陈涉起义的原因归之于"秦失其政"，即秦的暴政导致了农民起义。这种观点在当时是难能可贵的，这也是与他同时及以后的史学家难以理解的。班固在著《汉书》时就把陈涉降为列传。唐朝的刘知几在《史通·世家》中对于司马迁将陈涉列入世家颇不以为然，认为："陈涉起自群盗，称王六月而死，子孙不嗣，社稷靡闻，无世可传，无家可宅，而以世家为称，岂当然乎？"从班固和刘知几的不以为然就可以看出司马迁的独到见解。

司马迁对汉武帝及西汉统治集团当时的一些做法也提出了批评。例如，在《酷吏列传》中，司马迁对王温舒的评价是"其好杀伐行威，不爱人如此。天子闻之，以为能，迁为中尉。"这明显是对汉武帝的做法提出质疑。《酷吏列传》中所列的十个酷吏都是汉代的，而《循吏列传》中的五位循吏则全是春秋战国人，这显然是司马迁在和统治者唱对台戏。

司马迁还冲破了传统观念的束缚，对商人和商业给予了很高的评价，并为其撰《货殖列传》，而这恰与当时统治者提出的"重农抑商"的经济方针相对立，故梁启超在其《中国历史研究法》中对司马迁的观点评价道："以旧史家观之，可谓奇特。"

也正由于司马迁的一家之言，所以班固认为："自刘向、扬雄博极群书，皆称迁有良史之材，服其善序事理，辨而不华，质而不俚，其文直，其事核，不虚美，不隐恶，故谓之实录。"又指出："是非颇谬于圣人，论大道则先黄老而后六经，序游侠则退处士而进奸雄，述货殖则崇势力而羞贱贫，此其所弊也。"由此可看出班固一方面对司马迁极力加以称赞，另一方面则提出批评，反映了两人价值观的不同。但实事求是地讲，司马迁的观点是正确的。

三、《史记》之评价与影响

司马迁的《史记》是我国第一部纪传体通史，是对我国历史上从黄帝到汉武帝3000多年历史的总结，也是传记文学的典范。

《史记》一书，具有以下突出特点。一是记载的时间长，从传说中的黄帝到汉武帝，共计3000多年的历史。二是记载的内容和范围宏大。其中记述的地理范围延伸到了今天我国的版图之外，西至中亚、北到大漠、南到越南。记载的人物涉及社会的方方面面，凡历代的帝王、贵族、大小官僚、政治家、军事家、文学家、经学家、思想家、刺客、游侠、隐士、商贾、医生、俳优等，可谓包罗万象。对于研究汉以前的政治、经济、文化、军事、地理、社会风俗、学术、民族、天文历法等提供了弥足珍贵的史料。因此《史记》又是一部百科全书。三是坚持真理，秉笔直书，对包括汉武帝在内的众多统治者的失误、暴行予以揭露，保留了历史真相。四是语言生动流畅，这也是前代甚至后代史籍少见的特点。"史家之绝唱，无韵之《离骚》"，是鲁迅对司马迁《史记》的评价，应该说是十分公允的。这也说明《史记》这部书既有其历史价值，又有其文学价值。

《史记》一书最有文学价值的是人物传记，各层次人物传记的排列基本是以时间为序，但又兼顾各传记之间的内在联系，遵循着以类相从的原则。它为我们展现了一道丰富多彩的悲剧英雄人物的画廊。《史记》中的人物能写得如此成功，一是注意刻画细节；二是特别注意人物形象的统一性，常常把一些不宜在本传写的材料安排到别的篇章中，这就使《史记》中人物形象的个性特征更加鲜明。司马迁在描写这些人物的同时融入了他深挚的爱憎感情，带有一种强烈的主观色彩，也是《史记》文章充满激情的最重要的原因。

《史记》在人物形象塑造方面，具有数量众多、类型丰富、个性较鲜明三大特点。它以大量的个人传记组合成一部宏伟的历史，其中写得比较成功、能够给人留下深刻印象的，如项羽、刘邦、张良、韩信、李斯、屈原、孙武、荆轲等，就有近百个。这些人物来自社会的各种阶层，从事各不相同的活动，经历了不同的人生命运。从帝王到平民，有成功者有失败者，有刚烈的英雄，有无耻的小人，共同组成了一条丰富多彩的人物画廊。这些人物又各有较鲜明的个性，就算身份和经历相似的人物，也并不相互混淆。在描写人物一生的过程中，司马迁特别注重表现人物命运的巨大变化，如写那些建功立业的大人物，常写他们在卑贱时如何受人轻视的情形；而写那些不得善终的大人物，又常写他们在得志时是如何不可一世的情形。前者如刘邦、韩信、苏秦，后者如项羽、李斯、田横。在这些变化过程中，充分暴露出当时人的诸如势利、报复心之类普遍的弱点。如刘邦微贱时嫂子不给他饭吃，父亲也不喜欢他，成功之后刘邦不忘把他们嘲弄一番。这些命运变化和恩怨相报的故事，最能够表现人与环境、地位的关系，揭示出人性的复杂，使其形象更加丰满。在叙述时多采用第三人称的客观叙述。司马迁作为叙述者，几乎完全站在事件之外，只在最后表现出自己的看法，为充分叙述提供广阔空间。而在客观叙述时，并不是不包含作者的立场和倾向，只是不显露出来而已。在事件的展开中，通过不同人物活动中的对比，寄托叙述者的感情倾向。

从史学的角度来看，《史记》具有开创性和划时代的重大意义。《史记》以前的史书，《尚书》只是上古历史文件的汇编，还算不上是正式的史书。其余的如《竹书纪年》《春秋》《左传》等在体裁上均是按年月日的次序编写的。《国语》《战国策》则是国别体的记载。在《史记》中，司马迁总结、继承了前人著述的各类体裁，创造性地发明了以人物为中心的纪传体这一史书体裁，只有在这种史学体裁下，才能写出人类的全史。历史是少不了人物的活动，本纪、世家、列传都是为人物作传；同样，历史是无法离开时间的，表则专门以时间记事件；对于历史上的学术、制度、名物的纷纷出现，书则能一一涵盖。

《史记》中的本纪是掌握政权的皇帝的大事记，它取材于《春秋》；世家是记载诸侯王国的兴亡始末的，它取材于《国语》；列传是将相官僚以及各阶层著名人物的传记，取材于《左传》；表是帝王诸侯将相的大事年表；书是有关经济、文化等方面的专门论著。司马迁融合过去的"编年""记事""记言""分国"等体于一书，取各家之长，发凡起例，创立规模。从《史记》的这一庞大体制和所包罗的丰富内容来看，在当时的世界各文明古国的史学著作中，还远没有这样一部完整的史学巨著。这是司马迁对我国古代学术文化的伟大贡献和不朽功绩。

《史记》不仅史料丰富，观点进步，从史才来说，有组织、有系统，加以生动的文笔，议论精彩，叙事状物，无不曲尽其妙。像《项羽本纪》《李将军列传》《魏公子列传》《刺客列传》等，人物栩栩如生，呼之欲出。《史记》之所以能流芳百世，和司马迁的文章精美密切相关。《史记》的语言，通俗易懂，工于素描，其中引用古书，把词义深奥的地方改为浅近而不失原意，这就是司马迁的高明之处。

《史记》是我们现在研究汉武帝以前历史的重要资料，之所以如此，在于《史记》的真实性。司马迁在著述历史时是非常慎重的，一则大量查阅资料，二则实际考察，三则对得到的资料认真筛选，去伪存真。现在的考古资料也可证明司马迁当时的记载基本是可信的，如通过甲骨文的发现和研究，证明司马迁在《商本纪》中关于商王的世袭记载是正确的；通过在陕西眉县发现的窖藏青铜器，证明司马迁对西周王室沿袭的记载也是正确的；通过秦始皇陵的考古发掘和研究，也证明司马迁对秦始皇陵地宫的记载是可信的，等等。这都充分说明司马迁的《史记》在运用资料时是经过一番认真精选的。

我国历史悠久，留存下来的资料非常丰富，但古代中国书面资料的残缺和分歧的问题也是长期存在的。写史并不是将古代史料全部照抄，而是要经过一番认真地爬梳、整理，去伪存真。因此，司马迁整理史料工作的最大贡献就是"阅罗天下放失旧闻，王迹所兴，原始察终，见盛观衰，论考之行事，略推三代，录秦汉"，即对以前的史料加以整理，结合实际考察所得，以达到"整齐百家杂语"的目的。正如司马贞所言，"夫太史公记事，上始轩辕，下迄天汉，虽博采古文及传记诸子，其间残阙盖多，或旁搜异闻，以成其说"，"太史公之书，既上序轩黄，中述战国，或得之于名山坏壁，或取之以旧俗风谣"。

司马迁还将写史的触觉延伸到世界，西方的一位汉学家指出："司马迁写了一部世界史。他的历史的大部分是中国史，此乃由于他认为中国是世界的中心，人类进步与文明的最高峰，而且他也最知中国。但是他扩展其写史范围到周边地区和各国，包括了韩国、东南亚以及中国北部、西部等地区的叙述。"司马迁《史记》中将周围国家和民族一并写进的方法被后代学者沿用，成为我们现在研究周边国家和民族的重要而难得的资料。司马迁的思想观点比较进步，他的感情，他的爱憎，他的褒贬，在一定程度上反映了当时广大人民的价值观和态度。《史记》思想的积极性和进步性，主要表现在评论人物时，实事求是，取其一节，不求全责备，也不以成败论英雄。难能可贵的是，对于当时的皇帝汉武帝，他也能坚持真理，秉笔直书。他写的关于汉武帝活动的《今上本纪》虽已不存在了，但所写的《封禅书》和《平准书》，将汉武帝迷信思想和对外远征给人民带来的苦难全部描写出来，并进行了尖锐的批评。在《匈奴列传》《大宛列传》《佞幸列传》中，司马迁对汉武帝宠爱的那些权贵们的骄奢跋扈、贪婪无耻进行了严厉的鞭挞。与此同时，在其所写的《陈涉世家》中，他热情讴歌陈涉在反抗、除灭暴秦上的率先发难之功。他说："桀纣失其道而汤武作，周失其道而《春秋》作，秦失其政而陈涉发迹，诸侯作难，风起云蒸，卒亡秦族。天下之端，自涉发难。"也是基于同一观点，司马迁为项羽作本纪，推崇项羽在巨鹿之战中摧毁秦军主力的功绩，所谓"虐戾灭秦自项氏"。这些事实的记录，正是《史记》的现实主义创作原则的集中表现。

司马迁不但记述帝王将相，而且兼写历史上的各种人物，写出了儒林、循吏、酷吏、工商业者、游侠、佞幸、滑稽、日者、龟策等方方面面的人物，无疑是一部社会全史。

《史记》为汉代最卑贱的阶层——商人作《货殖列传》，用以反映春秋战国以至汉初的工商业的面貌，并高度肯定他们的商业活动是"道之所符，自然之验"，是社会发展的必然。司马迁关于社会经济的观点是值得赞许的，他认为："礼生于有，而废于无"，"仓廪实而知礼节，衣食足而知荣辱"，"君子富好行其德，小人富以适其力"，这是司马迁朴素的唯物主义历史观的具体反映。对于如何促进社会经济的发展，他要求统治者懂得经济发展的规律，不要与民争利，做到"善者因之，其次利道之，其次教诲之，其次整齐之，最下者与之争"，这是对汉武帝实行的盐铁官营政策的批判。司马迁认为人们物质生活的需要必然推动社会生产的分工和社会经济的发展，这不是政治力量所能创造出来的。因此要"待农而食之，虞而出之，工而成之，商而通之。此宁有政教发征期会哉？人各任其能，竭其力，以得所欲"。"农不出则乏其食；工不出则乏其事；商不出则三宝绝；虞不出则财匮少。财匮少而山泽不辟矣。此四者，民所衣食之原也。原大则饶，原小则鲜。上则富国，下则富家。贫富之道，莫之夺予"。他根据当时社会的情况，总结出致富时"本富为上，末富次之，奸富最下"的规律。《史记》为"不爱其躯"，"其行虽不轨于正义"的游侠布衣之徒作《游侠列传》，对他们高尚激昂的情操、义侠的血性、普通人的温情，给予了崇高的评价："此岂非人之所谓贤豪间者邪？"此外，社会各个角落、各个不同阶层中凡有一技之长，一节可取，于人生有益，为人民爱重的典型人物，在《史记》中都占有一定的地位，从而极大程度地反映了当时社会的整个风貌，这是我国有史以来学术界从未有过的，为古代史学的发展带来了一股清新的空气，也为我们留下了一笔宝贵的资料。

《史记》的这些记史方法必然引起统治阶级的不满和指摘。卫宏在《汉书旧仪注》中指出"司马迁作景帝本纪，极言其短及武帝过，武帝怒而削去之"。加上司马迁曾为李陵的败降辩护，蒙受过耻辱的宫刑，他的私人书信《报任安书》也抨击朝廷，揭发了汉王朝屠杀功臣的凶残行为，以抒发他的积愤。因此，在他身死之后，《史记》就遭受到禁锢和谤议的不幸命运。汉成帝时，东平思王刘宇上疏求《太史公书》，廷议因其书"有战国纵横权谲之谋"，遂不与。东汉初平中，王允竟直斥《史记》是"佞臣"的"谤书"。《三国志·王肃传》记明帝认为，"司马迁以受刑之故，内怀隐切，著史记，非贬孝武，令人切齿"。

《史记》在成书前后所蒙受的这些不公平评价，造成了它在流传的过程中常为人所改动，而且某些篇章已是面目全非。这些都充分说明司马迁是以史学家的"董狐之笔"、秉实记史的原则，对帝王的功过是非给予如实的反映和大胆的揭露。他置汉王朝最高统治者的好恶于不顾，不为刘氏一姓撰写帝王家谱，而以史事的真伪、是非为原则。这一中国史学的光荣传统，是司马迁用流血和屈辱的悲剧牺牲换来的，在一定程度上，显示了《史记》高度的人民性。同时，他注意到了客观历史的社会性，把我国自《尚书》《春秋》以来的历史科学的对象、方法论，向前远远地推进了一大步。司马迁这些方面的卓越贡献，对我国的历史科学的发展起到了重大的开创性的作用。

第三节
断代体史书先河：《汉书》

知识目标：

• 了解作者班固的史学世家背景。

• 熟记《汉书》的成书过程。

• 熟记《汉书》的体例及基本特征。

能力目标：

• 能理解史书纪传体与断代体的区别。

• 能理解《汉书》对《史记》的继承与发展。

• 能结合时代背景，分析作者的基本观点及对后世的影响。

素养目标：

• 自觉将班固的史学观点运用于当今社会现象的分析。

• 培养学习中国历史的兴趣，以史为镜，提升自我。

　　《汉书》，又称《前汉书》，是中国第一部纪传体断代史，"二十四史"之一。由东汉时期史学家、儒学大家班固编撰，前后历时 20 余年，于建初年中基本修成，后唐朝颜师古为之释注。其中《汉书》八表由班固之妹班昭补写而成，《汉书》天文志由班固弟子马续补写而成。《汉书》是继《史记》之后中国古代又一部重要史书，与《史记》《后汉书》《三国志》合称为"前四史"。《汉书》主要记述了上起汉高祖元年（前 206 年），下至新朝王莽地皇四年（23 年）共 230 年的史事。《汉书》包括纪十二篇，表八篇，志十篇，传七十篇，共一百篇，后人划分为 120 卷，全书共 80 余万字。

一、《汉书》的成书过程

《汉书》作者班固（32—92 年），字孟坚，东汉扶风安陵人（今陕西咸阳市）。出身世代书香官僚之家。其父亲班彪"才高而好述作"，官至望都长，东汉儒学大师，晚年专心史籍，他针对《史记》只写到汉武帝的情况，续写《史记》，称为《史记后传》。

班彪对其子班固的影响比较大。因此，班固幼时即能属文诵诗赋。及长，遂博贯载籍，九流百家

图 3-3　班固子承父业写《汉书》

之言无不穷究。所学无常师，不唯章句，举大义而已。开始撰写《汉书》时，有人向汉明帝告他私自改作国史，被捕入狱。后其弟班超诣阙上书，为他辩白。汉明帝阅读了他的书稿后，大为赞赏，任命他为兰台令史，一年后又升为郎，典校秘书，并命他继续写《汉书》。汉章帝建初四年（79 年），召集诸儒讲论五经异同于白虎观，由班固编为《白虎通义》一书。汉和帝永元元年（89 年）大将军窦宪征匈奴，班固为中护军，随军出征，后窦宪伏诛，他受牵连被捕，死于洛阳狱中。班固共用了 20 余年时间写作《汉书》，尽管如此，当班固死时，《汉书》还未写完，尚缺八篇表和天文志。其妹班昭（也称曹大家），奉汉朝廷之命整理此书，补成了八篇表和天文志，朝廷还派了十位青年学者来帮助班昭完成此任务。因此这部书的完成可谓历经曲折。

二、《汉书》的体例及特点

《汉书》开创了"包举一代"的断代史体例。《汉书》把《史记》的"本纪"省称"纪"，"列传"省称"传"，"书"改曰"志"，取消了"世家"，汉代勋臣世家律编入传。这些变化，被后来的一些史书沿袭下来。

《汉书》记载的时代与《史记》有交叉，汉武帝中期以前的西汉历史，两书都有记述。这一部分，《汉书》常常移用《史记》。但由于作者思想境界的差异和材料取舍标准不尽相同，移用时也有增删改易。《汉书》新增加了《刑法志》《五行志》《地理志》《艺文志》。《刑法志》第一次系统地叙述了法律制度的沿革和一些具体的律令规定。《地理

志》记录了当时的郡国行政区划、历史沿革和户口数字，有关各地物产、经济发展状况、民情风俗的记载更加引人注目。《艺文志》考证了各种学术派别的源流，记录了存世的书籍，它是我国现存最早的图书目录。

《汉书》为我国第一部纪传体断代史，从此以后的正史，基本上均为断代史。班固之所以改通史为断代史，是出于尊汉观念。班固批评司马迁将西汉"编于百王之末，厕于秦、项之列"，是贬低了西汉的历史地位。他说，唐虞三代能成为儒家理想的社会，是因为有典籍而扬名后世的。那么建立了更为恢弘的帝业、取得了更大成就的汉朝，更该有相应的著作为之鼓吹，而司马迁的《史记》未能完成这一任务。班固自觉地承担改通史为断代，重新编写西汉史，以弥补这一缺憾的使命。在客观上，西汉是封建社会经历了秦王朝后又一个从兴盛到衰亡的周期，为史学家提供了一个兴衰过程清晰、起讫断限分明的例证，有利于为后代治国者提供借鉴。主客观的结合，成为断代史《汉书》产生的土壤，也成为后世史家遵循的成法。

《汉书》的主要特点有以下几方面。

进一步确立了本纪的正统地位。班固从正统论出发，规定只有正统帝王才能列入本纪中，依此例将项羽及做了15年皇帝的王莽归入列传，而将毫无业绩的惠帝立于本纪之中。取消世家，归入列传。《史记》以世家反映先秦至汉初的政治体制，所记诸侯传国者，是分封制的产物。秦行郡县制，不设诸侯，汉设部分诸侯，经过削藩，政治经济地位也大大下降，因此将世家单列已无实际意义，故班固将其取消，把有关人物归入列传，以与当时政体一致。

两汉之际，群雄割据，出现一批擅自称帝者，为将其与正统地位的刘秀政权相区别，班固参与《东观汉记》撰修时，创立"载记"形式以记之。这种形式为后世史家所继承，是把正统论运用于史书编撰的典型例证。整齐列传的编次与命名，《史记》各传次序间杂，或以时间为先后，或以事类相近作一体，或借题发挥，班固评其"为例不纯"。他严格按时间顺序编次，先专传，后类传，再后少数族传，最后是具有篡位性质的王莽传。这一规划，既反映了历史的发展进程，又体现了正统精神，也显示了华夷之别，后来这种体例历代相沿，奉为定例。

班固还改司马迁在称名上的讲究，统一以姓名相标示，虽失史书褒贬的精神，但整齐划一，使之规范化，便于书写编纂。改书为志，扩大了历史的记载范围，既包含了自然和社会的学问，也包含了可信与神秘的学问，更全面反映了当时的社会。通过合并变通及增加，班固在《史记》八书的基础上，扩编成十志，其中刑法、地理、艺文、五行各志为其首创。虽无职官志，但《百官公卿表》实为表志之合体。这一改进，是对纪传体记载内容的极大丰富与完善，有人指出《汉书》的贡献主要在十志，是有道理的。

从上述可见，经班固改进的纪传体，无论从反映面的深度和广度上，还是从正统思想的体现上，都更适应封建统治的需要，因此《汉书》成为正统史学确立的正式标志。

班固在编纂中，注重史料选择和审核，选择标准是"切于世用"，如写贾谊、晁错、董仲舒时，他们的鸿篇大论很有名，但只选其切于治国之要者著于篇。另外，对史料的真伪考辨十分认真，如对东方朔的史料，经考订后，认为"凡刘向所录朔书具是矣，世所传他事皆非也"。在志书的撰写中，考辨更多，如写《律历志》，删去了刘歆为谄媚王莽功德所条奏的"伪辞"，而"取其正义者著于篇"，对《艺文志》所记荒谬或伪迹明显的篇目，直斥之为"迂诞""伪托""后世所加"等。拿不准的史料，则采取"阙疑"的审慎态度加以保留，如在《张汤传》中："冯商称张汤之先与留侯同祖，而司马迁不言，故阙焉。"班固虽偶尔也使用曲笔，但其对史料的审慎态度，使全书总体而言，仍不失为信史。

《汉书》写成后，为其作注的书籍大量出现，出现了应劭、如淳、服虔等很多的注解，而唐代颜师古批判各家注而成为注《汉书》的集大成者，现在通行的就是颜师古的注本。

三、《汉书》之影响

班固的《汉书》是继司马迁《史记》之后我国又一部优秀的历史著作，同样对后世产生了重要的影响。《汉书》叙述西汉一代的历史，可谓包举一代，首尾完整，文赡事详。在史书体例上，《汉书》的"志"比《史记》的"书"有较大进步，《史记》创立八书，《汉书》则为十志，后者增加了刑法、地理、五行、艺文等，内容较以前丰富多彩。《汉书》中的《食货志》为研究经济史不可或缺的资料，全面叙述了从战国到西汉时期的经济状况。如记载汉初"约法省禁，轻田租，十五而税一"，由于实行了轻徭薄赋的政策，才出现了"京师之钱累百巨万，贯朽而不可校，太仓之粟，陈陈相因，充溢露积于外，至腐败而不可食"的好局面。但到汉武帝时，"豪富吏民，訾数巨万，而贫弱愈困""天下虚耗，人复相食"，发展到王莽末年"民摇手触禁，不得耕桑，徭役烦剧，而枯旱蝗虫相因"，终于导致农民起义，这为研究汉代经济提供了重要资料。其《地理志》对当时的疆域政区、领土面积、山川方位、重要物产、土壤、郡县户口、风俗、祠庙古迹等方面均有记述，是中国古代极为详尽的一部历史地理著作，为我们今天研究历史地理提供了难得的第一手资料。《艺文志》是中国古代的学术著作目录，共记载有596家、13269卷的著作。虽然这些著作后代已有不少散佚，但从其存目，隐约可以看出中国汉以前学术的概况，所以它是一部翔实的图书目录史和学术史。另外像《五行志》《刑法志》等都为我们留下了大量资料。更为重要的是他开创的几种"志"的体例被后代史家继承下来，对于丰富我国古代史料有重要意义。

一是颂扬统一大业。班固是我国历史上以史书完整记述颂扬大一统政权的第一人。大一统一般有两个含义：一指政权在全国范围内实施有效统治；二指全国性的多民族统一。西汉大一统政权的出现有时代进步性。班固通过对西汉历代帝王政绩的记载与颂扬，体现大汉政权在全国范围内的有效统治；通过对民族史的详细记载，表明多民族正在融为　体，展现了巩固、昌盛、和睦、共进的大一统规模和气象。

二是提倡爱国精神。如在《李广苏建传》中，对李陵的失节和苏武的申节进行了鲜明的对比，按照爱国的原则进行褒贬，以李陵自愧之言说明失节可耻，用孔子"杀身成仁"之语褒扬苏武爱国的高尚。在我国历史上，爱国与忠君有一致之处，爱国与民族气节亦有一致之处，班固所塑造的苏武，是一位兼有忠君、爱国和民族气节于一身的形象，这是班固用历史人物进行爱国教育最成功的一例。

三是揭露封建官吏的丑行。在《霍光传》中写了外戚专横暴虐及鱼肉百姓的恶行；在《王莽传》中揭露了王莽的虚伪、奸诈、残忍、愚蠢的面目；在《贡禹传》中通过贡禹上疏揭示了民间疾苦："今民大饥而死，死又不葬，为犬猪（所）食。人至相食，而厩马食粟，苦其大肥，气盛怒至，乃日步作之。王者受命于天，为民父母，固当若此乎！"在《鲍宣传》中记载了汉哀帝时百姓有"七亡""七死"，等等。在揭露和批评的同时，也反映了班固的民本思想。这种民本思想激发着史家在著述中尽其为民请命的责任，形成了我国史学中的又一优良传统。

四是注重民生的经济观点。班固对经济的阐述，主要是通过《食货志》《货殖传》展开的。在《食货志》中肯定食货为生民之本，重视农业生产，尤重土地问题。记述先秦至汉的农政，提出"理民之道，地著为本"，并引录贾谊、晁错、董仲舒等人有关论述加以强调，在经济思想史上产生很大影响。班固列《沟洫志》，强调治河问题的重要性，记载了贾让治河三策这一重大的治河历史文献。列《地理志》说明各地的物产和风俗特点，特别详记了西汉末年的土地面积，区分可垦与不可垦的情况，并注意了户口与习俗，为研究当时的历史地理提供了重要的资料。

五是注重对少数民族的记载。合并了《史记》有关列传而为《西南夷两粤朝鲜传》，为《西南夷列传》增加了大量的史料，又创立了《西域传》，记述了今新疆境内各民族的情况，也记述了安息、大月氏、大夏、条支等中亚、西南亚等国的历史，为研究这一地区的历史提供了难得的资料。

班固是一位很有史识的史学家，在论述人物和事件时均给予评价，关于这一点主要反映在文后的论赞中，也有寓于叙事之中。班固对历史进行解释时，通常用的一个字就是"势"，以所处的地位而解释，称作"处势"；以所居的环境而解释，则曰"居势"，以整个历史的发展而解释，称为"势"或"国势"。当然这种"势"的形成，并非一朝一夕，而是经过历史的长期实践形成的。他还经常强调"天时"，但并非天命，而是由历史造成的形势。例如，他对汉武帝时"巫蛊之祸"发生的原因认为与汉兴兵三十年有关，并不是一个嬖臣所能导致的。

拓展阅读:《汉高祖本纪》原文及译文	实践操作	过关测试

第四章

子学：通达博物

德国哲学家雅斯贝尔斯在 1949 年出版的《历史的起源与目标》中提出，公元前 800—前 200 年的这段时间是人类文明的"轴心时代"。此期，人类文明取得重大的突破，各个文明都出现了伟大的精神导师——古希腊的苏格拉底、柏拉图，印度的释迦牟尼，中国的孔子、老子……人们开始用理智的方法、道德的方式来面对这个世界。

中国的"轴心时代"正好处于春秋战国时期。原来天下共主的周王室在春秋时期权威衰落，日益强大的诸侯国之间弱肉强食、兼并争霸。周王室威信彻底丧失，小国被大国吞并，形成了七雄并立的竞争格局。此时期也是中国历史上学术繁荣、学派纷出的时期。其时战乱频发，社会动荡，政治、经济、文化都发生急剧的变革，导致意识形态的激烈碰撞和学术思想的争鸣，形成"诸子烽起，百家争鸣"的繁盛局面，产生反映各学派思想的学术著作百数种，成就了国学的元典时代，也是国学学术发展史上成果最为辉煌的时代。

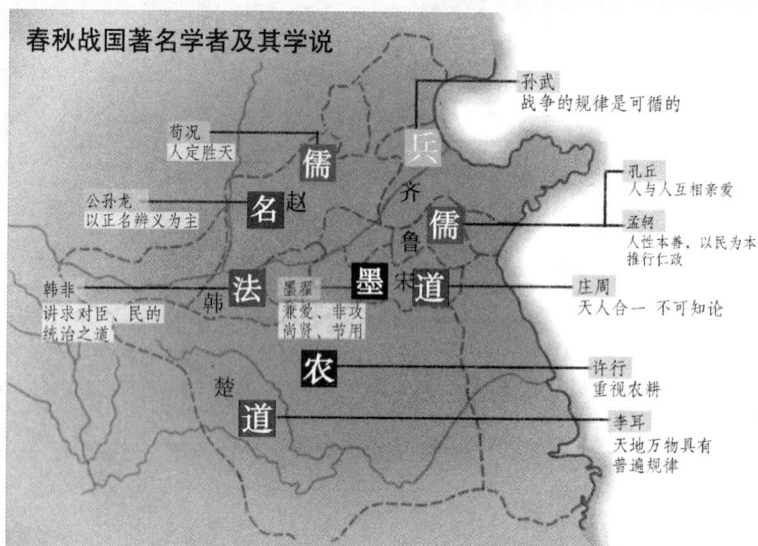

图 4-1　春秋战国时期著名学者及学说

第一节
诸子说略

知识目标：

- 了解诸子百家产生的人类文明"轴心时代"的背景。

- 牢记"九流十家"的代表人物及期主要观点。

- 牢记子学对中国文化的影响。

能力目标：

- 能分析"百家争鸣"局面出现的背景以及结合背景分析理解各派的主要主张。

- 分析儒家思想对中国社会的主导作用,深刻理解社会存在与社会意识的互动关系。

- 理解诸子百家典型作品内涵。

- 能结合时代背景,正确评价历史事件和历史现象。

素养目标：

- 运用儒家"仁爱""忠诚"等价值观,指导我们在现代社会中做出正确的选择和行为。

- 运用道家重视自然、宇宙和个体的和谐,倡导"无为而治"的原则,为应对现代社会中的日常压力和烦恼提供了思考的方向。

- 运用墨家强调公正和爱,主张"兼爱"和"非攻",为我们在处理社会关系和解决矛盾时提供帮助。

章太炎先生在《国学概论》中将我国子学发展进行了分期,并认为中国学术来源于：一是古代之宗教哲学,二是政治机关经验所得,所谓王官之学。而合此两者而生先秦诸子之学，诸家并立。这便是诸子学的根源。在诸子学说发展中，汉代独尊儒术，儒家之学独盛。但随着儒家中烦琐之考证，往往一经数万言，激起空谈原理之反动。于是世人偏重《易经》，与道家之学相合，发展为魏晋玄学。佛学萌芽于汉魏，盛于南北朝，而极于隋唐，其发达之次序，则从小乘至大乘，是为佛学时代，而玄学仍点缀其间。至唐而反动渐起，至宋而形成理学。理学之性质，可谓摄取佛学之长，而又去其不适宜于中国者。此为中国学术受印度影响之时代，至明亡而衰。而欧洲学术，适于此时开始输入。

一、诸子思想的萌芽

中国上古从夏代至商代，弥漫着浓重的宗教、迷信观念，夏代遗存的文化资料很少，商代的卜辞则反映出凡事皆须仰求上帝以定然否，一切皆由冥冥中的神秘力量所决定，人是绝对被动的，统治者也没有对政务独立判断的自觉意识，而最早的脑力劳动者基本上均担任或兼任占卜、祭祀一类的神职，并不具备独立进行理性思维的社会条件。

周族本是殷商的小邦，逐步强大并最终取代殷商的统治地位，这在当时是一个巨大的社会振荡。殷商末年，商朝的个别政治人物已经预感危机，向商纣王提出警告，而纣王则认为自己"受大命于上天"，不以为意。可见在商代，除极少数人之外，统治者对"天命"皆抱有极其僵化的迷信。周灭殷商，现实表明了"天命"的可变性，在此之后，周仍然面临着殷人顽强的反抗，这一切引发了周初主要统治人物的忧思：殷商为何败亡？周政权如何巩固，如何避免重蹈殷商的覆辙？这种思索深化到天命与人事的关系、民众的作用以及施政措施和政治原则等问题，形成了在天命论外壳下具有理性的历史观与政治观，主要表现为以下几点。

第一，天命转移的观念。周初统治者在《康诰》中，通过总结历史明确地提出"惟命不于常"，说明"天命"是可以改变和转移的，周初的许多诗歌、文诰皆在叙述历史时表达了这一思想。那么"天命"发生转移的条件是什么？《尚书》中《多士》《无逸》《多方》等篇记载周公多次详细总结夏、商、周政权变革的历史，认为统治者如果对天帝失敬、行为放纵、贪图安逸、弃德任刑、残害无辜，都会被上天遗弃并降下惩罚，转移天命。上天密切地关注着人世，特别是监督人间统治者的举动。

第二，"敬德"以修人事的观念。周初统治者的"天命转移"观念，形式上似乎强化了天命的权威，而在描述天命转移原因时却注入了理性思维的因素，实际上探讨了天命与人事间的关系。人在"天命"面前不是无所事事，不是无能为力，统治者可以通过其符合"天意"的作为以"祈天永命"，巩固政权。这种能够"祈天永命"的作为包括较多的内容，诸如敬天敬祖、勤政恤民、谦逊俭朴、行教化、慎刑罚等均在其内，大多属于修治人事的范围，这些内容被抽象地概括为"德"的概念，因而提出"敬德"的政治原则。

第三，明确以历史为鉴戒的思想。周初对政权兴亡问题的理性思考，是从"殷鉴"的思索得出的，这种对"殷鉴"的思索没有停留于笼统的认识，而是深化到一些细节，注意到正反两方面的历史经验与教训，并且"我不可不监于有夏，亦不可不监于有殷"，即将"殷鉴"延长到对夏、商历史嬗变的考察，从而形成较明确的以历史为鉴戒的思想。

第四，"保民"的观念。从殷末到周初的社会振荡，令周初统治者亲眼看到下层民众的力量。改朝换代的战争，需要许多下层民众为之冲锋陷阵，在这种情况下，统治政策与统治者行为导致的人心向背就成为决定胜负的重要因素。政治家如果认真思考这段经历过的历史，自然会产生重视民众的思想。《酒诰》称："人无于水监，当于民监，今惟殷坠厥命，我其可不大监抚于时。"意思是说：人，不要把水当作镜子，应该把下民当作镜子。我怎能不据殷商灭亡的史实为重要鉴戒呢？以民为鉴，包含着重民和重视人心向背的认识，这必将导致对待民众政策上的调整，于是，周初统治者明确提出"保民"的政治观念。

总之，时至周初，中国的理性思维首先从历史思考上发端，通过对"殷鉴"及夏商周三代历史变革的总结，给极其蒙昧的天命迷信的思想桎梏打开一道缺口，初步具有了政治历史观的自觉意识。在天命与人事、天意与民情关系的认识中，奠定了天人合一的思想倾向，这对中国古代政治、思想、学术的发展有着不可低估的影响。

二、诸子百家

"诸子"，是指这一时期思想领域内反映各阶层、阶层利益的思想家及著作，也是先秦至汉各种政治学派的总称，属春秋后才产生的私学。春秋时代王室衰微，诸侯争霸，学者们便周游列国，为诸侯出谋划策，到战国时代形成了"百家争鸣"的局面。传统上关于百家的划分，最早源于司马迁的父亲司马谈。他在《论六家要旨》中，将百家首次划分为："阴阳、儒、墨、名、法、道"六家。后来，刘歆在《七略》中，又在司马谈划分的基础上，增"纵横、杂、农、小说"为十家。班固在《汉书·艺文志》中袭刘歆，并认为："诸子十家，其可观者九家而已。"后来，人们去"小说家"，将剩下的九家称为"九流"。自此，中国古代学术界都依从班固，百家就成了"九流"。今人吕思勉在《先秦学术概论》一书中再增"兵、医"，认为："故论先秦学术，实可分为阴阳、儒、墨、名、法、道、纵横、杂、农、小说、兵、医十二家也。"

先秦诸子之学，非皆个人创造，大抵前有所承，新旧适不适不等，盖其时间有早晚，又地域亦有开通与僻陋之别也。鄙意先秦诸子最要者六家，其新旧之别略如下：最早者农家，沿袭简陋（时代或地域）之农业社会之思想；次之者道家，代表简陋之游牧社会；次之者墨家，其思想与夏代政治颇有渊源；次之者儒家及阴阳家，见多识广，知若干种治法，应更迭使用；最新者法家，对外主张兼并，对内主张摧毁贵族。

图 4-2 诸子百家

（一）儒家

儒家是中国古代最有影响的学派。

《汉书·艺文志》云："儒家者流，盖出于司徒之官，助人君顺阴阳，明教化者也。游文于六经之中，留意于仁义之际。祖述尧舜，宪章文武。宗师仲尼，以重其言，于道最为高。"这句话表明儒家之最早来源，也表明了儒家的功能和社会责任。《史记·卷一》，帝曰："契，百姓不亲，五品不逊，汝作司徒，敬敷五教，在宽。"司徒之官，以掌教为职，故儒家以教育为职志。尧、舜以司徒敷教，而教在五教。五教者，五伦也。故儒家之教，又以明伦为职志。

《周礼》以师与儒并言，则儒本为掌教育者，此正与司徒所掌同。孔门以教育为职志，故名为儒家，孔子勉子夏为君子儒，勿为小人儒，孔门之自称为儒。

《史记》称孔子弟子三千人，身通六艺者七十有二人。其见于《论语》者则孔子时已有分派矣。孔子曰：德行，颜渊、闵子骞、冉伯牛、仲弓；言语，宰我、子贡；政事，冉有、季路；文学，子游、子夏。(《先进篇》)孔子在世时已分为四派矣。《韩非子·显学》云：自孔子之死也，儒分为八：有子张之儒，有子思之儒，有颜氏之儒，有孟氏之儒，有漆雕氏之儒，有仲良氏之儒，有孙氏之儒，有乐正氏之儒，趋舍相反不同。此八派之书，多已不传。唯孟、荀二家，实为孔门之两大门派。

山西稷县出土的砖雕，讲述了刘明达卖儿养父母的故事，这是儒家"仁"与"礼"思想在民间的延伸

图 4-3　砖雕

儒家学派由孔子开创，然"儒家虽传于孔子，而不足以尽孔子"。儒家的继承者多为孔子后人、门人及再传弟子，《韩非子·显学》谓孔子去世后"儒分为八"，分化为不同的派别，各派从自己的角度推重、阐发孔子相关的言论，进一步丰富了孔子的学说。诸派中最能光大其学术之业者为孟子、荀子两派。

孔子之后的儒家代表人物为孟子，孟子名轲，邹（今山东邹县东南）人，孔子之孙子思之门人。曾游历齐、宋、滕、薛、魏诸国，做过齐宣王的客卿，因主张未被接受，退职而与弟子万章等人一道著书立说。他一生以继承孔子的学说为职志。孟子主张"民为贵，社稷次之，君为轻"，提出了"率由旧章""遵先王之法"，以实现"仁政""王道"的观点。他认为应该恢复井田制，省刑薄赋，使民拥有"恒产""养生丧死无憾""不饥不寒"。认定残暴之君是"独夫"，可以杀掉，"闻诛一夫纣矣，未闻弑君也"。他反对武力兼并，认为"不嗜杀人者"方能统一天下。他认为人都有天赋的"良知""良能"，所以人性生来是善良的，具有仁、义、礼、智"四端"，只要充分发挥人性中的善端，就能"知天""上下与天地同流"。孟子还提出了所谓的"不虑而知"的"良知"和"不学而能"的"良能"，同时也很强调环境和教育对人的作用。要人注重存心养性，深造自得，行有不得，反求诸己，力求"富贵不能淫，贫贱不能移，威武不能屈"，进而总结了一套修身养性的办法："不动心"，即不受外界事物的干扰和迷惑；"求放心"，也就是将被外界事物迷惑了的心收拢回来；"存夜气"，即认真存养从黑夜到白天尚未与外界事物接触的清明之气；"养浩然之气"，以培养最高境界的精神状态。孟子关于"天""性""气"及其相互关系的学说，是很典型的唯心主义理论，对后世的宋儒有极大影响。孔子的思想经过孟子的发挥，成了封建社会的统治思想，从宋代开始，孟子获得了仅次于孔子的"亚圣"地位。

儒家学派继孟子之后又一著名人物是荀子。荀子，名况，时人尊而号为"卿"。汉人避宣帝讳，称为孙卿。《史记》说荀子"最为老师""三为祭酒"，多次出入稷下学宫，游于秦赵而仕于楚，汲取众家学术之长而立论，其学说阳儒阴法，著名弟子有韩非和李斯。被春申君黄歇用为兰陵（今山东苍山兰陵镇）令，著书终老其地。荀子反对天命、鬼神之说，认为天是自然之天，"天行有常，不为尧存，不为桀亡"，即自然运行法则是不以人的意志为转移的客观存在，它和人类社会的治乱无关，"故明于天人之分，则可谓至人矣"，进而提出了"制天命而用之"的人定胜天的观点。但同时他认为宇宙的运行"始则终，终则始，若环之无端也"，这是较为典型的循环论主张。与孟子的"性善"论相反，他主张性恶论，指出人之性"好利""疾恶""好声色"，若任其发展，就会产生暴乱，必须用礼义加以教化，"师法之化，礼义之道"才能使人为善。他承认人能通过"天官"（感官）和"天君"（心）的知觉作用认识客观世界，并强调思维对于感觉的优越性。认为"凡万物异则莫不相为蔽"，为要获得全面、准确的认识，应该让心"虚壹而静"，但又说心"出令而无所受令"，可以离开感觉经验。

荀子坚持正名，"制名以指实"，指出制名是约定俗成，既然成了习俗，那就需要共同遵守，不可以名乱名、以实乱名、以名乱实，认为正名以分尊卑等级是极其重要的，"上以明贵贱，下以辨同异"。主张"法后王"，也就是效法文、武、周公之道。在经济上提出了强本节用、开源节流和"省工贾、众农夫"等主张。荀子批判和总结了先秦诸子的学术思想，对许多问题作了总结性的论断。他发展了孔子的"礼乐"思想，是先秦儒家之中最后一位大师。西汉儒家的经学大多数得自他弟子的传授，此之详情可阅《史记·儒林列传》。

儒家在先秦为显学。儒家学术的传授，同先秦其他诸子相比，是其最重要的特色之一。《史记·儒林列传》介绍说："自孔子卒后，七十子之徒散游诸侯，大者为师傅卿相，小者友教士大夫，或隐而不见。故子路居卫，子张居陈，澹台子羽居楚，子夏居西河，子贡终于齐。如田子方、段干木、吴起、禽滑厘之属，皆受业于子夏之伦，为王者师。"一如《韩非子·显学》所说的"自孔子之死也，有子张之儒，有子思之儒，有颜氏之儒，有孟氏之儒，有漆雕氏之儒，有仲良氏之儒，有孙氏（按，此指荀子）之儒，有乐正氏之儒。"范文澜说："孔子中庸学说传曾参，曾参传子思，子思再传为孟子，孟子学说可以说是孔子的嫡传。"

《汉书·艺文志》谓：儒家学说"游文于六经之中，留意于仁义之际，祖述尧舜，宪章文武"，在春秋战国战乱纷争的时代，其学说"博而寡要，劳而少功"。因而当社会秩序得以稳定后，儒学终能大行于天下。

孔子、孟子、荀卿、董仲舒、二程、朱熹、陆九渊、王阳明代表了儒家发展的不同阶段。儒家的派别包括：思孟学派、宋明理学、心学、气学、今文学派、公羊学、谶纬神学、古文学派、训诂学。

（二）道家

道家，中国古代主要思想流派之一，是后世道教理论的重要基础之一。《汉书·艺文志》曰："道家者流，盖出于古之史官。历记成败存亡祸福古今之道，然后知秉要执本，清虚以自守，卑弱以自持，此君人南面之术。"其宗旨：一在守柔，一在无为，所称颂者，为黄帝时之说。

道家主要分为老庄派、黄老派、杨朱派三派。其中老庄派以大道为根、以自然为伍、以天地为师、以天性为尊、以无为为本，主张清虚自守、无为自化、万物齐同、道法自然、远离政治、逍遥自在，体现了"离用为体"的特点，因此成为了历代文人雅士远离残酷现实的精神家园，其代表人物是老子、庄子、列子等。黄老派以虚无为本，以因循为用，采儒墨之善，撮名法之要，主张因俗简礼、兼容并包、与时迁移、应物变化、依道生法、依法治国、删繁就简、休养生息，体现了"离体为用"的特点，成为了历次大乱之后政府治世的急救包，其代表人物是慎到、田骈、环渊等。杨朱派主张全生避害、为我贵己、重视个人生命的保存，反对他人对自己的侵夺，也反对自己对他人的侵夺，属于道家的别支，春秋战国后，因不容于世，后湮灭不存，其代表人为杨朱、子华子。秦以后，道家与其他家思想结合产生了养生派、长生派、五行派、方术派、丹符派等，并进一步产生了中国土生土长的道教。

老子姓李名聃，字伯阳，陈国人，生于春秋末期，曾任周朝的柱下史，管理典籍图书，是孔子的前辈，孔子曾向他问礼。老子的成就主要体现在《道德经》一书里，老子的著作、思想已成为世界历史文化遗产的宝贵财富。老子思想的影响不仅在道家内无人能及，在道家之外也影响深远。其影响不仅包括哲学、宗教、政治学、经济学、社会学、美学、伦理学、文艺学、心理学、教育学、逻辑学、修辞学诸学科，而且涉及医药、养生、气功、军事、管理、建筑、园艺等众多领域。据元朝时的不完全统计，先秦以来，研老注老著作至元朝时就超过3000种。

庄子，名周，字子休，宋国蒙（今安徽亳州蒙城）人，曾作过漆园吏，生活贫穷困顿，却鄙弃权势名利，保持独立人格。其思想后来深受帝王重视，唐开元二十五年，庄子被诏号为"南华真人"，《庄子》一书也被尊为《南华真经》。庄子继承老子学说，但多言玄理，张扬个性，追求逍遥无恃的精神自由与超脱。他将"道"作为最高的范畴，"道者，万物之所由也，庶物失之者死，得之者生，为事逆之则败，顺之则成"。他提出齐物论，泯灭"是非、有无、生死"等区别，要达到"至人无己，神人无功，圣人无名"，"万物与我为一"的境界。他提倡的人生最高境界就是逍遥无待，"独与天地精神往来，上与造物者游，而下与外死生、无终始者为友"。政治上谴责诸侯、贵族造成的纷争，痛斥"彼窃钩者诛，窃国者为诸侯"。

图 4-4　庄子
（约前369—前286）

道家学派在中国哲学史上，第一次把"道"当作世界的本原，并提出了一个以"道"为中心的宇宙本体论哲学。这是道家哲学最主要的思想。《道德经》说："道生一，一生二，二生三，三生万物。"认为天下万物都来自道，"道"是世界的根本，世界万物从"道"产生，最后又回复到"道"，而"道"自身则是永恒存在的。关于"道"，老子曾作过多种解释，大致有三方面的含义：①道为无形无象的"无"；②道是普遍法则；③道为混成之物。前两个含义表明"道"的客观唯心主义意义，后一含义又表明其唯物主义倾向。这种现象是老子哲学本身具有的矛盾，也是道家学派在尔后的发展中产生分化的根本原因。

贵柔学说也是道家哲学的另外一个重要思想。《道德经》说："弱者道之用"，认为柔弱是"道"的作用，以此老子强调柔弱胜刚强，并提出了以弱胜强、以柔克刚，以及以少胜多的政治斗争和军事斗争的策略原则。

道家在政治上主张实行无为而治，反对当时进步的尚贤政治，甚至反对社会的一切文明制度，主张实行愚民政策，向往回复到无文化的所谓"纯朴"的原始社会，反映了消极的思想情绪。

（三）墨家

墨家是中国古代主要哲学派别之一，约产生于战国时期。《汉书·艺文志》曰："墨家者流，盖出于清庙之守。茅屋采椽，是以贵俭。养三老五更，是以兼爱。选士大射，是以上贤。宗祀严父，是以右鬼。顺四时而行，是以非命。以孝视天下，是以上同。"创始人为墨翟。墨家是一个纪律严密的学术团体，其首领称"钜子"，其成员到各国为官必须推行墨家主张，所得俸禄亦须向团体奉献。墨家学派有前后期之分，前期思想主要涉及社会政治、伦理及认识论问题；后期墨家在逻辑学方面有重要贡献。

墨者多来自社会下层，以"兴天下之利，除天下之害"为教育目的，"孔席不暖，墨突不黔"，尤重艰苦实践，"短褐之衣，藜藿之羹，朝得之，则夕弗得"，"摩顶放踵，利天下，为之"（《孟子·尽心上》）。"以裘褐为衣，以跂蹻（草鞋）为服，日夜不休，以自苦为极"，生活清苦。墨者可以"赴汤蹈刃，死不旋踵"，意思是说至死也不后转脚跟后退。墨者中从事谈辩者，称"墨辩"；从事武侠者，称"墨侠"。墨者必须服从钜子的领导，其纪律严明，相传"墨者之法，杀人者死，伤人者刑"（《吕氏春秋·去私》）。例如，钜子腹䵍的儿子杀了人，虽得到秦惠王的宽恕，但仍坚持"杀人者死"的"墨者之法"。

墨家是一个有领袖、有学说、有组织的学派，他们有强烈的社会实践精神。按墨家的规定，被派往各国做官的墨者，必须推行墨家的政治主张，行不通时宁可辞职。另外，做官的墨者要向团体捐献俸禄，做到"有财相分"。当首领的要以身作则。墨者们吃苦耐劳、严于律己，把维护公理与道义看作义不容辞的责任。墨者大多是有知识的劳动者。

前期墨家在战国初期即有很大影响，主要观点有：一是社会伦理思想以"兼爱"为核心，提倡"兼以易别"，反对儒家所强调的社会等级观念；二是提出"兼相爱，交相利"，以尚贤、尚同、节用、节葬作为治国方法；三是反对当时的兼并战争，提出非攻的主张。四是主张非命、天志、明鬼，一方面否定天命，另一方面又承认鬼神的存在。前期墨家在认识论方面提出了以经验为基础的认识方法，主张"闻之见之""取实与名"。它提出"三表"①作为检验认识正确与否的方法。

后期墨家汇合成二支：一支注重认识论、逻辑学、几何学、几何光学、静力学等学科的研究，是谓"墨家后学"（亦称"后期墨家"），另一支则转化为秦汉社会的游侠。前者对前期墨家的社会伦理主张多有继承，在认识论、逻辑学方面成就颇丰。后期墨家除肯定感觉经验在认识中的作用外，也承认理性思维在认识中的作用，对前期墨家的经验主义倾向有所克服。它还对"故""理""类"等古代逻辑的基本范畴作了明确的定义，区分了"达""类""私"等三类概念，对判断、推理的形式也进行了研究，在中国古代逻辑史上占有重要地位。

战国以后，墨家已经衰微。到了西汉时，由于汉武帝独尊儒术的政策、社会心态的变化以及墨家本身并非人人可达的艰苦训练、严厉规则及高尚思想，墨家在西汉之后基本消失。但是根据考古发现，最后一代在晚清出现，因抗夷全部灭亡。

（四）法家

法家是先秦诸子中对法律最为重视的一派。《汉书·艺文志》曰："法家者流，盖出于理官。信赏必罚，以辅礼制。"为切于东周时势之学。东周之要务有二：一为富国强兵，一为裁抑贵族。前者为法家言，后者为术家言，说见《韩非子·定法篇》。申不害言术，公孙鞅言法，韩非盖欲兼综二派者。法家宗旨，在"法自然"。故戒释法而任

---

① 三表：墨子提出的检验认识正确与否的标准。三表即"上本之于古者圣王之事"，即以历史记载的古代圣王的历史经验为依据。"下原察百姓耳目之实"，即以众人的感觉经验为依据。"废（发）以为刑政，观其中国家百姓人民之利"，即以政治实践的结果是否符合国家和人民的利益为依据。这是中国哲学史上最早提出的关于真理标准的命题，对后世产生了重要影响。

情。不主宽纵，亦不容失之严酷。他们以在法律界及法理学方面做出了卓越贡献而闻名，并提出了一整套的理论和方法。这为后来建立的中央集权的秦朝制定各项政策提供了相当有效的理论依据，后来的汉朝继承了秦朝的集权体制以及法律体制，这就是我国古代封建社会的政治与法制主体。

法家在法理学方面做出了贡献，对于法律的起源、本质、作用以及法律同社会经济、时代要求、国家政权、伦理道德、风俗习惯、自然环境以及人口、人性的关系等基本的问题都做了探讨，而且卓有成效。

法家主要代表人物有李悝、慎到、商鞅、申不害、李斯、韩非子等。法家思想同中国封建土地关系的产生与发展相联系，是地主阶级取代奴隶主贵族统治的理论表现。在奴隶社会中，"礼"是奴隶主贵族统治的政治体系和道德规范。春秋以来，周礼逐步失去了原有的威力，旧有的典章制度随之衰落。为适应封建土地关系发展的需要，奴隶主贵族中出现了一批改革家，如齐国的管仲、晋国的郭偃、郑国的子产等人。他们颁布法令与刑书，改革田赋制度，促进封建化进程，成为战国时期法家学派的思想先驱。管仲和子产既强调法制，又重视道德教化。在哲学上，他们表述了一些唯物主义的观点，管仲及其后继者提出"天不变其常，地不易其则"的观点，子产则提出"天道远，人道迩，非所及也"的命题，承认自然界有其客观的规律，反对天人感应的迷信观念。

法家学派的法治理论对春秋战国之际进行封建化的改革以至秦始皇统一六国，建立中央集权专制的封建国家起了重大的作用，并成为秦王朝的统治思想。到了西汉以后，独立的法家学派逐渐消失，其法治思想被吸收到儒学的体系中，德刑并用，成为维护地主阶级专政的有力工具。但是，先秦法家对以后的一些唯物主义者和进步思想家仍产生了一定的影响。

（五）名家

《汉书·艺文志》曰："名家者流，盖出于古之礼官。古者名位不同，礼亦异数。孔子曰：'必也正名乎？名不正，则言不顺；言不顺，则事不成。'"礼主差别，差别必有其由，深求其由，是为名家之学，督责之术；必求名实之相符，故与法家，关系殊密也。名家是先秦以思维的形式、规律和名实关系为研究对象的学派，战国时称"刑名家"或"辩者"，西汉始称"名家"。名家主要活跃在先秦的春秋战国时期，以善于辩论，善于语言分析而著称于世。作为一个思想流派而言的"名家"，它的思想与现代的汉语所说的"名家"是不同的。这个"名"不是有名的名、出名的意思，而主要是指事物的名称、概念。由于种种原因，名家这个学派后来几乎没有了继承人，一般人在谈到先秦诸子的时候，甚至还有可能忽略它。首先正式提出"名家"这个说法的，是汉代的学者。名家代表著作有《邓析子》《尹文子》《惠子》《公孙龙子》等，今只存《公孙龙子》。今传本《邓析子》《尹文子》皆为后人伪作。

三晋不仅是法家产生的基地，也是名家诞生的地方。名实问题的争论从孔子的"正名"就开始了，墨家也有名实的辩论。而名家的产生，最早可以追溯到与晋国成文法的公布有一定关系。成文法公布之后，社会上出现了类似律师的一类人，他们根据法律条文进行辩护，称"刑名之家"。由于这些学者专门从事名词概念的探讨，因此称他们为"辩者"。汉代学者司马谈《论六家要旨》，则称他们为"名家"。春秋后期郑国的邓析，就是这类人物的代表。春秋末期以来的名辩思潮，发展到战国中期，激烈的社会变革，使旧有的概念不能反映新事物的内容，而新出现的概念还需要社会的公认。这种名实不副的现象，在当时的社会上十分普遍，亟须解决。为适应这种社会需要，在三晋便出现专门研究"名实"问题的学派——名家。他们的代表人物是惠施和公孙龙。惠施虽然是宋人，但其主要活动在魏国，任魏相十余年。公孙龙是赵人，主要活动在赵国，为平原君门客。三晋名家的产生，在政治上是要维护新兴地主阶级进行变法改革的成果，即为新的封建秩序正名。这通过惠施与公孙龙的政治活动都说明了这个问题。而公孙龙的思想在相当大的程度上受了稷下名家倪说的影响，我们在稷下学宫与百家争鸣的高潮部分还要论及。而战国末的后期墨家的名辩思想，则是总结了从孔子、墨子、邓析到惠施、公孙龙的名辩思想，成为先秦名家思想的集大成者。他们着重于名词概念的辨析，对我国古代逻辑学的发展做出了重大的贡献。同时，他们在自然科学上也提出了许多有价值的问题，特别是惠施和后期墨家。惠施和公孙龙代表了名家的"合同异"和"离坚白"两大派，而后期墨家则对这两大派进行了批判性地总结。

（六）阴阳家

阴阳家是流行于战国末期到汉初的一种学派，因提倡阴阳五行学说，并用它解释社会人事而得名。阴阳家，出于羲和之官（古之历法之官）。《汉书·艺文志》曰："阴阳家者流，盖出于古羲和之官。敬顺昊天，历象日月星辰，敬授民时。"齐人邹衍是其代表人物，邹衍将自古以来的数术思想与阴阳五行学说相结合，并试图进一步地发展，用来建构宇宙图式，解说自然现象的成因及其变化法则。

阴阳是古人对宇宙万物两种相反相成的性质的一种抽象，也是宇宙对立统一及思维法则的哲学范畴。中国贤哲拈出"阴阳"二字，来表示万物两两对应、相反相成的对立统一，即《道德经》所谓"万物负阴而抱阳"、《易传》所谓"一阴一阳之谓道"。《易经》便是讲"阴阳"变化的数理和哲理，其基本思路：阴阳交感而生宇宙万物，宇宙万物是阴阳的对立统一。阴阳学说是在气说的基础上建立起来的，并在气说的基础上，进一步认为天地、日月、昼夜、晴明、水火、温凉等运动变化中一分二的结果，这样就抽象出来"阴"和"阳"两个相对的概念。阴阳是抽象的概念而不是具体事物，所以"阴阳者，有名无形"（《灵枢·阴阳系日月》）。阴代表消极、退守、柔弱的特性和具有这些特性的事物和现象，阳代表积极、进取、刚强的特性和具有这些特性的事物和现象。阴阳学说的基本内容可用"对立、互根、消长、转化"八字概括之。

在自然观上，利用《周易》经传的阴阳观念，提出了宇宙演化论；又从《尚书·禹贡》的"九州划分"进而提出"大九州"说，认为中国为赤县神州，内有小九州，外则为"大九州"之一（胡适曾在其《中国中古思想史长编》中，大为赞叹阴阳家的这一地理观念）；在历史观上，则把《尚书·洪范》的五行观改造为"五德终始"（下面还会谈到）说，认为历代王朝的更替兴衰均由五行所主运；在政治伦理上，亦"止乎仁义节俭，君臣上下六亲之施"，赞成儒家仁义学说。同时强调"因阴阳之大顺"，包含若干天文、历法、气象和地理学的知识，有一定的科学价值。

（七）纵横家

《汉书·艺文志》曰："纵横家者流，盖出于古行人之官。当权事制宜，受命不受辞。"又曰："及邪人为之，则上诈谖而弃其信。"则正指苏、张之流也。《韩非子》说："纵者，合众弱以攻一强也；横者，事一强以攻众弱也。"纵横家出现于战国至秦汉之际，多为策辩之士，可称为中国5000多年中最早也最特殊的外交政治家。

纵横即合纵连横。他们朝秦暮楚、事无定主、反复无常，设第划谋多从主观的政治要求出发。合纵派的主要代表是苏秦，他主张合纵，合山东六国之力以抗秦。连横派的主要代表是张仪，他主张连横，说六国以事秦。

纵连的出现主要是因为当时割据纷争，王权不能稳固统一，需要在国力富足的基础上利用联合、排斥、威逼、利诱或辅之以兵之法不战而胜，或以较少的损失获得最大的收益。他们的智谋、思想、手段、策略基本上是当时处理国与国之间问题的最好办法，这个时期是世界史上独一无二的历史阶段，其在历史条件下所创造的智慧是后世任何一个朝代都无法超越的。纵横家人物多出身贫贱，在最艰苦的环境下是一种人类智慧的超常解放、创造和发挥。他们以布衣之身庭说诸侯，可以以三寸之舌退百万雄师，也可以以纵横之术解不测之危。苏秦佩六国相印（合纵六国，佩六国相印乃后世策士夸张，实际上苏秦当时是合纵五国，佩齐、赵、燕三国相印），联六国逼秦废弃帝位；张仪雄才大略，以片言得楚六百里；唐雎机智勇敢，直斥秦王存孟尝封地；蔺相如虽非武将，但浩然正气直逼秦王，不仅完璧归赵，而且未曾使赵受辱。纵横之士智勇双全，有不乏仁义之辈，其人其事若鉴于当代，亦必可使受益者非唯浅耳。

纵横学派源自鬼谷子。鬼谷子姓王名诩，战国时代卫国（今河南鹤壁市淇县）人。他长于持身养性和纵横术，精通兵法、武术、奇门八卦，著有《鬼谷子》兵书十四篇传世。民间称其为王禅老祖，中国春秋战国史上一代显赫人物，是"诸子百家"之一，也是位卓有成就的教育家。他经常进入云梦山采药修道，因隐居清溪鬼谷，所以称鬼谷子先生，曾授苏、张、孙、庞四大弟子，皆战国时风云人物。其后习鬼谷纵横术者甚多，著名者十余人，如苏秦、张仪、甘茂、司马错、乐毅、范雎、蔡泽、邹忌、毛遂、孙膑、庞涓、郦食其、蒯通等，事皆详于《战国策》。

（八）杂家

战国末期，经过激烈的社会变革，封建制国家纷纷出现，新兴地主阶级便要求在政治上、思想上的统一。在这种呼声下，学术思想上出现了把各派思想融合为一的杂家，杂家的产生，大体上反映了战国末学术文化融合的趋势。杂家以博采各家之说见长，以"兼儒墨，合名法"为特点，"于百家之道无不贯通"。《汉书·艺文志》将其列为"九流"之一，著作以战国《尸子》、秦代《吕氏春秋》、西汉《淮南子》为代表，分别为战国时期商鞅门客尸佼、秦相吕不韦和汉淮南王刘安招集门客所集，对诸子百家兼收并蓄，但略嫌庞杂。又因杂家著作含有道家思想，故有人认为杂家实为新道家学派。"杂家"并不是一门有意识、有传承的学派，所以他也并不自命为"杂家"的流派。自从《汉书·艺文志》第一次把《吕氏春秋》归入"杂家"之后，这个学派才正式被定名。

杂家，列于诸子中，是很鲜明的一派，因为它是战国末至汉初兼采各家之学的综合学派。《汉书·艺文志·诸子略》将其列为九流之一，"杂家者流，出于议官。兼儒、墨，合名、法。知国体之有此，见王治之无不贯。"杂家的特点是"采儒墨之善，撮名法之要"。杂家虽只是集合众说，兼收并蓄，然而通过采集各家言论，贯彻其政治意图和学术主张，所以也可称为一家。

（九）农家

农家，是先秦在经济生活中注重农业生产的学派。《孟子》所载云许行，实为农家巨子，其言有二：一君臣并耕，一则物价但论多少，不论精粗也。此盖皇古之俗。农家所愿，即在此神农以前之世也。吕思勉先生在其《先秦学术概论》中，把农家分为两派：一是言种树之事；二是关涉政治。《汉书·艺文志·诸子略》将农家列为九流之一，并称："农家者流，盖出于农稷之官。播百谷，劝耕桑，以足衣食，故八政一曰食，二曰货。"农家学派主张推行耕战政策，奖励发展农业生产，研究农业生产问题。农家对农业生产技术经验之总结与其朴素辩证法思想，可见于《管子·地员》《吕氏春秋》《荀子》。

战国时，农家代表人物有许行。许行，楚国人，无著作留传，生平事迹可见于《孟子》一书。生卒年不可考，约与孟子同时代。当时随行学生几十人，颇有影响，儒家门徒陈相、陈辛兄弟二人弃儒学农，投入许行门下。《孟子·滕文公上》载："陈相见孟子，道许行之言曰：'……贤者与民并耕而食，饔飧而治。'"提倡"贤者与民并耕而食"是许行两点主张之一。许行还提出"市贾不二"的价格论，这一主张的中心要旨是在肯定分工互助的基础上，提倡人人平等劳动、物物等量交换，以实现其改革思想。

农家著作有《神农》二十篇，《野老》十七篇，《宰氏》十七篇，《董安国》十六篇，《尹都尉》十四篇，《赵氏》五篇等，均已佚。农家没有一部完整的著作保存下来，他们的思想和活动散见在诸子的著述中，虽星星点点但仍然值得重视。

（十）小说家

在春秋战国时代，小说家指的是一类记录民间街谈巷语的人，小说家被归类于古诸子百家中的其中一家。《汉书·艺文志》曰："小说家者流，盖出于稗官，街谈巷语，道听途说者之所造也。"意即小说家所做的事以记录民间街谈巷语，并呈报上级等为主，然而小说家虽然自成一家，但被视为不入流者，刘歆列九流十家，唯小说家不在九流之列，影响甚小。然而小说家反映了古代平民思想的侧面，却是其他九流学派都无法代替的。

孔子曰："虽小道，必有可观者焉，致远恐泥，是以君子弗为也。"小说家著作有《伊尹说》二十七篇，《鬻子说》十九篇，《周考》七十六篇，《青史子》五十七篇等，均已佚。今据存目观之，小说家著作体例似外史、别传、笔记之类，其立说托诸古人者有《伊尹说》《鬻子说》《师旷》《务成子》《天乙》《黄帝说》；杂记古事者有《周考》《青史子》《虞初周说》《百家》等共十五家一千三百八十多篇。小说家者能代表平民社会之四方风俗。然亦因其之小道，而不为世人所重，终致弗灭。

(十一)兵家

春秋战国时代，诸侯之间不断爆发战争，从事军事的智谋有识之士，总结军事方面的经验教训，研究制胜的规律，这一类学者，古称之为兵家。据《汉书·艺文志》记载，兵家又分为兵权谋家、兵形势家、兵阴阳家和兵技巧家四类。兵家的代表人物有春秋时的孙武、司马穰苴，战国时的孙膑、吴起、尉缭、公孙鞅、赵奢、白起，汉初的张良、韩信等。今有兵家著作《孙子兵法》《孙膑兵法》《吴子》《六韬》《尉缭子》等。兵家著作中含有丰富的朴素唯物论和辩证法思想。兵家的实践活动与理论，影响当时及后世甚大，为我国古代宝贵的军事思想遗产。

凡论述军事的兵家著作，称为兵书。《汉书·艺文志·兵书略》著录汉以前兵家著作五十三家，七百九十篇，图四十三卷，分为权谋、形势、阴阳、技巧四家。吕思勉《先秦学术概论·兵家》谓："阴阳、技巧之书，今已尽亡。权谋、形势之书，亦所存无几。大约兵阴阳家言，当有关天时，亦必涉迷信。兵技巧家言，最切实用。然今古异宜，故不传于后。兵形势之言，亦今古不同。惟其理多相通，故其存在，仍多后人所能解。至兵权谋，则专论用兵之理，凡无今古之异。兵家言之可考见古代学术思想者，断推此家矣。"

三、诸子之影响

中国传统的思想发展，在先秦时代有诸子之"哲学突破"，各名一家以着立说；两汉以后，则多藉由注释经典以诠释义理。冯友兰二卷本《中国哲学史》称前者为"子学时代"，而两汉至清则皆归为"经学时代"。所谓"经学时代"，首先反映出汉武帝尊儒之后，儒家长期居思想主流的学术趋势，其间虽有道家、佛学迭起争衡，毕竟没有真正取代其地位；其次，儒者融旧铸新的治学风格，影响了历代思想家，他们常借着解释既有的经典——不论是"四书""五经"，还是《老子》《庄子》，或者佛经，都借以发挥新见解，表述一家之言。总的说来，子学的成就和影响主要表现在以下两个方面。

(一)建构了中国学术思想的根本精神

先秦时期的诸子百家，在经济、政治、法律、哲学、军事、文学艺术和自然科学的众多领域中形成的思想理论，对后世文化学术的发展产生了极大的影响。其中，孔孟儒学孕育了我国传统文化中的人道主义精神；老庄道家构成了2000多年封建正统思想中的哲学基础；法家变革精神成为历代进步思想家、政治家改革图治的理论武器，等等。在很大程度上，正是它们共同构造了中华民族传统学术文化的基本精神。

(二)创制了中国学术文化的基本元典

中国的元典时代大约相当于西周和春秋战国时期，特别是诸子的时代，中华文化元典诸如《诗》《书》《礼》《乐》《易》《春秋》等"六艺"及《论语》《孟子》《墨子》《老子》《庄子》《韩非子》《孙子兵法》《管子》《晏子》等著作都在此间脱颖而出。正是经由春秋战国时期诸子的追索与创造，中华元典才从"简单同一"向"丰富多元"转化，从而为秦汉间学术文化从"多"到"一"的整合奠定了广阔的基础。由诸子所编订与创制的这批典籍，初步建立了中国人的价值取向、公理体系和思维模式。

●●第二节
●万能智慧之书：《道德经》

📖 **知识目标：**

- 了解老子的生平及《道德经》的写作背景。
- 牢记《道德经》的思想体系。
- 牢记《道德经》思想体系对后世的影响。

📖 **能力目标：**

- 能正确运用《道德经》道论的基本观点。
- 能正确运用《道德经》玄论的基本观点。
- 能正确运用《道德经》德论的基本观点。
- 能正确运用《道德经》认识论的基本观点。
- 能正确运用《道德经》方法论的基本观点。

📖 **素养目标：**

- 学会独立思考，养成质疑思辨的习惯，提高思想格局。
- 学会运用《道德经》的观点，处理自我矛盾、与他人矛盾、与社会矛盾。

  老子，生卒不详，姓李名耳，字伯阳，又称老聃，楚国苦县（今河南鹿邑）人，是我国古代伟大的哲学家和思想家，道家学派创始人，世界文化名人。他博学多才，孔子周游列国时曾到洛邑向老子问礼。

  相传老子晚年乘青牛西去，在函谷关（位于今河南灵宝）前写

图 4-5　老子出关

成了五千言的《道德经》(又名《老子》)，最后不知所终。《道德经》一书对世界的影响是巨大的，它已经被翻译成几十种语言，传播到世界各地，有"万能智慧之书"之称。此书获得的评价，列举如下。

宋真宗赵恒说："老子《道德经》治世之要。"

苏辙(宋)说："言至道，无如五千文。"

朱元璋(明)说："斯经乃万物之至根，王者之上师，臣民之极宝。"

魏源(清)说："老子之书，上之，可以明道；中之，可以治身；推之，可以治人。《老子》救世之书也。"

纪晓岚(清)说："综罗百代，广博精微。"

鲁迅说："不读《道德经》一书，不知中国文化，不知人生真谛。"

胡适说："老子是中国哲学的鼻祖，是中国哲学史上第一位真正的哲学家。"

冯友兰说："老子揭示宇宙法则，依循法则，安排自己行为，避凶化吉。"

毛泽东说："《道德经》是一部兵书。"[1]

尼采说："《老子》一书，像一个永不枯竭的井泉，满载宝藏，放下汲桶，唾手可得"。[2]

德国社会学家、古典社会学奠基人马克斯·韦伯说："事实上，在中国历史上，每当道家(道教)思想被认可的时期(如唐初)，经济的发展是较好的，社会是丰衣足食的。道家重生，不仅体现在看重个体生命，也体现在看重社会整体的生计发展。"[3]

德国明斯特大学教授赫伯特·曼组什说："中国哲学是我们这个精神世界的不可缺少的要素。公正地说，这个世界的精神孕育者，应当是柏拉图和老子，亚里士多德和庄子，以及其他一些人。可惜的是，我们这个时代的许多哲学著作总是习惯于仅提欧洲古代的一些哲学家，却忽视了老子的《道德经》，从而很不明智地拒绝了一种对欧洲文化的极为重要的源泉。"

德国学者克诺斯培说："解决我们时代的三大问题(发展、裁军和环保)，都能从老

---

[1] 蓝进：《老子哲学》，中国海洋大学出版社 2019 年版，第 8 页。

[2] 段维龙：《老子思想与现代领导艺术》，中国广播电视出版社 1995 年版，第 142 页。

[3] 武当山道廉文化教育基地编：《武当山道廉文化读本》，中国方正出版社 2010 年版，第 226 页。

子那里得到启发。"

英国当代哲学家克拉克说:"现代经济自由市场的原理就是源自《老子》的无为而治。"

英国当代汉学家彭马田认为:"《道德经》并非我们所理解的一般意义上的书,它是格言及注疏的集合,前后并无明显的逻辑顺序,这81章犹如一串圆润的珍珠项链:像珍珠一样,各自独立,集合在一起,其效果则更显美奂绝伦。"

美国著名物理学家约翰·惠勒说:"现代物理学大厦就建立在一无所有上,从一无所有导出了现在的所有,没想到的是,近代西方历经数代花费大量物力财力才找到的结论,在中国的远古早已有了思想的先驱。"

美国学者蒲克明曾预言《道德经》是未来大同世界家喻户晓的一部书,他说:"当人类隔阂泯除,四海成为一家时,《道德经》将是一本家传户诵的书。"

美国学者迈克尔·哈特评述老子入选《历史上最有影响的100人》的评语是:"假如老子的确是《道德经》的作者,那么他的影响确实很大。这本书虽然不到六千字,却包含着许多精神食粮。在西方,《道德经》比孔子或任何儒家的作品流行。"

美国哈佛大学教授约翰·高认为:"《老子》的意义永无穷尽,通常也是不可思议的。它是一本有价值的关于人类行为的教科书。这本书道出了一切。"

荷兰著名的汉学家、欧洲汉学会会长许理和说:"《道德经》在西方人眼中,无论从任何西方的思想派别看来,都是中国最重要的哲学典籍,也最富于中国智慧,或甚至更广泛而言——东方智慧。"

比利时学者、诺贝尔奖获得者普利高津指出:耗散结构理论"对自然界的描述非常接近中国道家关于自然界中的自组织与和谐的传统观点";"道家的思想,在探究宇宙和谐的奥秘、寻找社会的公正与和平、追求心灵的自由和道德完满三个层面上,对我们这个时代都有新启蒙思想的性质。道家在两千多年前发现的问题,随着历史的发展,愈来愈清楚地展现在人类的面前"。

奥地利社会经济学家哈耶克,1974年诺贝尔经济学奖得主,认为,道家"我无为,而民自化;我好静,而民自正"是其自发秩序理论的经典表述。

突变理论的创始人托姆在《转折点》一文中说:"在老子的理论中,有很大一部分是关于突变理论的启蒙论述。我相信今天中国许多喜欢这个学说的科学天才，会了解突变理论是如何证实这些发源于中国的古老学说的。"[1]

《道德经》由道经和德经两部分组成，全书共5000余字，81章。前37章为道经，后44章为德经。《道德经》是解释道家哲学的主要经文，含有丰富的辩证法思想，老子哲学与古希腊哲学一起构成了人类哲学的两个源头，老子也因其深邃的哲学思想而被尊为"中国哲学之父"。老子的思想主张是"无为"，理想政治境界是"邻国相望，鸡犬之声相闻，民至老死不相往来"。老子哲学的精髓是他的朴素辩证法思想，认为天地万物都是相反相成的。"有无相生，难易相成，长知相形，高下相倾，音声相和，前后相随"。"道"字在《道德经》中出现了70多次，"道"是老子哲学思想中最为抽象、思想性最强、含义最丰富的范畴，也是老子学说的核心。它的提出，标志着中国哲学达到了很高的理论水平。

一、道论

《老子》通篇都在谈论"道"的性质，从政治、道德、军事、生活方式、审美以及自然现象等方面来揭示"道"的表现风貌，如"柔""弱""拙""昧""朴""静""屈""缺""退"等。老子的"道"是一切存在的根本和最终依据，是超越一切的绝对、是超越一切具体有形的存在、是万物之所以生的总原理。

第一，"道"是宇宙创生的本原。老子提出宇宙之本原曰道，全部老子的哲学即围绕"道"这一范畴展开。老子所谓道，是产生天地万物、包孕天地万物、广大无边、运动不息、永远存在的物质；是宇宙的动力，是天地万物的母亲。这种物质是无形、无声、无体、人类感官不能察觉的，所以他说道"视之不见""听之不闻""搏之不得"。

道可道也，非恒道也。名可名也，非恒名也。无名，万物之始也；有名，万物之母也。故恒无欲也，以观其眇；恒有欲也，以观其所徼。两者同出，异名同谓。玄之又玄，众眇之门。（第一章）

"有物混成，先天地生。寂兮寥兮，独立不改，周行而不殆。可以为天下

① 李世东、陈应发、杨国荣著：《老子文化与现代文明》，中国社会出版社2008年版，第195页。

母。"(第二十五章)

"道生一，一生二，二生三，三生万物。"(第四十二章)

道不仅是宇宙创生之源，而且是万物存在和运动的依据。老子认为万物由道所生，道是天地万物存在的始源。道虽然无固定的形体，超越了感觉知觉的范围，但它并非空无所有，而是实际存在的。作为创生本原意义上的道，其情况是"道之为物，惟恍惟惚。惚兮恍兮，其中有象；恍兮惚兮，其中有物。窈兮冥兮，其中有精，其精甚真，其中有信"。"物""象""精""信"无疑都体现了道的实体意义。道是一个实有的存在体，它的本身是永久常存的，不会随着万物的变化而消失。

第二，道不可名。在老子看来，道乃天地万物的始母，在理解世界之前，人首先要理解的是道、有、无三者之间的本原和派生关系。道是看不见、听不到、摸不着的混沌体，它的形象无法用感官去把握。关于道本身，它超越了人类感官的知觉作用，也就是老子说的"不可致诘"。《老子》中的道，不论是主观境界形态还是融主观为客观的实体形态，都不可用指实性的语言来表达，它是一种形而上的存在，是一种客观存在，或者说是一种概念预设。作为形而上的道，并不是指有形体可见的事物，所以不能用名实相应之名来指称道。由此，那用来表称道的名，必然不同于指实的名。道就像一双神奇的大手，看不见、摸不着，却造就了大千世界，像宇宙中的一个神秘主宰，一般的人们无法通过感性途径去认可它，也难用清晰的语言去表述它，只能用"静观""玄览"这些内省体验方法去接近它、体悟它。老子认为对道少说多体，与道为一，就能识大美、体大道。

"视之不见，名曰夷，听之不闻，名曰希，搏之不得，名曰微。此三者，不可致诘，故混而为一。其上不皦，其下不昧。绳绳不可名，复归于无物。是谓无状之状，无物之象，是谓惚恍。迎之不见其首，随之不见其后。"(第十四章)

第三，道法自然。《老子》哲学以道为最高范畴，而道的本质内涵则为"自然"。"道法自然"不是说在道之上或之外另有一"自然"存在并为之所效法，而是说道即"自然"，表现为"自然"。据此，"道法自然"乃谓道自主、自成、自由。老子以为，天地万物皆由道主宰、决定，而道则自主自决，唯其如此，才能成其为宇宙的本体与终极存在。

"有物混成，先天地生。寂兮寥兮，独立而不改，周行而不殆，可以为天地母。

吾不知其名，强字之曰：道，强为之名曰：大。大曰逝，逝曰远，远曰反。故道大，天大，地大，人亦大。域中有四大，而人居其一焉。人法地，地法天，天法道，道法自然。"（第二十五章）

《老子》指出："五色令人目盲，五音令人耳聋，五味令人口爽"，所以人们不可纵情于感性物欲，而应"为腹不为目"，以道为尚，以无执无为、因任自然的态度对待身体感官，并超化感性生活。只有这样，才能获得本原的和谐。《老子》一方面说"道法自然"，以"自然"为宇宙本体之道的本质内涵，同时又说"人法地，地法天，天法道"，以终极之道为人的价值本原，故"道法自然"最终落实为人法"自然"。人法"自然"的观念意味着"自然"即自由、自主，乃是人的本质、本性。本原之道生成万物后亦化而寓于万物。于人而言，道既高远在上，是超越的、外在的，又寓于此身之心中，是内在的。"道生之，德蓄之"，《老子》所讲的道也就是指因任自然、万物自我生长、自我发展。

第四，"道"是宇宙至高无上的主宰。宇宙万物包括自然界、人类社会和人的思维等一切运动，都是遵循"道"的规律而发展变化。

"道冲，而用之有弗盈也。渊呵！似万物之宗。锉其锐，解其纷，和其光，同其尘。湛呵！似或存。吾不知其谁之子，象帝之先。"（第四章）

老子认为，"道"是虚体的，无形无象，人们视而不见，触而不着，只能依赖于意识去感知它。虽然"道"是虚体的，但它并非一无所有，而是蕴含着物质世界的创造性因素。这种因素极为丰富，极其久远，存在于天帝产生之先。因而，创造宇宙天地万物自然界的是"道"，而不是天帝。这样，老子从物质方面再次解释了"道"的属性。承接第一章内容"无形"，老子称颂"道"虽然虚不见形，但不是空无所有，从"横"的角度谈，"道"是无限博大，用之不尽的；再从"纵"的角度谈，"道"又是无限深远，无以追溯其来历的，它好像是自然万物的祖宗，又好像是上天的祖先。从此说来，不是上天造物，而是"道"生上天，继生万物。

"谷神不死，是谓玄牝。玄牝之门，是谓天地之根。绵绵呵若存，用之不堇。"（第六章）

老子在此继续说明"道"的特征。他所运用的方法仍是比喻、借代。他用"谷"象征"道"，说明"道"既是空虚的又是实在的；他用"神"比喻"道"，说明"道"生万物，绵延不断；他用"玄牝之门"比喻"道"是产生万事万物的根源，等等。他想说明"道"的作用是无穷无尽的，从时间而言，它历久不衰，天长地久。从空间而言，它无处不在、无穷无尽。它孕育着宇宙万物而生生不息。这种支配万物发展变化的力量，就是对立统一规律。"谷神不死"，体现出"道"的永恒性，即恒"道"。"玄牝之门"是产生万事万物的地方，它的作用非常之大。"玄牝之门""天地根"，都用来说明"道"为产生天地万物的始源。

> "孔德之容，惟道是从。道之为物，惟恍惟惚。惚兮恍兮，其中有象；恍兮惚兮，其中有物；窈兮冥兮，其中有精，其精甚真，其中有信，自古及今，其名不去，以阅众甫。吾何以知众甫之状哉？以此。"（第二十一章）

在继前两章，论述道是始祖、牝之母后，进一步发挥第十四章关于"道"是"无状之状，无物之象，是谓"惚恍"的观点，明确地提出"道"由极其微细的物质所组成，虽然看不见，无形无象，但确实存在，万物都是由它产生的。老子还提出"德"的内容是由"道"决定的，"道"的属性表现为"德"的观点，集中地描述了"道"的一些特点。

二、玄论

玄，这是老子所创立和使用的又一个全新概念，也是老子思想体系的基石之一。老子的学说之所以被称为玄学，也就是因为有玄这个概念存在。老子自己也说："有玄，众妙之门。"那么，什么是玄呢？

> "两者同出，异名同谓。玄之又玄，众妙之门。"（第一章）

这里，"两者"是指有无对立者，或一般地说阴与阳两个对立面。"同出"则是指两对立面必须统一产生和存在，缺一不可，如无阴也就无从谈阳，反之亦然。"异名"则是指两对立面相互异质而对立，因而必须要用两个不同的名字来代表，比如，由于阴与阳之间存在着的对立和差异，因而必须要用阴和阳这两个不同的名字去区分两者。所以，"同出异名"就是指统一对立或者说对立统一。而"同谓玄之"是指由两对立面共同构成的对立统一体。所以，所谓玄，作为动词，就是指两对立面对立统一，因此"玄之"就是指"对立统一之"；而作为名词，则是指对立统一体本身，从而有无、阴阳等对立统一体都是玄。

　　"知者不言，言者不知。塞其兑，闭其门；挫其锐，解其纷；和其光，同其尘，是谓玄同。故不可得而亲，不可得而疏；不可得而利，不可得而害；不可得而贵，不可得而贱；故为天下贵。"（第五十六章）

　　为了更进一步说明和揭示玄的形态和本质，老子又特地论述了玄所处的状态，也就是所谓的与玄相同的玄同状态。由于玄作为对立统一体，如有无、彼此、利害、贵贱等，当然是不可能直接得到的东西——没有谁能得到如是非、彼此、贵贱、生死等这样的东西，因而这个世界上才既会存在亲、利、贵等这样的事物，同时也会存在与其相对立的东西如疏、害、贱等。所以，没有玄同，也就等于说没有对立统一体——玄，从而也就没有天下的一切！而如此之玄同当然要为天下贵了。他要求人们要加强自我修养，排除私欲，不露锋芒，超脱纷争，混同尘世，不分亲疏、利害、贵贱，以开豁的心胸与无所偏的心境去对待一切人和物。如此，天下便可以大治了。

　　老子认为，性质如此特殊之玄是道的直接产物，从而虚空若谷之形神、不生不死的道就是玄的母亲："谷神不死，是谓玄牝"。或换言之，道直接产生了作为对立统一之"一者"的玄——"道生一"。

　　"天下皆知美之为美，恶已；皆知善，斯不善矣。有无之相生也，难易之相成也，长短之相刑也，高下之相盈也，音声之相和也，先后之相随，恒也。是以圣人居无为之事，行不言之教，万物作而弗始也，为而弗志也，成功而弗居也。夫唯弗居，是以弗去。"（第二章）

　　本章内容分两层次。第一层集中鲜明地体现了老子朴素的辩证法思想。他通过日常的社会现象与自然现象，阐述了世间万物存在，都具有相互依存、相互联系、相互作用的关系，论说了对立统一的规律，确认了对立统一的永恒的、普遍的法则。在前一层意思的基础上，展开第二层意思：处于矛盾对立的客观世界，人们应当如何对待呢？老子提出了"无为"的观点。此处所讲的"无为"不是无所作为，随心所欲，而是要以辩证法的原则指导人们的社会生活，帮助人们寻找顺应自然、遵循事物客观发展的规律。既然玄律是永恒的自然规律，是不以人的意志为转移的东西，那么能够明白这种原理并据其处世的高明者——圣人，当然就会一切都要按照自然规律处世——"居无为之事",而绝不会自以为是和自行其是;因而即使有所成就,那也是自然规律作用的结果,自己则只不过是顺从、辅助自然规律处世而已,"能辅万物之自然而弗敢为"。因此,圣人当然也就从不把这些成就看作自己的功劳,"万物作而弗始也,为而弗志也,成功而弗居也"。然而正是由于圣人的一切举措都是按照玄律去做、去落实的,从而其行为事实上也就成了玄律的具体体现和代表,因而自然也就具有了玄律的对立统一和永恒特性——"夫唯弗居,是以弗去"!

所以,玄律作为核心和基础,在老子的思想体系中具有举足轻重的地位,既是老子解析一切问题的最基本依据,也是我们理解和了解老子思想体系的钥匙和大门。

在"玄"与"道"的关系中,老子也作了精辟的论述。

"道生一,一生二,二生三,三生万物。万物负阴而抱阳,冲气以为和。人之所恶,唯孤、寡、不谷,而王公以为称。故物或损之而益,或益之而损。人之所教,我亦教之。强梁者不得其死,吾将以为教父。"(第四十二章)

这一章的前半部分讲的是老子的宇宙生成论。这里老子说到"一""二""三",乃是指"道"创生万物的过程。这是继四十章之后,又一段关于"道"的基本原理的重要论述。宇宙万物的总根源是"混而为一"的"道",对于千姿百态的万物而言,"道"是独一无二的。

玄就是对立统一之"一者",因而"道生一"自然就是道生玄,而玄这个"一者"本来就是由阴阳两对立面组成的,因此自然是"一生二",而向对立面的转化如坏转化为好、无转化为有、此转化为彼等,其结果则生成了第三种事物,因而就有了"二生三",而第三者的总和当然也就是世间万物——"三生万物",世间任何物体都不可能脱出这个生成过程。这些新生的第三者或万物也仍然都是玄——阴阳对立统一体,而阴阳两对立面之间的相互对冲、中和,其作用与结果则使得万物实现和保持了相对平衡、和谐稳定。所以,玄和玄律是无所不在而具有绝对性的事物。

三、德论

在《道德经》81章中,有16章谈到"德"的问题,"德"是老子哲学中的一个重要概念。什么是德? 相对于"道"而言,"德"是指道的本性所发挥的作用,简而言之,道是德之本，德是道之用。老子所说的"德"有三种含义：一是道之德，亦即道的本性；二是物之德，即事物的本性；三是人之德，即人的本性。

"上德不德，是以有德；下德不失德，是以无德。上德无为而无以为；下德无为而有以为。上仁为之而无以为；上义为之而有以为。上礼为之而莫之应，则攘臂而扔之。故失道而后德，失德而后仁，失仁而后义，失义而后礼。夫礼者，忠信之薄，而乱之首。前识者，道之华，而愚之始。是以大丈夫处其厚，不居其薄；处其实，不居其华。故去彼取此。"（第三十八章）

这一章是《德经》的开头。《道德经》上篇以"道"开始，所以叫作《道经》；下篇以"德"字开始，所以叫《德经》。老子认为，"道"的属性表现为"德"，凡是符合于"道"的行为就是"有德"，反之，则是"失德"。"道"与"德"不可分离，但又有区别。因为"德"有上下之分，"上德"完全合乎"道"的精神。"德"是"道"在人世间的体现，"道"是客观规律，而"德"是指人类认识并按客观规律办事。人们把"道"运用于人类社会产生的功能，就是"德"。因此，老子非常重视个人修身。

"善建者不拔，善抱者不脱，子孙以祭祀不辍。修之于身，其德乃真；修之于家，其德乃余；修之于乡，其德乃长；修之于邦，其德乃丰；修之于天下，其德乃普。故以身观身，以家观家，以乡观乡，以邦观邦，以天下观天下。吾何以知天下然哉？以此。"（第五十四章）

老子告诉人们，事无论大小，修身、治家、治乡、治国、治天下都在于抱建道德，保持本心本源不变。用这个道理修身，他的道就会纯真；用这个道理治家，他的德就丰盈有余；用这个道理治乡，他的德就会受到尊崇；用这个道理治国，他的德就会丰盛硕大；用这个道理治天下，他的德就会无限普及。

对于德的作用，老子进一步作了解释。

"道生之，德畜之，物形之，势成之。是以万物莫不尊道而贵德。道之尊，德之贵，夫莫之命而常自然。故道生之，德畜之；长之育之；成之熟之；养之覆之。生而不有，为而不恃，长而不宰，是谓玄德。"（第五十一章）

这一章是着重讲"德"的作用，可以看作第三十八章的继续。老子在这章里再一次发挥了"道"以"无为"的方式生养了万物的思想。本章里的"玄德"即"上德"。老子认为，"道"生长万物，"德"养育万物，但"道"和"德"并不干涉万物的生长繁衍，而是顺其自然。"德"是"道"的化身，是"道"的人世间的具体作用。万物成长的过程：一是万物由"道"产生；二是"道"生万物之后，又内在于万物，成为万物各自的本性；三是万物依据各自的本性而发展个别独特的存在；四是周围环境的培养，使各物生长成熟。

四、认识论

对于人的认识和客观世界之间的关系问题，或者说意识与存在的关系问题，老子论述不多。

> "天之道，其犹张弓与？高者抑下，下者举之，有余者损之，不足者补之。天之道，损有余而补不足。人之道，则不然，损不足以奉有余。孰能有余以奉天下，唯有道者。是以圣人为而不恃，功成而不处，其不欲见贤邪。"（第七十七章）

本章文字透露出一种朦胧的、模糊的平等与均衡思想。他以"天之道"来与"人之道"作对比，主张"人之道"应该效法"天之道"。老子把自然界保持生态平衡的现象归之于"损有余而补不足"，因此他要求人类社会也应当改变"损不足以奉有余"的不合理、不平等的现象，效法自然界的"损有余而补不足"，"损有余以奉天下"，体现了他的社会财富平均化和人类平等的观念。因而，这一章是七十四章、七十五章里"民不畏死，奈何以死惧之""民之饥，以其上食税之多"这一思想的继续和发展，表达了老子对统治者推行苛政的痛恨，对老百姓生活艰难困苦的同情。

> "民不畏威，则大威至。无狎其所居，无厌其所生。夫唯不厌，是以不厌。是以圣人自知不自见，自爱不自贵。故去彼取此。"（第七十二章）

本章着重讲统治者要有自知之明，反对采取高压政治，反对肆无忌惮地压榨百姓。他认为，老百姓一旦不畏惧统治者的残暴统治，那么可怕的反暴力斗争就要发生了。他希望统治者不要自居高贵，而要自知、自爱，抛弃自见和自贵，这样，他就不会遭到人民的反抗。此章讲"不自贵"，与第十三章讲"贵身"、第四十四章讲"名与身孰亲"的内涵不同。"贵身"讲维护人的尊严，自重自爱，不以荣辱忧患和其他身外之物损害了自身的尊贵；"名与身孰亲"则说人的价值比虚名和货利更可宝贵，不要为争夺身外的名利而轻生伤身。

"不尚贤，使民不争；不贵难得之货，使民不为盗；不见可欲，使民不乱。是以圣人之治也，虚其心，实其腹，弱其志，强其骨，恒使民无知、无欲也。使夫知不敢、弗为而已，则无不治矣。"（第三章）

本章里，老子进一步阐述了他的社会政治思想。老子所说的无为，并非不为，而是不妄为，不非为。他认为，体现"道"的"圣人"，要治理百姓，就应当不尊尚贤才异能，以使人民不要争夺权位功名利禄。统治者不要给贤才过分优越的地位、权势和功名，以免使"贤才"成为一种诱惑，引起人们纷纷争权夺利。在本章里，老子透露出他的人生哲学的出发点，他既不讲人性善，也不讲人性恶，而是说人性本来是纯洁朴素的，犹如一张白纸。如果社会出现尚贤的风气，人们对此当然不会视而不见，肯定会挑动起人们的占有欲、追逐欲，从而导致天下大乱。倘若不使人们看到可以贪图的东西，那么人们就可以保持"无知无欲"的纯洁本性。不使人们贪欲，并不是要剥夺人们的生存权利，而是要尽可能地"实其腹""强其骨"，使老百姓的生活得到温饱，身体健壮可以自保自养；此外要"虚其心""弱其志"，使百姓们没有盗取利禄之心，没有争强好胜之志，这样做，就顺应了自然规律，就做到了无为而治。这一章与前章相呼应，从社会的角度，使人人都回归纯洁的、无知无欲的自然本性。这样以自然规律治理人事，天下自然可以得到治理了。老子的"无为"思想和学说，在当时的历史条件下，有其进步的一面和合理的因素。他认为，历史的发展有其一定的自然规律。这规律不由上天安排、操纵，也不受人的主观意志支配，而是客观的、自然的。这种观点对当时思想界存在的敬天法祖的观念和某些宗教迷信观念，起到一定的破坏作用。

五、方法论

方法论是《道德经》中所占篇幅最大的内容，其目的就是要具体说明为君者如何处世，应该具有什么样的品德才能实现天下大治。当然，对于一般人而言，这一切同样也具有借鉴意义，而这也就是《道德经》不仅是一本帝王如何治国的教科书，同时对每个人也具有异常深远的作用与意义。

"为无为，事无事，味无味。大小多少，报怨以德。图难于其易，为大于其细；

天下难事，必作于易；天下大事，必作于细。是以圣人终不为大，故能成其大。夫轻诺必寡信，多易必多难。是以圣人犹难之，故终无难矣。"（第六十三章）

老子的"无为"原则就是一切都要顺从自然规律办事而不能自行其是，而不是什么无所事事的不作为。老子理想中的"圣人"对待天下，都是持"无为"的态度，也就是顺应自然的规律去"为"，所以叫"为无为"。把这个道理推及到人类社会的通常事务，就是要以"无事"的态度去办事。因此，所谓"无事"，就是希望人们从客观实际情况出发，一旦条件成熟，水到渠成，事情也就做成了。这里，老子不主张统治者任凭主观意志发号施令，强制推行什么事。"味无味"是以生活中的常情去比喻，这个比喻是极其形象的，人要知味，必须首先从尝无味开始，把无味当作味，这就是"味无味"。接下来，老子又说，"图难于其易"。这是提醒人们处理艰难的事情，须先从细易处着手。面临着细易的事情，却不可轻心。"难之"，这是一种慎重的态度，缜密的思考、细心而为之。本章格言，对于人们来讲，无论行事还是求学，都是不移的至理。这也是一种朴素辩证法的方法论，暗合着对立统一的法则，隐含着由量变到质变的飞跃的法则。同时，我们也看到，本章的"无为"并不是讲人们无所作为，而是以"无为"求得"无不为"，他说"是以圣人终不为大，故能成其大"。这正是从方法论上说明了老子的确是主张以无为而有所作为的。

"治人事天，莫若啬。夫唯啬，是谓早服；早服谓之重积德；重积德则无不克；无不克则莫知其极，莫知其极，可以有国；有国之母，可以长久。是谓根深固柢，长生久视之道。"（第五十九章）

守为上或后发制人，凡事以守中待动、进退自如、后发制人为上策，或者说采取守势原则，这是老子依据玄律而提出的又一处世原则和方法。本章讲治国与养生的原则和方法。从文字上看，老子讲了与别人不同的这样一个道理，他把啬当作人修身养性的重要美德加以颂扬，而不是专指财物的爱惜。老子认为，啬就是在精神上注意积蓄、养护、厚藏根基，培植力量。真正做到精神上的"啬"，只有积累雄厚的德，有了德，也就接近了道，这就与圣人治国联系到一起了。这里，把"啬"解释为节俭也可以，因为就老子而言，他十分重视"俭"德，这也是道家一贯的思想特征。

"江海之所以能为百谷王者，以其善下之，故能为百谷王。是以圣人欲上民，必以言下之；欲先民，必以身后之。是以圣人处上而民不重，处前而民不害。是以天下乐推而不厌。以其不争，故天下莫能与之争。"（第六十六章）

无私，这既是老子提出的处世原则和方法，也是老子提倡的"圣人"品德，所以，它也是老子的人生观和处世之道的基本组成部分。《道德经》第七章就是这种思想。本章讲的是"不争"的政治哲学。老子通过大国与小国的关系，讲了"大者宜为下"的道理，也讲了"圣人"也要"为下"。他认为，统治者应该处下、居后，这样才能对百姓宽厚、包容，就好像居于下游的江海可以包容百川之水那样。本章开头用江海作比喻，这和第三十二章"譬道之在天下，犹川谷之于江海"的意思相同。老子喜欢用江海来比喻人的处下居后，同时也以江海象征人的包容大度。

"天下莫柔弱于水，而攻坚强者莫之能胜，以其无以易之。弱之胜强，柔之胜刚，天下莫不知，莫能行。是以圣人云：'受国之垢，是谓社稷主；受国不祥，是为天下王。'正言若反。"（第七十八章）

守柔原则，由于"反者，道之动；弱者，道之用"是老子世界观的基本观点，所以，弱小者必然会转变为强大，强大者则必然会同步转变为弱小，从而柔弱必然胜刚强就成了道的基本运动规律，同时也成为老子处世的基本依据。老子也由此而提出了知雄守雌、坚守柔弱而永葆青春活力和蓬勃生机的处世之道。

本章以水为例，说明弱可以胜强、柔可以胜刚的道理。水最为柔弱，但柔弱的水可以穿透坚硬的岩石。水表面上软弱无力，却有任何力量都不能抵挡的力量。这就清楚地说明，老子所讲的软弱、柔弱，并不是通常人们所说的软弱无力的意思。此处，由于水性趋下居卑，因而老子又阐扬卑下屈辱的观念，实际上反而能够保持高高在上的地位，具有坚强的力量。本章后面有一句话："正言若反"，集中概括了老子辩证法思想，其含义十分深刻、丰富。

"大成若缺，其用不弊。大盈若冲，其用不穷。大直若屈，大巧若拙，大辩若讷。静胜躁，寒胜热。清静为天下正。"（第四十五章）

追求一种否定之否定阶段的成就和目标，如若愚之大智、似弱之实强等，这是老子反复强调和论述的一个重要观点或处世之道。这一章在内容上和行文上，都可以说是第四十一章的继续，是讲内容和形式、本质和现象的辩证关系。第四十一章讲的是"道"，本章讲的是"人格"。其中"大成""大盈"的人格形态；"若缺""若冲""若屈""若拙""若讷"的外在表现，都是说明一个完美的人格，不在外形上表露，而为内在生命的含藏内收。

> "勇于敢则杀，勇于不敢则活。此两者，或利或害。天之所恶，孰知其故？是以圣人犹难之。天之道，不争而善胜，不言而善应，不召而自来，繟然而善谋。天网恢恢，疏而不失。"（第七十三章）

善谋，凡事要善于动脑筋想办法，善于利用人的谋略，而不是只会逞匹夫之勇，这是老子所提倡的又一处世原则和方法。本章主要讲人生哲学。第一层意思是柔弱胜坚强，第二层意思是天道自然。这两层意思之间是相互沟通的。老子认为，两种不同的勇，会产生两种不同的结果，一则遭害，一则存活。"勇于敢则杀，勇于不敢则活"。自然界的万事万物只要依照自然的规律变化和发展，都会有好的结果，不会有什么漏失。在这里，老子讲了自然无为的人生哲学，细细读来，颇能启迪人的心灵。

> "持而盈之，不如其已；揣而锐之，不可长保。金玉满堂，莫之能守；富贵而骄，自遗其咎。功成身退，天之道也。"（第九章）

适可而止，凡事要知足，要适可而止，而不能走极端，以避免物极必反，这是老子提出的又一处世之道。这一章讲一般人的为人之道，主旨是要留有余地，不要把事情做得太过，不要被胜利冲昏头脑。老子认为，不论做什么事都不可过度，而应该适可即止，锋芒毕露，富贵而骄，居功贪位，都是过度的表现，难免招致灾祸。一般人遇到名利当头的时候，没有不心醉神往的，没有不趋之若鹜的。老子在这里说出了知进而不知退、善争而不善让的祸害，希望人们把握好度，适可而止。本章的主旨在于写"盈"。"盈"即是满溢、过度的意思。自满自骄都是"盈"的表现。持"盈"的结果，将难免于倾覆的祸患。所以老子谆谆告诫人们不可"盈"，一个人在成就了功名之后，就应当身退不盈，才是长保之道。

第三节
家训之鼻祖：《颜氏家训》

知识目标：

• 了解中国古代家训的发展简史。

• 牢记古代各期主要家训著作及其影响。

• 牢记《颜氏家训》的基本内容及历史地位。

能力目标：

• 能汲取《颜氏家训》中教子的观点用于现代家庭教育。

• 能汲取《颜氏家训》中兄弟、治家的观点用于现代家庭建设。

• 能汲取《颜氏家训》中勉学、风操、养生的观点用于自我修养提升。

• 能理解家训在个人成长、家庭建设和社会发展的意义。

素养目标：

• 自觉运用自己家族的家训进行个人修身和家庭管理。

• 汲取中国古代家训精华用于社会主义精神文明建设。

　　自古有家便有训，中国家训肇端久远，但今天能见到的最早家训则是《尚书》中周公的《训子伯禽》。至春秋战国时，家训尚未独立成文，多为夹杂在《论语》《韩非子》《吕氏春秋》中的片言只语，多为后人追忆以家教故事流传下来。秦汉时代，单篇训诫相继问世，如刘邦的《手敕太子》、司马谈的《遗训》、刘向的《诫子歆》和《胎教》、马援的《诫兄子严敦书》、疏广的《告兄子言》、樊宏的《戒子言》、张奂的《戒兄子书》、郑玄的《戒子益恩书》、蔡邕的《女训》等。这些虽为后世独立成篇家训的出现奠定了根基，却多是零碎短篇。魏晋200余年间，单篇家训作品众多，且佳作居多。如曹操的《诸儿令》《戒子植》与《遗令》、刘备的《遗诏敕后主》、诸葛亮的《诫子书》与《诫外甥书》、羊祜的《诫子书》、嵇康的《家诫》等。

南北朝至隋唐，可谓家训发展之成熟期。此期之家训文献不仅有条文形式，如徐勉的《诫子崧书》，更诞生了一部独立成书之专著《颜氏家训》。而《颜氏家训》的问世则标示了中国家训的正式形成。它因此被誉为"古今家训之祖"，为历代家训之楷模。于此之后专著之家训亦相继问世，如唐太宗的《帝范》（另有《诫吴王恪书》《戒皇属》等短篇）、柳玭之《柳氏家训》、宋若昭姊妹的《女论语》、李恕的《戒子拾遗》等，以上作品后渐在社会上流传，影响较大。尤其是唐太宗的《帝范》，为后世历代帝王执政之典范；而《女论语》对后世女性温柔贤良品性的形成仍有重要的影响。

到了宋代，由于社会、政治、经济等多种因素的影响，家训进入了全面发展时期，各种家训作品层出不穷，如范仲淹的《告诸子及弟侄书》、欧阳修的《家诫二则》、苏洵的《名二子说》与《安乐铭》、安石的《赠外孙》、黄庭坚的《家戒》、司马光的《训子孙文》《训俭示康》《温公家范》、陆游的《放翁家训》、袁采的《袁氏世范》、朱熹的《训蒙诗》等。这些作品多以活泼、新颖、具体生动的言辞和恳切的方式教育后嗣，与前有所不同。而此时汇集各种家训作品的总集也开始刊行，如孙欣的《古今家训》、刘清之的《戒子通录》等。简而言之，此时期的家训已不再局限于家庭或家族内部，它们逐渐走向社会化和大众化。而辽夏金三朝，家训作品有却不多，影响不大。元代，家训的发展转入低潮，除郑太和的《郑氏规范》较知名外，余多为零散篇章，且不少家训文献散佚以致今天难以探究其详。

明清时期是家训发展的高峰期。表现之一是家训作品大量增加。仅明一代至今可知的家训作品就多达90余部（篇），如方孝孺的《家议》、明宣宗的《寄从子希哲》、庞尚鹏的《庞氏家训》、霍韬的《霍渭厓家训》、周怡的《勉谕儿辈》、袁衷的《庭帏杂录》等。清代也不少，多达60余部（篇），如张履祥的《训子语》与《示儿》、王夫之的《示侄孙生蕃》与《示子侄》、康熙的《圣谕广训》与《庭训格言》、郑板桥的《谕麟儿》与《又谕麟儿》、左宗棠的《致孝威孝宽》等。这些文献中有众多独具特色的佳作，如孙奇逢的《孝友堂家规》、朱柏庐的《治家格言》、张履祥的《张杨园训学语》、曾国藩的

《曾文正公家训》等具有典型意义和史料价值的作品，表现之二即出现了众多家训辑录丛书，如明秦坊的《范家集略》、清陈弘藻的《教女遗规》《训保俗遗规》、阎敬铭《有诸己斋格言丛书》、张师载《课学随笔》等。这些文献为今天的家训研究提供了极大方便。

誉称为"家训鼻祖"的《颜氏家训》成书于隋文帝杨坚时期，经过颜家后人及世人再三翻刻，成了家训类教育书籍中流传最广的家训之一。全书共七卷二十篇，内容广泛涉及儒学、佛学、道家、玄学、史学、文学、音韵、训诂、风俗习惯以及当时各地的生活方式，主要是以传统儒家思想教育子弟，讲如何修身、治家、处世、为学等。

自从《颜氏家训》问世以来，由于历代士大夫的极力推崇，佛教徒的广为征引，以及历代藏书家和颜氏后裔的一再翻刻重印，此书佳评如潮。晁公武《郡斋读书志》言："述立身治家之法，辨正世俗之谬。其书内容主旨多讲立身、治家、处世之道。"陈振孙评此书"古今家训，以此为祖。"[1]清人王钺亦誉该书"篇篇药石，言言龟鉴，凡为人子弟者，可家

图 4-6　颜氏家训

置一册，奉为明训，不独颜氏。"[2]由此可见，《颜氏家训》一书在中国古代社会影响之大。一部本意只为"整齐门内，提撕子孙"的家训，如此长盛不衰，无疑表明该书适应了封建社会中儒家知识分子注重家庭教育的需要。

作者为北齐颜之推，祖籍琅邪临沂人。梁湘东王萧绎镇荆州，以之推为其国左常侍。后随绎子萧方诸出镇郢州，掌书记。侯景陷郢州，几乎被杀，因救获免，押送建业。侯景之乱平息后，还江陵。萧绎称帝，任为散骑侍郎。西魏攻破江陵，被俘送长安。不久投奔北齐。官至黄门侍郎，平原太守。仕齐 20 年，不忘故国。北齐亡后入北周，为御史上士。隋开皇中，太子召为学士，后病逝。颜之推一生，历仕四朝，多次险遭杀身之祸，因此深怀忐忑之虑。曾著《观我生赋》叙其生平，文词清远，后世多将此赋予庾信《哀江南赋》并称。原有文集，已佚。

---

① ［南宋］陈振孙：《直斋书录解题》，元钞本。
② 张利民主编：《象山历代家训研究》，宁波出版社 2016 年版，第 14 页。

一、论教子

《教子》讲的是教育子女的问题。颜之推在这一篇中提出了几个关于教育子女的重要原则，对我们今天做父母的仍然有参考价值。《颜氏家训·教子》开篇云：

> 上智不教而成，下愚虽教无益，中庸之人，不教不知也。古者圣王，有胎教之法，怀子三月，出居别宫，目不邪视，耳不妄听，音声滋味，以礼节之。书之玉版，藏诸金匮。生子咳提，师保固明孝仁礼义，导习之矣。凡庶纵不能尔，当及婴稚识人颜色，知人喜怒，便加教诲，使为则为，使止则止。比及数岁，可省笞罚。父母威严而有慈，则子女畏慎而生孝矣。吾见世间无教而有爱，每不能然，饮食运为，恣其所欲，宜诫翻奖，应呵反笑，至有识知，谓法当尔。骄慢已习，方复制之，捶挞至死而无威，忿怒日隆而增怨，逮于成长，终为败德。孔子云："少成若天性，习惯如自然。"是也。俗谚曰："教妇初来，教儿婴孩。"诚哉斯语！

颜之推认为，教育对孩子的成长起到了很重要的作用。"上智不教而成，下愚虽教无益，中庸之人，不教不知也。"就是说，除了天才和傻子，其他人都是"不教不知"的，都要在接受教育中成长。他自己刚满九岁时，父母就死了，所以"肆欲轻言，不修边幅"，放纵自己了。长大以后，才渐渐明白：人是要磨炼节操德行的。但自己"习若自然，卒难洗荡"（习惯放纵，难以改正），因此，"每常心共口敌，性与情竞，夜觉晓非，今悔昨失，自怜无教，以至于斯"（经常心中想的和嘴巴说的不一致，理智和感情互相冲突；到了晚上才知道白天做错了事，到了今天才明白昨天有了过失。只可惜自己没有家教，以致落到了这般境地）。颜之推因为自己经历了没有家教的人生感受，所以明白了家庭教育的重要性。

第一，教育宜早。颜之推引用一句俗谚："教妇初来，教儿婴孩。"意思是，教育媳妇趁初来，不然媳妇来久了再教育，那就只有吵架了；教育孩子要赶早，否则，小孩恶习成性，就难根除了。他还引用孔子的话："少成若天性，习惯如自然。"强调了及早对孩子教育的重要性。那么，早教育，早到何时为最佳呢？颜之推说：皇帝老儿有胎教之法，"怀子三月，出居别宫，目不邪视，耳不妄听，音声滋味，以礼节之"；小家伙"识人颜色，知人喜怒"的时候，"便加教诲，使为则为，使止则止"。

第二，要从严教育。颜之推认为，父母都希望子女成才，只不过在教育的过程中，一严格起来就有些于心不忍。责骂孩子，怕他们脸面不好受（"伤其颜色"）；动手打孩子，怕他们受皮肉之苦（"惨其肌肤"）。可是如果不打不骂，岂不成溺爱了吗？ 而溺爱往往会给孩子的未来酿成悲剧。颜之推以北齐武成帝的儿子琅琊王为例，说明了溺爱的不可取。这位琅琊王，是太子的同母弟弟，"生而聪慧，帝及后并笃爱之，衣服饮食，与东宫相准。"他因为聪明而深得武成帝和皇后的宠爱，吃住标准完全跟太子一样。这种宠爱持续下来，"年十许岁，骄恣无节，器服玩好，必拟乘舆"，就是说：太子哥哥有月亮，他小老弟就不能只拿星星。后来，他居然因为讨厌宰相而假传圣旨杀之。最后，他落了个"幽薨"（被幽禁至死）的结局。因此，颜之推特别强调父子之间的关系。

> 父子之严，不可以狎；骨肉之爱，不可以简。简则慈孝不接，狎则怠慢生焉。由命士以上，父子异宫，此不狎之道也；抑搔痒痛，悬衾箧枕，此不简之教也。或问曰："陈亢喜闻君子之远其子，何谓也?"对曰："有是也。盖君子之不亲教其子也。《诗》有讽刺之辞，《礼》有嫌疑之诫，《书》有悖乱之事，《春秋》有邪僻之讥，《易》有备物之象：皆非父子之可通言，故不亲授耳。"

距离产生美感。父子之间亦是如此。父子间过于亲昵，则子女便会失去敬畏之心，严肃的事情可能演化成嘻嘻哈哈，父亲便会失去应有的教育作用。

第三，要注意正确引导。教育孩子的大方向一定要正确。如果这个大方向把握不准，大问题就会出现。颜之推认为，"孝仁礼义"是家庭教育的一个主要内容。只要"父威严而有慈，则子女畏惧而生孝矣"。也就是说，孝心是培养出来的。而很多家长没有意识到这一点，以为弯曲的树苗长大以后会自然挺直。所以，很多家长对孩子的饮食活动等，"恣其所欲"，"宜诫翻奖，应呵反笑"。这种所谓的教育方式会误导孩子，"至有识知，谓法当尔"。而事实上，教育子女不当，更是父母之过。因此，对小孩的引导，如果方向对，小孩就走正道；方向不对，小孩就有可能走邪道。颜之推举例告诫子孙：

> 齐朝有一士大夫，尝谓吾曰："我有一儿，年已十七，颇晓书疏。教其鲜卑语及弹琵琶，稍欲通解，以此伏事公卿，无不宠爱，亦要事也。"吾时俛而不答。异哉，此人之教子也！ 若由此业，自致卿相，亦不愿汝曹为之。

第四，要奖罚分明。该奖就奖，绝不吝啬；该罚就罚，毫不留情。这样，才能让孩子"成其勋业"。他举例子说:"梁元帝时,有一学士,聪敏有才,为父所宠,失于教义;一言之是,遍于行路,终年誉之;一行之非,掩藏文饰,冀其自改。年登婚宦,暴慢日滋,竟以言语不择,为周逖抽肠衅鼓云。"惨剧的酿成,根本原因就在于溺爱,在于当罚不罚,不当奖却乱奖也。

当然,颜之推的教子理念远不止上述这些。例如,他提到多个子女的教育,不能偏爱,要一视同仁("贤俊者自可赏爱,顽鲁者亦当矜怜")。他还提到,教小孩去献媚他人,降低人格尊严,这是很可鄙的事,等等。可以说,颜之推先生在1400多年前提出的这些教育理念,如今依然熠熠生辉,令人敬佩不已。

二、论兄弟

1936年10月19日清晨,鲁迅与世长辞,享年55岁。消息传到北京,周作人并没去上海,却在北大法学院礼堂参加了纪念会。鲁迅病逝第二天,周作人恰好有一堂《六朝散文》课,他没有请假,而是挟着一本《颜氏家训》缓缓地走进教室。在长达一个小时的时间里,周作人始终在讲颜之推的《兄弟》篇。下课铃响了,周作人挟起书说:"对不起,下一堂课我不讲了,我要到鲁迅的老太太那里去。"这个时候,大家才发现周作人的脸色非常难看。就是这样的一篇文章,让周氏兄弟多年的恩怨瞬间冰释,也让我们体会到血浓于水的温馨。

《颜氏家训·兄弟》开篇云:

> 夫有人民而后有夫妇,有夫妇而后有父子,有父子而后有兄弟:一家之亲,此三而已矣。自兹以往,至于九族,皆本于三亲焉,故于人伦为重者也,不可不笃。兄弟者,分形连气之人也,方其幼也,父母左提右挈,前襟后裾,食则同案,衣则传服,学则连业,游则共方,虽有悖乱之人,不能不相爱也。及其壮也,各妻其妻,各子其子,虽有笃厚之人,不能不少衰也。娣姒之比兄弟,则疏薄矣;今使疏薄之人,而节量亲厚之恩,犹方底而圆盖,必不合矣。惟友悌深至,不为旁人之所移者,免夫!

第一,兄友弟恭,家庭和睦。

颜之推认为,夫妇、父子、兄弟关系是人伦中最重要的三种关系,一个家庭中的亲人，就是这三种关系，九族的亲属，也都是这三种关系的延伸，绝不可以轻慢这种亲情。从一家之亲，到九族人伦，中国的整个社会也就在这样的一个关系网中紧密联系着。颜之推对兄弟关系十分看重，认为兄弟和睦对家庭的巩固有着巨大作用。兄弟幼小时期关系很密切。双亲去世后，兄弟应该互相照顾，当如行与影、声音和声响一样密切。兄弟关系不和睦将会影响到整个家庭的稳定，而且兄弟之间也要兼顾情礼。"事兄"同于"事父"，"爱弟"及于"爱子"。颜之推重视三伦关系，进一步发展了"父慈子孝，兄友弟恭，夫义妇顺"思想，展现以礼为重的思想。

第二，兄弟要相互宽容和忍让。

颜之推一生，历仕四朝，"三为亡国之人"，饱尝离乱之苦，可谓言由心生，字字珠玑。在他的解说当中紧紧抓住"兄弟"这个家庭发展当中最主要也是最容易被考验的关系向我们阐释了维系血浓于水的重要性。"兄弟者，分形连气之人也。方其幼也，父母左提右挈，前襟后裾，食则同案，衣则传服，学则连业，游则共方，虽有悖乱之人，不能不相爱也"，在这一过程当中也培养了深厚的兄弟之情，他们学会了彼此宽容、忍让，学会了分享、给予，也学会了团结和友爱，即使兄弟之间有吵吵闹闹，也会很快弥合，否则：

> 兄弟不睦，则子侄不爱；子侄不爱，则群从疏薄；群从疏薄，则僮仆为仇敌矣。如此，则行路皆踏其面而蹈其心，谁救之哉！人或交天下之士，皆有欢爱，而失敬于兄者，何其能多而不能少也！人或将数万之师，得其死力，而失恩于弟者，何其能疏而不能亲也！

第三，维持兄弟感情，要处理好妯娌关系。

从兄弟的成长过程当中，人们学会了宽容、分享等优秀的品质，而这些品质的强弱参差不齐，水分也较多，还需要实践的考验。它们迎接的第一个考验就是兄弟要成家立业，"及其壮也，各妻其妻，各子其子"，文章也很明确地告诉我们"虽有笃厚之人，不能不少衰也"，兄弟之间的感情不再像幼年那样亲密无间，各自忙着自己的事情，也是理所当然，但是更大的考验却是妯娌之间：

> 妯娌者，多争之地也。使骨肉居之，亦不若各归四海，感霜露而相思，伫日月之相望也。况以行路之人，处多争之地，能无间者鲜矣。所以然者，以其当公务而

执私情，处重责而怀薄义也。若能恕己而行，换子而抚，则此患不生矣。人之事兄，不可同于事父，何怨爱弟不及爱子乎？是反照而不明也！

在这样的情况下，考验的不仅仅是责任的归属、情感的亲疏，还有一个人的眼界和能力。兄弟之情来自父母，来自手足，比较来说，妻儿更像是自己的一份"私人财产"，无论是从持家能力还是办事能力上来说，责己为顾大局，思不足才能家和万事兴，如此说来，做事尤其是家事，不得不谨慎。兄弟之情，得自父母，分形连气，是彼此的翻版，或者说是另一个自己，本就该相互爱惜。兄弟相互提携，步调一致，才能行得远，推而广之，四海之内皆兄弟，何患身不立国不强呢？ 相反，如果兄弟之间尚不能相互宽容，四海结交又有什么意义？"人或交天下之士，皆有欢爱，而失敬于兄者，何其能多而不能少也！人或将数万之师，得其死力，而失恩于弟者，何其能疏而不能亲也"，如果兄弟不和而有能交天下者，不是妄谈，必是居心叵测之人，不足取信天下。

三、论治家

家庭是社会的基本单位，也是古代士人"修齐治平"儒家理想的起点。政治与人的生活命运息息相关。政，亦正。正己，正人，正心，正念，正言，正行，正事，正家。治家乃男人的本分，持家是女人的本分。治家以正家为本。颜之推非常重视家庭治理，除了对儿童进行良好教育外，在《颜氏家训·治家》中还提出以下观点。

第一，环境育人，长辈需要树立榜样，以身作则，上行下效。

> 夫风化者，自上而行于下者也，自先而施于后者也，是以父不慈则子不孝，兄不友则弟不恭，夫不义则妇不顺矣。父慈而子逆，兄友而弟傲，夫义而妇陵，则天之凶民，乃刑戮之所摄，非训导之所移也。

> 笞怒废于家，则竖子之过立见；刑罚不中，则民无所措手足。治家之宽猛，亦犹国焉。

父慈则子孝，兄友则弟恭。为人师长者，以身作则，言传身教。这是家教的基本原则和方法。推而广之，国家的治理亦如治家，统治者的一言一行直接影响着下属，上行下效。在家庭教育中，颜之推强调"榜样示范"的原则，榜样可使道德准则及行为规范具体化、形象化、人格化，因而具有极大的感染力、吸引力、鼓动力，为历代教育家所重视。同时，颜之推主张适度的"惩罚"措施，做到说教与惩罚结合。推而广之，治国亦如此，做到德治与法治相结合。

第二，在物质生活上，要做到奢俭兼顾，不可偏颇。

> 孔子曰："奢则不孙，俭则固；与其不孙也，宁固。"又云："如有周公之才之美，使骄且吝，其余不足观也已。"然则可俭而不可吝已。俭者，省约为礼之谓也；吝者，穷急不恤之谓也。今有施则奢，俭则吝；如能施而不奢，俭而不吝，可矣。

崇尚俭朴，是中华民族的传统美德，但俭朴之人却往往失之吝啬；乐善好施，也是中华民族的优良传统，但好施之人却往往失之于奢侈。颜之推努力培养子孙"施而不奢，俭而不吝"的完善品格。

第三，以农为本，重视农业生产。

> 生民之本，要当稼穑而食，桑麻以衣，蔬果之畜，园场之所产；鸡豚之善，埘圈之所生。爰及栋宇器械，樵苏脂烛，莫非种殖之物也。至能守其业者，闭门而为生之具以足，但家无盐井耳。今北土风俗，率能躬俭节用，以赡衣食；江南奢侈，多不逮焉。

在农业社会，重视农业生产劳动是齐家养家的最主要方面。在颜之推看来，通过农业生产劳动体验农事的艰辛，可使人珍惜粮食、重视农业劳动，其意在教育子弟在重学的同时，要充分认识到重农务本。颜之推熟悉农业生产，他列举了诸多稼穑种植中的日用农物，意在教导子弟要能守农桑本业，做到勤俭有度，确保家人生活用度无忧。颜之推还在《颜氏家训·涉务》篇中批评当时的文学之士只知"保俸禄之资，不知有耕稼之苦；肆吏民之上，不知有劳役之勤，故难可以应世经务也"的腐化风气，并进而指出："古人欲知稼穑之艰难，斯盖贵谷务本之道也。夫食为民天，民非食不生矣，三日不粒，父子不能相存。"后来的历代家训中也非常重视农业。如诗人陆游写有众多的家教诗，有一首《示儿》开头就写："舍东已种百本桑，舍西仍筑百步塘，早茶采尽晚茶出，小麦方秀大麦黄。"在这首诗中，他还表达了读书和与子弟们谈论国事的喜悦，但末尾仍不忘提醒子弟："愿儿力耕足衣食，读书万卷真何益！"教育子弟热爱劳动、喜欢学习、关心国事，他的很多家教诗都表达了相似或相近的主旨。在《示子孙》中，他说："吾家世守农桑业，一挂朝衣即力耕"，仍是要子弟坚守世代耕作的好家风。

第四，婚姻主张清寒的配偶。

> 妇人之性，率宠子婿而虐儿妇。宠婿，则兄弟之怨生焉；虐妇，则姊妹之谗行焉。然则女之行留，皆得罪于其家者，母实为之。至有谚云："落索阿姑餐。"此其相报也。家之常弊，可不诫哉！

> 婚姻素对，靖侯成规。近世嫁娶，遂有卖女纳财，买妇输绢，比量父祖，计较锱铢，责多还少，市井无异。或猥婿在门，或傲妇擅室，贪荣求利，反招羞耻，可不慎欤！

颜之推特别强调了婚姻嫁娶中的利益因素，在他看来，建立在利益基础上的婚姻是婚姻破裂的一个重要原因。美好的婚姻，不能贪荣求利，如果过分地贪荣求利，反而会招来耻辱。因此颜之推主张：婚姻结合，主张门当户对，应当选择清白人家，不要攀缘权势。并且他还批评当时社会婚姻现象，家族为子女择偶时，往往又贪图彩礼与嫁妆，乃至"卖女纳财，买妇输绢"，最终"责多还少，市井无异"，把婚姻做成了买卖，令人愤懑。在颜之推看来，在婚姻问题上贪荣求利的下场，便是"猥婿在门，傲妇擅室"，自招羞耻。

第五，治家适度，严慈适中。颜之推列举当朝事例，让子孙从中得到启示。

> 梁孝元世，有中书舍人，治家失度，而过严刻，妻妾遂共货刺客，伺醉而杀之。

> 世间名士，但务宽仁；至于饮食馈馈，僮仆减损，施惠然诺，妻子节量，狎侮宾客，侵耗乡党：此亦为家之巨蠹矣。

魏晋南北朝时候的士族基本上是一种自给自足的经济体，这种家庭只要调度得当，不懒惰不浪费，基本上都可以做到丰衣足食。当时北方的风俗，大多能做到力行俭省，以保障衣食之需；江南地区的风俗则奢侈浪费，在节俭持家方面大多不及北方。不恰当地管理钱财，会有什么麻烦呢？ 颜之推举了几个例子，阐述如果治家失度，管理不善，僮仆懒惰，家人浪费，就会带来一系列恶果：有的治家过于严苛，结果被妻妾买来的刺客杀死，或者死后兄弟争财而互相残杀；有的是对僮仆、妻子过于宽松，使得他们敢于克扣施予，中饱私囊，而得罪宾客、乡党。

四、论风操

风操，指人的志行品德。颜之推以他一生的经验，结合当时社会的变迁，专作《颜氏家训·风操》主要讨论士大夫家的风度节操。颜之推主要讨论了三个问题：避讳问题、称谓问题及与丧事有关的问题。黄永年说："这些问题在魏晋南北朝的门阀士族中是极其讲究的，但进入唐代，门阀士族解体以后，已很少受人重视了。"①时过境迁，这些内容对当今教育也有重要借鉴意义。

第一，个人修身学习内容以《礼经》为参考，并会与时俱进，随机应变。

> 吾观《礼经》，圣人之教：箕帚匕箸，咳唾唯诺，执烛沃盥，皆有节文，亦为至矣。但既残缺，非复全书；其有所不载，及世事变改者，学达君子，自为节度，相承行之，故世号士大夫风操。而家门颇有不同，所见互称长短；然其阡陌，亦自可知。昔在江南，目能视而见之，耳能听而闻之；蓬生麻中，不劳翰墨。汝曹生于戎马之间，视听之所不晓，故聊记录，以传示子孙。

颜之推说，我读《礼经》，圣人的教诲：为长辈清除秽物时如何使用粪箕和扫帚，进餐时怎样选择匙子、筷子；在父母公婆前不能随意嚏咳、欠伸，要学会如何答应，或应承他们。酒席宴会上如何执烛，服侍长辈如何洗手，"皆有节文"，都有一定节制规范，"亦为至矣"说得很周详了。可惜《礼经》已经残缺了，不再是全本，有些礼节上面也没有记载，有些世事变化，也得修改，于是，"学达君子，自为节度，相承行之"，博学通达的君子，自己权衡度量，继承并实行之。"故世号士大夫风操"，因此，人们把这些礼仪规范称为士大夫风操。

第二，称呼避讳要符合场景。

> 周公名子曰禽，孔子名儿曰鲤，止在其身，自可无禁。至若卫侯、魏公子、楚太子，皆名虮虱；长卿名犬子，王修名狗子，上有连及，理未为通，古之所行，今之所笑也。北士多有名儿为驴驹、豚子者，使其自称及兄弟所名，亦何忍哉？前汉有尹翁归，后汉有郑翁归，梁家亦有孔翁归，又有顾翁宠；晋代有许思妣、孟少孤，如此名字，幸当避之。今人避讳，更急于古。凡名子者，当为孙地。吾亲识中有讳襄、讳友、讳同、讳清、讳和、讳禹，交疏造次，一座百犯，闻者辛苦，无僇赖焉。昔司马长卿慕蔺相如，故名相如，顾元叹慕蔡邕，故名雍，而后汉有朱伥字孙卿，

① 黄永年译注：《颜氏家训选译》，巴蜀书社1991年版，第42页。

> 许遄字颜回，梁世有庚晏婴、祖孙登，连古人姓为名字，亦鄙事也。

中国人取名，向来讲究音形并重，突出个性，寄托着父母对子女的殷切期望与美好祝福。好的名字无形中也可以对人起到一定的激励作用。过分俗气或一味模仿、追求流行往往会造成同名同姓，给生活和工作带来诸多不便。颜之推赞同对先人和长辈避讳，但却不建议太拘泥于教条。比如，父亲的名字带个严厉的严字，孩子当官后，一看到书信里有"严寒"，就痛哭流涕，这个，就实在有点过头了，着实有失士人的风度。

第三，南北朝风俗各异，需要随风易俗。

> 南人冬至岁首，不诣丧家；若不修书，则过节束带以申慰。北人至岁之日，重行吊礼；礼无明文，则吾不取。南人宾至不迎，相见捧手而不揖，送客下席而已；北人迎送并至门，相见则揖，皆古之道也，吾善其迎揖。

南方人在冬至、岁首这两个节日中，不到办丧事的人家去；如果不写信志哀，就过了节再穿戴整齐亲往吊唁，以示慰问。北方人在冬至、岁首这两个节日中，特别重视吊唁活动，这在礼仪上没有明文记载，我是不赞同的。南方人不兴迎接客人，见面时只是拱手而不弯腰，送客仅仅离开坐席而已；北方人迎送客人都到门口，相见时躬身为礼，这些都是古代的遗风。

第四，悼念死去长辈，把握尺度。

> 二亲既没，所居斋寝，子与妇弗忍入焉。北朝顿丘李构母刘氏夫人亡后，所住之堂，终身锁闭，弗忍开入也。夫人，宋广州刺史纂之孙女，故构犹染江南风教。其父奖，为扬州刺史，镇寿春，遇害。构尝与王松年、祖孝徵数人同集谈讌。孝徵善画，遇有纸笔，图写为人。顷之，因割鹿尾，戏截画人以示构，而无他意。构怆然动色，便起就马而去。举座惊骇，莫测其情。祖君寻悟，方深反侧，当时罕有能感此者。吴郡陆襄，父闲被刑，襄终身布衣蔬饭，虽姜菜有切割，皆不忍食；居家唯以掐摘供厨。江宁姚子笃，母以烧死，终身不忍啖炙。豫章熊康父以醉而为奴所杀，终身不复尝酒。然礼缘人情，恩由义断，亲以噎死，亦当不可绝食也。

人莫忘根，人毋忘本，父母之恩当常思，父母之情应常念。然而思念父母，到了阴魂不敬的程度，儿子虽孝，也实属荒唐。

第五，爱惜人才，以礼相待。

> 昔者，周公一沐三握发，一饭三吐餐，以接白屋之士，一日所见者七十余人。晋文公以沐辞竖头须，致有图反之谗。门不停宾，古所贵也。失教之家，阍寺无礼，或以主君寝食嗔怒，拒客未通，江南深以为耻。黄门侍郎裴之礼，号善为士大夫，有如此辈，对宾杖之；其门生僮仆，接于他人，折旋俯仰，辞色应对，莫不肃敬，与主无别也。

俗语说，有理不打上门客。待人傲慢，甚至拒人于门外，绝非一个有教养的人所为。热情好客礼貌待人是中华民族的优良传统，有助于建立良好的人际关系，创造健康文明的社会生活环境。

五、论勉学

颜之推身为士族之后，深受家族熏陶，加之自己博览群书，好学不倦，学问之长终有所成。他吸取前人治学经验，结合自身体会，提出许多关于学习的重要见解，对于学生或自学者，无不具有指导意义。

第一，学习目的：保身利行。

> 自古明王圣帝，犹须勤学，况凡庶乎！此事遍于经史，吾亦不能郑重，聊举近世切要，以启寤汝耳。士大夫子弟，数岁已上，莫不被教，多者或至《礼》《传》，少者不失《诗》《论》。及至冠婚，体性稍定；因此天机，倍须训诱。有志尚者，遂能磨砺，以就素业，无履立者，自兹堕慢，便为凡人。人生在世，会当有业：农民则计量耕稼，商贾则讨论货贿，工巧则致精器用，伎艺则沉思法术，武夫则惯习弓马，文士则讲议经书。多见士大夫耻涉农商，羞务工伎，射则不能穿札，笔则才记姓名，饱食醉酒，忽忽无事，以此销日，以此终年。或因家世余绪，得一阶半级，便自为足，全忘修学；及有吉凶大事，议论得失，蒙然张口，如坐云雾；公私宴集，谈古赋诗，塞默低头，欠伸而已。有识旁观，代其入地。何惜数年勤学，长受一生愧辱哉！

颜之推宣扬性三品说，他把人性分为三等，即上智之人、下愚之人和中庸之人。他说："上智不教而成，下愚虽教无益，中庸之人，不教不知也。"他认为上智之人是无须教育的，因为上智是天赋的英才，不学自知、不教自晓。其次，下愚之人"虽教无益"，尽管教他，都是无效果的，因为"下愚"是无法改变的。颜之推强调中庸之人必须受教育，因为不受教育就会无知识，陷于"不知"的愚昧状态。教育的作用就在于教育中庸之人，使之完善德性，增长知识。

> 夫明《六经》之指，涉百家之书，纵不能增益德行，敦厉风俗，犹为一艺，得以自资。父兄不可常依，乡国不可常保，一旦流离，无人庇荫，当自求诸身耳。谚曰："积财千万，不如薄伎在身。"伎之易习而可贵者，无过读书也。世人不问愚智，皆欲识人之多，见事之广，而不肯读书，是犹求饱而懒营馔，欲暖而惰裁衣也。夫读书之人，自羲、农已来，宇宙之下，凡识几人，凡见几事，生民之成败好恶，固不足论，天地所不能藏，鬼神所不能隐也。

关于教育的目的，颜之推指出："古之学者为人，行道以利世也；今之学者为己，修身以求进也。"行道的"道"自然是儒家之道，即儒家宣扬的那一套政治理想和道德修养的内容；"修身以求进"思想源于孔子的"修己以安人"，善于"为己"才能更有效地"利世也"。从这一教育目的出发，颜之推批判当时士大夫教育的腐朽没落，严重脱离实际，培养出来的人庸碌无能，知识浅薄，缺乏任事的实际能力。

> 梁朝全盛之时，贵游子弟，多无学术，至于谚云："上车不落则著作，体中何如则秘书。"无不熏衣剃面，傅粉施朱，驾长檐车，跟高齿屐，坐棋子方褥，凭斑丝隐囊，列器玩于左右，从容出入，望若神仙。明经求第，则顾人答策；三九公讌，则假手赋诗。当尔之时，亦快士也。及离乱之后，朝市迁革，铨衡选举，非复曩者之亲；当路秉权，不见昔时之党。求诸身而无所得，施之世而无所用。被褐而丧珠，失皮而露质，兀若枯木，泊若穷流，鹿独戎马之间，转死沟壑之际。当尔之时，诚驽材也。有学艺者，触地而安。自荒乱以来，诸见俘虏。虽百世小人，知读《论语》《孝经》者，尚为人师。虽千载冠冕，不晓书记者，莫不耕田养马。以此观之，安可不自勉耶？若能常保数百卷书，千载终不为小人也。

因此，颜之推认为传统的儒学教育必须改革，培养的既不是难以应世经务的清谈家，也不是空疏无用的章句博士，而是于国家有实际效用的各方面的统治人才，它包括：朝廷之臣、文史之臣、军旅之臣、藩屏之臣、使命之臣、兴造之臣。从政治家到各种专门人才，都应培养。这些人才应专精一职，具有"应世任务"的能力，是国家实际有用的人才。颜之推的这种观点，冲破了传统儒家的培养比较抽象的君子、圣人的教育目标，而以各种实用人才的培养作为教育的重要目标。

第二，教育内容：德艺同厚。

为了培养"行道以利世"的实用人才，颜之推提倡"实学"的教育内容。他认为培养出来的人才必须"德艺同厚"。所谓"德"，即恢复儒家的传统道德教育，加强孝悌仁义的教育。所谓"艺"，即恢复儒家的经学教育并兼及"百家之书"，以及社会实际生活所需要的各种知识和技艺。

关于"艺"的教育，当然是以五经为主。他认为学习五经，主要是学习其中立身处世的道理，"夫圣贤之书，教人诚孝，慎言检迹，立身扬名，亦已备矣。"但读书不能限于"五经"，还应博览群书，通"百家之言"。此外，他还重视学习"杂艺"。他认为在社会动荡的非常时期，学习"杂艺"可以使人在战乱"无人庇荫"的情况下"得以自资"，保全个体的生存和士族的政治、经济地位。颜之推倡导的"杂艺"内容相当广泛，主要包括文章、书法、弹琴、博弈、绘画、算术、卜筮、医学、习射、投壶等，这些技艺在生活中有实用意义，也有个人保健、娱乐的价值。但这些"杂艺""可以兼明，不可以专业"。

第三，关于学习态度和学习方法。

在学习方法方面，颜之推根据自己积累的经验与当时的现实，提出了勤学、切磋、眼学的主张。他认为学者自身是学习的主体，学习成绩如何主要取决于自己，而不取决于教育，所以要依靠自己的勤勉努力才能学有所得，任何学习者都应勤学，"自古明王圣帝，犹须勤学，况凡庶乎！"他还指出，虽然人们在才智上有着聪颖与迟钝的差别，但迟钝者只要勤学不倦，差距是可以缩短的，"钝学累功，不妨精熟"。钝学者如屡下工夫，也是可以达到精通和熟练程度的。

颜之推非常重视切磋交流在学习中的作用。他以《尚书》中"好问则裕"与《礼记》中"独学而无友，则孤陋而寡闻"作为理论依据，认为只有在学习上好问求教与切磋交流，方能互相启迪，较快地增进知识与避免错误。如果一个人闭门读书，不与外界交流，无师无友，则会使自己寡闻少见，闭塞思路，而且常常自以为是，不知纠己谬误，以致贻笑大方。因此，他提倡破除"独学而无友"的陋习，在良师益友之间相互切磋。

颜之推在学习上提倡踏实的学风，重视亲身观察获取的知识。他认为无论是谈说、作文，还是援引古今史实，都"必须眼学，勿信耳受"。耳听为虚，眼见为实。所谓"眼学"，包括书本知识与实践经验两方面。对于书本知识，必须阅读典籍，查考原文，如此方可信受，方可转述。对于实践经验的知识，也必须经自己亲自实践，下亲目勘查与穷源探本的功夫方可信实。他对当时士大夫们既不勤学典籍，又无社会实践经验，仅靠道听途说而获得的"学问"持怀疑态度。他认为这种所谓的"学问"不仅会以讹传讹，错误百出，无多大真实性，而且会引导人们"贵耳贱目"，所以应该克服这种倾向。自然，颜之推并非绝对地排斥"耳受"，一味提倡一切皆需"眼学"，而是认为耳闻的知识也有一定的价值，只不过应采取存疑的审慎态度，不轻易地转述。

颜之推的教育思想是当时社会现实的反映。虽然他的教育思想都是围绕如何加强士大夫子弟的教育这个中心而展开的，而且其中还有诸如提倡棍棒教育等迂腐观点，但是，他的许多主张是他自己治学治家经验的结晶，他所揭露的士大夫教育的腐朽也是他耳闻目见的产物，因此，他的教育思想仍有着相当的价值，值得我们研究与吸取。

颜之推强调学习要刻苦钻研，勤勉努力，他罗列了历史上许多动人事例，说明即使迟钝的人，只要勤学不倦，也可以达到精通和熟练的程度。同时，他认为人的一生都要学习，应珍惜时光，年幼"固需早教"，少年也不可"失机"，晚年如果"失于盛年，犹当晚学，不可自弃"。他说早年学习"如日出之光"，前途无量；而"老而学者"，虽然如"秉烛夜行"，但总比"瞑目而无见"要好得多。

> 俗间儒士，不涉群书，经纬之外，义疏而已。吾初八邺，与博陵崔文彦交游，尝说《王粲集》中难郑玄《尚书》事，崔转为诸儒道之，始将发口，悬见排蹙，云："文集只有诗赋、铭、诔，岂当论经书事乎？且先儒之中，未闻有王粲也。"崔笑而退，竟不以粲集示之。魏收之在议曹，与诸博士议宗庙事，引据《汉书》，博士笑曰："未闻《汉书》得证经术。"收便忿怒，都不复言，取《韦玄成传》，掷之而起。博士一夜共披寻之，达明，乃来谢曰："不谓玄成如此学也。"

学习贵知识丰富而忌孤陋寡闻。欲上知天文，下知地理，须广泛涉猎，博览群书。

若蜻蜓点水，浅尝辄止，势必如井底之蛙，坐井观天。一叶障目，不见泰山为学者不可不知之。

古人勤学，有握锥投斧，照雪聚萤，锄则带经，牧则编简，亦为勤笃。梁世彭城刘绮，交州刺史勃之孙，早孤家贫，灯烛难办，常买荻尺寸折之，然明夜读。孝元初出会稽，精选寮察，绮以才华，为国常侍兼记室，殊蒙礼遇，终于金紫光禄。义阳朱詹，世居江陵，后出扬都，好学，家贫无资，累日不爨，乃时吞纸以实腹。寒无毡被，抱犬而卧，犬亦饥虚，起行盗食，呼之不至，哀声动邻，犹不废业，卒成学士，官至镇南录事参军，为孝元所礼。此乃不可为之事，亦是勤学之一人。东莞臧逢世，年二十余，欲读班固《汉书》，苦假借不久，乃就姊夫刘缓乞丐客刺书翰纸末，手写一本，军府服其志尚，卒以《汉书》闻。

六、论养生

实现人生理想与价值，需要强健的体魄。颜之推重视养生，从无神论的立场出发，对当时的神仙思想进行了抨击，从现实和实效出发去探索养生之道，提出了一系列不附时流的观点。

一是养生要求真务实，勤学常练。

神仙之事，未可全诬；但性命在天，或难钟值。人生居世，触途牵萦；幼少之日，既有供养之勤；成立之年，便增妻孥之累。衣食资须，公私驱役；而望遁迹山林，超然尘滓，千万不遇一尔。加以金玉之费，炉器所须，益非贫士所办。学如牛毛，成如麟角。华山之下，白骨如莽，何有可遂之理？考之内教，纵使得仙，终当有死，不能出世，不愿汝曹专精于此。若其爱养神明，调护气息，慎节起卧，均适寒暄，禁忌食饮，将饵药物，遂其所禀，不为夭折者，吾无间然。诸药饵法，不废世务也。庚肩吾常服槐实，年七十余，目看细字，须发犹黑。邺中朝士，有单服杏仁、枸杞、黄精、白术、车前得益者甚多，不能一一说尔。吾尝患齿，摇动欲落，饮食热冷，皆苦疼痛。见《抱朴子》牢齿之法，早朝叩齿三百下为良；行之数日，即便平愈，今恒持之。此辈小术，无损于事，亦可修也。凡欲饵药，陶隐居《太清方》中总录甚备，但须精审，不可轻脱。近有王爱州在邺学服松脂不得节度，肠塞而死，为药所误者其多。

医药有延年益寿之效，但长生不老却是人的梦想，历来欲得道成仙者多如牛毛，而寿如彭祖者却凤毛麟角，故不可专精于此，但适度的调养却并非多余。即便如此，也不可过于迷信药物的作用，更忌滥用药物，如若不然必自受其祸。

二是养生应避免祸患，保全生命。

夫养生者先须虑祸，全身保性，有此生然后养之，勿徒养其无生也。单豹养于内而丧外，张毅养于外而丧内，前贤所戒也。嵇康著《养生》之论，而以傲物受刑；石崇冀服饵之征，而以贪溺取祸，往世之所迷也。

追求长生，人之常情，然而一般人往往注意保养身体，而忽视外部灾祸，或贪心不足，或溺于美色……一旦大难临头，性命尚且不保，何谈益寿延年。少贪欲，静身心，方为养生正道。

三是人的生命诚可贵，要死得其所。

夫生不可不惜，不可苟惜。涉险畏之途，干祸难之事，贪欲以伤生，谗慝而致死，此君子之所惜哉；行诚孝而见贼，履仁义而得罪，丧身以全家，泯躯而济国，君子不咎也。自乱离已来，吾见名臣贤士，临难求生，终为不救，徒取窘辱，令人愤懑。侯景之乱，王公将相，多被戮辱，妃主姬妾，略无全者。唯吴郡太守张嵊，建义不捷，为贼所害，辞色不挠；及鄱阳王世子谢夫人，登屋诟怒，见射而毙。夫人，谢遵女也。何贤智操行若此之难？婢妾引决若此之易？悲夫！

人的生命是可贵的，不可不加以珍惜，但不可以吝惜。如若贪恋财富而取祸，多行不义而自毙，绝非君子所作为，若救人危难而丧生，为赴国难而捐躯，则死而无憾，死得其所。

拓展阅读：《颜氏家训》全文	实践操作	过关测试

第五章

文学：慧觉笃行

英儒培根氏根据心理特征，分学问为三类：一曰属于记忆者，史是也；二曰属于理性者，哲学是也；三曰属于情感者，文学是也。中国四部中的史，与其所谓属于记忆者相当，可不俟论；经、子与其所谓属于理性者相当；集与其所谓属于情感者相当，虽不密合，亦姑以辜较言之也①。在传统目录学里，文学的范围很不明确，在东晋李充的经、史、子、集四部划分中，集部的作品有的属于文学，有的不属于文学，也没有明确的划分标准。

"文学"一词最早见于《论语·先进篇》，记载孔门分四科："德行：颜渊、闵子骞、冉伯牛、仲弓。言语：宰我、子贡。政事：冉有、季路。文学：子游、子夏。"对于"文学"二字，邢昺解释为"文章博学"②。扬雄《法言·君子篇》记载"子游、子夏得其书矣"③，《汉书·董仲舒传》也记载："重禁文学，不得挟书"④，则"文学"这个词原是指古代的典籍。杨伯峻《论语译注》译为"熟悉古代文献的：子游、子夏"⑤，意思相当确切。

汉朝人对"文学"的理解有了变化，"文学"是指学术。如《史记·孝武本纪》："而上乡儒术，招贤良，赵绾、王臧等以文学为公卿，欲议古立明堂城南，以朝诸侯。"⑥值得注意的是，汉代在"文学"之外另有"文章"一词，指学术之外的辞章。如"汉之得人，于兹为盛。儒雅则公孙弘、董仲舒、倪宽。……文章则司马迁、相如。"⑦这里所指"文章"是指辞赋、史传类文体，或辞章方面的能力。

王国维在《宋元戏曲考序》中说："凡一代有一代之文学，楚之骚，汉之赋，六代之骈语，唐之诗，宋之词，元之曲，皆所谓一代之文学，而后世莫能继焉者。"⑧但代表一代文学成就，体现一代文学特征的品类，并不能涵盖整个时代的文学成就。承认了这一点，我们看待各个时期的文学典范，就不会忽略其他文学体裁或品类的成就了。

---

① 吕思勉著：《国学知识大全》，中国言实出版社 2020 年版，第 389 页。
② 《十三经注疏》，世界书局影印阮刻本，第 2498 页。
③ 《诸子集成》第七册，上海书店 1986 年版，第 39 页。
④ ［汉］班固：《汉书》卷五六，中华书局 1962 年版，第 2504 页。
⑤ 杨伯峻：《论语译注》，中华书局 1980 年版，第 10 页。
⑥ ［汉］司马迁：《史记》卷一二，中华书局 1959 年版，第 452 页。
⑦ ［汉］班固：《汉书》卷五八，中华书局 1962 年版，第 2634 页。
⑧ 王国维：《王国维文学论著三种》，商务印书馆 2017 年版，第 46 页。

第一节
诗赋

知识目标：

• 了解中国诗赋发展简史。

• 熟记《诗经》《楚辞》《汉乐府》的基本内容。

• 熟记唐诗、宋诗的基本特征。

• 熟记唐宋时期主要诗人的写作风格。

能力目标：

• 能理解中国诗赋不同时期消长之规律。

• 能从不同的角度分析、评价、赏析诗赋作品。

• 会引用、活用中国诗赋作品主题或词句。

素养目标：

• 自觉提升对中华诗词的兴趣与爱好，提高对民族文化的热爱之情。

• 培养学习古诗词的兴趣，陶冶情操，提高审美情趣与文化品位。

　　诗赋并称，最早见于《楚辞·大招篇》："二八接舞，投诗赋只。"东汉文学家王逸注解："诗赋，雅乐也。"①这是就音乐而言的。作为两种文体并称的诗赋，最早是东汉的王符："诗赋者，所以颂善丑之德，泄哀乐之情也。"②刘歆《七略》中已有《诗赋略》，《汉书·艺文志》载："歆于是总群书，而奏其《七略》，故有《辑略》，有《六艺

---

① ［宋］洪兴祖：《楚辞补注》卷一〇，中华书局1983年版，第221页。
② ［清］汪继培：《潜夫论笺》卷一《务本》，中华书局1979年版，第19页。

略》，有《诸子略》，有《诗赋略》……"①曹丕《典论·论文》将文体分为四科，"诗赋"是其中一科，即"诗赋欲丽"②。

一、中国诗歌的源头

（一）天籁之音——《诗经》

《诗经》原先只称为《诗》或《诗三百》，汉代被确定为儒家经典后方称《诗经》。它收录了西周初年至春秋中期 500 年间的诗歌 305 篇（实际上有 311 篇，其中 6 篇有目无辞），按照其产生地域和音乐的特征不同，分为《风》《雅》《颂》三部分。

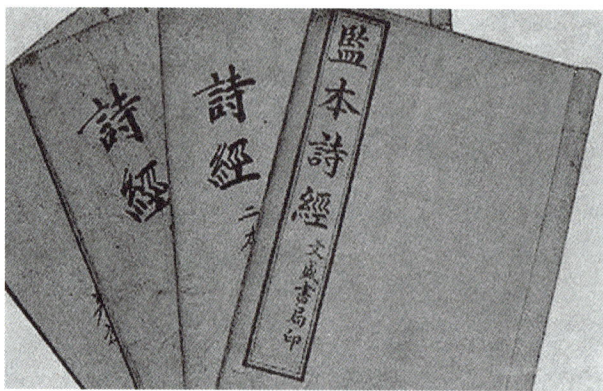

图 5-1 《诗经》

春秋中期以后，天子名存实亡，列国争王争霸，礼崩乐坏，文化下移，朝廷乐官如鸟兽散。《诗》《书》《礼》《乐》等宫廷典籍也随着乐官流入社会，流进私门，变作私门招徒讲学、传道授业的教材。先秦私学传《诗》以孔门最盛。孔子传《诗》，特别看重《诗》的社会功能。《论语·阳货》："子曰：'小子何莫学夫《诗》？《诗》可以兴，可以观，可以群，可以怨。迩之事父，远之事君。多识于草木鸟兽之名。'"秦代，焚书坑儒，《诗经》竹帛烟消，化为灰烬。到西汉统一，时人靠着口头记诵，才使它幸而复活。西汉传《诗》者有四大家。《后汉书·儒林传》："诗有齐、鲁、韩、毛。"齐，指齐人辕固生；鲁，指鲁人申培；韩，指燕人韩婴；毛，指鲁人大毛公毛亨和赵人小毛公毛苌。

---

① ［汉］班固：《汉书》卷三〇《艺文志》，中华书局 1962 年版，第 1701 页。
② ［唐］李善、吕延济等：《六臣注文选》卷五二，《四部丛刊》本。

汉武帝时重今文经学，有汉代通行隶书写定的被称为今文经的齐、鲁、韩三家《诗》，跻身官学，同列争宠。而用战国古文字写定的被称为古文经的《毛诗》，晚出于三家诗，一直被排斥于官学之外，只能在民间私下传授。东汉后期，兼通今古文经的经学大师郑玄为《毛诗》作《笺》，才使《毛诗》声名鹊起。

《诗经》的传授和研究，自汉以下，主要用于经学。经学是开始于汉代、绵延至清代的一门专攻儒家经典的学问，这门学问的宗旨是为封建社会的思想教育和理论建设服务。《诗经》作为经学的一科，讲授和研究的主题，自然不是艺术形式而是思想内容。大致说来，"汉学"重"美、刺"，"宋学"重"义理"，清代"汉学"重"考据"。《诗经》的应用和传授，不但有"经学"一途，也有文学的一途。《诗经》是历代文学创作之士学习的楷模。同时，《诗经》又是历代文学理论家研究的典范。

（二）神人之间——《楚辞》

《楚辞》是我国古代一部重要的诗歌作品集。楚辞在汉代又被称作"赋"，如司马迁在《史记》中有：屈原"乃作《怀沙》之赋"。实际上，楚辞作为一种产生于楚地的独立诗体，是不应与汉赋混淆的。汉赋是适应汉代宫廷需要而发展起来的一种半诗半文或称带韵散文的作品，赋一般用主客问答为叙事的形式，它不是抒情，而是铺陈辞藻，咏物说理。楚辞则不同，它虽然也富于文采，描写细致，含有叙事成分，但它以抒发个人感情为主，是一种诗歌。它得名于公元前四世纪的战国时代在我国南方楚地形成的一种叫作"辞"的新诗体。这种诗体经屈原发扬光大，其后的宋玉等汉代作家继续从事楚辞的创作。

图 5-2 《楚辞》

　　《楚辞》之所以称为"楚"，是因为它的声韵、歌调、思想乃至精神风貌，都带有鲜明的楚地特点。从形式上看，《楚辞》打破了《诗经》以四言为主的句式，而代之以五、六言乃至七、八言的长句句式，并保留了咏唱中的叹声词"兮"；从体制上看，它突破了《诗经》以短章、复叠为主的局限，发展成为"有节有章"的长篇巨幅，更适合表现繁复的社会生活内容和抒写在较大时段跨度中经历的复杂情感。另外，《楚辞》与音乐仍保持着较密切的联系。

　　在《楚辞》之前的《诗经》，诗句以四字句为主，篇章比较短，风格朴素；《楚辞》则篇章宏阔，气势汪洋恣肆，诗的结构、篇幅都扩大了，句式参差错落，富于变化，而感情奔放、想象力丰富、文采华美、风格绚烂，都与《诗经》截然不同。一般来说，《诗经》产生于北方，代表了当时的中原文化，而《楚辞》则是南方楚地的乡土文学，《楚辞》的作品是伟大的浪漫主义诗人屈原及后来其他作家吸收南方民间文学并加以创造性提高的结果。《诗经》和《楚辞》一起构成了中国古代诗歌史上的两大源头，两者分别开创了中国古代诗歌现实主义和浪漫主义的先河，成为中国古代诗歌史上的"双璧"，在中国文学史上有着特殊的意义。

　　楚辞是战国后期产生于楚国的一种诗歌样式。楚国僻处南方，有着独特的地理环境和优越的自然条件，政治制度、文化传统和风俗习惯与黄河流域诸国有很大差异，因而被视为"南蛮"。到春秋时代，楚国强大起来，成为"五霸"之一。至战国时代，各国政治、文化交流频繁，楚国开始大量接受中原文化，但仍保持着自己的文化特色。楚辞便是在这样的文化土壤中诞生的诗歌体裁，其创始者就是楚国的著名爱国诗人——屈原。

　　楚辞的样式是屈原创造的，它突破了《诗经》的四言格式，扩大了诗句的含量，提高了诗歌的表现力。继屈原之后，宋玉、唐勒、景差效法屈原，从事楚辞写作；到汉代又有贾谊、淮南小山、东方朔、王褒等人继续写作，使楚辞成为一个时期诗歌的代表性体裁，后人称之为骚体诗。

　　《离骚》是一篇带有自述性质的长篇政治抒情诗，也是世界诗歌史上最长的一首长篇抒情诗之一，是屈原的代表作。"离骚"就是"离忧"，抒发因离开国君和政治中心而不得实现强国救民抱负的忧愤之情。也有人把"离骚"解释作"牢骚"来讲。《离骚》全诗共 373 句，2490 字。在这篇绚丽多姿、波澜起伏、想象瑰奇、气魄宏伟的长诗中，诗人屈原运用浪漫的手法，驰骋其无比丰富的想象力，上天入地，把现实世界、神话世界和理想世界融合起来，描绘出一个色彩斑斓、迷离惝恍的世界；塑造出一个志行高洁、顽强不屈的抒情主人公形象；揭露了楚王的昏聩多变、善恶不分、忠奸不辨；抨击了旧贵族的嫉贤妒能、谗佞贪婪；抒发了自己报国无门的忧愤，表现了诗人崇高的爱国主义精神和宁为玉碎不为瓦全的坚贞品格。《离骚》两千多年来教育、感奋了无数读者，陶冶了一代又一代人的思想情操，屈原也成为爱国者的榜样。

《离骚》之外，屈原的重要作品是《九歌》和《九章》。《九歌》是屈原在楚国民间祭神乐歌的基础上改作的一组诗歌，依次是《东皇太一》（祭天神）、《东君》（祭太阳神）、《云中君》（祭云神）、《湘君》（祭湘水神）、《湘夫人》（祭湘水女神）、《大司命》（祭主管人类寿命之神）、《少司命》（祭主管儿童命运之神）、《河伯》（祭黄河之神）、《山鬼》（祭山神）、《国殇》（祭为国捐躯的烈士）、《礼魂》（祭祀完毕的送神曲）。《九歌》写得哀婉缠绵，语言优美，文学价值很高。尤其是《国殇》，描写了万马千军厮杀的场面，形象生动，悲惨壮烈，动人心魄，是屈原爱国精神的表现。《九章》是九首各自独立的诗篇：《惜诵》《涉江》《哀郢》《抽思》《怀沙》《思美人》《惜往日》《橘颂》《悲回风》。其中《橘颂》是他早年的作品，通过歌颂橘树风格，赞美人的高贵品格，可视为诗人勉励自己的作品。其余都作于诗人流放期间，内容全为忧国伤时的抒情，比《离骚》更为凄苦和沉痛，是纪实性的家世之哀。

《楚辞》的编纂始于西汉。汉成帝河平三年，文学家刘向领校中秘书衔，负责整理屈原、宋玉等人的作品，编定了《楚辞》。《楚辞》一书中的大部分作品为屈原所作。屈原留在世上的作品有《离骚》《九歌》《天问》《九章》等，《招魂》也可能是他的作品。此外，又有托名屈原的《远游》《卜居》《渔父》《大招》等篇，学者多认为是后人所作。

因《诗经》的文学成就和现实主义精神主要体现在"十五国风"之中，所以评论家多以"风"代称《诗经》，与《离骚》合称"风骚"，它们同是中国古典诗歌的源头，更是中国古代文学的文学风格、文学精神源头，是后世作家遵从的典范。

（三）缘事而发——汉乐府

乐府初设于秦，是当时"少府"下辖的一个专门管理乐舞演唱教习的机构。汉初，乐府并没有保留下来。到了汉武帝时，在定郊祭礼乐时重建乐府，它的职责是采集民间歌谣或文人的诗来配乐，以备朝廷祭祀或宴会时演奏之用。它搜集整理的诗歌，后世就叫"乐府诗"，或简称"乐府"。它是继《诗经》《楚辞》而起的一种新诗体。后来有不入乐的也被称为乐府或拟乐府。

汉乐府是继《诗经》之后，古代民歌的又一次大汇集，不同于《诗经》的是，它开创了诗歌现实主义的新风。汉乐府民歌中女性题材作品占重要位置，它用通俗的语言构造贴近生活的作品，由杂言渐趋向五言，采用叙事写法，刻画人物细致入微，创造人物性格鲜明，故事情节较为完整，而且能突出思想内涵，着重描绘典型细节，开拓叙事诗发展成熟的新阶段，是中国诗史五言诗体发展的一个重要阶段。汉乐府在文学史上有极高的地位，其与诗经、楚辞可鼎足而立。

从内容上看，汉乐府分为四类：一是郊庙歌词，主要是贵族文人为祭祀而作的乐歌，华丽典雅，没有什么思想内容，如《安世房中歌》十七章（楚音）、《郊祀歌》十九章等，音乐主要采用秦国音乐和楚国音乐。二是鼓吹曲辞，又叫短箫铙歌，是汉初从北方民族传入的北狄乐，歌词是后来补写的，内容庞杂，主要是民间创作。三是相和歌词，音乐是各地采来的俗乐，歌词也多是"街陌谣讴"，其中有许多优秀作品，是汉乐府中的精华。四是杂曲歌词，其中乐调多不知所起，因无可归类，就自成一类，里面有一部分优秀民歌。

《汉书·艺文志》在叙述西汉乐府歌诗时写道："自孝武立乐府而采歌谣，于是有代、赵之讴，秦、楚之风。皆感于哀乐，缘事而发。"两汉乐府诗都是创作主体有感而发，具有很强的针对性。激发乐府诗作者创作热情和灵感的是日常生活中的具体事件，乐府诗所表现的也多是人们普遍关心的敏感问题，道出了那个时代的苦与乐、爱与恨，以及对生与死的人生态度。《陌上桑》和《孔雀东南飞》都是汉乐府民歌，后者是我国古代最长的叙事诗，《孔雀东南飞》与《木兰诗》合称"乐府双璧"。汉代《孔雀东南飞》、北朝《木兰诗》和唐代韦庄《秦妇吟》并称"乐府三绝"。此外，《长歌行》中的"少壮不努力，老大徒伤悲"也是千古流传的名句。

两汉乐府诗的作者来自不同阶层，诗人的笔触深入社会生活的各个层面，因此，社会成员之间的贫富悬殊、苦乐不均在诗中得到充分地反映。相和歌词中的《东门行》《妇病行》《孤儿行》表现的都是平民百姓的疾苦，是来自社会最底层的呻吟呼号。有的家里"盎中无斗米储，还视架上无悬衣"（《东门行》），逼得男主人公不得不拔剑而起，走上反抗道路。有的是妇病连年累岁，垂危之际把孩子托付给丈夫；病妇死后，丈夫不得不沿街乞讨，遗孤在家里呼喊着母亲痛哭（《妇病行》）。还有的写孤儿受到兄嫂虐待，尝尽人间辛酸（《孤儿行》）。这些作品用白描的笔法揭示平民百姓经济的贫穷，劳作的艰难，并且还通过人物的对话、行动、内心独白，表现他们心灵的痛苦，感情上遭受的煎熬。两汉乐府诗在表现平民百姓疾苦时，兼顾到表现对象物质生活的饥寒交迫和精神、情感世界的严重创伤。尤其可贵的是，诗的作者对于这些在死亡线上挣扎的平民百姓寄予深切的同情，是以恻隐之心申诉下层贫民的不幸遭遇。

表现平民疾苦和反映富贵之家奢华的乐府诗同被收录在相和歌词中，这就形成对比鲜明、反差极大的两幅画面。一边是饥寒交迫，在死亡线上挣扎；一边是奢侈豪华，不知人间还有忧愁事。一边是连自己的妻儿都无法养活，一边是妻妾成群，锦衣玉食，而且还豢养大群水鸟。这两组乐府诗最初编排在一起带有很大的偶然性，它们的客观效果是引导读者遍历天堂地狱，领略到人间贫富悬殊、苦乐不均的两极世界。

汉代乐府诗还对男女两性之间的爱与恨作了直接的坦露和表白。爱情婚姻题材作品在两汉乐府诗中占有较大比重，这些诗篇多是来自民间，或是出自下层文人之手，因此，在表达婚恋方面的爱与恨时，都显得大胆泼辣、毫不掩饰。鼓吹曲辞收录的《上邪》系铙歌18篇之一，是女子自誓之词："上邪！我欲与君相知，长命无绝衰。山无陵，江水为竭，冬雷震震夏雨雪，天地合，乃敢与君绝。"这首诗用语奇警，别开生面。先是指天为誓，表示要与自己的意中人结为终身伴侣。接着便连举五种千载不遇、极其反常的自然现象，用以表白自己对爱情的矢志不移，其中每一种自然现象在正常情况下都是不会出现的，至于五种同时出现，则更不可能了。作品由此极大地增强了抒情的力度，内心的情感如火山爆发、如江河奔腾，没有任何力量能够遏止。两汉乐府诗中的女子对于自己的意中人爱得真挚、热烈，可是，一旦发现对方移情别恋，中途变心，就会变爱为恨，果断地与他分手，而绝不犹豫徘徊。另一篇铙歌《有所思》反映的就是未婚女子这种由爱到恨的变化及其表现。女主人公思念的情人远在大海之南，她准备了珍贵的"双珠玳瑁簪，用玉绍缭之"，想要送给对方。听到对方有二心，她就毅然决然地毁掉这份礼物，"拉杂摧烧之"，并且"当风扬其灰"，果断地表示："从今以往，勿复相思。"她爱得热烈，恨得痛切，她的选择是痛苦的，同时又斩钉截铁，义无反顾。

《孔雀东南飞》所写的是另一种类型的爱与恨。诗的男女主角焦仲卿和刘兰芝是一对恩爱夫妻，他们之间只有爱，没有恨。他们的婚姻是被外力活活拆散的，焦母不喜欢兰芝，她不得不回到娘家。刘兄逼她改嫁，太守家又强迫成婚。刘兰芝和焦仲卿分手之后进一步加深了彼此的了解，他们之间的爱愈加炽热，最后双双自杀，用以反抗包办婚姻，同时也表白他们生死不渝的爱恋之情。《孔雀东南飞》的作者在叙述这一婚姻悲剧时，爱男女主人公之所爱，恨他们之所恨，倾向是非常鲜明的。

图 5-3　《孔雀东南飞》

两汉乐府诗还有像《陌上桑》和《羽林郎》这样的诗。在这两篇作品中，男女双方根本没有任何感情基础，是素不相识的陌生人，男方企图依靠权势将自己的意愿强加于女方。于是，出现了秦罗敷巧对使君、胡姬誓死回绝羽林郎的场面。这两首诗的作者也是爱憎分明，对秦罗敷和胡姬给予充分的肯定和高度的赞扬，嘲笑了好色无行的使君和金吾子。

二、诗赋消长

赋，本义是"诗"之六义（风、雅、颂、赋、比、兴）的一种，班固在《两都赋序》中说："赋者，古诗之流也。"又在《汉书·艺文志》中说："不歌而诵谓之赋"。后一种说法将诗与赋区别了开来，赋指一种供人朗诵的文体。荀子的《赋篇》第一次以"赋"名篇，汉人沿用其义，凡辞赋均名为赋。汉赋的内容可分为 5 类：一是渲染宫殿城市；

二是描写帝王游猎；三是叙述旅行经历；四是抒发不遇之情；五是杂谈禽兽草木。而以前二者为汉赋之代表。汉赋在结构上，一般都有三部分，即序、本文和被称作"乱"或"讯"的结尾。汉赋成为流行的文学体裁，取代了诗、骚而取得一尊的地位，这是十分有趣的现象。究其原因，主要是汉代这个统一的帝国需要一种能与之相称的歌功颂德的文体，而赋写法上大多以丰辞缛藻、穷极声貌来大肆铺陈，这一风格特点又恰恰能适应这一要求。

汉赋早期是对楚辞的继承，称骚体赋，主要表达作者一时一事的感受和个人的情绪，具有一定的抑郁情怀。从西汉中期到东汉中期称汉大赋，枚乘、司马相如等人的作品标志着汉大赋的成熟。东汉后期，文人趋向于表达个人生活，形成了言情小赋的创作高潮。早期的骚体赋作家作品主要有贾谊的《鹏鸟赋》和《吊屈原赋》、司马迁的《悲士不遇赋》、淮南小山的《招隐士》等。

图 5-4 汉朝宫廷

西汉中期到东汉中期，流行的体式是汉大赋，开阔恢弘、气势夺人，往往采用主客论难的形式铺陈扬厉、夸张恣肆、抑客扬主、解决问题或疑虑，达到认知的同化或思想上的提升。司马相如的《子虚赋》和《上林赋》等，纵横开阖，绮丽摛艳，语言精彩，气势磅礴，具有摄人心魄的力量。枚乘的《七发》，假托楚太子有疾，吴客往视，指出太子的病是"久耽安乐，日夜无极"造成的，是"纵耳目之欲，恣支体之安"的必然结果，以至于习以为常的音乐、饮食、车马、游观等，虽经吴客夸耀盛赞，仍然不能激发太子的兴趣。越出宫闱，以田猎、观涛提振太子的精神，使其有"阳气见于眉宇间""有起色"。最后，吴客提出为太子请如同前代"方术之士有资略者"讲解"天下要言妙道"，终于使太子"霍然病已"。因为枚乘说七事以启发太子，后人模仿其结构形态，称为"七体"。

东汉后期，随着帝国的衰弱，文人出路的逼仄，外戚宦官干政，朝政紊乱乖张，文人笔下充满忧郁的情调，出现了张衡及其《归田赋》、赵壹及其《刺世疾邪赋》、蔡邕及其《述行赋》等作家作品，这是一种末世的叹息，更是对社会、人生的深沉思考。撇开汉赋的演变轨迹，仅仅从内容上来认识，也可以将其分为两大类：一类是言志抒情的小赋，另一类是铺陈夸张的体物大赋。文学发展的内在规律和社会发展的外部环境，决定了两汉不同时期作家在体量、内容与风格上的选择。武帝后期，国力强盛，社会繁荣，好大喜功的举动与歌功颂德的文辞相约而至，直接导致了文坛上铺张扬厉的风气。但敏锐的文人还是察觉到社会危机的存在，对君王提出了委婉的讽谏，只是隐含太深，如司马相如的《大人赋》《子虚赋》《上林赋》。所以，宋代的刘筠在《汉武》诗中感叹："相如作赋徒能讽，却助飘飘逸气多。"简言之，汉赋铺张夸耀是汉代社会繁荣、国力强大的盛世气度在文学上的反映，孕育了文学开阔恢弘的气象，对于中国文学积极昂扬的文人精神具有引导价值。

汉赋至魏晋定型于小赋，至南北朝演化成骈赋，至唐宋转变为律赋与文赋。汉赋经过汉一代的繁荣，到汉末开始让位于诗歌，魏晋南北朝是五言古诗兴盛的时期，以"三曹七子"为代表的建安诗人学习汉乐府，用五言诗这一新的体裁抒情、言志、叙事，开创了文学创作的新局面。

三、中国诗歌的高峰

唐诗，是700年间中国韵文学巅峰时代的典范，辉煌的成就达到了难以逾越的高度，成为后人景仰的丰碑。

唐代初期，诗歌创作仍受南朝诗风的影响，题材较为狭窄，追求华丽辞藻。待到被称为"初唐四杰"的王勃、杨炯、卢照邻、骆宾王出现，才扩大了诗的表现范围，从台阁走向关山和塞漠，显示出雄伟的气势和开阔的襟怀。他们无论写边塞，还是写行旅、送别，都有着这样的情思风貌。在诗的体式上，这时完成了五七言律体的定型。律诗属于近体诗，是相对于古体诗而言的。古体分四、五、七言和杂言，平仄没有限制，也不求对偶。近体诗平仄和押韵有一定的体式，也要求对偶。律体的定型，对我国诗歌的发展影响深远，它成了我国古代诗歌的一种主要体式。

初唐的后期，出现了两位重要诗人：陈子昂和张若虚。陈子昂主张诗应该有所寄托。他的38首《感遇》诗，就是这一主张的实践。但他写得最好的诗是《登幽州台歌》："前不见古人，后不见来者。念天地之悠悠，独怆然而涕下。"抒写不遇的悲怆，但其中蕴含的是自信和抱负，情怀壮伟，有一种得风气之先而不被理解的伟大孤独感。张若虚的《春江花月夜》，写月夜春江明丽纯美的境界，融入浓烈情思和深刻哲理，婉转的音调，无穷的韵味，创造出了非常完美的意境。陈子昂和张若虚艺术上的成熟，透露出盛唐诗歌行将到来的信息。

图 5-5　陈子昂《登幽州台歌》

图 5-6　张若虚《春江花月夜》

盛唐是唐诗发展的高峰。此时诗坛群星辉映。王维和孟浩然善于表现山水田园的美，表现人与自然和谐相处的宁静平和的心境。王维的山水诗融诗情画意于一体，把人引向秀丽明净的境界，境界里洋溢着蓬勃生机。《山居秋暝》："空山新雨后，天气晚来秋，明月松间照，清泉石上流。竹喧归浣女，莲动下渔舟，随意春芳歇，王孙自可留。"雨后的松林间月色斑驳，流泉淙淙。浣纱女踏着月色从竹林间喧闹着归来；渔人正分开荷叶摇舟远去。山村之夜，如诗如画。在唐代的重要诗人中，王维是受佛教思想影响最为明显的一位。但他不是一位完全遁世的诗人，有的诗写得慷慨激昂，有的诗表现出浓烈的人间情思。《送元二使安西》由于写出了人们深情惜别时的普遍感受，后来被编入乐府，成为离筵上反复吟唱的歌曲《阳关三叠》。孟浩然善于用最省净的笔墨，写山水田园的秀美。《过故人庄》写做客田家的喜悦，恬静的农舍，真挚的友情，充满浓郁的生活情趣。《春晓》写春日那种明媚静美舒畅的感受。《宿建德江》只用 20 个字，便写出了无尽的情思韵味："移舟泊烟渚，日暮客愁新。野旷天低树，江清月近人。"暮烟笼罩中的一抹树林，一轮水中月影。在这朦胧而明净、深远而静谧的境界中，弥漫着一缕淡淡的乡愁。孟浩然的许多诗都以极俭省的文字，表现多重境界和情思。和王维、孟浩然的诗歌风格相近的还有常建、储光曦等人。

图 5-7　王维《山居秋暝》

图 5-8　孟浩然《过故人庄》

盛唐有一些诗人，善于写边塞生活，如王昌龄、高适、岑参、祖咏等。他们大都到过边塞，领略过边塞的壮丽景色，向往去边塞立功。在他们的诗中，祖国山河的壮美与保家卫国的豪迈情怀表现得淋漓尽致。王昌龄写了二十几首边塞诗，最有名的是《出塞》《从军行》。他的边塞诗有一种深厚的历史感和清刚的风格。高适的诗风趋于雄壮慷慨："万里不惜死，一朝得成功。画图麒麟阁，入朝明光宫。大笑向文士，一经何足穷！古人昧此道，往往成老翁。"（《塞下曲》）从这首诗里我们可以感受到他的豪侠气质。边塞诗人的代表，还有岑参。他写边塞风物的雄奇瑰丽，写军人的豪雄奔放。荒漠与艰苦，在他笔下都成了充满豪情的壮丽图画。

最能反映盛唐精神风貌、代表盛唐诗歌高度艺术成就的是伟大诗人李白。李白是一位性格豪迈、感情奔放、不受拘束而又向往建功立业的诗人，他的诗充分表现了盛唐社会士人的自信与抱负，神采飞扬，充满理想色彩。他的诗的成就是多方面的，极大地丰富了古体诗的表现技巧，把乐府诗的写作推进到一个新的高度；他的七言绝句和王昌龄的七言绝句一起被后世推为唐人七绝的代表作。他的诗有着鲜明的艺术个性：爆发式的抒情、变幻莫测的想象和明丽的意象。他把乐府和歌行写得有如行云流水，感情喷涌而出时，如黄河之水，奔腾千里，一泻而下。他生于盛唐，感受着盛唐昂扬的时代精神，晚年又亲眼看到唐代社会的衰败，理想和现实之间产生巨大反差。他的诗里既有建立不世功业在指顾之间的信心，又常常有愤慨不平和对于朝廷黑暗的抨击。他的诗想象瑰奇，常常想人所想不到处。前人评他的诗，说是"发想无端"，《蜀道难》《梦游天姥吟留别》都是例子。在想象之中，又常常带着夸张的成分，写愁生白发是"白发三千丈"；写庐山的五老峰是："青天削出金芙蓉"；写黄河是"黄河落天走东海，万里写入胸怀间"，他是一位富于想象的诗人，他的诗常常带着强烈的主观色彩。又由于他性格开朗豪放，他的诗意象明丽清新、色彩鲜艳。他纯然是一位天才的诗人。

图 5-9   李白《蜀道难》

图 5-10   杜甫《无家别》

唐代另一位伟大诗人，是被后人称为"诗圣"的杜甫。杜甫比李白小 11 岁，两人的深厚友情成为千古传颂的文坛佳话。杜甫的青年时代和许多盛唐诗人一样，都有过"裘马轻狂"的漫游生活。但是他的主要活动是在安史之乱以后。他深受儒家思想影响，有"致君尧舜"的抱负，一生却穷愁潦倒，因此在感情上更能体验到民众的疾苦。安史之乱给唐代社会带来巨大的破坏，半个中国沦为丘墟。杜甫在战火中流离转徙，写下了《北征》《三吏》《三别》《兵车行》《自京赴奉先县咏怀五百字》等一系列表现民生疾苦的诗作。战争中的许多重大事件、战争带来的破坏、战火中百姓的心态，在杜诗中都有极为生动的反映。唐代没有任何一位诗人，像他那样深广地反映安史之乱的历史，因此他的诗被称为"诗史"。他由于自身的坎坷遭遇，对百姓的苦难往往感同身受，发为歌吟，家国之痛与个人的悲哀也就融为一体。《春望》《登楼》《登岳阳楼》都是这样的诗。"感时花溅泪，恨别鸟惊心""戎马关山北，凭轩涕泗流"，百感交集，既是身世之感又是家国之悲，已经很难分开了。唐诗到杜甫是一大转变，题材转向写时事、写底层百姓的生活；写法上采取叙事和细节描写，在叙事和细节描写中抒情。为便于写时事，他多用古体，但他更高的成就是律诗。在他的1400多首诗中，律诗占百分之七十以上。他的律诗的成就主要是拓宽了表现范围，尽力发挥律诗这一体式的表现力，既严格遵守格律规则，又打破格律的束缚。变化莫测而又不离规矩，写得出神入化，如《春望》《春夜喜雨》《登高》等。有时为了更完整地表现一个事件或由某一事件引起的感想，他采用组诗的形式。用组诗写时事，是杜甫的创造。在艺术手法和艺术风格上，杜甫与李白不同，李白是感情喷涌而出，杜甫是反复咏叹；李白是想象瑰奇，杜甫是写实；李白是奔放飘逸，杜甫是沉郁顿挫。一般认为，在中国的诗歌发展史上，杜甫带有集大成的性质，对于后来者有着极为深远的影响。

唐代中期，诗歌的发展走向多元化，出现了有明确艺术主张的不同流派。韩愈、孟郊和他们周围的一些诗人，在盛唐诗歌那样高的成就面前，另寻新路。他们追求怪异的美，重主观，常常打破律体约束，以散文句式入诗。在这一派的诗人里，李贺是一位灵心善感、只活了27岁的天才诗人。在他的诗里，充满青春乐趣的五彩缤纷的世界，以及人生寥落的悲哀，与过早到来的迟暮之感交织在一起。他的诗，想象怪奇而丰富，意象色彩斑斓，而且组合密集。在这个诗派里，他的诗有着特别鲜明的风格特征。这时的另一个诗派，以白居易、元稹为主。他们主张诗应有为而发、应有益于政教之用。白居易提出"文章合为时而著，歌诗合为事而作"。元、白都写有新题乐府，表示了对于国家的关心、对于黑暗现象的抨击和对于民生疾苦的同情。白居易的50篇新乐府在艺术表现上主张要写得通俗易懂，趣味与韩、孟诗派正好相反。白居易既写有大量的讽喻诗，也写了不少闲适诗，而艺术上最成功的是长篇歌行《长恨歌》和《琵琶行》。中唐的著名诗人还有柳宗元和刘禹锡，他们的艺术趣味既不同于韩、孟，也不同于元、白，而有着自己的特点。

晚唐诗歌又一变。中唐的那种改革锐气消失了，诗人们走向自我。这时出现了大量的咏史诗，杜牧、李商隐是代表。杜牧是写咏史诗的大手笔，对于历史的思索其实是对于现实的感慨，历史感和现实感在流丽自然的形象和感慨苍茫的叹息中融为一体，《江南春》《泊秦淮》等诗都是咏史佳作。晚唐艺术成就最高的一位诗人是李商隐。唐诗的发展，到盛唐的意境创造，达到了意象玲珑、无迹可寻的纯美境界，是一个高峰。杜甫由写实而走向集大成，是又一个高峰。中唐诗人在盛极难继的情况下，另辟蹊径，或追求怪奇，或追求平易，别开天地，又是一个高峰。诗发展至此，大有山穷水尽之势。李商隐以其深厚的文化素养、惊人的才华，开拓出一个充满朦胧、幽约的美，让人咀嚼回味诗的境界，达到了新的高峰。他是一位善于表现心灵历程的诗人，感情浓烈而细腻。他的爱情诗深情绵邈，隐约迷离，刻骨铭心而又不易索解。他的不少诗，特别是无题诗，情思流动是跳跃式的，意象组合是非逻辑的，意旨朦胧而情思可感，往往可作多种解释。他的艺术技巧，达到了出神入化的境界，极大地扩大了诗的感情容量，为唐诗的发展作出了最后的贡献。

唐诗数量之多，超越了前代的总和。据新编《全唐诗》统计，有诗人 2200 余人，留传至今的尚有 55000 余首，普遍颂习的作品也在千首以上，仅仅绝句就有 10000 多首，还有不少作品在历史的长河中消失，已经无法统计。唐诗的作家上自君王将相，下至贩夫走卒，各行各业，无所不包。自具风格的大家数十，更有诗仙李白、诗圣杜甫这样的诗坛双子星座。杜甫流传下来的作品有 1400 多首，白居易则有 2800 余首。也有不少诗人虽留传的作品不多，如张若虚、刘希夷、王之涣、张继等，但以特别的作品或诗句为人们所熟知。

四、宋诗的新变与繁荣

极盛之后难以为继，宋代诗人面临的历史条件远不如唐人来得优越。充分发达、登峰造极的唐诗只给后人留下很狭小的发展余地，唐诗的巨大阴影给宋人的创作心理造成了巨大的压力。宋人必须另辟蹊径才能走出唐诗影响的阴影，他们的创新也就具有很大的难度。以题材为例，宋代的社会生活并未比唐代增添多少新的内容，而唐诗表现社会生活几乎达到了巨细无遗、各臻其妙的程度，当宋人要想写某一题材时，几乎总能发现唐人已经留下同一题材的名篇或名句。例如，宋初王禹偁在春日清晨发现园中花枝被春风吹折，写出"何事春风容不得，和莺吹折数枝花"二句，本以为景奇语新，却不料唐诗中早已有"恰似春风相欺得，夜来吹折数枝花"之句了（见《蔡宽夫诗话》）。无怪熟读唐诗的王安石要发出"世间好语言，已被老杜道尽，世间俗语言，已被乐天道尽"之叹了（见《陈辅之诗话》）。再以体裁为例，由于唐代诗人在声律、丽辞上提供了正反两方面的丰富经验，唐人就水到渠成地实现了诗歌的格律化，从此奠定了五七言诗的古体、今体诸形式。但由于唐人对这些诗体都已掌握得得心应手，宋人在体裁方面就很难再作什么创新了。除了拗律和对仗手法的灵活多变之外，宋人在诗歌形式方面基本上是沿袭了唐人的手法而无所变化。

宋诗的特点，一般认为最主要的是议论化、散文化。"以文为诗"，唐代个别诗人如韩愈等已开其端，但奉为圭臬，因之蔚为一代诗风者则自欧阳修、梅尧臣等人始，至王安石、苏轼、黄庭坚而达到极致。由"以文为诗"到"以议论为诗"，宋诗之所以在强大的唐诗影响之下独树一帜，形成自己的这一风格特征，有着深刻的时代根源。北宋时期，政治改革和随之出现的朋党之争，从庆历新政到王安石变法，一直是知识分子关心的主要问题。终南宋之世，主战和主和，又将朝野分成旗帜鲜明的两大派。绝大多数诗人具有官僚和知识分子双重身份，"开口揽时事，论议争煌煌"，是这批人的共同特征。其次，宋代儒学一改唐人死守前代注疏的旧习，疑经惑古，以己意解经，蔚为风气，本已官僚化的士人，又加上了一重学者化的身份。所谓宗教议论化，主要就是由这两个特殊的时代背景所促成。

与宋诗议论化相关的还有另一个特点：理趣。所谓理趣，指寄寓在诗歌形象中的人生哲理。宋诗理趣形成的文化根源主要不是理学，而是佛门的禅机。宋诗中最富有理趣的几首代表作品，多出于理学形成之前而哲学思想自成体系的王安石、苏轼及其追随者黄庭坚、陈师道之手。如苏轼的《次韵法芝举旧诗一首》："春来何处不归鸿，非复羸牛踏旧踪，但愿老师真似月，谁家瓮里不相逢。"即源于《高僧传》所载醋头和尚斗机锋的偈颂。

此外，两宋诗坛还有两个前所未有的特点，一是诗歌派别的出现和形成风气，一是"诗话"作为一种诗歌批评方式的产生和流行。宋诗多流派，当与佛教宗派思想的刺激以及政治上党争纷繁的原因有关。如北宋末吕本中（1084—1145）作《江西诗社宗派图》，列黄庭坚以下 25 人，后又有所谓江西诗派一祖三宗之说，一如禅宗之"法嗣"传衣。列名之人均以名节自励，气味相投。至于文学观方面的不同，因而造成诗家的门户之见，壁垒森严，则与"诗话"的党同伐异有着互为因果的内在联系。

关于宋诗的评价，自南宋严羽《沧浪诗话》起就存在着严重的分歧，直至在文学史上形成了"尊唐"与"崇宋"两大派系。大抵唐诗主情致，宋诗重理性，从艺术的角度看，宋诗不少作品缺乏形象性、音乐美，感染力不强，是它的缺点。从文化史的立场上讲，宋诗在唐代诗歌格律完备、意象纯熟、臻于顶峰的情况下另辟蹊径，为近世诗歌的发展提供了富有时代意义的榜样，是它的成功之处。从数量来看，据北京大学所编《全宋诗》72 册统计，宋代诗人的数量近万人，作品超过 25 万，这是一笔巨大的文学遗产。

●● 第二节
● 词曲

📖 **知识目标：**

- 了解宋词、元曲、南戏的发展简史。

- 熟记宋词、元曲、南戏的典型作家及作品。

- 牢记宋词、元曲、南戏典型作品的基本特征。

📖 **能力目标：**

- 能理解中国词曲不同时期发展变化之规律。

- 能从不同的角度分析、评价、赏析典型词曲作品。

- 会活用中国词曲作品的主题或词句。

📖 **素养目标：**

- 自觉提升对中国词曲的兴趣与爱好，提高对民族文化的热爱之情。

- 培养学习中国词曲的兴趣，陶冶情操，提高审美情趣与文化品位。

词和曲都是依声而成的作品，先有曲调然后配上歌词来演唱。清宋翔凤《乐府余论》中说："宋元之间，词与曲一也。"宋词、元曲、宋元南戏、明清传奇是词曲演变的几个重要阶段。

一、宋词的兴衰

宋词是在唐五代词的基础上发展而来的。最初词被称为曲子词（因为词与诗歌不同，它一般是先有乐，然后按乐填词），作为俗乐的一种。有一个传统的说法"词为诗余"，诗作为正统的文学形式存在，而词则是从民间的俗曲转化而来。诗歌可以用来批评朝政、促进社会发展，在孔子那里就有"兴、观、群、怨"的说法。而词主要用于娱乐、消遣。一般认为，词的渊源是胡夷之曲和中原里巷之曲融合而成。唐玄宗开元天宝年间，胡夷音乐深受人们的喜爱。刘禹锡在朗州作司马时，当地人所唱的竹枝曲被刘禹锡改成了竹枝词。杨海明先生在《唐宋词史》中认为江南的地域、民情风俗以及政治状况对词产生了很大影响：一是江南多水，帮助造就了词境的柔媚；二是斜桥红袖帮助造就了词情的香艳；三是江南小气帮助造就了词风的软弱。

词为曲而填，因而词的体式受曲体的影响。词的分片、句式的长短、节奏的缓急、音调的抑扬等都依曲而定，因为曲有曲调，所以词也有词调，词调的名称就是词牌名。其实，刚开始的时候，一方面可以根据词牌名看词的格调，比方说满江红就是激昂的格调，临江仙谈的是游仙之事，渔歌子写的是打鱼之事。另一方面，作者在填词时虽按乐谱填写，但在某些音节，可以多填上几个字或少填几个字，在个别音律处还可以略变一下平仄韵律，使演唱更为悦耳动听。可是"宋代以后，乐谱逐渐散失，再加上多数诗人本来就不懂音乐，他们填词意在作诗而不在演唱，于是干脆不去理睬曲谱，只按前人已经填了的某调，一字字、一句句地照填下去，'依样画葫芦'——你叫《更漏子》，我也叫《更漏子》，你开头三字的格式是'仄平平'，我也照填'仄平平'。这样一来，格式反而固定了，严格了。明清两代更有人归纳旧词，厘定词谱，使填词者有所依据。于是词便成了一种纯粹的文学样式，一种格律十分严格的诗体。"[①]词的内容与格调渐渐与词牌相分离，使词渐渐独立于音乐之外。同时从字数上分为小令（58 字）、中调（59~90 字）、长调（91 字以上）。

宋词不像唐诗，往往在不同的历史时期就有不同的诗歌流派，但对宋词风格划分自古有之。明代张綖在《诗余图谱·凡例》后的"附识"中说："词体大略有二：一体婉约，一体豪放。婉约者欲其词调蕴藉，豪放者欲其气象恢宏。"此论一出，词分婉约、豪放即不绝于耳。然而宋代词人并没有有意识的词派，词人中有纯粹的婉约词人却没有纯粹的豪放词人，写豪放词的人往往多有婉约之作。晚清陈廷焯在《白雨斋词话》中细分宋词的流派，有十四体之说；近人詹安泰在《宋词风格流派略谈》一文中提出八派之

---

① 陈振寰：《读词常识》，上海古籍出版社 1982 年版，第 2 页。

说；今人刘扬忠在《唐宋词流派史》中按照宋代不同的历史时期作了划分。

宋词发展的基本脉络可以分为五个阶段。

北宋初年，很多人认为奢靡轻软的文风助长了社会政治的腐化而导致了前后蜀、南唐的灭亡，再加上当时的官吏选择制度考察的主要是诗、赋、论、策等，而词是不入流的，因而在这个时期词坛沉寂，60年间词人与词作寥寥。

北宋中期，宋仁宗好词，他在位40年，使词获得了很大的发展。晏殊、欧阳修、张先等人承袭晚唐五代词风，在风格上以个性化的色彩体现出不同程度的创新。词发展到柳永，他因为仕途坎坷而自我放纵，沉溺于歌楼妓馆之中，在词的创作中以市民生活入词，并把传统的小令发展为慢词（依慢曲而填的词。慢曲，唐宋杂曲的四种体制：令、引、近、慢之一，每片八拍），丰富了词的体式。词发展到苏轼，他以旷达超逸的襟怀与深沉的思考开创了词的豪放风格。同时在题材的选择上不再有任何的局限。

北宋后期，秦观、贺铸走的依然是柔婉词风的道路，把婉约词写得更加细密、更加柔弱。之后，周邦彦在词的章法技巧上更加纯熟，成为婉约词的集大成者。

北宋与南宋之交，最杰出的词人当是李清照，她奉行"词别是一家"，形成了柔丽清新的"易安体"。在此之后，张元干、张孝祥、陆游等词人在词中诉说报国之心、内心之苦。辛弃疾为代表的辛派词在南宋气势最盛，更加逞才使气。

南宋后期，周邦彦影响下的格律词复兴，姜夔、史达祖、吴文英等人注重词的典雅精巧、音律和谐。

二、元明杂剧

元杂剧是中国古典戏剧成熟的标志，也是元代文学的典型代表，包括元杂剧和元散曲两大类，是代表了一代成就的文学样式。元杂剧已经是成熟的戏剧形式，结合了音乐、歌舞、说白、杂技和舞台设计等多种元素，其舞台分类属于歌剧。元杂剧的基本体制是一本四折演一完整故事，一般由一个角色演唱，每折用一个宫调内的若干支曲子组成完整套曲，一韵到底。其角色主要是正旦和正末，正旦主唱的为旦本戏，正末主唱的为末本戏。有的剧本还加有楔子，放在开头则交代故事的缘由，放在折与折之间则起到连接过渡作用。元杂剧剧本的基本结构元素是歌词、科、白三个部分。歌词是推动故事情节发展和抒情的主体；科是舞台动作，包括演员的表演和后台的配合动作声响；白指语言，舞台上演员之间的说话，包括对白、独白、旁白和背白等形态。元代前期的杂剧中心在大都（今北京），后期的创作活动中心在杭州。

| 关汉卿 | 白朴 | 马致远 | 郑光祖 |

图 5-11　元曲四大家

元代不到百年的时间，杂剧创作取得了突出的成就：有姓名可考者 200 余人，见于文献记载的剧目有 700 余种，今存于臧懋循《元曲选》和隋树森《元曲选外编》的作品尚有 260 余种。戏剧史上称为"元曲四大家"的作家是关汉卿、马致远、王实甫和白朴，也有说没有王实甫，而列入郑光祖的。中国古典表演艺术的各种因子相结合，吸收宋杂剧和金院本的创作表演技艺，联系清商音乐与民间小调相融合的伴奏技巧，化装与舞台设置的成熟等，是元杂剧兴盛的内部原因。而元朝统治阶层的喜好推动了杂剧表演的兴盛；城市经济的畸形繁荣为戏剧活动提供了场所和经济保障；市民阶层的扩大形成了广阔的市场；知识分子地位下降为杂剧的编剧、导演、表演提供了优秀的人才；大量优秀的女艺人参与戏剧表演增强了杂剧的魅力；元代社会现实和错综复杂的矛盾为杂剧提供了丰富的素材，有利于杂剧题材的选择、提炼、加工。以上条件，是元杂剧全面繁荣的主要保障，推动了元杂剧取得卓越的成就。

首先，元杂剧反映了元代社会的主要矛盾和问题，尤其是公案题材的剧作中最为明显，赞扬了反抗精神，抨击了黑暗势力、落后观念、丑陋习俗和不合理的封建礼教，塑造并颂扬了不畏强暴、敢于斗争、反抗压迫、争取自由的叛逆形象。元杂剧反映的元代社会问题甚多，主要有以下几个方面：民族压迫与种族歧视问题，知识分子问题，妇女问题，社会治安问题，无业游民问题，贪污、酷刑与冤狱问题，高利贷问题等。在元蒙贵族统治下的中国社会，知识分子的出路、生存成为问题，这使中国文化的生命载体出现了消亡的危险。关汉卿的《窦娥冤》最为集中地反映了这些主要问题。穷苦寒酸的儒生窦天章饱读诗书、满腹经纶，却无力为妻子治病而成为鳏夫，带着年幼的女儿难以生存，只好借了高利贷活命。因为还不起高利贷，将女儿端云抵冲给蔡婆婆做童养媳，改名窦娥。窦娥的命运从此改变。赛卢医因为不能归还高利贷，就想到杀了蔡婆婆以逃脱债务，社会治安问题由此可见一斑。救下蔡婆婆的张驴儿父子，得知蔡家两代寡妇、广有钱财，就公然登堂入室，企图霸占她们的人身和财产，可见游民问题之严重。而张驴儿误杀父亲，诬陷窦娥，居然为太守认可。终于，在严刑之下，统治者完成了又一桩冤案，法制何在，天理何在？ 窦娥觉醒了，向天地发出了责问和怒吼，以三桩誓愿完成了她最后的抗争。窦娥被黑暗的社会吞噬了，作者用幻化的方式为她申冤，不是反抗斗争的发展延续，而是作者的理想甚至是幻想期待。因此，《窦娥冤》具有震撼人心的特别力量。

其次，元杂剧具有反封建礼教的斗争精神，赞美了人性的美，肯定了人的正常情感和合理的精神诉求，是对理学"存天理，灭人欲"思想的否定。元杂剧中爱情婚姻题材的作品，集中体现了这样的思想。《西厢记》《拜月亭》《墙头马上》《倩女离魂》等作品，热情歌颂真诚健康的爱情。《西厢记》中的张生、莺莺都是出身于封建官僚家庭的青年男女，敢于冲破封建礼教的束缚，大胆地追求自己的幸福。他们没有世俗的门第观念，轻视功名富贵，只为一腔真情，跨越礼教鸿沟，终于在红娘的帮助下实现了圆满的结局。婢女身份的红娘在其中扮演了重要的角色，成为张生、莺莺感情成败的关键因素。她机智聪明，古道热肠，勇于担当，无私无畏，据理力争，随机应变，帮助张生、莺莺使礼教为真情让步，是数百年来活跃在舞台上的光辉形象。《倩女离魂》中的张倩女为了自己心爱的王文举几乎丧命，真情所使，灵魂出窍，追随幸福，终于如愿。此剧虽然情节如同志怪，却是一曲爱情的赞歌。

再次，元杂剧具有明确的情感倾向和是非判断，褒贬分明，反映了大多数人的情感意志、道德观念和政治倾向。在历史剧中，其进步思想与民主精神表达得比较明显。历史上和社会生活中明显有着一些不合理、不合情的教条，有着贤人遭厄的悲剧，元杂剧通过历史故事的演绎和社会生活的艺术再现，用形象和故事情节诠释了进步的思想理念，而不是直接用符号式的台词标榜。《赵氏孤儿》演绎的是历史真实故事，见于《左传》和《史记》，但纪君祥不仅将此史实提炼成忠奸斗争的精彩故事，揭露了奸臣屠岸贾的险恶心肠,赞扬了公孙杵臼、程婴的忠贞侠义,张扬了中华文化的道德力量,是非分明,褒贬明确,矛头直指昏君的误国误民也误己的危害,更通过对历史纵深的剖析,替被压迫民族和被压迫人民发出了对故国的呼唤,抒发了压抑已久的民族感情。《单刀会》《西蜀梦》等作品,也在舞台上展示了元代统治者并不欢迎的历史英雄,使观众获得了替代式情感享受。

最后,元杂剧作为成熟的代言体表演艺术,以通俗的艺术形式传播中国文化,使中国传统文化精神又增加了一个承载、表现的载体和扩大影响的途径。相对于中国传统的文学体裁,戏剧具有特殊的新鲜度和吸引力,在城乡拥有广泛的市场。台上演绎,台下评点,不知不觉间,已经将大量的文化信息传递给观众。马致远的《汉宫秋》安排了王昭君跳江而死的情节,"是要通过这一壮烈行动的描写,来反映当时广大人民不屈服于外族统治的战斗精神和反抗意志"(顾学颉《元明杂剧》),大局为重、国家利益至上的文化精神,已经传播到观众的心里。

三、宋元南戏

南戏是 12 世纪 30 年代至 14 世纪 60 年代,即北宋末到元末明初,在中国的南方流行起来的戏曲艺术,故名宋元南戏,又别称南曲戏文、戏文。因其初起于浙江温州,故又名温州剧。温州旧治永嘉,亦称永嘉杂剧。在元灭南宋之际,即 13 世纪 70 年代,戏传入中国北方。

南戏原始于民间的歌舞小戏,"即村坊小曲为之"。(徐渭《南词叙录》)它的产生年代是"出于宣和之后(1119—1125 年),南渡(1127 年)之际"。(祝允明《猥谈》)南戏出现于温州,主要是在于它的文化传统。温州以"尚歌舞""敬鬼乐祠"著称(《永嘉县志》卷六《风土志民风》),宋以来,各种说唱,歌舞会艺均得到充分发展,温州剧即是宋杂剧在浙江东沿海之一脉。南宋建都临安,温州成为重要的经济中心和对外口岸,交通发达,都市繁荣,社会相对安定,这是温州杂剧继续向前发展并向南戏过渡的重要的政治经济基础。同时"九山书会"等专业创作组织的出现,北方艺人的大批南来,这种写作和文化交流促进了南戏的完全成熟,在中国戏曲史上具有划时代的意义。

南戏初无体例可言,至元末明初始定型。南戏由副末开场,亦称家门大意,念词二首，介绍本剧宗旨和大致情节，在结构方面采取分场制，一场为一出，每剧例在三十出以上，长短不拘，每场例有下场诗；曲词方面，最初不限宫调，一出中不限通押一韵。在元末南戏则吸收了北杂剧的套曲形式，有一定的宫调组合，并创造了"南北合套"的组合形式。念白以苏白为主，剧本中规定剧中人物的动作、表情以及演出时的舞台效果部分称"科介"，简称"介"。乐则以宫、商、角、徵、羽五声音阶为主，节奏舒缓。南戏角色共有七种行当，生、旦、净、丑、外、末、贴，以生、旦为主。

声腔是剧种的标志，构成声腔的两大因素是当地的方言土语和土腔土调。宋元南戏历有四大声腔之说。其一是海盐腔，源于浙江海盐，演唱时用"官话"，行腔不备管弦，以鼓板伴奏，以清柔著。其二是余姚腔，形成于浙江余姚，演唱不备管弦，只用鼓板，多俚谣俗调，为士大夫所不齿。其三是弋阳腔，这是南戏传至江西弋阳后与其方言俗语及民间音乐融合形成的戏曲声腔，通称"高腔"，风格粗犷、豪放、节奏感强。该腔生命力最强，是明清两代活跃在南北民间的主要声腔，今川剧、湘剧、赣剧、柳子戏等均有高腔戏的演出。其四是昆山腔，该腔在宋、元、明初平平，但在明中期后经魏良辅之手，却有实在性的发展。

宋元南戏剧本存目有238本，传世本仅17种。代表作是"荆、刘、拜、杀"四大南戏剧本。

高明（1305—1359）字则诚，自号菜根道人，温州瑞安人（今浙江瑞安），因瑞安旧属永嘉郡，永嘉亦称东嘉，故世人又尊其为东嘉先生。《琵琶记》奠定了高明在中国文学史上的地位。《琵琶记》全本四十二出，写蔡伯喈与赵五娘夫妻的悲欢离合的故事，这是高明根据民间流传的作品加以改编创作而成。《琵琶记》的艺术成就也为人称道。首先在戏剧结构上，他以蔡伯喈和赵五娘的不同遭遇组织故事情节，把全剧分为两条线索交叉向前发展。首先，安排戏剧冲突。蔡伯喈线上，描写了他的"三不从"以及他的软弱和屈从，描写了他重婚牛府的锦衣玉食的富贵生活；赵五娘线上，则着力描写了她在灾荒岁月中的悲惨遭遇。由于二者交错进行，贫富对比异常强烈和鲜明：一方面再婚牛府，洞房花烛，一方面赈粮被劫要跳河；一方面荷花池旁饮酒消夏，一方面背着公婆吃糠；一方面中秋赏月，一方面麻裙包土。这种戏剧结构不仅可以展开更为广阔的社会生活面，相当有力地暴露出元代社会的贫富悬殊与苦乐不均，还能描写更多的人物，通过对比突出赵五娘的悲剧性，增强人物形象的感染力。这种戏剧结构虽是南戏的传统创作手法之一，但由于《琵琶记》运用成功，便一直沿袭而成为明清传奇的传统表现形式，清初孔尚任的名剧《桃花扇》，便是继承了这一形式的最成功例子之一。其次，是人物心理描写的细致。剧本对蔡伯喈"三不从"而又不得不从的矛盾心情，对赵五娘在灾荒年岁月中的心理刻画，都丝丝入扣，表现出了人物曲折复杂的内心活动，如《糟糠自厌》一折，对赵五娘吃糠时的内心刻画层次分明、细致入微，最后用糠米比喻自己遭遇的悲苦和相见无期的丈夫，形象生动，精彩绝伦，感人至深，这无疑是一个实际上被遗弃的女子的沉痛自白。《琵琶记》的语言很有特色，熔"本色派"和"文采派"于一炉，既有本色派的通俗自然，又有文采派的典雅华贵，并且和人物的性格、教养出身以及所处的环境相称。王国维认为《琵琶记》"独铸伟词，其佳处殆兼南北之胜"。

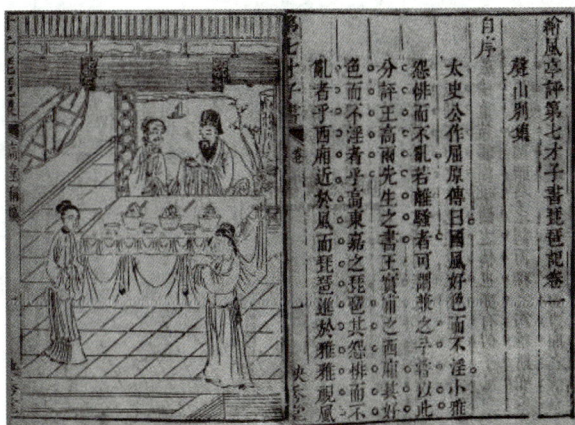

图 5-12 《琵琶记》

"荆、刘、拜、杀"四大传奇是指《荆钗记》《刘知远》《拜月亭》《杀狗记》四个南戏剧本，它是元末南戏复兴时整理旧本的突出成绩之一。这四大传奇若就思想性、艺术性而言，以《拜月亭》成就最高，如就舞台演出的生命力及对后世的影响而言，则以《荆钗记》最为悠长久远。

●● 第三节
● 小说

知识目标：

- 了解中国小说的发展简史。

- 熟记历朝小说的典型作家及作品。

- 熟记唐传奇、宋元话本、明清小说典型作品的特征。

能力目标：

- 能理解中国小说不同时期发展变化的规律。

- 能从不同的角度分析、评价、赏析典型小说作品。

- 会活用中国小说作品的主题或词句。

素养目标：

- 自觉提升对中国小说的兴趣与爱好，提高对民族文化的热爱之情。

- 培养学习中国小说的兴趣，陶冶情操，提高审美情趣与文化品位。

　　"小说"一词最早见于《庄子·外物》："饰小说以干县令，其于大达亦远矣"，是说举着细小的钓竿钓鱼，奔走于灌溉用的沟渠之间，只能钓到泥鳅之类的小鱼，而想获得大鱼可就难了。春秋战国时，学派林立，百家争鸣。庄子认为"小说"是"琐屑之言，非道术所在""浅识小道"，也就是琐屑浅薄的言论与小道理之意，正是小说之为小说的本来含义。

　　古典小说萌芽于先秦，发展于两汉，雏形于魏晋南北朝，形成于唐代，繁荣于宋元，鼎盛于明清。

一、先秦两汉小说

先秦两汉时期，当时社会出现的神话传说、寓言故事、史传文学都孕育着小说艺术的因素，成为古典小说叙事的源头；同时也呈现出了中国小说"童年"时期便已形成志人、志怪两大类别的端倪。

在先秦时期，文学呈现出一种综合的形态，文学、史学、哲学相交融，文体界限相对模糊。但这一时期涌现出的一批神话传说和哲史故事已经奠定了我国小说发展的基础。神话传说中，《山海经》的价值最高，它是一部具有民间原始宗教性质的书，包含着自然崇拜和图腾崇拜的意识，反映了人类早期的思维特征。继神话传说之后，春秋战国时期产生和发展了寓言故事。寓言的产生与神话的影响密切相关，寓言普遍运用的夸张、想象和拟人化等艺术形式就是从神话中直接借鉴的。从古代文献记载看，寓言在魏晋以前被看作小说的一种，指的是那些有关政治的大道理相对的浅薄琐屑之言，但毕竟寓言不是完全意义上的小说，或者还不是小说，但它为小说的创作提供了许多重要的艺术经验。首先，寓言的讽刺艺术影响着后世的讽刺小说；其次，它开创了虚构故事情节的艺术手法。它在写人、叙事以及夸张、拟人等方面的艺术经验，对后世的小说创作有很大启发。

秦汉时期，文学发展先是经历了秦朝的低谷，在汉朝才得以繁荣。《淮南子》收录了大量神话传说，如女娲补天、后羿射日、嫦娥奔月等。《史记》代表了古代历史散文的最高成就，能够驾驭复杂事件和宏大场面，在叙事艺术上出神入化，在人物刻画上更是淋漓尽致、惟妙惟肖。这部书无论是闾巷之人还是帝王将相，通过人物个性与共性的展现、复杂人格的多维透视和旁见侧出的笔法全面刻画出来。乐府诗作为一种新的诗体，是继《诗经》《楚辞》之后古代诗歌史上又一壮丽景观，而乐府高超熟练的叙事技巧也为小说的创作树立了范本。它更多地选取生活镜头，故事情节完整曲折，人物形象各具特色，详略得当。《陌上桑》《孔雀东南飞》等篇目脍炙人口。

二、魏晋六朝志怪、志人小说

魏晋南北朝时期进入小说的雏形阶段。这一阶段的小说仍然处于文言小说体系，篇幅短小，记叙社会上流传的奇异故事。故事情节叙述、人物性格描写以及作品数量都有着一定的规模，但是缺少艺术的虚构，还不能称为中国小说的成熟形态。这一阶段创作的小说可分为志怪小说和志人小说两类。

（一）志怪小说

志怪小说，是指记述神仙方术、鬼魅妖怪、殊方异物、佛法灵异的小说，其中充斥着宗教、迷信思想，但也保存了一些具有进步意义的民间故事和传说。"志人"小说，是指记述人物的逸闻琐事、言谈举止的小说。"志怪""志人"小说的产生与当时的社会背景是密不可分的。魏晋南北朝是中国历史上大动荡的时期，阶级矛盾、民族矛盾和统治阶级内部矛盾不仅错综复杂而且相当尖锐。"八王之乱""五胡乱华"，战争此起彼伏。在动荡和战乱的年代，宗教、迷信思想得到适宜的条件后广泛传播开来。南北朝时期，在统治阶级的大力扶植下，佛教十分盛行，作为统治阶级最高领导者的皇帝对佛教也投入了大量的热忱，南朝宋文帝把佛教视为"坐致太平"的法宝；梁武帝宣布佛教为国教，并且多次出家。佛教宣扬灵魂不灭、因果报应的迷信思想，起到了麻醉、迷惑人民的作用。社会的黑暗、生活的动荡，使人民生活在水深火热之中。因此，人民常把自己的命运寄托在神异力量的幻想上和宗教想象传说中，于是志怪的传说与日俱增，后来经过文人的采辑、编写就形成了杂谈怪异的"志怪"小说。志怪小说的发展与宗教、迷信思想的盛行密切相关，因此鲁迅明确指出："中国本信巫，秦汉以来，神仙之说盛行，汉末又大畅巫风，而鬼道愈炽；会小乘佛教亦入中土，渐见流传。凡此，皆张皇鬼神，称道灵异，故自晋迄隋，特多鬼神志怪之书。"[①]

东晋干宝创作的《搜神记》是志怪小说的集大成者。干宝很喜欢阴阳术数之学，据《晋书·干宝传》记载，干宝父有一个宠婢，其父死后曾被干宝母亲推到墓道中陪葬，但十年后居然复活了，干宝兄也曾病死复生，自己叙述见到鬼神的经过。有感于兄长和父婢的死而复生，干宝从早年的无神论者转变为笃信鬼神，并由此发愤，搜集古今神鬼灵异、人物变化之事，编成《搜神记》一书。

《搜神记》有丰富多彩的思想内容。一是英雄与复仇主题，代表作品有《李寄》《干将莫邪》等。《李寄》塑造一个有勇有谋、为民除害的少女英雄，她是智慧与勇敢的化

---

① 鲁迅：《中国小说史略》，人民文学出版社 2005 年版。

身。《干将莫邪》叙述的是一个悲壮的复仇故事。二是爱情主题，故事多以天仙下嫁（人神恋）、人鬼结合（人鬼恋）、死而复生、离魂、梦幻等情节来表现摆脱封建礼教的束缚，争取婚姻自由幸福的愿望。写人神恋的有《张璞》《成公智琼》《董永》《园客》《杜兰香》《毛衣女》等；写人鬼恋的有《紫玉》（《吴王小女》）、《谈生》《卢充》等；写死而复生的有

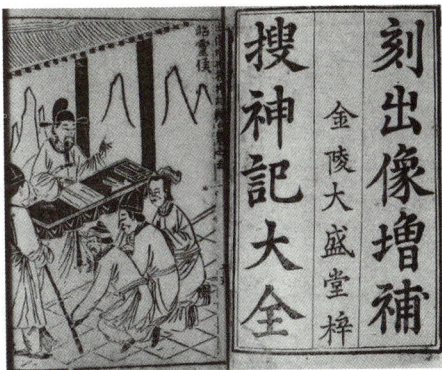

图 5-13 搜神记

《父喻复活》《河间郡男女》《贾偶》等。《河间郡男女》通过女方还魂，与意中人结合，歌颂了这对年轻人生死不渝的爱情。三是冤魂灵异主题，代表作有《韩凭夫妇》《东海孝妇》等。《韩凭夫妇》叙述的是康王见韩凭妻何氏美丽，夺为己有，夫妇不甘屈服，双双自杀殉情的故事。《东海孝妇》叙述的是孝妇周青含冤被杀的故事。四是因果报应主题，如著名的《董永》写孝子董永卖身葬父，感动了天帝，天帝命织女助其偿债，借助感天的幻想表达了对孝道的褒扬。

（二）志人小说

汉朝末年，士族中就有品评人物的风气。士族对人品评的一毁一誉，往往决定着这个人终生的成败，而品评的依据往往是人物的言谈举止、逸闻琐事而已。魏晋以后，士族间又崇尚清谈，把儒家提倡的名教与老庄提倡的自然结合起来，形成一种清谈的玄学。而志人小说就是士族人物玄虚的清谈和奇特的举动的记录。

《世说新语》是魏晋志人小说的代表作，是中国小说史上的一座丰碑。它选取飞扬闪光的只言片语、不同凡响的行为片断，描绘出诸多鲜明的瞬间和场面，为读者展示出了东汉至东晋 200 多年间文人士大夫的生活和精神面貌，被鲁迅称为 "一部名士的教科书"。它的艺术成就是比较高的，鲁迅曾用一句话概括了它的艺术特色："记言则玄远冷峻，记行则高简瑰奇。"[①]它往往能在短小的篇幅中，通过生动的形象表现人物的性格特征。《世说新语》对后世笔记小说的发展影响最大，模仿者不断出现，唐代有士族的《续世说新语》，宋代有《唐语林》，明代有何良俊的《何氏语林》、李绍文的《明世说

---

① 马青芳：《大学语文》，北京理工大学出版社 2020 年版，第 41 页。

新语》，清代吴肃公的《明语林》、李清的《女世说》等。甚至到了民国初年还有易宗夔的《新世说》。不仅如此，《世说新语》也为后世戏曲小说提供了不少素材，《三国演义》中望梅止渴、七步成诗等都取自《世说新语》。

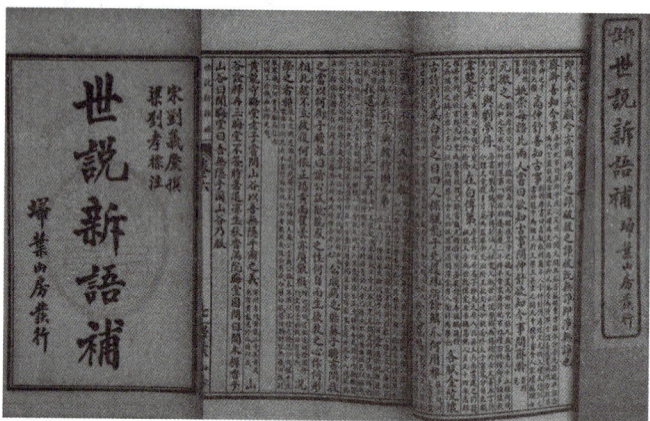

图 5-14　世说新语

《世说新语》按内容分类编辑，有《德行》《言语》《政事》《文学》等三十六篇，每篇下有数目不等的几个、十几个或几十个小故事。故事发生的最早时间为西汉初年，最晚为南朝宋初，主要是魏晋两百年间事，主要包括以下几方面。

1. "修齐治平"人生理想的崩溃

魏晋名士已开始走向道家出世的人生，不再因醉心功名而身为物役，转而追求无为自然、散淡悠闲，过着率性而为的超然于世的生活。对《世说新语》中的名士来讲，最重要的是自己的心情，他们只忠实地遵从自己内心的欲求。如《任诞》篇所记：

> 王子猷居山阴，夜大雪，眠觉，开室，命酌酒，四望皎然。因起彷徨，咏左思《招隐诗》，忽忆戴安道。时戴在剡，即便夜乘小船就之。经宿方至，造门不前而返。人问其故，王曰："吾本乘兴而行，兴尽而返，何必见戴？"

当王子猷说"乘兴而行，兴尽而返，何必见戴"时，他看重的是一时的兴致，王子猷顺应这种内在冲动，不管三七二十一去身体力行。等心情逐渐平静，达到当初的目的也就没有必要了。这则逸事展现出王子猷任由情兴、自由放达的诗意情怀，而这种任性随意、以兴之所至为依归的行为方式，为当时士人所崇尚，在魏晋知识分子中颇具代表性。

2. 标榜魏晋风度

《世说新语》是名士的速写画、名士的教科书，那怎样才算名士，"魏晋风度"又包括哪几个方面呢？王孝伯说："名士不必须奇才，但使常得无事，痛饮酒，熟读《离骚》，便可称名士。"以无事为贵，以痛饮为快，借读《离骚》以抒积郁，这就是王孝伯的名士观，一种追求无为、享受的审美的人生观。

冲破两汉以来的礼法束缚，追求个性的解放，是魏晋名士风度的一个方面。《世说新语》中的人物，在任何场合都贯穿着"我行我素"的个性化原则。《世说新语·方正》篇中记载：

> 王太尉不与庾子嵩交，庾卿之不置。王曰："君不得为尔。"庾曰："卿自君我，我自卿卿；我自用我法，卿自用卿法。"

魏晋时期，对官位、辈分低于自己的人或同辈之间，亲热而不拘礼节的称呼是"卿"。庾敳官位在王衍之下，两人关系又不是很密切，却称王衍为"卿"，遭到对方反对后仍坚持自己的做法，体现了置礼法于不顾的放达个性。这种"我行我素"的强烈自我意识，如果进一步发展，就会变成自傲与狂放，下面就是三个颇具代表性的例子。

> 王长史与刘真长别后相见，王谓刘曰："卿更长进。"答曰："此若天之自高耳。"（《世说新语·言语》）
> 庾子嵩读庄子，开卷一尺许便放去，曰："了不异人意。"（《世说新语·文学》）
> 郝隆七月七日出日中仰卧。人问其故，答曰："我晒书。"（《世说新语·排调》）

魏晋风度的另一个方面是从容镇定，喜怒不形于色。《世说新语·雅量》篇记桓温布下"鸿门宴"，趁大宴朝臣的机会，要杀害谢安和王坦之，为自己称帝铺平道路。得知这个消息后：

> 王甚遽，问谢曰："当作何计?"谢神意不变，谓文度曰："晋祚存亡，在此一行。"相与俱前。王之恐状，转见于色。谢之宽容，愈表于貌。望阶趋席，方作洛生咏，讽"浩浩洪流"。桓惮其旷远，乃趣解兵。王、谢旧齐名，于此始判优劣。

在生死危机面前，谢安昂扬地唱着歌，这是何等的胆识！谢安这种临大事而有静气、处变不惊的大家气度，才是真正的名士风度。

魏晋风度还包括对形象的追求，注重言语行为，达到外在（主要指仪容、言谈、举止、服饰等）与内质（精神气度、智慧含蕴、道德修养）的协调完美，即才形之美。《世说新语·容止》中有许多篇表现的是对优秀人物仪表风采的关注，如何晏的"美姿仪，面至白"；夏侯太初的"朗朗如日月之入怀"；李安国的"颓唐如玉山之将崩"等。

3. 生命的悲剧意识

《世说新语》中的许多故事，表现出魏晋士大夫们因时光飘忽、生死无常而产生的生命悲剧感。如《世说新语·言语》篇：

> 桓公北征，经金城，见前为琅琊时种柳，皆已十围，慨然曰："木犹如此，人何以堪！"攀枝执条，泫然流泪。

桓温见物生情，觉时光易逝，引出人生易老的感慨。当时的许多名士因无法摆脱老和死的阴影而苦闷，这种苦闷的外化形式就是喜欢挽歌，偏爱不吉利的事物。名士张湛喜欢在家门前种松柏，而松柏是墓地才栽的树；名士袁山松外出时，总喜欢让随从唱挽歌。当时的人给他们编了两句口号，是"张屋下陈尸，袁道上行殡。"张湛和袁山松的作为使人感到他们的周围到处都是浓浓的死的影子，充满了末日的色彩。

4. 揭露权贵的奢侈、残暴、荒淫

《世说新语》中有不少记载士族权贵奢侈、残暴、荒淫的篇目。《汰侈》篇中的石崇除了极端奢侈外，还非常残暴。

> 石崇每要客燕集，常令美人行酒；客饮酒不尽者，使黄门交斩美人。王丞相与大将军尝共诣崇。丞相素不能饮，辄自勉强，至于沈醉。每至大将军，固不饮以观其变，已斩三人，颜色如故，尚不肯饮。丞相让之，大将军曰："自杀伊家人，何预卿事！"

以斩美女劝酒来显示富有，固然是不把处于奴婢地位的侍女当作人看待的贵族意识的反映，但石崇连杀无辜少女，王敦无动于衷地看杀人，为显示富有而制造出这种令人悚然的血腥场面。

三、唐传奇

如果说中国小说在魏晋南北朝时是一个婴儿的话，那么经过100多年的生长，到唐朝它已经长成大人，成熟了。中国古代小说的成熟，正是以唐传奇的出现为标志的。

唐传奇的出现是中国小说史上的一次大飞跃。首先，唐传奇虽是在六朝小说的基础上发展起来的，但它与志怪小说相比，已有根本性的变化。志怪小说的内容主要是记鬼神怪异之事；唐传奇虽然也传写奇闻，但大多取材于现实生活，作者的意图和作品的意义都已不同。其次，六朝人志怪，是把怪异当成事实来记载，他们并不是有意识地从事小说创作，而唐传奇才是开始有意识地从事小说创作。

唐传奇能够产生与兴盛，原因在于以下几点。首先，唐代社会政治安定，城市经济十分繁荣，在城市中成为强大社会力量的市民阶层，他们的思想十分活跃，并要求在文学中得到反映，而传奇小说则比传统诗文更适合这种需要。其次，科举考试的"行卷""温卷"风气刺激了传奇小说的创作。所谓"行卷"，是指应试的文人为了获得考官和名公巨卿的赏识，往往在考前送上自己得意的文章，第一次送上叫"行卷"，第二次送上叫"温卷"。这种行卷，起初是用诗，但后来"渐渐对于诗，有些厌倦了"，于是就有人把小说也放在行卷里去，而且竟也可以得名。所以从前不满意小说的，到此时也多做起小说来，因之，传奇小说就盛极一时了。最后，唐传奇的发展与其他文体的繁荣密不可分。唐代诗歌和散文丰富多彩的表现手法，现实主义与浪漫主义的精神都促进了传奇的创作。

唐传奇是指唐代流行的文言小说，作者大多以记、传名篇，以史家笔法，传奇闻异事。这一时期的作品众多，如《李娃传》《莺莺传》等，而且还崛起了白行简、元稹、蒋防三位传奇大家。唐传奇在修辞手法的使用、背景气氛的渲染上都极富艺术表现力和感染力，是我国小说发展史上的一座里程碑。唐传奇后来衰落了，但它对后世小说的创作仍有着重要的影响。宋代传奇就是唐传奇的直接传承，明初的《剪灯新话》等就是仿唐传奇而作，清代的《聊斋志异》与唐传奇有一脉相承的关系。

四、宋元话本

中国古代小说经过唐传奇的发展，到宋元两代出现了新的重大的历史变革，被称为"话本"的白话小说成了小说领域的新主宰，它不仅为中国的白话短篇小说创作奠定了基础，而且对长篇小说的产生也起了重要作用。

"话本"就是"说话"（说书）艺人用于讲唱用的底本，相当于现在演员演出用的剧本。宋元话本的繁荣来自"说话"艺术的发达、兴盛。话本早在隋唐时就已出现，虽然那时话本远不如宋元话本成熟，但它们作为宋元话本的先驱影响了宋元话本的出现。由于宋元时期手工业、商业较之以前有更大的发展，随之而来的便是城市的繁荣和市民阶层的不断扩大。又由于当时市民阶层生活比较富裕，他们有条件改善文化生活，对文化娱乐的要求不断提高，这就大大地刺激了包括"说话"技艺在内的各种技艺的发展。"说话"在众多技艺中是最受市民喜爱的一种文化娱乐形式，这样就促进了话本的创作，因而话本创作呈现出非常繁荣的局面。

宋元话本，特别是长篇话本为中国古代长篇小说的形式——章回体，作了酝酿和准备。

宋元话本，确立了白话小说这样一种崭新的文体，为后代通俗小说的繁荣打下了良好的基础。就长篇小说来看，从《三国志平话》到罗贯中的《三国志通俗演义》，从《宣和遗事》到施耐庵的《水浒传》，从《大唐三藏取经诗话》到吴承恩的《西游记》，从《七国春秋平话》到冯梦龙的《新列国志》，无一不是与宋元平话一脉相承的关系。就短篇来看，影响了明清短篇小说的创作，出现了《三言》《二拍》中的大量拟话本作品。

宋元话本闯进了诗歌、散文占统治地位的文坛，使整个文学领域发生了重大变化。先是三足鼎立，分庭抗礼，后来随着小说的发展，竟取霸主地位代之，所以说宋元话本具有划时代的意义。元代叙事性文学第一次居于文坛主导地位，作家与下层人民的联系更为密切，在社会上的影响更为广泛。小说话本、讲史话本、说经话本、诸宫调都是这一时期的叙事文学题材，更有戏剧的高度繁荣，这些都为明清小说的创作提供了广泛的素材。

五、明清小说

时至明朝，商业经济进一步发展，市民阶层壮大，新的读者群和作家群形成，文学的世俗化、商业化加强，自然促进了小说、戏曲等通俗文化的繁荣，尤其是章回体小说的发展和定型是明代对中国文学作出的最为宝贵的贡献。

元末明初时出现了两部重要的小说，一部是罗贯中的《三国演义》，另一部是施耐庵的《水浒传》。前者是中国古代历史演义中成就最高、影响最大的一部小说，后者是中国英雄传奇小说发展的高峰。二者后来同列四大名著之中。明代中期以后，资本主义开始萌芽，城市空前繁荣，商品经济得到很大发展，市民阶层不断壮大，社会经济结构发生了很大的变化，同时在思想文化领域内兴起了以李贽、"三袁"、冯梦龙等为代表的启蒙思想。社会的变迁需要文学做出反映，传统诗文的枯燥、乏味和呆滞，民间说唱的粗俗、简单，都不能起到很好地反映社会的作用，而市民阶层也在寻找、呼唤能表现他们生活情趣的、满足他们欣赏趣味的文体与作品。小说的大容量、写实性无疑是展现日新月异的社会的最佳体裁，而它的生动感人、雅俗共赏的特点也符合了市民阶层的阅读口味。于是，小说便得到了长足发展。

这一时期，小说卷帙浩繁，流派众多。历来被后人誉为名著的小说，几乎都产生于此时。总的来说，这一时期长篇和短篇都得到了长足发展。长篇小说可分为历史演义、英雄传奇、神魔小说和世情小说四大类，如《新列国志》《北宋志传》《西游记》《金瓶梅》等。

纵观这一时期长篇小说的发展历程，可以看出它有四个特点：首先，由人民群众的集体创作到文人整理加工，进而到作家个人独创；其次，由历史题材到神话题材，再转入现实生活题材；再次，由古典现实主义到积极浪漫主义，再到具有近代性质的现实主义；最后，逐渐形成了为广大群众喜闻乐见的、鲜明的民族形式和民族风格，并形成了中国古代小说的主要流派。这一切都为清代长篇小说的进一步繁荣奠定了坚实的基础。

明朝后期，由于社会的大动乱和明清两朝的朝代更迭，中国古代小说创作曾一度陷入困境，后来清政权得到稳固，社会经济趋于恢复、发展。中国古代小说便走出低谷，柳暗花明、峰回路转，又呈现出繁荣的局面。清代小说（鸦片战争前）发展的阶段性和当时社会的政治经济发展基本一致，可以分为三个阶段。

第一阶段，从顺治到康熙，前后共79年的时间。这一时期，地主阶级和农民的矛盾相对得到缓和，而满族统治者和汉族及其他民族的矛盾冲突是社会斗争的中心，以曲折的形式维护民族的尊严、揭露社会的黑暗成了当时小说创作的基本内容。讲史小说《水浒后传》和《说岳全传》便是这样的代表作。它们既揭露了统治者的贪婪、凶残，又着意描写了抗金英雄的斗争，借前朝故事，抒民族义愤，是文学史上带规律性的现象。这一时期出现的蒲松龄的《聊斋志异》是用唐传奇的手法来写志怪的，它以很高的艺术成就把文言小说推到了一个高峰。

第二阶段，从雍正到乾隆，前后共73年的时间。这一时期，社会环境安定，农产品丰富，商业经济繁荣，小说的创作，作品数量多，但平庸之作也多。雍乾时期文字狱更为严酷，使得大多数作品缺乏生活现实的光彩。但这一时期值得肯定和骄傲的是出现了对封建社会生活各方面都进行了深刻批判、表现出了启蒙主义思想的鸿篇巨著《儒林外史》和《红楼梦》。

第三阶段，从嘉庆元年到道光二十年，前后共45年的时间。这一时期，中国封建社会由盛而衰，逐渐走向解体。文坛和政治经济一样黑暗窒闷，缺乏民主的新鲜、清新的空气。小说创作不仅数量少，且思想水平不高，除《镜花缘》外，都未能超出前人的窠臼。清代小说艺术的盛衰涨落，和封建社会晚期的政治局面相对应。清初到清中期的小说，无论是在题材、人物、语言、创作手法上较之前人都有所突破，有所创新。几部高峰之作如《聊斋志异》《红楼梦》等，都具有集大成的性质，它们继承和发展了优秀文化的传统，使中国古典小说艺术进入了新的、更高的境界。

《三国演义》描写了自黄巾起义到西晋统一的近百年历史，表现了作者在理想与历史、正义与邪恶、感情与理智、"人谋"与"天时"的冲突中，带着一种悲怆和迷惘的心理，对于传统文化精神的苦苦追寻和呼唤。这是一部波澜壮阔、气势恢弘的历史画卷，是一部呼唤民族大众传统文化精神的史诗。

《水浒传》是明代小说的又一奇葩。它记述了源于历史事实的宋江起义的故事，把视角移向民间日常的生活和普通的人。《水浒传》是一曲"忠义"的悲歌，可以用"奸逼民反与替天行道"来概括这部书。这部书围绕"忠义"二字展开情节，揭示了社会的暗无天日和封建社会的基本矛盾，其思想的深刻性在文学界是难能可贵的。

清代的小说创作达到了顶峰，《聊斋志异》《儒林外史》《红楼梦》代表着这一时期的最高成就。《聊斋志异》在志怪小说中最有创造性、文学成就最高。它将狐鬼花妖人情化和意象化来刺贪刺虐，实现现实伦理与精神的超越，情节丰美，叙述语言平易整洁，在文学史上产生了深远巨大的影响。

吴敬梓的《儒林外史》是我国古代讽刺文学中最杰出的代表。它以知识分子的生活和精神状态为题材，对封建制度下知识分子的命运进行了深刻地思考和探索，尖锐地批判了科举制度，体现了作者追求道德和才华互补兼济的人生境界。

曹雪芹的《红楼梦》是中国古典小说的巅峰之作，是一部内涵丰厚的作品，展示了一个层次多重又互相融合的悲剧世界。全书的主线是宝玉和黛玉、宝钗的爱情婚姻悲剧，体现了封建礼教对人的严重束缚。围绕着"悲金悼玉"的爱情婚姻悲剧，《红楼梦》还写出了"千红一哭""万艳同悲"的"女儿国"的悲剧，对封建社会和文化进行深刻反思。《红楼梦》以贾府的衰落过程为主线，贯穿起史、王、薛等大家族的没落，描绘了上至皇宫、下及乡村的广阔历史画面，广泛深刻地反映了封建末世复杂深刻的矛盾冲突，显示了封建富贵家族的本质特征和必然衰败的历史命运。《红楼梦》在文学创作上获得了巨大成功，达到了新的境界，塑造出了成群的性格鲜明而又富有社会内蕴的人物形象。曹雪芹就自己对现实世界的感受、体验而塑造人物，突出其真实性；注意写人物性格的多个侧面，甚至是美丑互渗的表现；人物之间相互映照、互为补充，生发出更为丰富、深刻的意思。《红楼梦》彻底地摆脱了说书体通俗小说的模式，极大地丰富了小说的叙事艺术，对中国小说的发展产生了深远影响。首先，它采用"草蛇灰线，伏脉千里""注此写彼，手挥目送"的方法，使每一个情节具有多方面的意义，故事和画面之间的转换非常自然，不着痕迹。其次，它把日常生活中的大小事件错综结合着写，小矛盾凝聚成大矛盾，小事件积累成大事件，波澜起伏，情趣盎然。再次，作者隐退到幕后，由作者创造的虚拟化以至角色化的叙述来叙事，在中国小说史上第一次自觉采用了颇具有现代意味的叙述人叙事方式。在叙述角度上也创造性地以叙述人多角度复合叙述，取代了说书人单一的全知角度的叙述。《红楼梦》继承了我国文学语言的优良传统并加以丰富和发展，达到了炉火纯青的地步。以北方口语为基础，融会了古典书面语言的精粹，经过作家高度提炼加工，形成了生动形象、准确精练、自然流畅、有生活气息和感染力的文学语言。

此后，随着资产阶级启蒙思想的传播，小说界革命勃然兴起，来适应求变求新的时代洪流，中国小说创作进入新的历史时期。作为揭发时弊、开启民智的利器，"四大谴责小说"、鲁迅白话小说等新的小说形式以及纷纷涌入的翻译小说，促进了中国现代小说意识的觉醒。中国古代小说发展历史悠久，成就也极其之高，是中国古代文学艺术的精髓，也是世界文学宝库中的瑰宝。

●●第四节
●散文

知识目标：

• 了解古代散文的发展简史。

• 熟记历朝历代散文的典型作家及作品。

• 熟记历朝历代散文代表作的基本特征。

能力目标：

• 能理解古代散文不同时期发展变化之规律。

• 能从不同的角度分析、评价、赏析典型散文作品。

• 会活用古代散文的创作方法。

素养目标：

• 自觉提升对古代散文的兴趣与爱好，提高对民族文化的热爱之情。

• 培养学习古代散文的兴趣，陶冶情操，提高审美情趣与文化品位。

先秦散文是继《诗经》《楚辞》之后产生的又一个文学典范，在文化史上具有重要的地位。先秦散文是指与诗歌形式相对的所有的先秦时期的文字，它与诗歌的区分点主要在于是否有韵，和我们今天的散文概念不尽相同，它还包括政论文、公文、历史记叙文等。先秦散文大致可分成叙事散文和说理散文，主要是先秦诸子的著作和历史著作。

一、先秦说理散文

先秦说理散文实际上就是先秦诸子散文，各家学派为阐述自己的道理与学术见解而著书立说，形成了"百家争鸣"的学术繁荣壮观局面。先秦诸子散文的发展，可分为三个阶段。春秋末、战国初为第一阶段，代表作有《论语》《墨子》，文章多为语录体，或为简明的议论短章。战国中期为第二阶段，代表作是《孟子》《庄子》，文章逐渐由语录体发展为对话式论辩文与专题论文。战国后期为第三阶段，《荀子》《韩非子》是其代表作，其文章基本上都是专题论文，完善了论说文的体制。

《论语》记载了孔子及其弟子的言行，由孔子弟子及再传弟子纂录而成，是孔子政治、教育、哲学思想的结晶。《论语》的文学价值首先表现在它对孔子及其门人弟子等性格形象的塑造上。其塑造绝大部分并非有意。不过，也正因于此，反倒更真实地反映了说话人原始的性格和风貌。如孔子的思想深沉、举止端方、平易温和及愤怒状、狼狈态，子路的直率、鲁莽、刚烈，颜渊的沉默寡言、安贫乐道及敏而好学等。也有少数篇章较长，经过作者的加工来表现人物性格形象，如《侍坐》，它通过孔子问志、学生言志、孔子评志，将孔子的和蔼平易，子路的坦直、自信而鲁莽，冉求的怯懦谨慎，公西华的察言观色、外谨内慎，曾皙的恬淡洒脱的思想性格，都生动形象地表现了出来。其次，《论语》言简意赅，朴素生动，富有哲理和情感色彩，形成一种平易雅正、隽永含蓄的语言风格。有不少警句成为后人生活、学习、工作的座右铭，如"三人行必有我师焉""人无远虑，必有近忧""三军可夺帅，匹夫不可夺志""岁寒，然后知松柏之后凋"等。另外，作为语录体，《论语》旨在记言，多用口语，通俗浅显。但孔子强调"文质彬彬"，故师徒问语答言皆有物有文，虽润色而似出自然。

《墨子》反对文采，讲究逻辑性，提出了著名的"三表法"，强调为文立论要"上本之于古者圣王之事""下原察百姓耳目之实"。因而，全书文章风格质朴，较少文采，而逻辑性强，善用归纳法和类比法说理，理论联系实际，有较强的现实意义。其文章的基本结构，大体是先提出问题，然后加以分析，最后作简要概括总结。文有标题，论点明确，论证充分。如《兼爱》上篇就是这样结构完整、层次清楚的论说文。对墨子形象的表现，是《墨子》较具文学性的一面。《公输》《鲁问》《耕柱》等篇在记载墨子言行时，也将他"摩顶放踵"、热心救世的形象展现给了读者，生动感人。此外，《墨子》中大量的排比、对偶、比喻等修辞手法，也使其文朗朗上口，有一定的文学性。

《孟子》是记载孟子及其弟子言行的语录体散文，由孟和其弟子万章等合著。全书七篇，每篇分上下。《孟子》的文学价值，首先表现在它再现了孟子作为儒家学者济世救民的形象和他作为普通人刚直而富于情感的个性特点。他藐视帝王，有时近于狷介；鄙夷奸佞，有时近乎褊狭；争论文艺，有时近于偏颇；待人诚恳率直，有时近于天真。《孟子》文章雄辩，充满论战性质，但又注意论辩技巧，刚柔相济。或根据不同对象，掌握对方心理，妙设机巧，引人入彀，层层紧逼，步步追问，势不可当。如"齐桓晋文之事"，孟子巧妙避开齐宣王想了解"霸道"的心理，并逐步将话题转到"王道"上来，就近取喻，肯定齐王有"仁心"，可以"王天下"，以引起他对"王道"的兴趣，然后才正面阐述自己的"王道"主张。或欲擒故纵，诱敌深入，让对方摆出论点，树起批驳的靶子，然后因势利导，层层推进，使对方陷入自相矛盾的境地。如"有为神农之言者许行"章（《滕文公上》），批驳许行"贤者与民并耕而食"的主张即是如此。或用比喻和寓言说理，形象生动，引人入胜。如"鱼我所欲也"（《告子上》）以"舍鱼而取熊掌"比喻"舍生而取义"的道理。语言上，《孟子》不仅词彩华赡，痛快流利，而且感情强烈，气势磅礴，富于鼓动性，如"明察秋毫""水深火热""出尔反尔""出类拔萃""心悦诚服""一曝十寒"，等等。

《庄子》是庄子及其门人后学的著作。原有52篇，现存33篇，分为内篇7，外篇15篇，杂篇11篇。一般认为，内篇是庄子自著，外、杂篇出于其门人、后学之手。《庄子》在诸子散文中艺术成就最高。首先，它善于通过形象的比喻和情节性强的寓言故事说理，将文学与哲理熔为一炉，使深邃的哲理形象生动，充满情趣。如《逍遥游》为说明作者追求"无所待"的绝对自由的思想，全文用了大鹏、学鸠、蜩、斥鴳、朝菌、冥灵等众多形象，或大或小、或高或低、或大年或小年等活动及现象的皆"有所待"比喻在物质世界里没有绝对自由，然后才得出自己的正面意见。至于以寓言说理，更是突出。《庄子》自言寓言占十分之九，现在统计有180余则。这些寓言想象丰富，生动形象，增强了文章的浪漫色彩、说服力和感染力。如"触蛮之争"（《则阳》），借触、蛮争夺蜗角，嘲笑了诸侯间争夺土地的战争，及其给百姓带来的巨大灾难；"庖丁解牛"（《养生主》），以解牛为喻，说明了养生的道理。其次，《庄子》想象丰富，构思奇特，选象组象，大胆夸张，波诡云谲，意境雄阔，具有浓厚的浪漫主义色彩。如"任公子钓鱼"（《外物》），"五十犗（健牛）以为饵，蹲乎会稽，投竿东海"，鱼吞钩后，奋鬐抗争，"白波若山，海水震荡，声侔鬼神"，惊心动魄，气象万千。所钓之鱼，竟能供大半个中国的人饱餐不尽。《逍遥游》中的大鹏展翅图景写来尤为雄阔。它由"不知其几千里"大的鲲鱼变化而成，振翅而飞，竟"水击三千里，抟扶摇而上者九万里"，其境之壮，其思之奇，前所未有。再次，《庄子》的语言，在诸子中成就也最高。不仅嬉笑怒骂，激情澎湃，气势磅礴，而且语汇丰富，创造新词，如"逍遥""混沌""造化""志怪""小说""寓言""运斤成风""游刃有余""邯郸学步""东施效颦"等，至今还广为运用。《庄子》的思想与艺术对后世文学的影响，在诸子中也极为突出，郭沫若认为"秦汉以来的一部中国文学史差不多大半在他的影响之下。"（《庄子与鲁迅》）

《荀子》是荀况及其门徒所作，今本32篇，大部分为荀子自著，小部分出于他的门徒。荀子是与孟子齐名的儒学大师，其学说以孔子儒学为基础，批判性地吸取诸家之说，最大特征是以礼容法。他反对天命迷信，强调天人相分和"制天命而用之"。反对性善说，提倡性恶说，由此特别强调后天教育、环境影响及个人努力。他弟子中著名的有韩非、李斯。《荀子》文章主要是长篇专题性论说文，这些论文大都善于围绕题目或一定的中心，以类比、引证、比喻、排偶反复说理，层层展开论述，结构绵密严谨，说理透彻，发挥尽致，风格沉着深厚，语言朴素简洁而词彩缤纷，句法整齐而富于气势。如《劝学篇》是一篇劝人学习的专论，旁征博引、生动详尽地阐明了学习的重要性，以及学习的态度、途径和方法，结构严谨，说理透彻。尤其论述学习态度一段，一连用了九个比喻，从正反两方面反复论述学习贵在专心致志，想象丰富，形象生动。同时，这些比喻又重叠排列，整齐而流畅，气势充沛，音节铿锵。《荀子》又有《成相》《赋篇》，属文学范畴。《成相》是用楚地民歌形式宣传政治主张的作品，为韵文。《赋篇》包括"礼""知""云""蚕""箴"五首小赋和所附"佹诗"二首。五赋以四言韵语为主，间杂散文，很像谜语，乃战国"隐书"一体，开了后世咏物赋及说理赋的先河。

《韩非子》是战国末期法家代表人物韩非子创作的一部政治哲学文集，今存55篇，少数篇章为后人所作。其中多为说理文，逻辑严密，分析透彻，条理分明，深刻明切，词锋犀利，风格峻峭。如《五蠹》以洋洋洒洒近七千言的篇幅，指责五蠹之民对国家的危害，这是先秦论说文的进一步发展。另外，善于分析类比、归纳总结，善于用历史故事和寓言故事阐明事理，也是《韩非子》的突出特点。《韩非子》有寓言故事300多个，其中以《说林》上下、内外《储说》最集中。这些寓言，大多生动形象，寓意深刻，发人深省，同时情节生动幽默，有较浓的文学色彩，如"守株待兔"（《五蠹》）、"郑人买履"（《外储说左上》）、"买椟还珠"（《外储说左上》）、"自相矛盾"（《难一》），等等。

二、先秦叙事散文

先秦历史散文最早见于甲骨卜辞，简短地记录了极其珍贵的历史事件。但文学史上讨论的主要是历史著作，包括国别体、编年体、国别体杂史三类，《国语》《左传》《战国策》在文学和史学两方面都具有不可替代的重要价值。中国古代政权建立中有一个重要的角色——史官，至迟在周代就明确了史官的地位和工作性质，规定朝廷和诸侯均要设立史官，有大史、小史、左史、右史等职，君王诸侯有所言动，史官必须记录，"左史记言，右史记事。事为《春秋》，言为《尚书》"①。

《尚书》是中国最早的记言史书，是一部历史文献汇编，其所载典、谟、训、诰、誓、命之文，乃是春秋以前历代史官所收藏的政府重要文件和政治论文。其主要内容不外乎政府的文告、主上的誓言、君王的命令和贵族的诫词。相传有 100 篇，今存 58 篇，其中 33 篇为今古文《尚书》所共有，其余则是东晋时期伪作的古文《尚书》，没有任何可信度。所谓今文《尚书》，是指汉代广为流传的用通用隶书写成的版本。经过秦火之后，汉代学者经过搜集、校勘、结集并重新书写的为今文《尚书》。而汉武帝时期陆续发现的古本《尚书》依然用籀书写成，33 篇作品保留了原书的基本面目，与今文《尚书》误差不大，证明了今文《尚书》的学术价值。《尚书》中最具有文学色彩的作品是《秦誓》。

《春秋》是鲁国的史书，也是中国现存先秦典籍中年代最早的编年体史书。从朝廷到诸侯国均有史官记事记言，应该都有《春秋》，但保存下来的只有鲁国的《春秋》。保存下来的《春秋》虽然记录的是鲁国历史，但也大量记录了周王朝史实与相关诸侯国的事件，可以看作是经过孔子加工编定的以鲁国为核心的春秋历史，即便直接说是鲁国史书亦可。《春秋》记事起于鲁隐公元年（前 722 年），终于鲁哀公十四年（前 481 年），

---

① 《汉书·艺文志》，四部精要本，上海古籍出版社 1993 年版。

记载了 242 年的历史，用最简洁的语言记录了当时的重大事件。在正名定分、尊王攘夷思想指导下，往往于一字一词中有所褒贬，表达了孔子的基本政治倾向，是为"春秋笔法"。如"隐公元年"条记载："郑伯克段于鄢"，仅仅六字，倾向性十分明显。但同样的历史事件，在《左传》中就有绘声绘色的描写，详尽而具有文学性。相传由于《春秋》的过于简略，许多史实不够清晰，需要为之作传解析，于是有了《春秋》三传：《春秋左氏传》《春秋公羊传》和《春秋穀梁传》。实际上，《春秋左氏传》简称《左传》或《左氏春秋》，是一部独立的史书，也可以认为是配合《春秋》的史书，其记事到鲁哀公二十七年，比《春秋》下延 13 年。

与《春秋》相比，《左传》记事详载本末及有关传闻逸事，叙事完整而内容丰富全面，文采生动，人物形象饱满，长于描写战争，在正常叙述中往往采用倒叙、插叙等手法交代因果，以"初"为标记。《左传》的作者为谁，历来有不同意见。司马迁、班固都认为是鲁国史官左丘明。根据书中记载春秋列国政治、军事、外交各方面的活动与纪事年代，《左传》当是春秋时期的鲁国史官所为，并在流传的过程中得到加工整理。现存的注本主要是西晋时杜预的《春秋左氏经传集解》、唐代孔颖达的《春秋左传正义》、清代洪亮吉的《春秋左传诂》等。《左传》不仅是研究春秋历史的重要史料，也是先秦叙事散文的重要标杆。《左传》的文学价值主要表现在：增加了大量的历史史实和传说故事，叙述更加完整；通过事件的描述和人物形象的塑造，多角度展示了作者的历史观和道德观；善于描写战争，详细交代战争的起因、谋划、发展、结局及其影响，对后世纪传体通史和历史演义小说具有直接的影响；叙事中或叙事结束，作者往往用"君子曰"或"孔子曰"加一段评论表明立场，增强了作品的感情色彩；其结构安排充满了戏剧技巧，设置了诸多的悬念与急转，具有极强的感染力。

《国语》是一部成书于战国初期的国别体史书，是各国史料的汇编。但各国所占的比重不一，侧重点也有所不同，原因在于编者所掌握的各国史料有差异。《国语》的记事，起于周穆王，终于鲁悼公。全书 21 卷，记录了周、鲁、齐、晋、郑、楚、吴、越八国的事件。其中《晋语》多达九卷，并主要记录晋文公的历史，《吴语》记录夫差伐越及吴国灭亡，《越语》记载勾践灭吴的故事，为后世的文学创作提供了丰富的素材和想象的空间。所以《国语》的史料价值和文学价值亦值得重视。

《战国策》，又称《修书》《国策》《国事》《长书》等，是战国时代各国史料的汇编，成书于秦汉间，记事上接春秋，下迄秦并六国，时间长达 269 年（前 490—前 221），具体成书于何人，难以稽考，最终由西汉后期的刘向整理，并定名《战国策》，沿用至今。《战国策》的基本内容是记载战国时谋臣策士纵横捭阖的斗争经历和谋划言语，具有外交辞令的精彩和政治军事谋略的精深与狠毒，保存了不少纵横家的言辞与著述信息。书中集中反映了战国时代的历史风云，也叙述了许多重大的历史事件，但多数作品出自策士之手，不免夸张与虚拟。所以《战国策》的史料价值有所降低，但文学价值大为提升，更反映了"士"这样一个特殊的群体游离于统治阶层之后的特殊历史作用以及对中国社会政治文化和道德观、价值观的影响。战国时代的策士，在政治上崇尚谋略，强调审时度势，主张举贤授能；在人生观上追求功名显达、富贵利禄；对人品的要求不拘一格、经常变幻，只为自己的目标而奋斗；在价值观上弱化是非而强化了成功失败的意义。《战国策》的文学价值，超越了先秦任何叙事著作。其一，《战国策》塑造了大量鲜明生动的社会各阶层的人物形象，尤其是"士"的形象。其二，创作了大量生动有趣的故事，情节曲折，波澜起伏，想象离奇，具有很强的戏剧性。其三，分门别类的叙写和以人、以事为中心不同的描写手法，丰富了叙事文学的艺术技巧。其四，高超的语言技巧成为后世文学创作学习的榜样。其五，虚构的寓言故事和掌故逸闻，增强了说服力，也形成了诸多哲理性、文学性相结合的成语。其六，铺陈扬厉、夸张渲染的文风使整部作品气势恢宏、汪洋恣肆，成为中国古典散文文气的源头。

三、唐宋散文

（一）古文与古文运动

唐宋两代是中国古代散文发展的高峰期，以"唐宋八大家"为代表的唐宋散文家，使文章的体裁样式增多，艺术水平提高，出现了许多脍炙人口的名篇。初唐王勃的《滕王阁序》、骆宾王的《代李敬业传檄天下文》可算骈文中的双璧。其中的名句"落霞与孤鹜齐飞，秋水共长天一色"，"请看今日之域中，竟是谁家之天下"，更是传诵不衰。

中唐时期，一些士大夫迫切要求在政治上进行改革，与此相伴的是复兴儒学成为强大思潮。韩愈、柳宗元等人尖锐批判六朝以来的骈俪文，提倡更为实用的上继先秦两汉文体的散文，并称之为"古文"，而与骈俪文相对立。唐宋散文一改六朝浮靡的文风，提倡更接近生活的"古文"是秦汉散文的继承和发展，是我国文学史上里程碑似的时期。所谓"古文"，是相对于唐宋之际盛行的"今文"或"时文"（即骈文）而来的。韩愈曾说他"非三代两汉之书不敢观"（《答李翊书》），"三代两汉"之文就是"古文"，是唐宋古文家心仪的写作模范文本。文学史上，将唐宋两代古文家写作"古文"以取代骈文的这个创作思潮，称为"古文运动"。代表人物为韩愈、柳宗元，主张文章必须"载道""志道""明道"。

晚唐时期至五代十国，古文运动缺乏有力的后继者，以李商隐为代表作家的骈体文仍然居优势。欧阳修在北宋中期再度发起古文运动，很快形成了以他为首的，包括曾巩、王安石、苏洵、苏轼、苏辙等在内的文学集团，于是一度中断的韩柳古文传统得到了继承和发扬。宋代散文平易自然，流畅婉转，比唐文更宜于说理、叙事、抒情，更实用。唐文奇特，结构上纵横开阖，波澜起伏，词语上也追求新奇；宋文从容，曲折舒缓，不露锋芒，语言则以明白如话见长。

继欧阳修之后领导古文运动取得完全胜利的是苏轼，他的创作代表了宋代散文的最高成就。苏轼的散文豪放自然，多姿多彩。他的议论文明晰透辟，雄辩滔滔，气势纵横，善于随机而发，翻空出奇，表现出高度的论说技巧，南宋的叶适称之为"古今议论之杰"。但他更为精美的是游记、杂记、随笔、文赋等文章，做到了涉笔成趣，姿态横生。他的写作手法比前人更为自由，把抒情、状物、写景、说理、叙事等多种成分糅合起来，随着自己的情感思绪信笔写去，结构似乎松散，却于漫不经心中贯穿了意脉。

（二）唐宋散文

唐代散文，既革除六朝旧习，又开辟了宋元以后散文的发展道路，在中国文学发展史上有承前启后的作用，占有重要地位。唐初主要以骈文为主，大多数文人沿袭了六朝以来的风格。唐初虽以骈文为主，但已开始出现由骈入散的倾向，并在理论上提出改革要求。中唐前期一批崇儒复古、谋求革新的作家相继出现，提倡散文，反对骈文。中唐后期韩愈、柳宗元倡导古文运动。在理论和创作实践上使古文到达全盛阶段，一直发展到唐末五代。唐代散文结束了六朝以来的骈文，提倡从生活中取材，从语言中提炼新的书面散文语言，扩大了文言文的表达能力，有进步意义。

宋代散文。虽然唐代韩愈和柳宗元已开始倡导古文运动，但是要彻底改变六朝以来的文风的确十分困难。因此北宋初期的散文仍文风浮靡，但骈文又受到散文的影响，因此骈文与散句经常在同一文中出现。北宋后期为宋代散文发展的黄金时期，曾巩、王安石等八位大文宗师浮出水面，使古文运动得到进一步发展，散文开始取代骈文了。由于他们在古文创作上的杰出成就，后人把他们称为唐宋八大家。

四、唐宋八大家及其散文风格

（一）韩愈（768—824）

韩愈，字退之，常自称昌黎人，因而世称韩昌黎。生于河阳（今河南孟县），未满两岁，母死。3岁时，父又去世。由兄嫂抚养，11岁时，哥哥也突然死在官所。从此，韩愈同嫂嫂、侄儿相依为命。他自幼勤奋好学，日记数千言。19岁前便已博览群书，通六经百家之学。19岁进京应试，连考三次都未中，直到

图 5-15　唐宋八大家

25岁才中进士。旋又应吏部考试，三试皆无结果。旅居长安10年，未得一官半职。29岁时便决意离开长安，先后到汴州（今河南开封）宣武节度使董晋和徐州武宁节度使张建封处做幕僚。35岁返回京城，被任命为四门博士，36岁拜监察御史，因关中受灾，上书请宽民徭，被贬为阳山（今属广东）令。39岁被召回任国子博士。50岁时因随裴度平淮西有功，升刑部侍郎。

唐元和十四年（819年）因谏迎佛骨，贬为潮州（今广东潮安）刺史。穆宗即位，奉令回京，拜国子祭酒，兵部侍郎，官终吏部侍郎，世称韩吏部。韩愈在政治上既不赞同王叔文改革集团的主张，也反对藩镇割据，思想上尊崇儒术，攘斥佛老，比较关心民众疾苦。文学上他主张继承秦、汉的散文传统，反对六朝以来的骈偶文风，提倡散体，与柳宗元同为古文运动的倡导者。主张"文以载道""文道合一"，以道为主。韩愈提倡学古文要"师其意不师其辞"（《答刘正夫书》）。强调文章语言要有独创性，要为所表达的思想内容服务；文辞"必出于己，不袭蹈前人一言一句"（《南阳樊绍述墓志铭》），

"惟陈言之务去"（《答李翊书》），文章要精练妥帖，语句自然流畅，要"文从字顺各识职"（《南阳樊绍述墓志铭》）。

韩愈用丰富的创作，实践了解自己的文学主张，他留存下来的 340 多篇优美散文，不少是内容充实、风格新颖的，无论叙事、议论、抒情，都有较高的思想性和艺术性。后人评他的散文"如长江大河，浑浩流转"（苏洵《上欧阳内翰书》）。尤其是他的议论文，在宣传他的儒家主张时，往往能切中时弊，富有战斗性。如《原道》《原毁》《师说》《杂说》等篇，其中《师说》一篇，感情强烈，理直气壮，无可辩驳，精辟地论述了"学者必有师""道之所存，师之所存"的道理，是一篇抗世犯颜、针砭时弊的著名文章。记叙文中，无论是写人、记事，状物、抒情，常采用形象的语言、生动的比喻和鲜明的对比手法，写得十分生动感人。如《张中丞传后叙》《祭十二郎文》《送李愿归盘谷序》等篇，其中《祭十二郎文》寓深情于家常琐事之中，呼号欲绝，凄楚动人，被誉为"祭文中千年绝调"。《送李愿归盘谷序》一文，写得龙腾虎跃，生动活泼，借隐士李愿之口，对唐代官场的卑鄙龌龊、穷奢极欲、追名逐利的行为进行了辛辣的讽刺，被宋代的苏东坡赞为唐代第一篇名文。韩愈被列为"唐宋八大家"之首，又将他与杜甫并提，有"杜诗韩文"之称。他在诗歌创作上也有新的探索。所谓"以文为诗"，别开生面，用韵险怪，开创了"说理诗派"的诗风。

韩愈的作品现存《昌黎先生集》40 卷、《外集》10 卷。

（二）柳宗元（773—819）

柳宗元，字子厚，河东（今山西永济县）人。贞元初年（785 年）进士，官监察御史。顺宗时，王叔文执政，他任礼部员外郎，锐意推行政治改革。不久，王叔文失败，他也被贬为永州司马，迁柳州刺史。在南方凡十四年，死于柳州。

柳宗元是杰出的思想家，凭着一股积极的热情和出色的才能进行政治活动。改革虽然失败了，中年以后的处境更加悲苦，但这却使得柳宗元有机会深入生活、接近百姓、反思历史，从而使他成为一个卓越的散文家和诗人。他和韩愈是古文运动的两个主要倡导者。但从一定意义上说，柳宗元在思想方面所具有的进步和积极的意义，为韩愈的某些保守意识所不及。

柳宗元的诗，数量较多的是抒写个人抑郁的心情和离乡去国的悲哀。从这些诗篇里，我们可以看出一个有理想的正直的人在不合理的黑暗社会里遭受到怎样残酷的迫害！在柳诗中，成为特有的新颖题材的是对西南地带少数民族生活进行多方面描绘的作品，其中洋溢着非常浓厚的地方情调和气氛。至于刻画自然景物的小诗，如《江雪》《渔翁》等，都是脍炙人口的名作。柳宗元著有《柳河东集》45卷，《外集》2卷。

（三）欧阳修（1007—1072）

欧阳修，字永叔，号醉翁，晚年又号六一居士，庐陵（今江西吉安）人。宋仁宗天圣八年（1030年）进士，累擢知制诰、翰林学士。英宗时，官至枢密副使、参知政事。神宗朝，迁兵部尚书，以太子少师致仕，卒谥文忠。他在政治与文学方面都主张革新，既是范仲淹庆历新政的支持者，也是北宋诗文革新运动的领导者。欧阳修创作实绩亦灿然可观，诗、词、散文均为一时之冠；又喜奖掖后进，苏轼父子及曾巩、王安石皆出其门下。他的词主要写恋情游宴，伤春怨别，表现出深婉而清丽的风格。词集有《六一词》《欧阳文忠公近体乐府》《醉翁琴趣外编》。

（四）王安石（1021—1086）

王安石，北宋政治家、思想家、文学家，字介甫，晚号半山。抚州临川（今属江西）人。仁宗庆历进士。嘉祐三年（1058年）上万言书，他提出变法主张，要求改变"积贫积弱"的局面，推行富国强兵的政策，抑制官僚地主的兼并，强化统治力量，以防止大规模的农民起义，巩固地主阶级的统治。神宗熙宁二年（1069年）他任参知政事，次年任宰相，依靠神宗实行变法，并支持五取西河等州，改善对西夏作战的形势。因保守派反对，其新法遭到阻碍。熙宁七年他辞退宰相，次年再相；九年再辞，还居江宁（今江苏南京），封舒国公，改封荆，世称荆公。卒谥文。

他强调"权时之变"，反对因循保守，是中国11世纪的改革家。他主张"绝求正所以经世务"，设置专局，使子与门人纂修各经新义，以为诵习的定本。《诗》《书》《周官》三经新义最为重要，《周官新义》尤能阐发新政理论。他的诗文颇有揭露时弊、反映社会矛盾之作，体现了他的政治主张和抱负。其散文雄健峭拔，诗歌遒劲清新，词虽不多而风格高峻，其中《桂枝画·金陵怀古》颇有名气。今存《王临川集》《临川集拾遗》《三经新义》中的《周官新义》残卷、《老子注》若干篇。

（五）苏洵（1009—1066）

苏洵字明允，号老泉，眉州眉山（今四川眉山县）人，宋代著名的散文家。相传"苏老泉，二十七，始发愤"，27 岁才发愤攻读。因进士和茂才异等的考试都未中，这促使他更加用功读书，达到通六经百书、下笔顷刻数千言的程度。宋仁宗嘉祐四年（1059 年）他和儿子苏轼、苏辙从四川来到汴京（今开封）。翰林学士欧阳修把他的著作二十二篇（《几策》二篇、《权书》十篇、《衡论》十篇）呈给仁宗皇帝看，宰相韩琦也认为他的文章写得好，向朝廷举荐。于是仁宗就召试他于舍人院，可是他却假托有病而未去应试。仁宗因为他有才名，就授以秘书省校书郎的职务，后来又叫他参加修礼书，成《太常因革礼》一百卷。书成之后他就去世了。苏洵著作有《嘉祐集》，他的儿子苏轼著有《东坡全集》《东坡志林》等，苏辙著有《栾城集》。父子三人俱以散文名世，后人合称之"三苏"。

苏洵生活于阶级矛盾、民族矛盾尖锐复杂的北宋中期。当时北方的辽和西夏向内地扩展势力，经常向北宋发动战争。北宋统治者为了集中力量镇压内部人民的反抗，对外则采取屈辱求和的政策。宋真宗景德元年（1004 年），与辽缔结"澶渊之盟"，宋向辽每年输币银十万两，绢二十万匹。宋仁宗庆历二年（1042 年）辽遣肖英、刘六符至宋，索取晋阳（今山西太原市）及瓦桥（今河北雄县易水上）以南的十县土地，结果定盟加岁币银十万两，绢十万匹，且称之为"纳"。至于西夏，庆历三年（1043 年）李元昊（西夏主）上书请和，宋答允每年给西夏银十万两，绢十万匹，茶三万斤。宋向他们输银与物，等于似割地献城。苏洵到汴京后，疾恶宋王朝的投降让步路线，主张对辽与夏用兵，因而就有了《六国论》的写作。

（六）苏轼（1037—1101）

苏轼，字子瞻，号东坡居士，眉山（今四川眉山县）人。宋仁宗嘉祐二年（1057 年）中进士，宋神宗时，王安石实行变法，他持不同政见，因而被外放到杭州、密州（今山东诸城县）、徐州、湖州等地做地方官。后被新党中部分人罗织文字狱，兴起"乌台诗案"，苏轼下狱，经救援出狱，贬为黄州（今湖北省黄冈县）团练副使。旧党执政后，被招还，任翰林学士、礼部尚书。后苏轼又与旧党意见分歧，遭排挤出任杭州、颍州等地地方官。当变了质的新党再度上台，苏轼又被贬到惠州（今广东惠州）、儋州（今海南岛儋县）等地，徽宗即位时遇赦北还，死于常州。苏轼是一位才华横溢的艺术家，他在诗、词、散文、书法、绘画等各个艺术领域都有杰出的成就。他的诗歌题材广泛，敢于反映现实生活。他的词开拓了词的境界，其风格豪放婉约兼而有之。他的散文挥洒自如，随物赋行，写景抒情，十分自然。苏轼著有《东坡全集》。

（七）苏辙（1039—1112）

苏辙，字子由，眉州眉山（今属四川）人。嘉祐二年（1057年）与其兄苏轼同登进士科。神宗朝，为制置三司条例司属官。因反对王安石变法，出为河南推官。哲宗时，召为秘书省校书郎。元祐元年为右司谏，历任御史中丞、尚书右丞、门下侍郎。后因事忤哲宗及元丰诸臣，出知汝州、再谪雷州安置，移循州。徽宗立，徙永州、岳州。后复太中大夫，又降居许州，后致仕。苏辙为文以策论见长，工诗，亦能词，著有《栾城集》50卷、《栾城后集》24卷、《栾城三集》10卷、《栾城应诏集》12卷。

（八）曾巩（1019—1083）

曾巩，字子固，建昌军南丰（今属江西）人，嘉祐二年（1057年）进士，历任馆阁校勘、集贤校理、实录检讨官，官至中书舍人。曾巩出自欧阳修门下，完全接受了欧阳修先道而后文的古文创作主张，而且比欧阳修更着重于道。因此，曾巩的散文在八大家中是情致和文采都较少的一家。但曾文长于议论，他的政论文，语言质朴，立论精辟，说理曲折尽意。如《上欧阳舍人书》《上蔡学士书》《赠黎安二生序》《王平甫文集序》等都纡余委备，近似欧阳修文。记叙文亦常多议论，如《宜黄县县学记》《墨池记》都于记叙中纵谈古今。曾巩亦能诗，今存诗400余首，以七绝成就较高，但为文所掩，不大受人重视。曾巩著作今传《元丰类稿》50卷，有《四部丛刊》影元刊本。

拓展阅读：《唐诗300首》全文	实践操作	过关测试

第六章

哲学：笃思明辨

著名哲学家罗素说:"要想对一个国家或民族有所了解,我们就要去了解它们的哲学;但是想要了解它们的哲学,那我们的头脑就必须拥有哲学家思考问题的头脑。"黑格尔也曾说:"一个拥有文化的民族",它们如果没有哲学,"那就会像一座寺庙,寺庙里面所有地方虽然装饰得富丽堂皇,但是寺庙里却没有可朝拜的神,那也就不存在庙的性质了"。黑格尔的比喻是借用"庙"与"神"的必然关系,很深刻地讲出了人类生活与哲学两者之间的关系。按照黑格尔的比喻,庙里如果没有可朝拜的"神",所谓庙的性质就不存在了,所以"神"才是支撑"庙"存在的本质。显然,这两位哲学家的意思是说哲学对一个国家或民族的文化支撑是起关键作用的。哲学是一个国家或一个民族的"文化灵魂",没有这种"文化灵魂"给国家或民族的历史保驾护航,就不可能形成漫长历史的传统文化。

自古以来,中国人对宇宙的看法、对人生的看法、对生活意义的解释、对价值信念的确立以及他们赖以安身立命的终极依据,都是透过哲学加以反映、凝结和提升的。在西方文化中,宗教处于核心地位。在中国古代文化中,哲学处于核心地位。中国古代哲学致力于研究天人关系和古今历史演变的规律,在自然观、历史观、人性论、认识论和方法论等方面独具特色,尤其重视哲学与伦理的联系。中国哲学的逻辑体系由天论、天人关系论、人论三部分组成。天论是中国哲学的逻辑起点,天人关系论是中国哲学的基本主题,人论是中国哲学的价值追求。

第一节
中国古代哲学的发展

知识目标：

- 了解中国古代哲学萌芽背景。

- 牢记中国古代哲学各朝代发展概况。

- 牢记中国各朝代典型哲学家及其典型作品。

能力目标：

- 掌握八卦说、五行说、阴阳说对中国人思维的影响。

- 理解各朝代哲学思潮产生和消亡的原因。

- 能对不同哲学派别的基本问题和本质有正确认识。

素养目标：

- 自觉运用哲学基本问题理论，认识、分析和把握社会生活现象。

- 坚持唯物主义观点，反对唯心主义，自觉能动地去认识世界，做一名可知论者。

一、中国哲学的萌芽

古代哲学萌芽于商周之际，西周初年的《尚书》提出五行学说，认为：金木水火土是构成世界的最基本的事物。《周易》以八卦说明自然现象和社会的关系。《周易》所包含的占卜科学理论令今人大惑不解，以至出现了《易经》热。在八卦说、五行说的基础上，人们超越对实物的直观认识，形成了阴阳说。

（一）八卦说

相传伏羲之时，有龙马从黄河中浮现，其身载有图文，伏羲受此启发而画八卦。所谓八卦，就是用阳爻"—"和阴爻"－－"组合构成的三画图形符号：乾、坤、震、艮、坎、离、兑、巽，分别代表天、地、雷、山、水、火、泽、风八种世界万物构成的基本要素。而这八种物象作为构成宇宙万物的根本要素，又依各自的性状统领并支配无限丰富的同类事物。这样，八卦就以非常宏大的类型思维方法和相当抽象的具象形式，构建了一个以简驭繁的宇宙生成系统模式。

图 6-1　八卦图

八卦思维的哲学意义，不止于构建了宇宙生成系统模式，并蕴涵着本体论观念的萌芽，而且还包含着极其丰富的辩证方法。从整体方面看，八卦的各卦并非互不关涉的独立系统，而是具有非常复杂的相互关系，例如，乾与坤、震与巽、坎与离、艮与兑构成相对关系；乾、巽、艮、坤、震、兑构成递变关系。所有这些关系，体现了我们的祖先对于宇宙万物既矛盾又统一的初步认识。

（二）五行说

中华民族哲学思想的另一源头，就是五行观念。所谓"五行"是指：金、木、水、火、土。《尚书·洪范》中以金、木、水、火、土为构成世界万物最基本的物质。古代思想家用上述五种物质说明世界万物的起源，既是多样的，又是统一的。如西周史伯提出："以土与金木水火杂，以成百物。"[①]战国时出现了"五行相生相胜（克）"的学说，这是中国古代最朴素的唯物主义和辩证法思想。

图 6-2　五行相生相克图

五行相生的关系是：金生水，水生木，木生火，火生土，土生金。五行相生关系反

---

① 刘筱红：《神秘的五行》，广西人民出版社 2004 年版，第 16 页。

映了古人对组成世界的五种物质的生成关系的朴素直观的经验。金属熔化后成了液体，所以金生水；树木获得水分后才能生长，所以水生木；木能燃烧起火，所以木生火；许多物质燃烧后留有灰烬，所以火生土；金属矿物都在土里，所以土生金。

五行相克（相胜）的关系也不难理解，古人以镰刀和斧子之类的金属工具伐木，所以金克木；用木做成工具来耕地翻土地，所以木克土；土能堵住水，所以土克水；水能扑灭燃烧的火，所以水能克火；火能熔化金属，所以火克金。

总的来看，五行生克表示的是物质基本形态的变化，五行相互作用，产生万物无穷的变化。在事物的相互关系中，基本作用的方式是相生（促进）与相克（抑制），这是一对矛盾，矛盾的任何一方又可分为两方面，即："我生""生我""我克""克我"四种变化。

（三）阴阳说

殷周时期有了原始的"阴阳"观念。这是古人根据日光的向背和季节、气候等自然现象的变化规律得出的一种直观的哲学观念。一些思想家把阴阳看作自然界两种基本的、互相对立和此消彼长的物质力量，把阴阳交替看作宇宙变化的根本规律和普遍法则。老子认为"万物负阴而抱阳"，认为万事万物都是在阴阳消长中变化的。《易传》提出"一阴一阳之谓道"，把阴阳的概念上升到了哲学的高度。

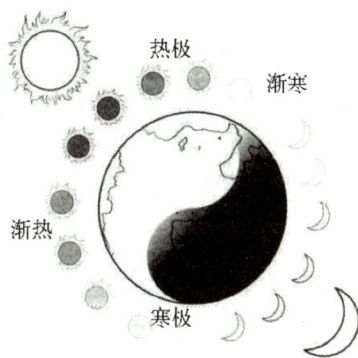

图 6-3　阴阳转化图

战国末期，以邹衍为首的阴阳五行家，把阴阳和五行观念揉到一起，倡导阴阳五行说，认为物质世界是由阴阳二气构成的。金木水火土是构成万物的基本元素，阴阳五行家是科学和巫术相混杂的学派。随着时代的发展，阴阳学说的应用日益广泛。如，中医学虽然复杂，但可以用阴阳来概括，所以《黄帝内经》说："人生有形，不离阴阳。"以生理病理来看，正常的生理活动，全依靠人体内的"阳气"和"阴精"保持协调的结果，如果阴阳失调，发生阴阳偏盛偏衰现象，就会生病。就诊断治疗来说，正确的诊断，首先要分清阴阳。从以上所说来看，中医是离不开阴阳来说理的。《黄帝内经》说："阴阳者，天地之道也，万物之纲纪，变化之父母，生杀之本始，神明之府也，治病必求于本。""治病必求于本"，这个"本"，就是阴阳二字。再如，中国的天文学、气象学、化学、算学、音乐和医学，都是在阴阳五行学说的协助下发展起来的，由黄帝建立。

二、中国古代哲学的发展脉络

　　从远古时代的阴阳、五行和八卦观念开始，中国哲学走上了它的发展历程。

　　春秋战国时期，诸子蜂起、百家争鸣，哲学思想异常活跃，涌现出许多如孔子、墨子、老子等重要思想家。儒家关注文化，留给我们的是仁爱、正义思想。墨家关注公平和正义，提倡平等、互利、互爱。道家关注人生，提倡人生态度的自由和宽容。法家提倡治国理念的公开、公平和公正。名家是战国时期专门讨论名实关系和概念同异、离合问题的一个学派，代表人物是惠施和公孙龙。他们对事物的同一性和差别性问题作了探讨，对古代逻辑学的发展作出了一定贡献。阴阳家以邹衍为代表，把阴阳五行说加以神秘化，用五行生克的顺序来说明王朝的更替，提出"五德终始"说，为新兴封建政权的建立提供理论根据。除上述派别外，先秦诸子百家之学还有兵家、农家、纵横家、杂家等学派。

　　秦汉时期，中国真正出现了大一统的局面。这时期的哲学领向，在继承先秦哲学思想的基础上，适应时代潮流和政治需要，既出现了董仲舒等儒学大家，同时也产生了如王充、王符、仲长统等反正统的思想家。

　　魏晋南北朝时期，中国处于分裂状态。儒学的一统地位被打破，富于思辨的玄学应运而生，佛教在中国广泛传播，道教体系逐渐形成，使得这一时期的各种思想极为活跃。

　　隋唐五代时期，统治者采取了儒、释、道兼宗的政策，佛教关于心性等问题的讨论，韩愈的儒家道统说和柳宗元、刘禹锡的天人关系学成为这一时期的中心话题。

　　宋元明清时期，中国封建统治进一步加强，哲学思想也达到了新的高度。这一时期最具代表性的哲学思潮为理学，理学亦称道学，主承儒家学说，吸取道、释家之思辨，形成了程（颢、颐）朱（熹）理学和陆（九渊）王（阳明）心学。明清之际，以黄（宗羲）、王（夫之）、顾（炎武）、方（以智）、颜（元）、戴（震）等思想家们在承接哲学思想传统的同时，以初步的民主意识和科学意识呼唤"启蒙"，显露出走向近代哲学思维的熹微光亮。

第二节
中国古代哲学的主要流派

> **知识目标：**
>
> • 牢记儒家哲学的典型人物及主要观点。
>
> • 牢记道家哲学的典型人物及主要观点。
>
> • 牢记宋明理学的典型人物及主要观点。
>
> • 牢记墨家哲学的典型人物及主要观点。
>
> **能力目标：**
>
> • 能理解不同时期哲学流派形成的原因及影响。
>
> • 能理解儒家哲学与宋明理学之关系。
>
> • 能用中国古代哲学观点分析当今社会现象。
>
> **素养目标：**
>
> • 学习古代哲学经典，提升自我思辨能力，拓宽人生格局。
>
> • 面对现实困惑，自觉从古代哲学中寻求有益的指导。

　　中国古代哲学思想源远流长，博大精深。中国古代哲学萌芽于殷周，西周初年的《尚书·洪范》就提出五行学说，以金、木、水、火、土五种元素作为构成世界最基本的事物。殷周时期的《周易》，就有了原始的"阴阳"观念，从人们生活经常接触的自然界中，选取了天（乾）、地（坤）、雷（震）、山（艮）、火（离）、水（坎）、泽（兑）、风（巽）八种物质作为说明世界上其他更多东西的根源，体现了朴素的唯物主义，同时，又以上述八卦来说明自然现象和社会关系，体现了朴素辩证法思想。到春秋战国时期，诸子蜂起，百家争鸣，成为中国哲学史上最为辉煌的时期。在此基础上，中国哲学在其两千多年的发展中出现了许多的哲学家和哲学流派，他们各自体现了时代的精神面貌，组成中华民族精神文化的不同基因，至今仍然有着广泛而深刻的影响，其中影响最大的是儒家、法家、墨家的哲学思想。

一、儒家哲学

原始儒家是指先秦时期的儒家学派，代表人为孔子、孟子、荀子等，原始儒家的经典有《诗》《书》《礼》《乐》《易》《春秋》。原始儒学提出创造性的生命精神，强调天道、地道、人道思想，重视天、地、人的三才思想，通过"正德、利用、厚生"去"立德、立功、立言"，在实际行动中实现人生的价值和意义，完成人之生命。

儒家思想是一种以"仁"为内在思想核心，以"礼"为外在行为规范，以中庸为辩证思维方法，以"知、行、学、思"为认识论的一整套关于人生道德的哲学思想。儒家的哲学不是从认识论、反映论的角度去探索哲学，而是从精神境界、道德修养、自我完善的角度去探讨哲学的真谛。儒家哲学更侧重人生哲学，研究处世之道。

（一）以"仁"为思想核心

"仁者，人也"，"仁"是之所以为人的根本。孔子不仅把"仁"作为外在的行为准则，而且把"仁"作为内在的德性修养。他说："人而不仁，如礼何？ 人而不仁，如乐何？"（《论语·八佾》）对个人修养，他主张"君子无终食之间违仁，造次必于是，颠沛必于是"（《论语·里仁》），"志士仁人，无求生以害仁，有杀身以成仁"（《论语·卫灵公》）。教导学生以坚忍不拔的精神向"仁"的方向努力。

"仁者，爱人"，"仁"的具体含义是"爱人（一种博大的同情心）"。它要求人与人之间的相互关爱，以及对天地万物的悲悯情怀。孔子认为，凡是人，天生都有仁性，都有恻隐之心。孔子之爱人，虽然根植于血缘亲情，但它并不是到此为止，而是推而广之，把父母子女之爱扩大到社会的各个层面，即"弟子入则孝，出则弟，谨而信，泛爱众，而亲仁。"儒家的理想就是把仁爱的精神从亲人推及到所有的人，即孟子后来所阐发的人的"四端之心"和"老吾老以及人之老，幼吾幼以及人之幼"的博爱之心。这是由周代的"敬礼保德"向人的自觉的伦理意识转移的关键一步，由此开启了中国社会以人文教化为主的文化传统。

"仁"是一种宽容"忠恕"的精神。"忠恕"包含了修己和治人两个方面，修己是起点，治人是终点。这是一种深刻的人本主义思想，孔子明确提出"夫仁者，己欲立而立人，己欲达而达人"（《论语·雍也》），又说"己所不欲，勿施于人"（《论语·颜渊》）。这种思想贯穿于孔子思想学说的各个方面。孔子曾对他的得意门生曾参说："参乎，吾道一以贯之。"曾子曰："唯。"后来其他的同学不明白孔子所指的是什么，就问曾子，曾子说："夫子之道，忠恕而已矣。"钱穆先生对此解释曰："尽己之心以待人谓之忠，推己之心以及人谓之恕，人心有相同，己心所欲所恶，与他人之心之所欲所恶，无大悬殊也。""忠恕之道即仁道，而言忠恕，则较仁更使人易晓。因仁者乃至高之德，而忠恕则是学者当下之功夫，人人可以尽力也。"

孔子认为政治的最高境界是以"仁"治天下，像尧舜一样"南面而已。"对于为政施治，他倡导立足于对人的关心爱护，希望以教化的方式来达到治国安邦的目的。他提出："为政以德，譬如北辰，居其所而众星共之"（《论语·为政》）。其所谓"德"，就是"仁"的精神体现。他又提出"道（治理）千乘之国"的基本原则，是"敬事而信，节用而爱人，使民以时"（《论语·学而》）。他称赞管仲"如其仁，如其仁"，就是因为管仲辅佐齐桓公"九合诸侯"，"一匡天下"而"不以兵车"之力。他称颂"殷有三仁焉"，指的就是"微子去之，箕子为之奴，比干谏而死"，他们都强烈反对殷纣王的暴政（《论语·微子》）。子张问"仁"，孔子更具体指出"能行五者于天下，为仁矣"。这五者就是"恭、宽、信、敏、惠"。因为"恭则不侮，宽则得众，信则人任焉，敏则有功，惠则足以使人"（《论语·阳货》），五者的出发点，都建立在对人的尊重关心和体谅上。

（二）以礼为外在的行为规范

"礼"是孔子思想学说的一个重要范畴。"礼"作为一种社会行为规范，由来已久。孔子曾经说："殷因于夏礼，所损益，可知也；周因于殷礼，所损益，可知也。其或继周者，虽百世可知也。"（《论语·为政》）还说过："周监于二代，郁郁乎文哉！吾从周。"（《论语·八佾》）孔子认为，到了周代，"礼"发展得最完备，因此，他最为崇奉的是周礼。在孔子看来，"礼"是从天子到庶人，人人必须遵守的行为规范。

孔子所谓的"礼"，包含外在形式和内在精神两方面。其内在精神是维护当时的宗法等级制度及相应的各种伦理关系。在《礼记·哀公问》中，他明确指出："非礼，无以节事天地之神也；非礼，无以辨君臣上下长幼之位也；非礼，无以别男女父子兄弟之亲，昏姻疏数之交也。"而且，在孔子及其儒者眼里，"揖让、周旋之礼"固然重要，但其内在的名分等级观念才是他们着意追求的目标。他曾感叹地说："礼云礼云，玉帛云乎哉？乐云乐云，钟鼓云乎哉？"（《论语·阳货》）

"礼"的外在形式，包括祭祀、军旅、冠婚、丧葬、朝聘、会盟等方面的礼节仪式。孔子认为，注重"礼"的内在精神固然重要，而内在精神终究还要靠外在形式来体现。所以对这些礼节仪式，孔子不但认真学习，亲履亲行，而且要求弟子们严格遵守。他教育颜渊要"非礼勿视，非礼勿听，非礼勿言，非礼勿动"（《论语·颜渊》）。对于违背礼法原则的行为，他总是给予严厉的批评和抵制。季氏八佾舞于庭，是对礼的僭越，他说"是可忍也，孰不可忍也！"子贡欲去告朔之饩羊，他讽刺地说："赐也！尔爱其羊，我爱其礼。"（《论语·八佾》）

孔子的"礼"，具有明确的教化性质，其要义是要求人们通过加强修养，自觉地约束自己，从而达到社会秩序稳定，人际关系协调的目的，认为"克己复礼为仁。一日克己复礼，天下归仁焉。"（《论语·颜渊》）

（三）以中庸为辩证的思想方法

"中庸之道"是孔子晚年提出的修身、处世的理论原则，既具有哲学方法论的意义，又具有品德修养的意义。"中"是指矛盾相互依存所表现出来的"度"，即事物变化中的量的规定性。"庸"通"用"，"中庸"即以"中"为"用"，就是要把握矛盾相互依存或相互渗透所应遵循的量的规定性，使矛盾双方在一定的限度内发展，从而保持统一体的和谐。

儒家的辩证思维方法是"中庸"之道，他们把中庸思想当作最高的道德标准，根本的哲学原则，治国的根本方略。中庸用在经济上就是"不患寡而患不均，不患贫而患不安；盖均无贫，和无寡，安无倾（优惠政策）"，实际上就是平均主义。中庸应用在修身立德上就是伟大寓于平凡，理想寓于现实的精神，要求"执中"。我们不必讲权势，去做异端的人（人上人和最低等人），也不必做出惊天动地的事情，只要在平凡的生活中尽心尽力，就实现了我们的生活目标。孔孟的中庸之道至今仍然是不少人的处世哲学。

（四）以"知行学思"相统一的认识论

教育思想是儒家学说的重要组成部分。在创办私学的过程中，孔子提出了"有教无类"的口号，并以培养"君子"为宗旨，以知识和道德教育为主要内容，以启发教学为基本方法，以因材施教和循循善诱为基本方针，以"学而不厌，诲人不倦"为教学楷模，在实践基础上提出了学、思、知、行诸范畴，开辟了古代认识论的新领域。

"学"是孔子强调最多的问题，著名学者王长华先生甚至认为孔子的一生实际上是以"学"为本位的，包括了读书、治学，也包括做人，孔子的学，是增长知识和道德修养的统一。孔子称自己"我非生而知之者，好古，敏以求之者也"（《论语·述而》）。他要求弟子"发奋忘食""学而时习之""温故而知新"。他一再赞扬好学的颜回，称颜回"退而省其私，亦足以发，回也不愚"（《论语·为政》）。同时又批评白天睡觉的宰予，说他是"朽木不可雕也，粪土之墙不可杇也"（《论语·公冶长》）。"思"是大脑运用知识进行思想判断的过程，孔子认为不加思考的东西是毫无价值的。他说："多闻，择其善者而从之，多见而识之，知之次也。"（《论语·述而》）又说："学而不思则罔，思而不学则殆。"（《论语·为政》）一方面要求把思考分析建立在学习探求的基础上，另一方面又要求把学到、听到和见到的东西加以分析研究，变成自己的知识，丰富提高自己。在学思关系上，孔子认为学与思缺一不可。"知"是知道、明白的意思，也有聪明和智慧的含义。孔子对弟子说"知之为知之，不知为不知，是知也。"强调的是实事求是的态度。"行"指具体的实践活动，是人才价值实现的重要环节。在知行关系上，孔子认为不仅要善于学习诗、书、礼、乐等知识，更要在"躬行"上下工夫，他说："君子欲讷于言而敏于行。"认为只说不做是可耻的，"耻躬之不逮也"（《论语·里仁》），"君子耻其言而过其行。"（《论语·宪问》）可见，孔子非常强调知与行的结合。在教学方法上，孔子善于发现学生各自在性格和学业上的特点，主张因材施教。他说"求也退，故进之；由也兼人，故退之。"（《论语·先进》）他循循善诱，注意启发学生独立思考，激发学生的求知欲望，主张"不愤不启，不悱不发。举一隅不以三隅反，则不复也。"（《论语·述而》）

二、道家哲学

原始道家的代表人物是老子和庄子，《道德经》和《庄子》两本书是把握道家哲学思想的经典，老庄哲学是自成一套的宇宙观、认识论、方法论、自然哲学和人生哲学。其中《道德经》为老子关于宇宙生成的专门著作，前后理论一贯，层层推出，哲理庞博，用韵精细，是一首意味深长的哲理诗。《庄子》一书的哲理性也很强。老庄在中国哲学史上的地位，如同苏格拉底和柏拉图在西方哲学史上的地位。

（一）道家哲学本原："道"本体论

在老庄看来，"道"既是宇宙万物的本原，又是宇宙万物赖以存在的依据，"道"是一个高度抽象的一元性、超越性的哲学范畴。

"道"作为宇宙的本体或本根，先于天地而存在，具有"独立不改"的永恒性，是"周行而不殆"的运动实体。所谓"有物混成，先天地生，寂兮寥兮，独立不改，周行而不殆，可以为天地母。吾不知其名，强字之曰道，强为之名曰大。"（《道德经》第二十五章）所谓"道之为物，惟恍惟惚。惚兮恍兮，其中有象。恍兮惚兮，其中有物。窈兮冥兮，其中有精。其精甚真，其中有信。""视之不见名曰夷，听之不闻名曰希，搏之不得名曰微。"（《道德经》第二十一章）等，都是对"道"的形象化的描述。"道"是一个有点神秘的、实有的存在体。虽然它无形无名，不能为我们的感觉所感知，但它是真实存在的，可以为我们的思维所把握。这就是老子的《道德经》开篇首章提出的一个重要命题："道可道，非常道；名可名，非常名。"这句话的直解是"道是存在的，然一般人所说的道，并非自然之道；名是要用的，然一般人所命之名，并非自然之名。"可以从三个方面来理解道本体的意义。

第一，道为万物之本原。老子认为道是宇宙和自然万物产生的根源。老子说"道生一，一生二，二生三，三生万物，万物负阴而抱阳，冲气以为和。"（《道德经》第四十二章）这是从宇宙生成的角度来说的，这里的一、二、三已经不是抽象的实数，而是具体的由少及多、由小及大的宇宙万物，这宇宙万物皆由道而生成。实际上，老子所说的"一"就是先天地之前就已存在的混沌之气，所谓"二"就是一气分为阴阳二物，所谓"三"就是阴阳二物相反而又相成，由此衍生出世间万物。所谓"万物负阴而抱阳"

是指任何事物内部都存在着矛盾的双方，所谓"冲气以为和"，是指矛盾双方既对立又统一，由此推动了万事万物的变化和发展。宇宙的发生和发展，老子皆统之于道，这是老子在总结前人关于宇宙形成的各种学说的基础上（气说、水说、土说、光说等）所首创的新学说，这个学说把我国古代哲学家关于宇宙生成的原理从具体的物质实体提高到了抽象的存在实体的高度，毫无疑问，这是老子对中国哲学的巨大贡献。

第二，道物不二。道不是具体的某一物，但道又存在于每一物之中，离开了具体的物质实体，道也就不复存在，所以是"道不离物，物不离道。"也就是说，道之于物，犹水之于波，水皆有波，波却不能离开水而独立存在，宇宙是运动不息的长流，道就像流水之上的波浪，流水在下，众波在上，二者生生不息，须臾不可分离，所以老子说："渊兮，似万物之宗"，又说"大道泛兮，其可左右。"这些思想都含有朴素的辩证唯物主义观点。

第三，"道"法自然。老子的自然之道，是不需要凭借任何外力的自行存在，其中，既包括自然的本质，又包括自然的现象。"希言自然。故飘风不终朝，骤雨不终日，孰为此者？天地。天地尚不能久，而况于人乎？"（《道德经》第二十二章）是说天地皆有自然之性而不可太过，违反了自然之性的结果只能适得其反（此外讲宇宙自然）。"是以圣人欲不欲，不贵难得之货。学不学，复众人之所过。以辅万物之自然而不敢为"（《道德经》第六十四章），说明万物都是按自然的法则而运行的，所以人亦应依顺自然而无私，不要把自己的主观意愿强加上去。老子"无为而治"的政治原则即据此而建立（此处讲社会人生）。最后，《道德经》第二十五章说："故道大，天大，地大，人亦大。域中有四大，而人居其一焉。人法地，地法天，天法道，道法自然。""道法自然"即以自然为法则，这是老子对道与自然的关系的一个绝对性结论，老子认为，道就是自然，而自然就是"道"的根本属性，这种自然观构成了道家思想的实质和理论基础。其政治与人生观所提倡的贵柔、守雌都是自然本性的引申和演化。

老子的本体论从根本上回答了世界的本质及其构成、演化等问题，标志着中国哲学的初步奠基。

（二）道家的辩证法：有无相生

老子哲学中最基本的一个问题就是关于"有"与"无"的关系。"有无相生"，是老

子哲学用以说明天地万物所以然、所以生、所以成的基本范畴。可以从三个方面来
理解。

第一，从具体的事物来看，任何一个事物都是"无"与"有"的统一。也就是说，
任何一个事物必有其所赖以生的物质和所以生的理由，而后成为某物，这是实在的对立
统一。第二，"有"一定是依"无"而存在的，而"无"也必须由于"有"才能显现，
"有"与"无"相反而相成。第三，就万物的变化过程来看，推其原始，是因为"无"形
之气生出一切"有"形之物，穷究其终，则一切"有"形之物最终仍复归于"无"形之
气。总之，老子的有无之辩，既非"贵无"，也非"崇有"，而是"有无相生，万物以
成"。"无"是宇宙万物的原始，"有"是天地万物的理由。

（三）道家的认识论：为学日益，为道日损

老子的认识论也很独特，他认为"为学日益，为道日损"，意思是求学的过程在于
积累，使知识一天比一天增多，其结果却使人离道越来越远；求道的过程在于减少，使
知识一天比一天减少，其结果使人与道合一。老子的这种认识论是很难言说的，注重的
是感悟和体验，那种玄虚微妙的感受因人而异，因而有很强的多义性和歧义性，这种认
识方法和古希腊的哲学方法论有很大差异。古希腊哲学家认为，凡是可以言说的，才是
可以认识的，凡是不可以言说的，就是不可以认识的，强调只有通过理性的、逻辑的和
思辨的方法得出的，具有永恒的、不变的认识，并且能够用明晰的语言表述清楚的才更
接近真理。老子的认识论恰恰与此相反，他在《道德经》开篇第一章就说："道可道，非
常道；名可名，非常名。"认为人们常常所说的道，并不是真正的道，真正的道是不能
言说的。老子更强调整体的把握和对宇宙认识的开阔性和无限性，正像李泽厚所说：
"老庄之道是无法说明白的，说了千言万语，还有万语千言要说。"老子的这种思想对中
国古代艺术产生了非常大的影响，中国文学创作和艺术创作的许多规律皆由此而引申出
来，如诗歌创作的含蓄、蕴藉，意味深长，绘画创作的空灵、玄远，读者必须把自己的
感情投入进去进行感知，才能得到审美的享受。比如，陈子昂的《登幽州台歌》、中国
绘画等就是如此。

（四）道家的社会理想：无为而治

老子有极其鲜明的政治态度和社会理想，正像司马迁在《史记》中所说"道德五千

言，皆君人南面之术"。老子的政治态度就是"无为而治"，"无为而治"是老子宇宙观和社会观的统一。它的无为而治的政治原理是本之于他的"天道自然观"而产生的。如《道德经》说："道常无为而无不为。侯王若能守之，万物将自化"（第三十七章），"上德无为而无以为，下德无为而有以为"（第三十八章），"以正治国，以奇用兵，以无事取天下。故圣人云：'我无为，而民自化，我好静，而民自正，我无事，而民自富，我无欲，而民自朴'"（第五十七章）。也就是说，老子的"无为而治"是把大道顺自然以行而无私的法则在政治上的合理应用，它包含有三个方面的意义。

第一，"无为而无不为"，这是老子的政治观。老子的无为并不是消极的无所作为，而是积极遵道以动，放德而行，则百姓顺风而自化，故不需要严刑酷法的制裁。此是针对当时统治者之间的国土之争，奢侈之风，烦苛之征而言的。老子认为治理国家，不能以私心处世，以私利损之，而应遵循自然的法则，因势利导，使人各安其生，各得其所，故曰"爱民治国，能无为乎！"

第二，"无为也，则用天下而有余"。这是老子的社会观。老子认为，只要能顺天之时，随地之利，因人之力，则天下各尽其用矣。无为则顺道而行，无事则不扰，政简则民安，所以老子说"以无事取天下"。《道德经》第八十章说："小国寡民，使有什伯之器而不用；使民重死而不远徙；虽有舟舆，无所乘之；虽有甲兵，无所陈之。使人复结绳而用之。甘其食，美其服，安其居，乐其俗，邻国相望，鸡犬之声相闻，民至老死不相往来。"这就是老子的理想国。这样的国家并非是蛮荒的原始社会，因为这里有文明进步的各种产物。政治上的国家、军队，经济上的什伯之器、舟车、甘食、美服，思想上的语言文字，都一应俱全。没有世袭的王侯贵族，没有苛捐杂税，没有剥削，人人生而平等，由人们推举出来的没有私心的有道者（圣人无常心，以百姓心为心）进行管理，则见这样的国家也算是小康之世了。老子所向往的这种和平相处、没有争端、各不相扰的世界格局不正是我们现代人孜孜以求的吗？不过，在人欲横流的阶级社会里，老子希望人们用去私寡欲、自食其力、顺道而行来反对统治者的横征暴敛、骄奢淫逸、恣肆妄为，显然只能是一种徒想，是一种永远也不可能实现的"乌托邦"。老子的社会理想实际上代表了当时新兴的自耕农的利益和要求，具有平均主义的倾向，在客观上是对当时统治阶层的批判，应该说具有进步的和社会主义的合理因素在内，所以，看见

"小国寡民""太上之世"的字样，就认为老子是落后的、保守的甚至是倒退的看法是有失公允的。

第三，"为无为，事无事"。老子认为只要掌握了事物发生发展的法则，就能预见未来，故在政治上要"为之于未有，治之于未乱"，故不见其为，而事成，不见其治，而功立。也就是我们今天所谓的"防患于未然"之意。

道家运用"否定"的方法，否定知识、名教，否定一切外在形式的束缚，以化解人生之忧，以求精神的超脱解放。庄子人生哲学是对人之平等的价值观之肯定。道家的人生理想必须贯注于现实的人生之中。尼采说："《老子》和《庄子》像永不枯竭的山泉井，满载宝藏，放下汲桶，唾手可得。"意思是人们要想从老庄哲学中获得营养，需付出努力，对老庄哲学的理解和阐释需要相当渊博的哲学和宗教功底。关于儒家和道家处世的态度的不同，我们可以从他们对一首歌谣的解释中看出来："沧浪之水清兮，可以濯我缨，沧浪之水浊兮，可以濯我足"。孔子听了这首歌谣，深有感触地教诲弟子说："小子听之，清斯濯缨，浊斯濯足矣，自取之也。"孔子的意思是，水自身的或清或浊，决定了它或享"濯缨"之荣，或遭"濯足"之辱。水的境遇是由它自身的内因决定的。孟子进而阐发道："夫人必自侮，然后人侮之；家必自毁，而后人毁之；国必自伐，而后人伐之。"孟子的意思是，人的荣辱、国家的兴亡，都是由其自身的内因决定的，正如流水，自身的清浊不同，便会受到不同的对待。孔、孟用"沧浪之水"旨在强调人们应当加强自身的"仁"的修养，反映了一种积极向上的人生态度。

三、宋明理学

宋明理学是儒、道、释三大思想资源与传统在宋、元、明时期新的综合，它以儒学为主干，融摄道、佛的智慧，建立了以理气论、心性论为中心的道德形而上学体系。

（一）宋明理学的最高理想是"孔颜乐处"和圣贤人格

《论语·述而》载："子曰：'饭疏食，饮水，曲肱而枕之，乐亦在其中矣。不义而富且贵，于我如浮云。'"孔子说，吃着粗粮，饮着白水，弯着胳膊当枕头，这也充满乐趣。用不义的手段得到富贵，对于我好像浮云那样转瞬即逝而无足轻重。又载孔子对自己的描述："其为人也，发愤忘食，乐以忘忧，不知老之将至云尔。"发愤学习和教学，是最大的快乐，自觉年轻多了，忘了自己渐渐地老了。《论语·雍也》载：孔子说："贤哉回也！一箪食，一瓢饮，在陋巷。人不堪其忧，回也不改其乐。贤哉回也！"这是孔子对学生颜回的赞扬，说颜回用非常简陋的竹器吃饭，用瓢饮水，住在陋巷，别人受不了这种困苦，颜回却不改变乐观态度。也就是说，对于孔子、颜回这样品德高尚的人来说，快乐不在于物质享受，而在于精神情操的追求。因此，"孔颜乐处"是儒学关于人格理想与道德境界的命题，汉、宋以来的儒学大师都把它奉为最高的人格理想与道德境界。"孔颜乐处"简单来说，是指儒家知识分子那种安贫乐道、达观自信的处世态度与人生境界。

古代中国人的理想人格是一种圣贤人格。两千多年来，在历代以儒生为主体的知识分子的美化中，其形象不断被完善，其地位代代升高，由古人成圣人，由圣人而及天理，由外在的典范而成为内在的人性，直至被抬到宇宙本体的高度。至此，它就不仅是个体趋达的人生理想，而且成了安置于人性之中的监控个体行为的至高无上的权威。

（二）宋明理学阐明了道德理性和知识理性的关系

建立起了理本论、心本论和气本论三大思想体系。朱熹是宋代理学的集大成者，他集中讨论了理气的关系与心性的关系问题，他认为"天地间，有理有气，即阴阳二气"，他认为理先气后，气是从理出来的，他强调道德理性对人的情感欲望的制约，人心必须服从道心，"人欲"必须服从"天理"，他提出"存天理，灭人欲""心包万理，万理居于一心"。为了涵养心性，他要求人们"居敬""穷理"。居敬就是专心一致，"穷理"就是深入研究。他还要求人们"格物致知"，即"穷天理，明人伦，讲圣言，通世故"，向天理和社会学习。

王阳明又叫王守仁，是明代理学家。他建立了理学界的"心学体系"，其中，"知与行"的探讨和"致良知"的学说颇有特色。"知"是指道德意义的自觉程度而言，也指一般知识活动；"行"是指行动、实践。现代意义一般把"知与行"理解为知识与行动，理论与实践。王阳明在朱熹的知先行后观点的基础上，提出了"知行合一"的观点，"圣学只一个功夫，知行不可分作两事"，一方面要求人们在内心精神上下工夫，另一方面要求人们言行一致，表里一致。

"良知"本是孟子提出的，指辨明是非善恶之心，是人们心中早已有的正义感。王阳明的"致良知"有两层含义：一是扩充良知，除去心中的私心杂念，保持善良的心；

二是加强实践，把心中的善意具体地表现出来。同时"致良知"也是艰难的修养德行的功夫，他说"良知自知，原是容易的，只是不能致那良知，便是知之匪艰，行之惟艰。"他要求人们不畏艰难，实践自己的良知。

（三）宋明理学是儒学在宋代的发展和进步，但在实践层面却成了扼杀人的生命精神的工具

宋明理学在元明清几代都是官方的哲学，在元明清七百余年中，奉儒学为正宗，并在 14—21 世纪，对东亚产生了广泛的影响。传到日本后，其影响达 400 年。其正面影响是：对培养气节操守、重视品德，讲求以理统情、自我节制、发奋立志等建立主体结构方面起了重要的作用；把道德、自律、人的社会责任感、历史使命感提高到本位论的高度，造就了一批有气节、好品德，既忠君又报国的名相和名将，如抗金英雄岳飞、抗元名臣文天祥、抗倭名将戚继光，等等。当然，我们也应当看到，理学也有糟粕和负面影响：维护专制等级统治，存天理，灭人欲，压制和扼杀人的本性，他们把理和封建纲常伦理结合起来，推行残酷的天理——三纲五常，给人民带来了精神压抑的灾难。

四、墨家哲学

墨子，名翟，战国初期宋国人，也说鲁国人或滕国人，墨家学派的创始人。在当时，墨子与孔子享有同等的盛名，墨学的影响也不亚于孔学，与儒家并称"显学"。在那个百家争鸣的时期，拥有"非儒即墨"之称。墨子稍后于孔子，当战国初期，他学儒者之业，受孔子之术，后乃背弃，而著《非儒》。其书多及生产劳动，多言百工、商贾、宾萌、役夫，反映其为身份微贱的生产者。墨子的主要主张为兼爱、非攻、节葬、非乐，上同、尚贤，天志、明鬼；反对奴隶主贵族依靠骨肉之亲，无功富贵。书中《备城门》以下，是兵书，详言战争防御方术，可见墨家非攻而不反战。墨家也是徒属弟子充满天下的学派，其后学有墨辩，有墨侠。终战国之世，墨家学派传播甚广，其巨子且远至西方的秦国。墨家学派直到汉初才衰落下去。所以孔墨二家，韩非子称之为"显学"。孙诒让谓：墨学之昌，几埒洙泗。扩秦隐儒，墨学亦微。至西汉，儒复兴而墨竟绝。这里所说墨学的历史兴衰，符合实际。

（一）认识论

墨子的哲学建树，以认识论和逻辑学最为突出，其贡献是先秦其余诸子所没法比较的。

墨子哲学思想的主要贡献是在认识论方面。他以耳目之实的直接感觉经验为认识的独一根源，他认为，判断事物的有与无，不可以凭个人的臆想，而要以大家所看到的和所听到的为依照。墨子从这一朴实唯心主义经验论出发，提出了查验认识真伪的标准，即三表：上本之于古者圣王之事，下原察百姓耳目之实，废（发）认为刑政，观此中国家百姓人民之利。墨子把事、实、利综合起来，以间接经验、直接经验和社会成效为准绳，努力清除个人的主观偏见。在名实关系上，他提出非以其名也，以其取也的命题，主张以实正名，货真价实。墨子重申感觉经验的真切性的认识论也有很大的限制性，他曾以有人尝见鬼神之物，闻鬼神之声为原因，得出鬼神之有的结论。但墨子并无忽略理性认识的作用。

墨子认为，人的知识根源可分为三个方面，即闻知、说知和亲知。他把闻知又分为听说和亲闻两种，但不论是听说或亲闻，在墨子看来都不该是简单地接受，而一定要消化并举一反三，使之成为自己的知识。所以，他重申要循所闻而得其义，即在听闻、蒙受以后，加以考虑、观察，以他人的知识作为基础，从而继承和弘扬。

墨子所说的说知，包括有推论、观察的意思，指由推论而获得的知识。他特别重申闻所不知若已知，则两知之，即由已知的知识去推知未知的知识。如已知火是热的，推知全部的火都是热的；圆可用圆规画出，推知全部的圆都可用圆规画出。因而可知，墨子的闻知和说知不是悲观简单地蒙受，而是蕴涵着踊跃的进步精神。

除闻知和说知外，墨子特别重视亲知，这也是墨子与先秦其他诸子的一个重要和不一样之处。墨子所说的亲知，乃是自己亲历所获得的知识。他把亲知的过程分为虑、接、明三个步骤。虑是人的认识能力争知的状态，即生心动念之始，以心趣境，有所求索。但只是思虑却未必能获得知识，比如张眼睨视外物，未必能认识到外物的真相。因此要接知，让眼、耳、鼻、舌、身等感觉器官去与外物相接触，以感知外物的外面性质和形状。而接知获得的仍旧是很不完整的知识，它所获得的只是事物的表观知识，且有些事物，如时间，是感官所不可以感觉到的。所以，人由感官得到的知识仍是初步的，不完整的，还一定要把获得的知识加以综合、整理、剖析和推论，方能达到明知的境地。总之，墨子把知识根源的三个方面有机地联系在一起，在认识论领域中自成一家。

（二）逻辑学

墨子是中国古代逻辑思想系统的重要开辟者之一。墨辩和因明学、古希腊逻辑学并称世界三大逻辑学。他比较自觉地、大批地运用了逻辑推论的方法，以建立和论证自己的政治、伦理思想。他还在中国逻辑史上第一次提出了辩、类、故等逻辑观点。并要求将辩作为一种特意知识来学习。墨子的辩固然统指争辩技术，但因建立在知类（事物之类）明故（依据、原因）基础上的，因此属于逻辑类推或论证的范围。墨子所说的三表既是言谈的思想标准，也包括有推理论证的要素。墨子还擅长运用类推的方法揭穿论敌的自相矛盾。因为墨子的倡议和启发，墨家养成了重逻辑的传统，并在后期由墨家成立了较早的中国古代逻辑学的系统。由这一思想法例出发，墨子从而催生了一系列的思想方法。

他把思想的基本方法归纳为摹略万物之然，论求群言之比。以名举实，以辞抒意，以说出故。以类取，以类予（小取）。也就是说，思想的目的是要探究客观事物间的必定联系，以及探究反应这类必定联系的形式，并用名（观点）、辞（判断）、说（推理）表达出来。以类取，以类予，相当于现代逻辑学的类比，是一种重要的推理方法。另外，墨子还总结出了假言、直言、选言、演绎、归纳等多种推理方法，从而使墨子的辩学形成一个井井有条、系统分明的系统，在古代世界中标新立异，与古代希腊的逻辑学、古代印度的因明学并立。

第三节
中国古代哲学的基本特征

> **知识目标：**
>
> - 牢记儒、道、墨三家对"人道"的基本观点。
>
> - 牢记儒、道、墨三家的主要思维方式。
>
> - 牢记儒、道、墨三家的主要行为特征。
>
> **能力目标：**
>
> - 理解为何中国哲学既关注天道又关注人道。
>
> - 从儒、道、墨三家思维方式上理解中国人的处世原则及技巧。
>
> - 熟练运用中国古代哲学基本原理去分析和解决身边的困惑和问题。
>
> **素养目标：**
>
> - 系统掌握古代哲学基本特征，自觉正确认识中华民族优秀传统文化。
>
> - 在思维方式、价值体系、精神修养、审美情趣等从哲学思想中得到启示。

中国哲学浓缩地反映出中华民族特有的民族性格、社会心理、风俗习惯、价值观念、思维方式、认知结构等，简言之，浓缩地反映出中华民族的特有传统。

一、思想上推崇"人"，重视"情"

当古希腊的哲学家把目光投向自然，印度哲学家把目光投向要超越的彼岸的时候，中国哲学家则把目光投向人类自身。中国传统哲学十分重视人事论问题的研究，不太关心纯粹的自然哲学问题。当然，中国哲学家也不是不涉及自然哲学问题，他们同古希腊哲学家的区别在于，他们探讨天或自然的时候，总是同人、事联系在一起的。这就是《汉书·司马迁传》上说的"究天人之际，通古今之变，成一家之言。"

孔子在中国哲学史上第一个明确地提出人道原则，形成了儒学的一个基本特色。后世儒者纷纷把论证人道原则当作自己的宗旨。孟子认为，治理国家应当以民为本。在他看来，人民、社稷、君主三者之间的关系应当是："民为贵，社稷次之，君为轻。"(《孟子·尽心下》)就重要性而言，首先是人民，其次是象征着国家政权的社稷，最后才是君主。道理很简单，只有获得人民的拥护，国家政权才会具有稳固的根基；国家政权有了稳固的根基，君主的位子才会坐得住。孟子这种"民贵君轻"的民本主义思想，虽然没有达到以民权为核心的民主主义的高度，但冲击了君权神授的传统观念，表现出远见卓识的政治智慧。先秦另一位儒家大师荀子恰当地把君主和民众之间的关系比作船与水的关系，比孟子更透彻地阐发了"民贵君轻"的民本思想。

在道家倡导的自然原则中，也蕴含着以人为本的精神。老子强调"人法地，地法天，天法道，道法自然。"(《道德经》第二十五章)同样把人事论作为全部哲学思考的归宿。在他的"道法自然"的主张中，包含着顺应民心之自然的意思。老子说："圣人无常心，以百姓心为心。"(《道德经》第四十九章)就是说，圣人并不为自己的私利着想，而是为天下百姓着想。在老子倡导的自然原则中包含着公平的原则，他说："天之道，损有余而补不足，人之道则不然，损不足以奉有余。"(《道德经》第七十七章)他认为"天之道"是公平的，而现实中的"人之道"是不公平的，对当时社会中的种种不公平现象提出严厉的批判，指责当权者"朝甚除，田甚芜，仓甚虚，服文采，带利剑，厌饮食，财货有余，是谓盗夸。非道也哉!"(《道德经》第五十三章)他指出，正是因为统治者贪得无厌，不顾人民的死活，才造成人民生活困苦、社会秩序混乱的局面。

在中国哲学以人为本的精神中，包含着尊重他人、尊重民意、与人为善、利群利他、忧国忧民、严于律己、推己及人、向往高尚人格等合理思想，曾对中华民族的形成发展产生极大的影响。

中国哲学传统注重"情理"的思想倾向，在伦理学领域表现得尤为突出。事实上，如果说西方哲学传统主要把道德问题归结为受理性支配的意志问题的话，那么，认为"人之大伦"首先在于"父子有亲、君臣有义、夫妇有别、长幼有序、朋友有信"的儒家思潮，却十分强调伦理规范的情感意蕴，尤其是肯定了基于血缘亲情关系之上的"情理"的重要意义。孔子曾针对宰予有关三年之丧的质疑，依据"子生三年，然后免于父母之怀"的亲子之爱回答道："夫君子之居丧，食旨不甘，闻乐不乐，居处不安，故不为也"，明确把道德践履的必然准则建立在血亲情理的真诚性和安适性之上。孟子则肯定"事亲为大"，并以"亲亲"释仁。深受儒家影响的郭象认为："君臣上下手足外内乃天理自然。"王阳明也主张："有孝亲之心，即有孝之理。"正是在这种倾向的指导下，朱熹才把孔子认可的合乎血亲情理的"直在其中"的"父为子隐，子为父隐"的做法，进一步誉为"天理人情之至也"。其实，宋明理学特别注重的"天理"，作为"天地人物万善至好底表德"，在本质上正是"人情"即"血亲情理"自身的本体化，与君臣、父子、夫妇的三纲伦常密不可分。所谓"道是在物之理，性是在己之理。然物之理都在我此理之中。"对于"情"与"性"的内在关联，孟子以情释性，将恻隐、羞恶、辞让、是非之心视为人性四端，强调"乃若其情，则可以为善矣"。荀子以性释情，认为"性之好恶喜怒哀乐，谓之情"。董仲舒主张："情亦性也"。《谈经》中"无情无佛种"，把"有情"看作人的一个基本特征。宋明理学则以"心、性、情"的相互关系作为一个重要的研究课题。

中国古代哲学注重伦理道德，这与西方所重视的科学截然不同。中国人对于伦理的苛求可以从中国的亲族称谓看出。在一个大的家族中，存在着父母兄弟姐妹，此外还有祖父母外祖父母、伯叔舅、姑姨、姑奶奶姨奶奶、甥侄，等等。对于儿子也有长子、支子、庶子等称谓。这些复杂的称谓透露出两个原则：男女有别和长幼有序。这正是儒家的社会秩序观中很重要的一部分。据史料，在周代中国已经形成了严密的政治伦理哲学观。这套观点强调有孝有德，讲求宗法等级，这也是中国几千年社会政治伦理的基础。而作为中国哲学核心的儒家文化强调"仁""义""恭、宽、信、敏、惠""杀身成仁"，这些伦理观点贯穿中国历史，是中国古代思想的核心之一。这种对伦理的追求一是为了捍卫"三纲五常"，也就是捍卫君主的统治。儒家思想某种程度上就是关于秩序的学说。它从家族中的长幼尊卑发展到国家的等级观点，用仪式的不同来标明不同的等级，通过对仪式的遵守维持等级的不同。同时，对伦理的追求也是对完美人格的追求。儒家的理想人格是"内圣外王"，是圣人君子型的完美化身。这种理想的人格必须把"仁"

作为最高的道德品质标准，而为了追求这种标准，牺牲人的生命是应该的。正如孔子言："志士仁人，无求生以害仁，有杀身以成仁。"而孟子所强调的则是寡欲内省，荀子则是慎独。

二、思维方式：重视逻辑，亦推崇直觉

中国传统哲学各家各派有着各不相同的思维方式。中国古代哲学家在运用概念、判断和推理的过程，体现出两大特点：一是兼重分析与综合，二是崇尚直觉本悟。

（一）逻辑分析与辩证综合

分析就是在头脑中把事物整体分解为各个部分进行思考的过程。中国古代的哲学家，固然欣赏整体动态、辩证综合与直觉体悟的思维方式，但更善于把逻辑分析和辩证综合结合起来，加以运用。

儒家倡导"学思并重"。孔子强调"学而不思则罔，思而不学则殆。"孟子提出"心之官则思"的命题。《中庸》提出了"博学之，审问之，慎思之，明辨之，笃行之"的为学五步骤。荀子及其后学者比较推崇"名辨"之学即逻辑之学，荀子主张形式逻辑的类推原则，有实证分析的认知倾向。后期墨家比较重视逻辑分析方法，其《墨经》显示出了墨家分析思维的光辉成就。惠施的"历物"十事，既表现了辩证思维，也表现了分析思维。公孙龙的"离坚白"，其"离"即分别之意，取分类定性分析之法。法家韩非子也很强调分析性、确定性的认知方式。宋明理学家中，朱熹比较重视理性分析。

中国传统哲学思维方式的缺点是分析方法的薄弱。中国儒、道、释诸家所推崇的整体、流动、当下体悟的方法，是悟道的方法，与面对现象层面的方法确实有很大区别。

（二）崇尚直觉本悟

直觉本悟就是依靠未经充分逻辑推理的直观感受而体悟事物。它主要依靠已经获得的知识和积累的经验为依据，加以顿悟。

道家借助于具体的形象符号启发人们把握事物的抽象意义，崇尚一种观物取象、立象尽意的思维方式。道家庄子主张"得鱼而忘筌""得意而忘言"。魏晋玄学家王弼提出"得意在忘象，得象在忘言"的命题。

中国哲学儒、道、释诸家都主张直觉地把握宇宙人生之根据和全体。儒家的道德直

觉、道家的艺术直觉、佛家的宗教直觉，都把主客体当下冥合的高峰体验推到极致。道家认为心灵的虚寂状态最容易引发直觉思维。老子主张"涤除玄览"，庄子主张"心斋""坐忘"。儒家强调扬弃知觉思维，直接用身心体验宇宙终极的实在，达到对道德本体之契合的一种境界或方法。孔子倡导"默而识之"，孟子要求"不虑而知""不学而能"的良知良能，荀子的"虚壹而静""大清明"，张载的"大其心则能体天下之物"，朱熹的"豁然贯通焉""众物之表里精粗无不到，而吾心之全体大用无不明"，陆九渊的"吾心"与"宇宙"的冥契，王阳明的"致良知"，等等，都要求在思维上达到对道德本体之契合的一种境界或方法。

佛家更是一种精神性的自得和内心的体验，彻见心性之本源。

佛家要求主体直接渗入客体，主体对于最高本体的把握，不是站在现实生活之外作理智分析，而是投身于日常生活之中的一种感性体验，以动态的直接透视来体察生动活泼的宇宙生命和人的生命以及二者之融会。儒、道、释三家所共通的、最高的智慧与境界，即是通过直觉体悟的方法来彻悟最高的存在。

三、行为方式：知行动态统合

知行关系问题是中国哲学家特别重视的问题之一，它所涵盖的是理论理性与实践理性的统一。中国哲学家们偏重于践行尽性，履行实践，言行一致，知行统一。他们要求按照哲学信条，身体力行，集知识和美德于一身，不断把自己修行到"无我"的境界。

宋、元、明、清时期，知行问题的讨论渐趋成熟，广泛涉及知行的先后、难易、轻重、分合以及格物致知的方法与判断真、善、美标准等方面的问题。

明清之际的思想家王夫之批判地继承朱（熹）、王（阳明），把"知行统一"建立在"行"的基础上，反对"离行以为知"，提出了"行先知后"说，较为辩证地解决了"知"与"行"的关系问题。

在中国古代哲学中，"道""易""诚""仁""太极"等本体，是超越的又是内在的，就人与世界的"共在"关系而言，则是通过天人、体用、心物、知行之契合来加以沟通和联结的。

中国古代哲学的宇宙观念、人生智慧、思维方法和行为方式，在 21 世纪仍然是全人类极其宝贵的思想传统和思想资料，是中国现代化事业的源头活水之一。

拓展阅读:《周易》部分内容	实践操作	过关测试

第七章

艺术：怡情养性

中国古代艺术史可以追溯到远古时期，各个朝代都有其独特的艺术特色和成就。

夏、商、周时期是中国古代艺术发展的重要阶段，也是中国艺术史上的重要里程碑。中国艺术开始形成了自己的特点，并持续发展了几千年。夏朝的艺术主要以石雕、铜器、玉器为主；商朝的艺术以铜器、玉器、石器和骨器为主；周朝的艺术以玉器、石器、陶器和铜器为主。

秦汉时期是中国古代艺术史上的巅峰时期之一。秦朝的艺术以铜器、玉器、陶器和砖雕为主，如秦始皇陵出土的兵马俑和铜车马等。汉朝的艺术以玉器、铜器、陶器和砖雕为主，如玉辟邪、玉飞天等。

魏晋南北朝时期是中国艺术史上的重要里程碑。此期，中国艺术开始走上了自己独特、精致、清新的道路，表现出了艺术家们对自然、人文的独特感悟和追求。魏晋的艺术以书法、绘画、石雕和砖雕为主，如王羲之的《兰亭序》和孙过庭的《草书千字文》等。

唐代时期是中国古代艺术发展的巅峰时期之一，也是中国艺术史上的重要里程碑。中国艺术开始形成了大气、奔放、雄浑、豪放的特点。唐代的艺术以书法、绘画、雕塑、陶瓷为主。书法如颜真卿的《祭侄文稿》和柳公权的《玄秘塔碑》等。

宋代艺术开始形成了细腻、婉约、含蓄的特点。宋代的艺术以书法、绘画、玉器、铜器、陶瓷为主。书法如苏轼的《黄州寒食帖》和米芾的《苕溪帖》等。

元代艺术开始走上了自己独特、精致、清新的道路，表现出了艺术家们对自然、人文的独特感悟和追求。元代的艺术以书法、绘画、玉器、铜器、陶瓷为主。书法如赵孟頫的《洛神赋》和鲜于枢的《道德经》等。

明清时期是中国古代艺术发展的最后一个阶段，也是中国艺术史上的重要里程碑。中国艺术开始形成了丰富、细腻、繁琐的特点。明清时期的艺术以书法、绘画、玉器、铜器、陶瓷为主。书法如董其昌的《行草书轴》和石涛的《山水轴》等。

中国传统艺术主要代表性艺术有书法、音乐、剪纸、绘画和戏曲等。中国传统艺术的遗产极其丰富，传统美食、传统服饰、传统建筑等，都有着几千年的积淀，蕴含着五千年文明古国深厚的文化精粹。中国传统艺术以其浓郁的乡土气息、淳厚的艺术内涵和生动的历史痕迹，越来越受到世界人民的喜爱和欣赏，成为人类共同的文化。

● ● **第一节**
● **书法**

　　书法是指以汉字为表现对象，以软笔和硬笔为表现工具的一种线条造型艺术。简言之，书法是指写字的艺术，包括软笔书法和硬笔书法。软笔书法以毛笔书法为代表，毛笔书法是指毛笔字的书写方法，包括执笔法、运笔法、结体法和章法。硬笔书法以钢笔书法为代表，它是中国书法的一个分支，虽然在中国仅有百余年的历史，但是硬笔书法在执笔、运笔、章法、字体的形态与风格上独树一帜，不断创新，成为覆盖最广、人人皆受益的大众艺术，而且正在蓬勃发展，它必将与毛笔书法并驾齐驱，成为我国艺术宝库中的又一笔重要财富。

　　书法是指写字的艺术，但写字并不都是书法，只有当写字达到一定的艺术水平才能升华为书法，而书法必定是写字。

写字与书法是两个有本质区别的概念。写字的目的是交流信息，重实用性；书法的目的是为了创作、抒情和欣赏，重艺术性。写字力求以最短时间和较少精力尽快达到目标；书法则需要以毕生的精力来探索，目标也无止境。然而写字和书法又是密不可分的。书法必须是写字，否则就不叫书法；写字是书法的基础，充当了由实用美向艺术美过渡的桥梁；字写好了也不等于书法，因为书法是艺术，不但字要写好，而且还要合乎章法。

一、书体及其种类

（一）书体

书体是指汉字的书写形体。在我国汉字发展史上，从甲骨文算起，曾经出现过数十种书体，但最主要的有篆书、隶书、草书、楷书、行书五种。

1. 篆书

广义的篆书是指秦篆以及秦篆以前的各种书体，主要包括甲骨文、金文（或钟鼎文）、石鼓文、籀文和秦篆等。通常所说的篆书，主要是指大篆和小篆。

大篆是周宣王（前827—前784）时期通用的文字书体，也称籀文。又因是周宣王之太史，籀（人名）所创造的，所以还叫籀篆。大篆有两个显著特点：一是线条化，早期粗细不匀的线条变得均匀柔和了；二是规范化，字形结构趋向整齐，逐渐离开了图画的原形，奠定了方块字的基础。

小篆也称秦篆，是秦朝实现统一文字后的通用的标准文字书体。秦灭六国后，实行文字统一，秦始皇命令丞相李斯等，将大篆整理成为小篆，以小篆为正字，淘汰了流行在其他地区的异体字，所以，小篆又称"斯篆"。小篆也有两个显著特点：一是笔画匀圆齐整；二是形体秀丽大方。小篆对汉字规范和发展起了很大的作用，从大篆到小篆的文字变革，其在中国文字史上具有极重大的意义。小篆除了把大篆的形体简化之外，并把线条化和规范化达到了完善的程度，几乎完全脱离了图画文字，成为整齐和谐、十分美观的长方形方块字体。

从黄巨龙先生毛笔大篆与小篆作品（见图7-1）可以体会到两者的区别。

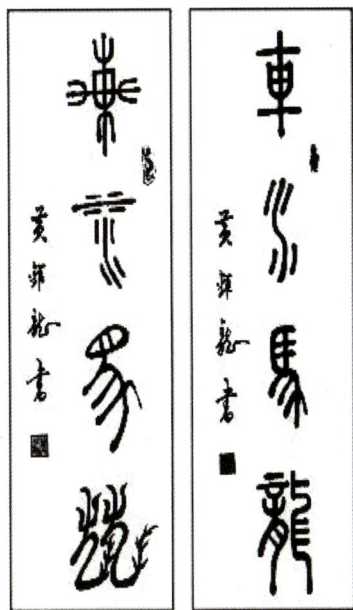

图 7-1　黄巨龙先生毛笔篆书作品，大篆（左）、小篆（右）

2. 隶书

隶书是在篆书的基础上发展起来的，是继小篆之后通行的一种书体。隶书又称佐隶、徒隶、隶字、隶文、佐书、今文、史书等。

篆书向隶书的演变，是一个渐进的过程。据说，秦朝时期有一个善书大篆的狱吏，名叫程邈，因得罪了秦始皇而入狱。他在狱中深思了 10 年，根据民间约定俗成的书体作隶书 3000 字。这样，隶书作为一种书体就基本定型了。由于隶书将篆书的点画削繁就简，书写起来比篆书方便，所以，也可以说，隶书是篆书的快写。

隶书始于秦而兴于汉，东汉是隶书的鼎盛时期，魏晋后被楷书代替。隶书又有秦隶、汉隶、古隶、八分、飞白、散隶之分。在汉碑中，《礼器碑》《华山庙碑》《乙瑛碑》《孔庙碑》《石门颂》《史晨碑》《张迁碑》《曹全碑》等都是上等的汉隶佳品，其中最具代表性的"三碑"是《乙瑛碑》《曹全碑》和《张迁碑》，它们形成各自隶书风格和特点，体现出极高的隶书艺术水平。

纵观隶书形成和发展的历史，隶书总的特点可以概括为：笔画波磔分明，用笔方圆结合；结构扁平端庄，形态清丽飞动。从陈景舒先生毛笔隶书作品（见图 7-2）和张穗先先生钢笔隶书作品（见图 7-3），可以体会到隶书的特点。

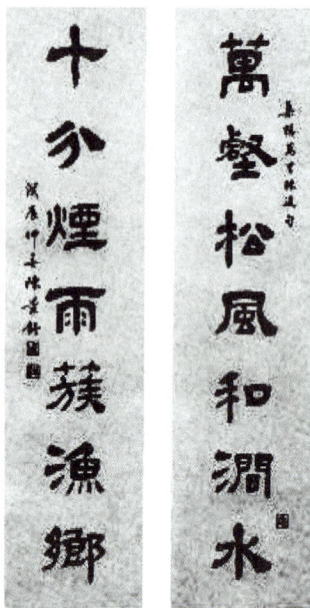

图 7-2　陈景舒先生毛笔隶书作品

图 7-3　张穗先先生钢笔隶书作品

3. 草书

"草书"是汉字主要书体之一，由篆书、八分、章草沿袭多种古文字变化而成。广义的草书包括各个时期、各种形式的草书，如草篆、草隶、章草、今草、狂草等。其中具有代表性的草书是章草、今草、狂草。历代都有草书名家，"章草"有崔瑗、杜度等；"今草"有张芝、"二王"等；"狂草"有张旭、怀素等。

（1）章草。章草是草书的一种，或称隶草、急就。唐代张怀瓘曰："章草即隶书之捷。"宋代黄伯思曰："凡草书分波磔者名章草。"从草书的章法来看，一般地说，字与字不连笔的草书称之为章草。

（2）今草。今草是从"章草"发展而成的一种草书，是由东汉张芝所创造。今草不仅突破了汉字的方块结构，省略了点画，而且体势连绵，上下多牵丝连带，书写起来比任何其他书体都简便快速，往往一个字，甚至一连数字一次落笔写成。所以，今草又被人们称之为"一笔书"。今草中字形大者称之为"大草"；字形较小，笔画虽省但较易辨认者称之为"小草"。小草适合钢笔书写，是钢笔书法爱好者之良友。

（3）狂草。大多数书法家认为，今草又分为大草、小草和狂草，狂草是今草的一种。狂草是指笔意更加奔放，笔画省简连绵，常以一笔数字，隔行气势不断的今草，是唐代张旭所创。

4. 楷书

楷书又名真书、正书，是从隶书、章草演变而来，古时又称楷隶、今隶，是一种书写工整规范，笔画交代清楚，结构方正严谨的汉字书体。

楷书包含了古隶之方正、八分之遒美及章草之简捷等。古人曰："楷如立，行如走，草如奔。"可见，楷书偏重于静，有一种稳重宁静之感。

楷书是汉字的主要书体。楷，是楷模，就是标准字体。不论是毛笔楷书，还是钢笔楷书都有如下特点：形体方正，笔画平直，结构严谨，有规有矩。

书法界公认的"楷书四大家"是指欧阳询、颜真卿、柳公权、赵孟頫。由于他们的楷书体在运笔方法和字形结构上具有各自独特的风格，被后人分别称为"欧体""颜体""柳体""赵体"，对后世影响很大，成为人们学习书法的向导。这四种楷书体的特色被概括为"欧劲""颜筋""柳骨""赵肉"。当代书法家田英章先生毛笔楷书（欧体）作品（见图7-4）具有代表性。

图 7-4　田英章先生毛笔楷书（欧体）作品

5. 行书

行书是介于楷书与草书之间的一种书体，是楷书的快写，亦称流动的楷书。

据传是汉代刘德升所创，至东晋达到高峰，王羲之、王献之为其杰出代表。行书最显著特点就是俊逸流畅，突出"行"字。人们常把行书比作"走"，就是说行书运笔具有流动性特点。行书书写流畅，用笔灵活，表现出浪漫、唯美的气息。行书又分为行楷和行草两类。

（1）行楷。书写比较规矩，笔画变化偏重于楷书的行书称之为行楷。如王羲之的《兰亭序》（见图7-5）属于行楷，被后人誉为"天下第一行书"。

（2）行草。书写比较放纵，笔画变化偏重于草书的行书称之为行草。如颜真卿的《祭侄文稿记》（见图7-6）属于行草，被后人誉为"天下第二行书"。

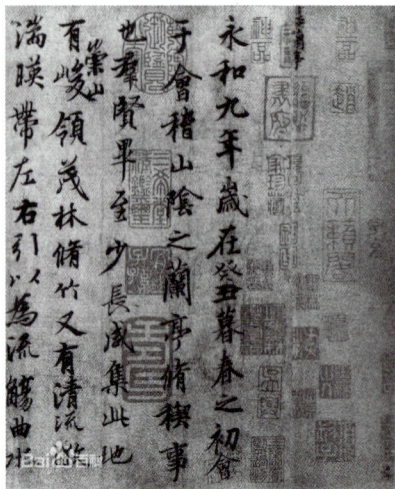

图 7-5　王羲之《兰亭序》

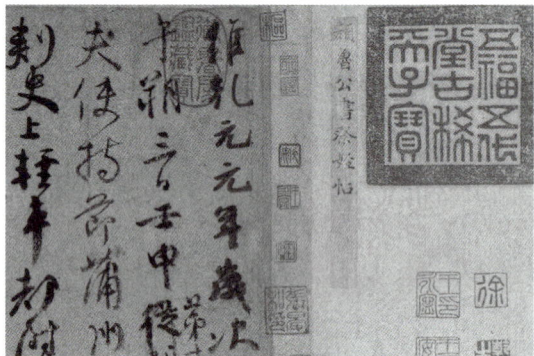

图 7-6　颜真卿《祭侄文稿记》

（二）书法作品的构成

无论是软笔书法，还是硬笔书法，其完整的作品通常都由正文、落款、印章三部分构成。

1. 正文

正文是书法作品的核心。正文内容总的要求是：积极向上，健康高雅，内涵丰富，时代感强，如：诗词、歌赋、对联、格言、佳句、散文等。

2. 落款

落款，又叫题款、款识（音 zhì）是指书法作品正文以外的说明性补充文字。

落款有三种类型。一是多款。书法作品有三行或三列以上的题款称为多款。二是双款。书法作品有两行或两列的题款称为双款。双款又有上款下款之分，书法作品正文之前的题款称为上款；书法作品正文之后的题款称为下款。三是单款。书法作品中只有一行或一列的题款称为单款。单款又有长款、短款和穷款之分。

单款书法作品中题款内容多而长称为长款。长款不仅写正文出处、时间、名号、地点等，而且还加上书写者创作时的感想或缘由等文字。书法作品中题款内容少而短称为短款。短款一般只落正文出处、时间、名号、地点等其中的几项。书法作品中题款内容只有书者姓名的称为穷款。

此外，书法作品还有横款和竖款之分。书法作品中题款横写的称为横款；书法作品中题款竖写的称为竖款。

3. 印章

印章是书法作品的重要组成部分。钤印，即盖印，是创作书法作品的最后一道工序。钤印是否恰到好处，在一定程度上反映了一个人的艺术修养，上乘的印章在书法作品中起着调节疏密、点缀装饰、平衡重心、画龙点睛、锦上添花的作用。所谓"一红押千黑"，就是这个意思。印章的字体一般使用篆书体，多用小篆书体。钤印的要求是：款章相称，大小匹配，阴阳协调，名章方形，闲章随形，位置适当，多寡适度，该用则用，恰到好处。书法印章按印章的内容划分，可分为名章和闲章两大类。

名章，也叫姓名章，是指印文为书者姓名的印章。又有姓章、名章、姓名章、字号章之分。书法作品有的盖姓名章，有的盖姓章加名章，有的只盖名章。

闲章，除名章以外的印章称为闲章。闲章的内容多为名言、警句、书斋名、作者的别称、十二生肖的动物图案等，又有引首章、腰章、压角章之分。

书法印章按印的形状划分，可分为方形章、圆形章、长方形章、椭圆形章和不规则的自然形体章等。

书法印章按印的颜色划分，可分为朱文（阳文）章、白文（阴文）章、朱白文混刻章。

此外，还有图案章和文字章之分。图形案章多为肖形章，是指以十二生肖的动物图案刻成的印章；除图案章以外的印章称为文字章。

印章的钤法，具体来说有如下几个步骤。

第一，确定印章的位置。在完成书法作品正文和落款之后，根据具体情况确定印章的位置。第二，在确定的印章位置的纸下放一硬皮垫，比较简单的操作是垫一本书。用湿毛巾将盖印之处潮湿。第三，印章蘸上书画专用红印泥，对正确定印章的位置钤印；或使用印规将盖印处定位，按着印规钤印。第四，钤印要求用力均匀、端正清晰，印章的中心应与落款的中心线重合，做到不偏不倚。

二、书法艺术的审美特征

欣赏书法，就是欣赏其令人引起审美愉悦的艺术性。这种艺术性主体现在：表现的意境美、点画的线条美、结构的造型美、章法的整体美和风格的个性美等五个方面。

（一）表现的意境美

意境，是文学艺术作品通过形象描写表现出来的境界和情调。书法作品的意境，是指作者抒心中之胸臆，发时代之绝响，铸笔墨于毫端，所表现出来的一种至情至性、融进自己的知识修养和审美情趣的艺术境界。有意境美，书法才具有感人的艺术魅力，才有不朽的灵魂。

书法作品应是取象万物，迁想妙得，达其性情，形其哀乐，达到人与自然，主体与客体，主观与客观的协调统一；使情感、理智、想象、感知等审美心理因素达到协调一致的状态；通过文字的结构造型，按照艺术表现的特有规律，创造出清新可感的艺术境界，表达一定的精神意蕴、审美情趣；从线条、笔势、笔意、结构等方面寻求与自然物象的联系，唤起人们的审美感受。

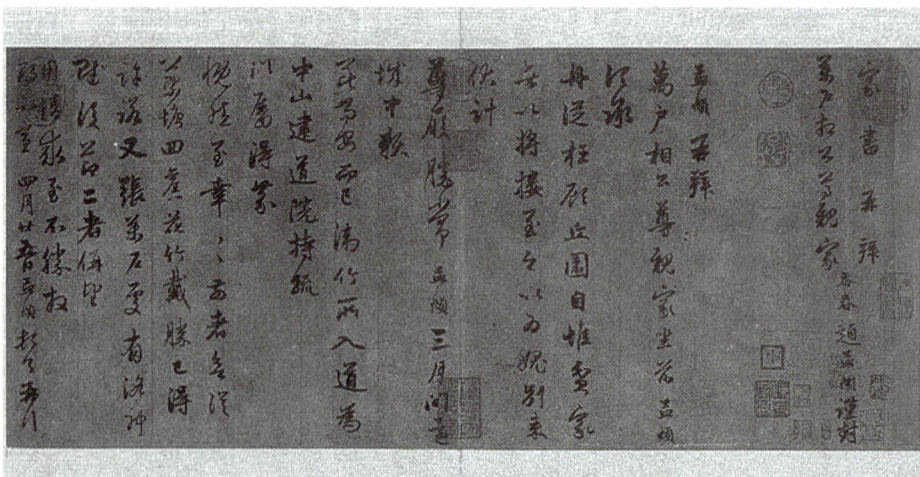

图 7-7　赵孟頫《舟从枉顾帖》

（二）点画的线条美

书法作品点画的线条美概括表现在书法工具的特性、点画的形态、用笔的节奏上。

当代著名书法家沈鹏曾说："在书法表现的要素中，我看重线条。线条是由条形到神韵的最重要的手段、桥梁，更确切说是基因。"各大书体、各书家字体、各书法作品品位高低的差异，也与其线条特性及水平高低的不同有很大关系。书法作品的创造，首先是线条美的独特的发现和创造。可见，线条是书法作品的基因，是书法风格和品位高低的标志，在书法作品创作中居于首要地位。

在欣赏一幅书法作品时，首先映入欣赏者眼帘的也是线条，它是欣赏者沟通书家的桥梁，通过线条欣赏者可以获得精神上的美的享受，心灵上的慰藉、净化和震撼。

书法作品的点画线条具有很强的表现力，它本身抽象，所构成的书法形象也无所确指，然而它却把全部美的特质包容其中。书法作品点画的线条美主要体现力量感、节奏感、笔线美、立体感四个方面。

（1）力量感。书法作品点画线条的力量感是线条美的要素之一。它是一种比喻，指点画线条在人心中唤起的力的感觉。早在汉代，蔡邕《九势》就对毛笔书法作品点画线条作出了专门的研究，指出"藏头护尾，力在字中""令笔心常在点画中行""点画势尽，力收之"。要求点画要深藏圭角，有往必收，有始有终，便于展示力度。需要注意的是，我们强调藏头护尾，不露圭角，并不是说可以忽略中间行笔。中间行笔必须取涩势，以使点画线条浑圆醇和，温而不柔，力含其中。但是，钢笔书法作品的点画线条的起止并非都是深藏圭角不露锋芒的，书法中往往根据需要藏露结合，尤其在行草书中，千变万化。欣赏时，既要注意起止的承接和呼应，又要注意中段是否浮滑轻薄。

（2）节奏感与笔线美。节奏本指音乐中音符有规律的高低、强弱、长短的变化。毛笔和钢笔书法作品点画的线条节奏感，集中表现在笔线美，笔线美主要体现以下几个方面：

①屋漏痕：笔线不刻意雕琢，得自然之妙；

②印印泥：笔线要沉着不浮，力透纸背；

③锥画沙：笔线要圆润浑厚，富于立体感；

④折钗股：笔线挺拔不露圭角，遒劲而骨力内含。

在书法作品创作时，不可能以一样的书写速度一贯到底。笔画之间、字与字之间先后衔接必定会出现快慢、缓疾、断连、聚散、轻重、粗细、长短、大小等的节奏，似古所称的"屋漏痕""印印泥""锥画沙""折钗股"等，这就好像乐曲中的旋律一样，体现出书法作品点画线条的韵律美。

一般而言，静态的书体（如篆书、隶书、楷书）节奏感较弱，动态的书体（行书、草书）节奏感较强，变化也较为丰富。

（3）立体感。立体感原是毛笔中锋用笔的结果。中锋写出的笔画，"映日视之，画之中心，有一缕浓墨，正当其中，至于折处，亦当中无有偏侧。"这样，点画线条才能饱满圆实，浑厚圆润。然而，钢笔正笔书写也可写出立体感很强的点画线条。我们不难发现，在钢笔书法作品创作中侧笔也随处可见。除小篆以外，其他书体都离不开侧笔，尤其是在行书和草书中，侧笔作为正笔的补充和陪衬，比比皆是。

图 7-8 为颜真卿的《颜君庙碑》。

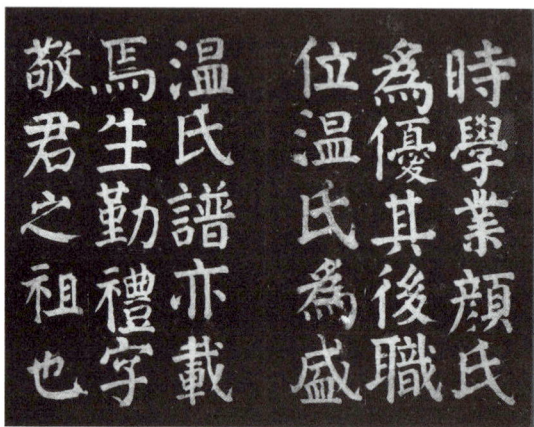

图 7-8　颜真卿《颜君庙碑》

（三）结构的造型美

书法作品，不仅要求书写正确清楚，合乎规范，使人一目了然，而且强调结构的造型美，具有艺术性，使人赏心悦目。书法作品的点画线条在遵循汉字的形体和笔顺原则的前提下交叉组合，分割空间，形成书法的空间结构。空间结构包括字体的造型、整行的行气两个部分。

（1）字体的造型。书法作品结构的造型美，主要表现在各种字体的造型上，主要包括如下几个方面。

①正欹相生。正指字的内部结构要平衡；欹指字体倾斜，形态富于变化。两者要巧妙构造，错综变化，形象自然，于平正中见险绝，险绝中求趣味。

②疏密均衡。这是指点画之间和字与字之间距离的大小要恰到好处。王羲之在《笔势论十二章》中指出"密则似痀瘵缠身，疏则似溺水之禽"，即过密或过疏均不可取。

③违和协调。违是指统一中的对立，和指多样的统一。

④静动结合。一般而言，静态的书体（如篆书、隶书、楷书）节奏感较弱，动态的书体（行书、草书）节奏感较强，变化也较为丰富。

⑤长短合度。这是指字的点画与字体的形态要长短参差。但字体的形态也不能过长或过短，要合乎法度。王羲之在《笔势论十二章》中又指出："长则似死蛇挂树，短则似踏死蛤蟆。"

书法作品，不论正、草、隶、篆、行，都要按照比例、匀称、均衡、平稳、对比、照应等多样而统一的美的规律来造型。如行书"书"字（繁体），其中八条横画，除一条横画省掉之后，其余七条横画长短不一，俯仰有致，一气呵成，极尽变化之能事。而整个"书"字稳健多姿，静中见动，给人以雕塑般的造型美。

（2）整行的行气。书法作品中字与字上下或前后相连，形成"连缀"，要求上下承接，呼应连贯。楷书、隶书、篆书等静态书体虽然字字独立，但笔断而意连。行书、草书等动态书体可字字连贯，游丝牵引。此外，整行的行气还应注意大小变化、欹正呼应、虚实对比，以及由此而产生的节奏感。这样，才能使行气自然连贯，血脉畅通。

（四）章法的整体美

欣赏书法，一般是从章法入手。章法着眼于书法作品空白的安排变化，它是决定书法作品全局的关键因素。一幅书法作品的鉴赏跟其他艺术品一样，重点关注的当属整体美。书法作品中集点成字、连字成行、集行成章，构成了点画线条对空间的切割，并由此构成了书法作品的整体布局。要求字与字、行与行之间疏密得宜，计白当黑；平整均衡，欹正相生；参差错落，变化多姿。其中楷书、隶书、篆书等静态书体以平正均衡为主；行书、草书等动态书体变化错综，起伏跌宕。

书法作品的章法美主要体现在作品布白、作品款式、主宾关系、虚实关系、气脉连贯等方面。同时，要求"行行要有活字，字字须求生动"，构图完整、自然贯气、清新和谐、浑然一体、情趣盎然。给人的感觉是工整优美的形式如同图案画，装饰性强；流动空灵如同轻音乐，余音袅袅，回味无穷。

（五）风格的个性美

书法作品风格的个性美，则表现在作者独特而又强烈的个性色彩上。"字如其人""人品即书品"，各人的技巧、修养、个性等不同，因此形成了各种不同的风格。有的如高山大海，十分豪迈；有的似小桥流水，非常优雅；有的像巨龙飞天，气贯长虹；有的如嫦娥奔月，轻盈飘逸；有的似雪山苍松，朴茂坚实；有的像含苞荷花，亭亭玉立；有的如映月白兰，端丽清新。不同的风格，给人不同的审美感受。

欣赏书法作品，应根据个人的兴趣爱好和作品特色择优欣赏。有的笔致好，不妨欣赏笔致；有的造型美，不妨欣赏造型；有的以气势取胜，不妨欣赏气势；有的以神韵见长，不妨欣赏神韵。这种欣赏法的好处是印象深刻，容易集众家之长。

此外，书法作品的美还表现在"实"与"虚"两个方面，而且两者相互依存，相互作用。

"实"是有形的，包括运笔、结体、章法等内容；"虚"是无形的，包括神采、气韵、意境等内容。

图 7-8 为苏轼的《南轩梦语》。

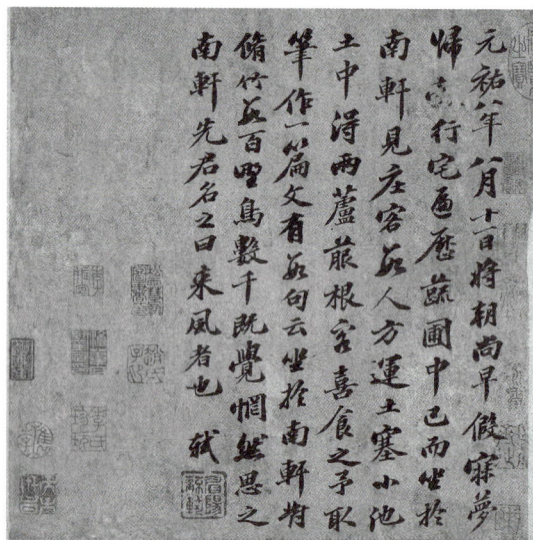

图 7-9　苏轼《南轩梦语》

三、书法作品欣赏的方法

书法艺术欣赏的方法，同其他艺术作品欣赏方法一样，既要依照人类认识活动的一般规律，又要遵循其表现方法上的独特性。下面举两种方法供参考。

(一)由近而远法

欣赏书法作品，可以由近而远，即从点画的线条—结构的造型—章法的整体—风格的个性—表现的意境，依次欣赏。正如电影镜头中，由特写—近景—中景—远景或全景一样，领会作者的创作意图，体味作品所表现的意境。

（二）全面体味法

全面体味法应从以下四个方面进行欣赏。

（1）从整体到局部，再由局部到整体。书法作品欣赏时，应首先统观全局，对其表现手法和艺术风格有一个大概的印象。进而注意点画的线条美、结构的造型美、章法的整体美等局部是否法意兼备，生动活泼。再退立远处统观全局，校正首次"印象"，从艺术表现手法与艺术风格是否协调一致，作品何处精彩、何处尚有哪些不足等方面进行综合分析。

（2）把静止的形象通过想象还原为运动的过程。书法作品作为创作的结果是相对静止不动的。欣赏时应随作者的创作过程，采用"移动视线"的方法，依作品的正文和落款的书写顺序，想象作者创作过程中用笔的节奏、力度以及作者感情的不同变化，将静止的形象还原为创造的运动过程，正确把握作者的创作意图、情感变化等。

（3）将书法形象通过联想形成具体形象。充分展开联想，将书法形象与现实生活中相类似的事物进行比较，使书法形象具体化。再由与书法形象相类似事物的审美特征，进一步联想到作品的审美价值，从而领会作品意境。如欣赏颜真卿楷书，可将其书法形象与"荆卿按剑，樊哙拥盾，金刚炫目，力士挥拳"等具体形象类比联想，从而可以得出：体格强健—有阳刚之气—富于英雄本色—端严不可侵犯的特征，由此品味到颜真卿楷书端庄雄伟的艺术格调。

（4）了解作品创作背景，正确把握作品的情调。了解作品的创作背景（包括创作环境），弄清作品中所蕴含的独特的文化气息和作者的人格修养、审美情趣、创作心境、创作目的等，对于正确领会作者的创作意图，正确把握作品的情调大有裨益。清王澍《虚舟题跋·唐颜真卿告豪州伯父稿》云："《祭季明稿》心肝抽裂，不自堪忍，故其书顿挫郁屈，不可控勒。此《告伯文》心气和平，故客夷婉畅，无复《祭侄》奇崛之气。所谓涉乐方笑，言哀已叹。情事不同，书法亦随而异，应感之理也。"可见，不论是作者的人格修养、创作心境，抑或是创作环境，都对作品情调有相当的影响。同时，综合运用书法技巧和书法理论，尤其书法美学思想，可最大限度地挖掘自己的审美评价能力，尽量按作者的创作意图体味作品的意境。

●● 第二节
● 绘画

> **知识目标：**
>
> - 了解中国绘画艺术发展简史。
>
> - 牢记绘画的语言及种类基本知识。
>
> - 牢记绘画艺术审美特征及基本欣赏方法。
>
> **能力目标：**
>
> - 能从造型美等方面进行绘画艺术欣赏。
>
> - 能创作一幅优秀的绘画作品。
>
> **素养目标：**
>
> - 自觉提升对绘画的兴趣与爱好,提高对丹青文化的热爱之情。
>
> - 欣赏绘画作品,陶冶情操,提高审美情趣与文化品位。

一、绘画的语言和类别

(一)绘画艺术的语言

线条、色彩、形体是绘画艺术独特的表现方式和表现手段。

1. 线条

在绘画中，线条的作用体现在两个方面，一是对物象轮廓、形体的描绘；二是线条自身的艺术表现。前者是"他律"的物象描绘性、再现性的线条，后者是"自律"的情感表现和抽象表现性的线条。

从中国绘画来看，汉魏六朝以前的线条是他律的，主要是为了填色而勾勒出物象的大体轮廓，至于线本身的粗细变化是无关紧要的。汉魏时期的线描也大致属于原始阶段的这种线条运用。汉代画像石里面虽然也有近乎浅淡的浮雕趣味的东西，甚至有的已趋于对线条变化的追求，但是它的主流还是细线刻画，仍然停留在原始线描的阶段。其线条的任务就是勾勒物象轮廓，而线条本身的情感表现力未被重视。

六朝至唐末，中国绘画中的线条产生了质的变化。东晋顾恺之画中的线条，虽然还主要是传统的线描形式，但其中已灌注了精神内容，有了相对独立的审美价值。"顾恺之之迹，紧劲连绵，循环超忽，调格逸易，风趋电疾，意存笔先，画尽意在，所以全神气也。"（张彦远《历代名画记》）他吸收东汉张芝草书用笔，创造了一种后人称之为"春蚕吐丝"和"高古游丝"的描绘线条，使其人物画既有"象人之妙"，又有"描线之美"。图7-10为顾恺之的《列女图》。

图 7-10   顾恺之《列女图》

南朝梁张僧繇和唐代吴道子则使传统线描形式的写意功能进一步充分发展。张僧繇吸收东晋女书法家卫夫人《笔阵图》中"点""曳""斫""拂"等笔法，形成一种与顾恺之连绵细密的密体不同的"笔不周而意周"的疏体表现形式。吴道子虽然是画家，但曾学书于张旭、贺知章，在书法上功力较深，所以绘画的线"用笔全类于书"。他创"柳叶描"和"枣核描"等，其线条以粗放的逸写笔法为之。线的写法之妙，至吴道子几乎发展到了极致。

在不断的艺术创作实践过程中，中国画的线发展成为线条中最为独特的线的艺术。在线条的运用中追求最大限度的表现性，拓展着线条的艺术表现空间。吕凤子论国画线条的情感表现性时说："勾线技巧，即使每一有力的线条都直接显示某种感情的技巧"，"被认为是中国画的特有技巧"。他指出，"凡属表示愉快感情的线条，无论其状是方、圆、粗、细，其迹是燥、湿、浓、淡，总是一往流利，不作顿挫，转折也是不露圭角的。凡属表示不愉快感情的线条，就一往停顿，呈现一种艰涩状态，停顿过甚的就显示焦灼和忧郁感。有时纵笔如'风趋电疾'，如'兔起鹘落'，纵横挥斫，锋芒毕露，就构成表示某种激情或热爱、或绝忿的线条。"①中锋、侧锋、藏锋、露锋、方笔、圆笔、肥笔、瘦笔、疾笔、涩笔，表现出微妙多样的审美意味。

在传统的线描技法中，我国画家创造了十八种线的表现形式——"十八描"。"柳叶""铁线""高古游丝""行云流水"，一支毛笔在中国画家手中出神入化，描绘出丰富多样的线条形态。线条的作用既做到状物，又做到达意。顾恺之的"春蚕吐丝"般的线描把缠绵温情刻画得细腻入微。吴道子的"吴带当风"的形态把飘逸之感表现得淋漓尽致。陈老莲的线条则把古拙之意表现得炉火纯青。画家的兴致倾注于刚、柔、健、润、涩、疾之中，让观众从线的运动中体悟到画家的情思。

西方传统绘画尽管强调体、面，但也对线条的审美特性做了探讨，并在绘画中充分发挥其艺术表现作用。18世纪英国画家荷拉斯在《美的分析》中论述了不同线条的审美特性。他认为，直线最少装饰性，曲线具有装饰性，二者结合，使单纯的曲线多样化；波状线由两种弯曲的、相对照的线组成，更加吸引人；蛇形线是一种弯曲的并朝着不同方向盘绕的线，具有无限多样的变化，是富有魔力的线条。在西方现代抽象艺术中，线条具有了独立的艺术表现价值。线条此时成为抽象表现的线——抽象绘画的构成性表现。康定斯基在《点·线·面》一书中，论述了线条的表现性特征：点——静止；线——内在张力，源于运动。点本身只具有张力，而不可能有方向性，而线同时具有张力和方向。直线的张力使它以最简洁的形式表现出运动的无限的可能性；水平线的基调是冷与平，表现出运动无限的、冷峻的可能性；垂直线表现出运动无限的、温暖的可能性；对角线表现出运动无限的、冷—暖的可能性；简单的曲线由两端施加的压力越大，形成的向外的张力也就越大；曲线的主要张力在于弧，它本身潜藏着韧力；几何学的波状线均匀地使用作用力与反作用力，交替增加和减少张力的水平走向；任意的波状线变化加大，两种力之间激烈竞争加剧……康定斯基把自己的抽象形式理论付诸实践，创作了用抽象线条、形状、色彩构成的艺术画面。

---

① 吕凤子:《中国书法研究》,上海人民美术出版社,1984年版,第5页。

2. 色彩

色彩是绘画的重要表现手段。同雕塑、建筑等造型艺术比较来看，色彩在绘画中体现出更充分、更丰富的艺术表现作用。在绘画中，色彩有物象描绘性色彩、主观情感性色彩和抽象表现性色彩等多方面的性质。红、橙、黄、绿、青、蓝、紫，多种色相具有丰富多样的情感意味和象征意味，明度、纯度的变化又给人以微妙细腻的心理感受。凡·高认为"画面里的色彩就是生活里的热情"，他强调"色彩的暗示力量"，说他在《夜咖啡馆》一画（见图7-11）中"用红与绿来表现人类的可怕的情调"，认为这些色彩"是一种富有暗示力的色彩，它们表现出人们的火热

图 7-11　凡·高《夜咖啡馆》

的情绪活动"。在不同时代、不同画家的绘画作品中，色彩又体现出不同的时代性和个性风尚。

从暖色系列看，红色是其典型代表。它色性最暖，亮度较高，最具积极性。它热烈、光明、温暖，象征着喜庆、吉利、真诚。红色还具有英雄主义精神性，有令人鼓舞和催人进取的革命意义。红色又表示健康向上、充满活力。红色穿透力强，视度高，适于作为警惕色。它与血和火联系紧密，又具有激烈、紧急、危险等含义。在绘画史上，红色在不同画家手中展示了多样的情感意蕴。鲁本斯的红色突出了旺盛充沛的生命力；大卫的红色具有庄严壮烈的英雄气度；德拉克洛瓦的红色是激情气氛的渲染；雷诺阿的红色洋溢着甜美温暖的欢乐情调；在蒙克画中出现的红色则充满着血腥气味；马蒂斯画中铺天盖地的纯红突出了鲜明的装饰性意趣。

黄色的色性暖，亮度高，有光明、辉煌、豪华、高贵的特色。在中国，黄色是皇权的象征，御服曰"黄袍"，御车曰"黄屋"。而那些纯度、亮度低的黄色，则显出枯萎、病态之意。凡·高之画黄色格外突出，这些黄色既有阳光、大地、生命的意蕴，又闪动出刺目的神经质的情绪。

从冷色系列看，蓝色、青色具有代表性。它让人联想到天空、海洋，清澈开阔，高远永恒。青色含生命之源——空气与水的固有色，具有生命活力、青春朝气。蒙克的《大蓝马》之蓝象征着阳性的刚健（见图7-12）。但蓝色、青色毕竟是冷色调，对人的

情感来说有消极性，与冷落、凄凉、忧郁、寂寞、孤独等联系紧密。凡·高作品中那些偏深暗的蓝色，散发着抑郁的悲剧性气息。毕加索在1901—1904年的创作为"蓝色时期"。当时，他目击人们贫困不幸的生活，感受孤寂、绝望的情绪，作品以蓝色为基调，突出了忧郁、悲哀的气氛。

图7-12　蒙克《大蓝马》

绿色是植物的基本色，是最能体现生命力的色彩。它亮度中性偏暗，色温偏中，有舒适、安全、静谧、和平之感。绿色有减少刺激、消除疲劳、镇静安神的功能。亮度高的浅绿、嫩绿具有鲜活、清新、生动性，饱和度高的翠绿等更具兴旺茂盛、朝气蓬勃的美感。但绿色在亮度、纯度偏低时，也有恐怖、病态、腐坏等消极意蕴。蒙克的《生命之舞》中绿色的面孔使画面增加了阴森恐惧的气氛。

紫色是红与青的混合色，是冷暖强烈对比色的强制性结合，处于矛盾不安的动荡之中，性格双重，情绪不稳，加上纯度浑浊、光度深暗，有阴森、险恶、悲哀等消极意义。但在西方基督教艺术中，紫色被赋予了神圣高贵的象征意义。

黑、白属极色。黑色给人以重、暗、退之感。它被视为不幸、死亡、黑暗的象征。在以悲剧性为主题的凡·高、蒙克和德国表现主义的绘画中，黑色是主要因素。粗硬、扭动、浓重的黑色，遍布画面，散发着沉重、压抑、恐怖的气息。但是由于黑色的厚重、沉静，它又象征着权威、尊贵、高雅等。中国道家崇尚黑色。在中国文人水墨写意画中，墨的黑色是唯一的色彩，寄托着超逸的情怀。

白色是轻、明、进的极色，亮度、纯度极高，光明，纯洁。由于高亮度色的反射力强，减弱了太阳的辐射热，白色显得凉爽、明净、清洁。它象征着圣洁、尊严、端庄，有轻盈、柔软、素雅等审美特色。古典主义绘画、安格尔之白体现的是朴素、淡雅、圣洁。白色也有消极性，有恐怖、悲哀、死亡、不幸等意义。蒙克的白色便弥漫着这种气氛。

色彩表现具有鲜明的时代风貌。古希腊的素色无色性，中世纪的色彩斑斓，文艺复兴在写实基础上的色彩和谐，巴洛克的色彩对比，洛可可在银白基调上的透明的艳丽，新古典主义以素描为基础的中间色、调和色，浪漫主义的强烈、纷杂，现实主义的深沉、凝重，印象主义的细微、明亮、跳跃，野兽主义的纯粹、鲜明，表现主义的浓郁、狂乱等，不同时代、不同艺术流派的绘画有多样变化的色彩追求。

3. 形体

形体是绘画艺术语言中最具辩证关系，最具隐喻倾向，因而也是最见功力的部分。在绘画艺术中，形体并不是一般意义上的"形状"与"体量"，作为一种艺术语言，它更主要的是一种关系，是一种寓意，一种倾向。它从宏观上、全局上设置辩证与统一的整体效果，这种效果不仅是外在的直观的，更主要的是内在的，象征意义上的。构图的目的是根据作者的创作意图，按一定的章法在画面上设置和处理表现对象的位置关系，把各种形象有机合成一个艺术整体。构图不是对客观事物的自然堆砌，而是艺术家自觉地通过运用实践形成的均衡、对比，同一、数比、节奏、韵律等基本规律，这些规律很大程度上来自人们的视觉习惯，比如向心式的构图，常常给人一种凝聚、庄重、紧张的感觉，离心式结构则给人一种轻松、奔放、活泼的感觉，因而不同的构图必然表现出不同的审美意向和艺术氛围。画面整体性的效果最终达到形体的写实性与象征性的融合，静态与动态的融合，达到了艺术家深层次审美取向的追求。

东方与西方在美学观念与审美情趣上存在着一定差异，西方传统绘画注重客观的真实再现，采用焦点透视，因而画面上出现的空间是绝对静止的，无变化的，真实有限的空间与客观规律相一致。中国画的构图则不拘于特定的时空，而是根据作者对对象的领悟理解，去"立意定景"，采取运动式、鸟瞰式的多点透视或散点透视，在一张图上形成多种视点、多种场面，在布局上讲究呼应、开合、疏密、虚实、偏正、轻重等对立统一的传统章法，在时空环境处理上采取大胆取舍、虚实相生等办法突出主体，体现出中国绘画在构图上的自由开阔、灵活多变的特征。

(二)绘画的分类

绘画的分类有不同的标准。一般按工具材料的不同和表现内容的不同来划分。

1. 按工具材料的不同进行分类

按工具材料的不同，绘画可分为油画、中国画、水彩画、水粉画、版画、壁画、素描画等。

（1）油画。油画是在经过处理的不吸油的平面上（如布、纸板、墙面等），用油性的颜料描绘成的绘画。

油画颜料是用植物油与颜料粉调和而成，使用时也用植物油来调整其软硬干湿。它的最大特点是色彩艳丽、有光泽，色泽细腻，既可薄涂也可重叠堆厚，因而可以做反复修改。它的可塑性很强，也很容易使用，能够表现出事物的形体、质感、量感和丰富而美好的颜色，深受广大画家们的喜爱。但是油画干得比较慢。就目前而言，一幅完成的作品要使它完全干透大约需要半年的时间。我们看到的大多数油画作品是绘制在画布上的。它是先将牢实的布料（如棉布和亚麻布）用小钉绷在一个矩形木框上，然后要在布面上做防止吸油的底子。一幅画完成后，还要配上与作品内容和色调搭配的外框，目的是将观众的视线集中到画面上来。

油画表现的内容十分丰富。无论是人物、静物还是风景的表现都是油画艺术的特长。它描绘的对象既可以细腻乱真，也可以大笔挥洒，深厚而有气势，为画家准确地表达自己的情感提供了先决条件。油画在清末传入我国，目前得到了很大的发展。

（2）中国画。中国画采用的工具材料是中国特有的笔、墨、纸、砚。

笔，按照不同的原料和性能可分硬毫、软毫、兼毫三种。硬毫包括老兔颈毛制成的紫毫与黄鼠狼毛制成的狼毫两种。笔毫均为棕色，笔性硬健，弹力强，蓄水少，画出的线条苍劲爽利；软毫用羊毫制成，笔性软，蓄水性强，泼墨、渲染多采用它；兼毫笔由硬毫与软毫或其他不同毫毛合制而成，吸水适中，易于使用。此外，按照笔锋的长短分为长锋、中锋、短锋；按照笔锋的大小分为大、中、小等型号。

墨，分为油烟、松烟、漆烟。油烟墨亮而有色泽，宜用于山水画；松烟墨暗而无光，多用于翎毛及人物毛发；漆烟墨亮度一般，用者不多。

纸，唐宋时期多画在绢上，元代以后才大量用纸。纸分为熟宣与生宣。熟宣的特点是不吸水，宜于工笔重彩；生宣的吸水性很强，多用于水墨写意画。

砚，即中国书画用以磨墨的石砚（俗称砚台）。我国最有名的砚是端砚和歙砚，分别产于广东高要县和安徽歙县。

中国画的构图、笔法、色彩有别于西画，有自己独特的语言。它的术语叫作

"写"，写形重在写意，写意的至高境界是传神，因此，"神韵"就成为中国画的法宝。中国画在19世纪被西方油画家所学习和借鉴。

（3）水彩画。水彩画起源于西方，是用水质颜料在纸上描绘而成。

水彩画的最大特点是在画面上体现一种轻快感、透明感和滋润感。这些特点比较合适记录风景，也有表现人物和静物的。水彩画存在的先天局限性就是：水彩的颜色和纸都薄而脆，不宜反复涂改，也不及油画牢固、厚重，更不能作巨幅作品。但是，随着水彩画技法的发展，材料的革新，这些局限性也会迎刃而解。

水彩画传入我国，并被继承和发展。许多专家和学者认为，中国水彩画在发展水平和成就方面都居于世界前列。

（4）水粉画。水粉画，也是用水质颜料来完成，兼有水彩画和油画的两种性能。使用时既可薄画，也可厚涂。色彩效果以鲜艳、华丽、柔润、明亮浑厚为特点。它的应用范围很广，可以绘制年画、宣传画、图案设计图、建筑设计效果图、舞美设计图等。

同时，水粉画也是美术院校和美术教育的色彩基础训练课程，以培养学生的色彩感受能力和表现能力。

（5）版画。版画是在不同材质的版面上，用刀刻画出形象内容，再经过印刷而成的绘画。版画按版面的材料不同可分为木刻、石版、铜版和丝网版等，多以黑白单色版面出现，也有彩色的套色版面。版画的最大特点就是色调明快、画面简单朴素、明白易懂。因为同一版可做多次印刷，因此，可通过大量印刷达到更大的传播效果。

版画的产生和发展与印刷术结缘，到近现代发展成为独立的画种。

（6）壁画。壁画是绘制在土、木、砖、石等各种质地的壁面上的绘画。

壁画所用绘制的颜料比较多样，有油彩、国画颜料等。壁画历史悠久漫长，在古代多伴随洞窟和墓穴而出现，随着人类居住条件的改善，壁画也有很大程度的发展。壁画的形式主题都是根据建筑的风格、内容来加以确定，且与建筑的空间环境相协调。所以对于壁画的欣赏最好置身于它所处的环境当中，即欣赏原作。

（7）素描画。素描画指"单色画"，是用钢笔、铅笔、木炭等单色材料在纸上描绘而成。素描多半是画家面对实物写生的作品，一般是带有研究性的。在写实绘画中，它是训练造型的一种手段。一幅好的素描作品，也可以体现作者的思想感情。当然，作为一幅单独的艺术作品，它也有独立的欣赏价值。素描的直接性和它本身表现出来的个性笔风，又是一个独特的艺术世界。

（8）其他。随着科学的进一步发展和艺术观念的改变，新的画种相继出现。如丙烯画、电子计算机绘画、全息照相图画，将两度空间的绘画与三度空间的实物、雕塑相结合的绘画。画家在进行艺术创作时，都要尽可能地发挥本画种的性能特点和在造型上其他材料所达不到的能力。有时，也会出现材料混合使用，或用本材料达到其他材料效果的情况。

2. 按表现内容的不同进行分类

绘画根据表现内容的不同又可分为人物画、风景画、静物画等。

（1）人物画。人物画就是以描绘人物为主的绘画。画面上，或以景衬托，或以人物衬托，目的是突出人物形象、交代人物环境。人物画中以表现历史题材为主的称为历史画。以表现人物形象为主的，称为肖像画，肖像画中又有群像、全身像（单、双人）、半身像、头像之分。在人物画中有一特殊种类，这就是人体画，是画家应用人体语言，表达自己的审美理想，反映作者对人、对时代的认识和看法，并寄予思想感情的绘画。人体自古以来都被认为是自然界中最完美的形象。人体的每一根线条，每一块肌肉、骨骼无不体现出优美和力量。女性人体象征着和谐、优美和宁静；男性人体象征着力量、热情和创造……他们的各种形体动作都能体现人物的精神和心理状态。

（2）风景画。风景画是以表现自然风景为主要内容的绘画。在中国画中称为"山水画"。中国最早的风景画记录，是魏晋时期的山水画。此时，其他国家和地区的风景画还尚未形成，还没有从一种"从附"的位置中摆脱出来。在欧洲，到公元十三四世纪，才有单独意义的风景画产生。画家们在描绘风景时，一般先做实地写生，再回画室整理创作。到了现代，画家更多地是借用照相机来收集素材。在风景画中，西洋画注重形、色、光的变化；中国画更多地是侧重气、韵、神的表现。

（3）静物画。静物画是专门描绘静止陈列物的绘画，有着独立艺术欣赏价值。在西画当中，静物画在 17 世纪的时候才发展成为独立的绘画题材。一些优秀的静物画家悉心观察各种日用器皿、珍肴果品，对它们做出十分细致入微的描绘，使其极为真实、生动。静物画发展到现代，题材极大丰富，形式各样，被许多静物画家所探讨和研究，显示出自己独特的艺术魅力。

二、绘画艺术的审美特征

绘画艺术的审美特征是由它的艺术特质所决定的。绘画艺术最显著的特质是它造型的平面性特点。绘画艺术借助自己独特的艺术语言，在二度空间中去状物抒情。正是这一特质形成了绘画艺术的审美特征和与之相随的鉴赏要求。

（一）平面直观的造型美

平面直观的造型美是作为空间艺术的绘画的主要审美特征。在平面上状物抒情，并将外界物象存留下来，成为直观的形象，这是人类的一大进步。也许正是因为在平面上画画便于操作，又可以十分快捷地描摹对象，绘画作为一门古老的艺术才得以产生和发展，并由此决定了它主要的精髓和审美特点。

绘画的平面直观造型性，中外画家和绘画理论家是有所认识的。唐朝的张彦远在他的《历代名画记·叙画之源流》中有一段十分概括的论述，他说："无以传其意故有书，无以见其形故有画。"《广雅》云："画，类也。"《尔雅》云："画，形也。"《说文》云："画，畛也，象田畛畔，所以画也。"《释名》云："画，挂也。以彩色挂物象也。"应该指出，"以形写形""像"与"不像"是当时主要的审美标准。最能说明这一点的当属《韩非子·外储说》中的一段故事："客有为齐王画者，齐王问曰：'画孰最难者？'曰：'犬、马最难。''孰易者？'曰：'鬼魅最易。'夫犬、马，人所知也，旦暮罄于前，不可类之，故难；鬼魅，无形者，不罄于前，故易之也。"既然绘画以状物为第一要义，而现实中的"物"又无不以三维空间的方式而存在，如何在二维的平面上营造出具有三维空间效果的艺术造型，以还原和接近现实生活中的"原物"，这便是乐此不疲的艺术追求。

到"以形写神"阶段，平面造型的局限性恰恰进一步激发了艺术家们的创新和灵感。在有限之中去寻求无限，在有形之中去寻求无形。"线条"与"色彩"的运用，形、光、色、面、线、点等造型手段的运用，明暗、透视、散点、聚点的探索，这些形成了绘画艺术平面直观造型的独特审美观。

（二）视觉凝聚的静态美

视觉凝聚的静态美是绘画艺术的又一审美特征。

作为空间的静态艺术，绘画把自己的选择凝固在一个有限的空间中，使之处于无变化的静止状态，用自己的"沉默"来表现自己的审美追求。和戏剧、影视艺术相比，绘画不以再现事物的变化与运动过程为己任，这使绘画在视觉展示上受到"局限"，这"局限"生发出了它的审美特质，这种特质表现在绘画的全过程中。

首先，动笔之前，画家要考虑如何将运动着的对象转化为一瞬间相对静止的画面，即"由动到静"。众所周知，客观世界万事万物无不处于一定的时间与空间之中，绝对静止不变的事物是不存在的，一切都处于永恒的运动与变化的过程之中。如何捕捉住运动中的事物，变动为静，用自己的造型语言将其固定下来，便成为绘画艺术创作首要考虑的问题。

其次，绘画艺术视觉凝聚的静态美还表现在"由静到动"的转化过程中。当人们驻足画前，无论山川湖海，无论花鸟虫鱼，静止的画面展示给欣赏者的已不再仅仅是静止的外在的造型形象。优秀的绘画艺术品不仅赋予山川湖海以灵气，连那花鸟鱼虫也呼之欲出。由形似走向神似，由静态走向动态。这由静到动的转化，使绘画艺术在凝聚静态的物象中饱蕴丰富的内涵。

（三）形神兼备的意蕴美

作为再现性空间艺术，形神兼备的意蕴美是绘画艺术的又一审美特征。

再现性是造型艺术的最高的审美特征之一。绘画的再现性主要表现在"形似"上。晋朝陆机曾说："宣物莫大于言，存形莫善于画。"西方的达·芬奇也把绘画看作"模仿一切自然造物形状的科学"。

中国绘画艺术在强调"形似"与"再现"特点的同时，一贯提倡"以形写神""形神兼备"，强调通过"形"而达"传神"。较之西洋画，中国画更早地注意到了绘画艺术的表现特点，将"形神兼备"作为绘画艺术审美的最高追求。首先，形神兼备在于强调绘画艺术在描摹事物外在形貌之时，要体现出内在的精神气韵，西晋的顾恺之即提出了"传神写照"的著名论点。所谓神，就是人物的精神面貌、气质特征。北宋的刘道醇在他的《宋朝名画评》提出"善观画马者，必求其精神筋力，精神完则意出，筋力劲则势在。"其次，形神兼备更深层次的意蕴美，表现了绘画艺术家个人的思想情感的审美追求。画家借助对艺术对象的造型，将自己的情感融入其中，构成绘画艺术独特的形神兼备的审美意蕴。正是这种有意味的形式中所表现出的人格化的意蕴，成为绘画艺术鲜明的审美特征。

随着绘画艺术自身的进一步发展，尤其是摄影艺术诞生之后，绘画的再现性受到了严峻挑战，西方绘画艺术出现了抽象化、几何化的趋向，部分地改写了绘画的审美特征。

三、中国画的欣赏方法

（一）从疏密处理去品味构图美

古人在论绘画构图时说："疏可走马，密不容针"（但黄宾虹有"密可走马，疏不透风"之说）。有些画家好疏朗，有的爱密实，这除了个人因素外，也有时代风气使然。如倪瓒《渔庄秋霁》（见图 7-13），设景疏朗清空，一种潇疏之美，自是高人逸士做派；黄宾虹的《山水图》（见图 7-14），千笔万笔，密密麻麻，除巧妙的留空外，大部分地方又黑又密，强调黑与密之美。倪瓒和黄宾虹在构图上一疏一密，是两种极端之美。潘天寿画画则好大密大疏（见图 7-15），显示出大开大阖之美。

图 7-13　倪瓒《渔庄秋霁》　　图 7-14　黄宾虹《山水图》　　图 7-15　潘天寿《松石图》

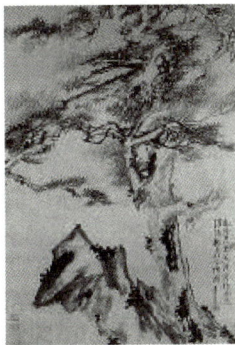

（二）从行笔的收与放看笔墨美

有人画画狂放不羁，恨不得以拳脚代笔；有人则内敛自制，谦谦霭如。前者如徐渭，其画常常行笔粗放，逸笔草草，其所作《芭蕉梅竹图》（见图 7-16），用笔狂放，想其行笔时，必是飒飒有声，以尽吐胸中块垒为快。八大山人有国破家亡之恨，但慑于高压，为求保身，他的画虽有寓意，但含蓄得很，如《荷鸟图》（见图 7-17），行笔很收敛，不张扬，他画上题款也少，笔墨圆融恬淡，一派出家人模样。

图 7-16　徐渭《芭蕉梅竹图》

图 7-17　八大山人《荷鸟图》

（三）从写意与兴寄看其思想之美

徐渭在《墨葡萄》上题诗云："半生落魄已成翁，独立书斋啸晚风；笔底明珠无处卖，闲抛闲掷野藤中"，明显是借画显志和藉诗言情了。郑板桥题竹诗有句曰："衙斋卧听萧萧竹，疑是民间疾苦声；些小吾曹州县吏，一枝一叶总关情"，也是借竹显志。

写意与寄情是文人画的特征，这就意味着客观再现的同时也在强调着主观的表现。文人画家好画"四君子"图（梅兰竹菊）和"岁寒三友"（松竹梅）图，当然是有所兴寄的：君子之风，守节不移志，凌霜傲雪，孤标自许，不入俗流。画家所画题材，很大程度上表现了自己的志向，如古人好画荷花，显然是爱其"出污泥而不染"之品格。又如徐悲鸿以画马名世（见图 7-18），除了画得好之外，还有其象征意义，他曾在一幅奔马图上题"问汝健足果何用，为觅生刍尽日驰"，以马喻人，故其马画为世人所宝。李苦禅的雄鹰图常是借鹰喻人，如图 7-19，题款为"苍鹰不搏即鸳鸯"，写出了勇者也有温情的一面，令人想起鲁迅先生的诗句："无情未必真豪杰，怜子如何不丈夫"。

图 7-18　徐悲鸿《奔马图》

图 7-19　李苦禅《双鹰图》

（四）从泼墨与工笔看中国画的风格之美

前面提到中国画分为工笔和写意两大类，画家据其所学与所好各擅其长，这就为观赏者提供了不同的美感源泉。泼墨有豪放之美，而工笔则有典雅之韵。如张大千泼墨泼彩前无古人（见图7-20），后乏继者，充分显示了画家的功力与胆识。何家英的工笔女性人物画在当今画坛颇受好评，如图7-21就画得既精到又现代味十足。王绂的《淇渭图》（见图7-22）在竹画中算是精致之作，很有潇湘临风之韵。

图 7-20　张大千《泼墨荷花》　　图 7-21　何家英《少女像》　　图 7-22　王绂《淇渭图》

（五）从亦中亦西看融合之美

这些画家一般有外国画的基础，如林风眠和吴冠中师徒俩就是。林风眠绘画亦中亦西，如其所作《仕女图》（见图7-23）既有中国青花瓷画味道，也有西画用色用光之身影；而吴冠中的《春如线》（见图7-24）有很浓的西方现代绘画的味道，特别是波洛克滴彩画的影子，但他却是用宣纸和中国画的颜料画的。如用土瓶子装洋酒，有点怪，但只要效果好，也是一种风格。当今不少国画家在效仿西画创新，形成中西合璧的画风。

图 7-23　林风眠《仕女图》　　　　图 7-24　吴冠中《春如线》

●● 第三节
● 音乐

🎵 **知识目标：**

- 了解中国音乐艺术发展简史。

- 牢记音乐种类和表现手段的基本知识。

- 牢记音乐艺术审美特征及基本欣赏方法。

🎵 **能力目标：**

- 能从表情性等四个方面进行音乐艺术欣赏。

- 能较好地演唱一首音乐作品。

🎵 **素养目标：**

- 自觉提升对音乐的兴趣与爱好,提高对音乐文化的热爱之情。

- 欣赏音乐作品,陶冶情操,提高审美情趣与文化品位。

    音乐是一门以声音为素材，通过有规律的程序（高低、长短、快慢和强弱）进行音响组合，形成音乐形象，诉诸听觉，利用通感，激起美感，以表达人的思想感情和反映社会现实生活的时间性表演艺术。

    音乐艺术按体裁、形式、乐种和风格特点的不同，可分出许多不同的品种。音乐作品按其演唱、演奏形式分为声乐、器乐两大类；从中外音乐上分为中国民族音乐和西方音乐。

一、音乐的要素和表现手段

（一）音乐艺术的基本要素

音高、音强、音色和时间是构成音乐的基本要素，也是一切音乐形式的基础。

1. 音高

音高是由振动频率决定的音乐听觉属性。声音可以分为乐音——声波振动呈周期性变化而产生的声音，噪声——声波振动呈不规则状态而产生的声音。前者使人产生明确而稳定的音高体验，而后者则不具有明确而稳定的音高。从人类对听觉愉悦性的自然审美需求出发，前者成为音乐艺术的基本材料，而后者则相对实用得较少。从音乐艺术整体来看，前者的使用是普遍的，而后者的使用则是个别的与局部的。音高之所以是音乐最重要的表现要素之一，不仅是因为不同音高和音长的组合构成音乐艺术中最具表现力的旋律，还因为音高本身就具有一定的表现力，低音深厚、沉重，中音宽广、温和，高音明亮、轻快，在节奏、音色、力度等因素不变的情况下，仅音高的改变就会使音乐的表现性发生巨大变化。

2. 音强

音强是由振动幅度决定的声音听觉属性。旋律完全相同的音乐，以不同的音强进行演奏所获得的表现性会发生巨大变化。音强的变化是音乐表现丰富性的重要因素。任何具有表现力的音乐都包含着丰富而细腻的音强变化，没有强弱变化的音乐听上去枯燥、平淡，很难谈得上艺术表现力。

3. 音色

音色即声音的色彩，是不同的人声、不同乐器及其不同组合在音响上的特色，它是由构成发声体的材料决定的。音色的对比和变化，可以丰富和加强音乐的表现力。

4. 时间

时间也叫音长，即声音的长短，是由发声体的振动时间决定的。乐音长短的不同，决定了音乐的辽阔、舒缓、抒情以及急促、昂扬等动力性情绪对比。

（二）音乐艺术的表现手段

音乐是人自身的生活和情感体验的反映，是经验性地利用声音材料，遵循一定的艺术规律和适应人的审美需求而创造的艺术形式；是可以从形式表现的内部探讨其运动规律，从而整体把握音乐美的。如果说音乐表达情感意义是抽象的，那么音乐表现手段则是具体的。音乐形式的构成材料是声音，声音组织的方式、方法、原则都是很实在的。音乐用来表情达意的手段包括旋律、节奏、速度、力度、音区、音色、和声、调式、调性、曲式、配器等许多要素。其中的旋律、节奏、和声与音色，是构成音乐的四根支柱。

1. 旋律

旋律，也称曲调，是由高低不同、长短不同、强弱不同的音色组成的音流，也就是这些不同音高所产生的一种情感线条。它将所有的音乐基本要素有机地结合在一起，成为完整的统一体。如蒙古族"长调"的旋律韵味悠长、节奏自由、意境开阔，表现出草原文化的特点；藏族的"果卓"旋律规整、节奏整齐、回环往复、富于舞蹈性，表现出高原文化的特点；而新疆维吾尔族许多音乐旋律，既有特殊的音律、独特的节奏，也有非常热烈的、舞蹈性的、极富动感的旋律，表现出绿洲文化的鲜明特征。旋律线条的起伏有着重要的表情意义，一般可分为水平式、上升式、下降式、波浪式等。水平式旋律线情绪平稳、舒缓；上升式旋律线有紧张度增长、情绪高涨的意味；而下降式旋律线则与松弛、缓和、低落、悲伤的情绪有关等。旋律是塑造音乐形象的主要手段，被称为音乐的灵魂。我们在欣赏音乐时，一定要抓住这一条旋律线，旋律是从音乐一开始到结束都存在的，表现音乐内容最主要的就是旋律。音乐中旋律的创作来源于生活，是和生活联系在一起的。举个最简单的例子，比如，你表示哀伤的时候，会发出哭的声音和叹气。就拿叹气来说，声调的特点是下行的，即使声音从高往低，因此，往往在音乐表现哀伤时，与哭泣和叹息的声调是下行的声调。如果要表现生活中不存在的事物，旋律也有其表现手法，比如，在音乐中要表现妖魔鬼怪，这是无法和生活联系的，作曲家这时就用让人觉得讨厌的、恐怖的音调去作象征性的描述。久而久之，只要一听到这种音调，就会条件反射地形成一种恐怖感觉。

2. 节奏

节奏，是由音的长短、强弱构成抑、扬、缓、急的音乐律动，是旋律发展的内在动力，能给旋律以鲜明的性格，被称为旋律的骨骼。脱离开节奏的旋律是不存在的，但有的节奏可以离开旋律而单独存在。每一件音乐作品内部有自己独特的节奏，其中具有典型意义的节奏叫节奏型。不同的节奏型，有不同的表现作用。节奏型往往一再地反复，给人以深刻的印象。我们欣赏音乐时，要善于识别和把握节奏型。节奏在音乐作品中，又总是和拍子结合在一起的。二拍子是一强一弱的交替反复，常用于进行曲、舞曲，或表现欢乐、战斗等内容的乐曲。三拍子是强、弱、弱，常用于舞曲或抒情曲；四拍子是强、弱、次强、弱，多用于宽广的颂歌、山歌和庄严的音乐等。

3. 和声

和声是多声部音乐的音高纵向组织形态，也是音乐美的重要表现手段。和声的产生与声音的自然本性有关，如大三和弦就是由泛音列中最初几个音构成的。和声具有重要的表现意义，它的协和程度可以造成人们心理上紧张松弛的感觉，如增、减和弦常常可以表现紧张，大、小三和弦可以解决带来的紧张感。和声具有表情功能，有的和声明亮，有的暗淡，有的尖锐，有的柔和。和声还有组织功能，在古典的调性音乐中，它的连接、进行、解决，常常暗示着音乐的发展逻辑、段落划分等。可以说，和声是音乐曲体结构的"黏合剂"。所以，和声的美，不仅来自它饱满丰富的音响，还来自它特有的性能，即表情功能和结构功能。

4. 音色

音色是声波的音调所产生的听觉品质，与泛音有关，对人的心理影响显著。音色是音乐的重要表现手段，在我们欣赏世界各民族音乐时，会有强烈的感受。这里不仅有迥异的旋律、独特的节奏，而且有音响的百花纷呈。音色感是组成民族音乐文化最重要的特质之一。人的音色感一方面受先天生理因素的影响，另一方面又受后天文化心理的无形制约，尤其是民族文化背景的差异可以使人们对音色形成千差万别的"主观评价"。音乐心理学认为，音色之所以有表情的功能，在于它能激发听众的联想。如号角音色令人联想到战争和狩猎，弦乐音色有柔美温馨的意味，童声音色如天使般纯洁，大管低音似老人般沧桑动人……作曲家常常把乐队当作"调色板"，对乐曲进行"着色"。同一段旋律用不同音色的乐器来演奏，可以产生很不同的音乐表现。音乐家又有意识地把人声按音色分组，组成表现力丰富的合唱，如男女混声合唱有丰满的效果，同声合唱则显得整齐浑厚等。

由于各民族文化心理不同，人们会追求独特的音色，把对音色的审美看成民族音乐文化最重要的内涵。例如，中国戏曲中不同角色的唱法，就有强烈的音色追求，音色成为最重要的表现手段，苍劲的老生、华美的旦角，其声音要求是不一样的。古琴的音乐虽然主要是单声部的，但是因为它有着极其丰富微妙的音色变化而呈现出异常的表现力，古琴演奏家往往是在每一个音上把音色做足了工夫；中国民族打击乐更以其丰富的音色组织获得表现功能，可以非常生动地表现音乐形象。音色就好像绘画中的颜色，是音乐中极为吸引人、能直接触动感官的重要表现手段。

音乐艺术区别于其他艺术的最根本的特征是，音乐是一种流动的声音的艺术。它不像文学、美术、雕塑一样，欣赏者可以直接欣赏到创作者的作品，而音乐艺术需要音乐表演这个中间环节来作为作曲家和听众之间的纽带。音乐表演是音乐存在的活化机制，无论在何种音乐中，音乐表演都使整个音乐活动处于激活状态。因此，音乐的表演作为二度创作，是再次赋予音响动态结构更具生命力，即充满着丰富情态意味的音乐运动，是赋予作品生命力的活化机制。

二、音乐艺术的审美特征

音乐艺术的审美特征主要有如下四个方面。

(一)表情性

表情性是音乐最主要的特性。《毛诗大序》说："诗者，志之所之也，在心为志，发言为诗。情动于中而形于言，言之不足故嗟叹之，嗟叹之不足故咏歌之，咏歌之不足，不知手之舞之，足之蹈之也。"说明诗歌、音乐、舞蹈都是用来表现人们的思想感情的。我国古代音乐理论著作《乐记》说："凡音者，生人心者也。情动于中，故形于声，声成文，谓之音。"意思是说，音乐是人心产生的。心里活动起来产生感情，就表现为声（乐音），声组织成曲调，就成为音乐。大文豪托尔斯泰也说："音乐是一种通过声音引起某种情感、传达某种情感的工具。"音乐的表情达意的特性，在实际音乐生活中是随时可以体会到的。如《国际歌》从激越悲壮的旋律中，抒发出被剥削、被压迫的无产者决心砸碎旧世界的锁链，为建立"鲜红的太阳照遍全球"的新世界树立坚强信念，听者、唱者都会被感染得热血沸腾，因此，一百多年来它一直成为鼓舞全世界无产阶级向着旧世界冲锋陷阵的战斗号角。

（二）时间性

时间性是音乐的第二特性。音乐形象是在时间流动过程中逐渐展现、逐渐消失的，从这个意义上说，音乐是时间艺术。音乐形象要在时间流动过程中展现和完成，许多优秀作品也是当时的社会现实生活在作曲家头脑中的反映。每当你静心欣赏聂耳的《义勇军进行曲》、冼星海的《黄河大合唱》和贺绿汀的《游击队歌》时，仿佛能使你回到血与火的抗日战争年代，脑海里浮现着强敌入侵、国破家亡、同仇敌忾、抗击侵略的情境。

（三）普遍性

普遍性是音乐的第三特性。音乐的基本材料——音响是非概念性的，不需要也不可能翻译。音乐的目的又是表情达意的，既可以自娱，也可以娱人，喜、怒、哀、乐、忧、思、恐七情，世人皆有。所以，大部分音乐可以超越地域、人种、国家、民族的界限，以人类共同的情感语言特性，来进行相互间的情感交流，特别是器乐更是如此，无需翻译都能听懂。所以说音乐最富于国际性，是一种"自然的普遍性语言"。尽管每个国家、每个民族的音乐传统不同，但其基本原理是一致的，其区别在于技法和音乐语言的风格特点上。

（四）描绘性

描绘性是音乐的第四特性。音乐由于它的表现手段的特性，较难描绘生活现象和叙述生活事件，也难以表达具体的思想观点。音乐的思想蕴藏于深刻的感情内容之中，通过作曲家对生活的感情态度而体现出来。如贝多芬受法国资产阶级革命影响而创作的《第三交响曲》，即《英雄交响曲》，就表现出他对法国资产阶级革命的敬仰和对共和革命英雄的崇拜之情。音乐能够描绘，并不是说像绘画那样直接呈现视觉形象，而是通过声音的比拟在联想中达到描绘。如民族管弦乐曲《春江花月夜》，通过对夕阳西下、渔舟晚归的描绘，欣赏者借助标题能对此情此景产生一定的联想。琵琶曲《十面埋伏》，描写刘邦和项羽垓下之战，运用琵琶的特殊技巧，表现千军万马冲锋陷阵之势，使人好像看到古代战争场面。音乐有时还采用模拟自然声音的手法，使欣赏者产生比较具体、确定的联想。如有些乐曲中模拟鸟鸣、流水、牧笛、寺钟、马嘶、风雷、海浪搏击等声响。但是，由于自然声音所能揭示的生活内容很有限，音乐所能模拟的声音不多，所以这种模拟手法在音乐中只占次要地位。况且，真正的音乐应以抒发感情及创造意境作为最高优先级，若要模拟自然界音响，也应作为借景抒情、寄情于形的一种手段，并且需要经过高度的提炼和组织，加以音乐化。过多地模拟自然声音，必然会削弱音乐的艺术感染力。

三、音乐艺术的欣赏方法

（一）从音乐史学角度欣赏音乐

顺着音乐起源、发展的历史，可以探寻音乐发展的足迹，了解音乐变化的历程。从古希腊、古罗马音乐开始，沿着中世纪音乐、文艺复兴时期音乐、巴洛克音乐、古典主义音乐、浪漫主义音乐、民族乐派、印象派音乐，进入 20 世纪的近现代音乐等，这是音乐发展的清晰线条。从这个角度欣赏音乐时，必须清楚音乐的历史时期是以音乐流派划分的，这个"流派"包含着社会因素、人文环境、创作思想、音乐题材与体裁、音乐风格、技术规范……而不同时期的音乐又是由代表性作曲家及他们的代表性作品组成的，了解音乐流派和不同时期音乐作品的个性与共性、作者和时代背景、作者的创作个性、音乐的民族特征等成为这种欣赏方法的主线。

例如，贝多芬的《第九交响曲》是在欧洲资产阶级革命遭遇失败，封建王朝复辟，整个欧洲一些自由思想和民主运动遭到残酷镇压的背景下创作的。它集中反映了民众反抗专制暴政的斗争和思想境界。冼星海的《黄河大合唱》描述了中国抗日战争时期，中华民族的宏大气魄与不屈不挠战胜一切艰难险阻的时代精神。瞿维的交响诗《人民英雄纪念碑》是悼念和歌颂 1840 年以来，特别是五四运动以来牺牲的人民英雄的，但作者立足于社会主义革命时代，表现了新中国人民站立在人民英雄纪念碑前缅怀先烈的内心感受，有鲜明的时代特点。

因此，了解作品的时代背景，是理解音乐作品内容的前提。作曲家由于生活时代、环境、素养、经历和艺术趣味的不同，表现出各不相同的创作个性。贝多芬的《第九交响曲》和舒伯特的《未完成交响曲》是同一时期的作品，具有同样的时代背景，但创作个性不同，作品的风格也大不一样。《第九交响曲》是一部悲壮宏伟的戏剧，而《未完成交响曲》则是哀感动人的浪漫主义抒情诗。

（二）从音乐特征角度欣赏音乐

音乐的语言要素有：旋律、节奏、节拍、速度、力度、音区、音色（配器）、调式与调性、和声、复调、曲式结构、体裁、乐器常识等。何占豪、陈钢创作的小提琴协奏曲《梁山伯与祝英台》，吸收了我国南方越剧中的音乐要素。瞿维的交响诗《人民英雄纪念碑》的音乐语言，同我国北方民歌的音调有密切的联系，其中，表现人民英雄斗争精神的第一主题，吸收了陕北民歌《信天游》的某些音调；表现英雄们宽广胸襟的第二主题，吸收了山西民歌《东山上点灯》的某些音调。这些作品不仅有强烈的时代气息，同时也有鲜明的民族特征。柴可夫斯基的芭蕾舞剧《天鹅湖》中的《西班牙舞曲》《那不勒斯舞曲》《匈牙利舞曲》等乐曲都与民族民间音乐有着密切的联系。

（三）从表演形式角度欣赏音乐

器乐可以分为管弦乐、打击乐器、键盘乐器，演奏形式可分为独奏、重奏、齐奏、合奏等；声乐可以分为高音、中音、低音，演唱形式可分为独唱、对唱、齐唱、重唱、轮唱、领唱、合唱等。每种表演都有独特的审美特征和欣赏方法。

（四）从音乐体裁角度欣赏音乐

不同的音乐体裁适用于不同的表现需要。如咏叹调篇幅较大，结构完整，音域宽广，技巧复杂，抒情性强，常用于表现主人公内心活动；宣叙调即朗诵调，以语言音调为基础，旋律性不强，伴奏简单，吟唱性质，常用于西洋歌剧的对话。又如，交响音乐主要有交响曲、协奏曲、交响序曲、交响诗、管弦乐组曲等不同形式，这些形式和音乐发展时期密切相关，直接影响了音乐的表现力和欣赏方法。

●●第四节
●戏曲

知识目标：

- 了解中国戏曲艺术发展简史。
- 牢记戏曲的角色和表现等基本知识。
- 牢记戏曲艺术的审美特征及基本欣赏方法。

能力目标：

- 能从综合性、虚拟性、程式性三个方面进行戏曲艺术欣赏。
- 能从剧本、舞蹈艺术等多方面进行戏曲艺术欣赏。

素养目标：

- 自觉提升对戏曲的兴趣与爱好，提高对民族曲艺的热爱之情。
- 欣赏戏曲作品，陶冶情操，提高审美情趣与文化品位。

一、戏曲艺术的角色行当

扮演剧中人物分角色行当，这是中国戏曲特有的表演体制。从内容上说，行当是戏曲人物艺术化、规范化的形象类型；从形式上说，行当又是有着性格色彩的表演程式的分类系统。这种表演体制是戏曲的程式性在人物形象创造上的集中反映。每个行当都是一个形象系统，同时也是一个相应的表演程式系统。中国戏曲中人物角色的行当分类，按传统习惯有"生、旦、净、丑"和"生、旦、净、末、丑"两种。近代以来，由于不少剧种的"末"行已逐渐归入"生"行，通常把"生、旦、净、丑"作为行当的四种基本类型。

（一）生

生是戏曲表演行当的主要类型之一。生的名目初见于宋元南戏，泛指剧中男主角。历代戏曲都有这一行当，近代各地戏曲剧种根据所扮演人物年龄、身份的不同，又划分为老生、小生、武生等分支，表演上各有特点。

1. 老生

老生因多挂髯口（胡须），又名须生（见图7-25），扮演中年或老年男子，多为性格正直刚毅的正面人物。这些人物的性格气质比较接近，在表演上也有一整套相应的程式。如念韵白、用真声演唱；风格刚劲、质朴、淳厚；动作造型以雍容、端方、庄重为基调。如于魁智在《打金砖》中饰演的刘秀。

2. 小生

小生与老生相对应，扮演青年男性，不戴胡须（见图7-26）。高腔和地方小戏系统剧种多用真声演唱，昆曲和皮黄系统剧种多以假声为主、真假声结合。如康健在《西厢记》中饰演的张生。

3. 武生

武生指扮演擅长武艺的青壮年男子（见图7-27），分长靠武生、短打武生两类。长靠武生：因装扮上"扎"靠、戴盔、穿厚底靴子而得名；扮演大将，一般使用长柄武器；表演要求功架优美、稳重、沉着，具有大将风度和英雄气魄；念白讲究吐字清晰、峭拔有力，重腰腿功和武打。短打武生：常用短兵器；表演以动作轻捷矫健、跌扑翻打的勇猛炽烈见长；舞蹈身段要求漂、帅、脆，干净利索。武生也兼演部分武净戏，如李帅有在《三江越虎城》中饰演的秦怀玉。

图 7-25 老生

图 7-26 小生

图 7-27 武生

（二）旦

旦是戏曲表演行当的主要类型之一，女角色之统称。早在宋杂剧时已有"装旦"这一角色。宋元南戏和北杂剧形成后仍沿用旦的名称，运用上又略有不同。昆山腔在成熟期形成正旦、小旦、贴旦、老旦四个分支。其后各剧种又繁衍出众多分支。近代戏曲旦角根据所扮演人物年龄、性格、身份的不同，大致划分为正旦（青衣）、花旦、武旦、老旦、彩旦等专行，表演上各有特点。

1. 正旦

正旦原为北杂剧行当名，泛指旦行中的主角。在近代戏曲中的正旦已成为一定类型的独立行当，主要扮演娴静庄重的青年、中年妇女（见图 7-28），重唱功，多用韵白，因常穿青素褶子，故又名"青衣"。如刘淑云在《西厢记》中饰演的崔莺莺。

2. 花旦

花旦多指扮演性格明快、活泼的青年女性（见图 7-29），表演常带喜剧色彩，重做功和念白。如刘长瑜在《桃花村》中饰演的春兰。

3. 武旦

武旦指扮演擅长武艺的女性（见图 7-30），按扮演人物的身份和技术特点，又分短打武旦和长靠武旦（又称刀马旦）两种类型。长靠武旦多扎靠，骑马，持长兵器，表演重身段、功架、念白；短打武旦穿短衣裳，重跌扑翻打，常扮演神怪，多表演"打出手"特技。如关肃霜在《战洪州》中饰演的穆桂英。

图 7-28　正旦

图 7-29　花旦

图 7-30　武旦

4. 老旦

老旦指扮演老年妇女（见图7-31）。唱念用本嗓，唱腔虽与老生相近，但具有女性婉转迂回的韵味。多重唱功，兼重做功。有些剧种称老旦为夫旦或婆旦。如袁慧琴在《杨门女将》中扮演的佘太君。

5. 彩旦

彩旦又叫"丑旦""丑婆子"，扮演滑稽或奸诈刁钻的女性人物（见图7-32）。其表演富于喜剧、闹剧色彩，实属女丑，故常由丑行兼扮。有的剧种称其为"摇旦"。如秦腔《拾玉镯》中的王媒婆。

图 7-31　老旦　　　　图 7-32　彩旦

（三）净

净是戏曲表演行当的主要类型之一，俗称花脸。以面部化妆运用各种色彩和图案勾勒脸谱为突出标志，扮演性格、气质、相貌上有特异之点的男性角色。或粗犷豪迈，或刚烈耿直，或阴险毒辣，或鲁莽诚朴。演唱声音洪亮宽阔，动作大开大阖、顿挫鲜明，为戏曲舞台上风格独特的性格造型。据说此行当是从宋杂剧副净演变而来。"花部"兴起后，净扮演的人物范围不断扩大，后根据角色性格、身份的不同，划分为若干专行，表演上各有特点。

1. 大花脸

大花脸也叫正净、大面（见图7-33），扮演剧中地位较高、举止稳重的人物，多为朝廷重臣，故造型上以气度恢宏取胜。表演上重唱功，唱念及做派要求雄浑、凝重。如孟广禄在《二进宫》中饰演的徐延昭。

图 7-33　大花脸

2. 二花脸

二花脸又称副净、架子花脸、二面（见图7-34），大都扮演勇猛豪爽的正面人物。以做功为主，重身段功架，唱念中有时夹用炸音，以渲染特定人物的威势和性格上的刚烈。如郝寿臣在《醉打山门》中饰的鲁智深。另外，一些勾白脸的奸臣，也属二花脸范围。

3. 油花脸

油花脸俗称毛净（见图7-35），多用垫胸、假臀等塑型扎扮，以形象奇特笨重、舞蹈身段粗犷为其特点，有时用喷火、耍牙等特技。有名的鬼魂形象钟馗在中国戏曲舞台上就是扎扮造型，非常独特。

4. 武二花

武二花也叫摔打花脸、武净（见图7-36），以跌扑摔打为主，不重唱、念。

图 7-34　二花脸　　　　图 7-35　油花脸　　　　图 7-36　武二花

（四）丑

丑是戏曲表演行当的主要类型之一，为喜剧角色。由于面部化妆用白粉在鼻梁、眼窝间勾画小块脸谱，故又叫小花脸。宋元南戏至今，各戏曲剧种都有此角色行当。扮演人物种类繁多，有的心地善良、幽默滑稽，有的奸诈刁恶、悭吝卑鄙。近代戏曲中，丑的表演艺术有了长足的发展，不同的剧种都有各自的风格特色。丑的表演一般不重唱功而以念白的口齿清楚、清脆流利为主。相对来说，丑的表演程式不像其他行当那样严谨，但有自己的风格和规范，如屈膝、蹲裆、踮脚、耸肩等都是丑的基本动作。按扮演人物的身份、性格和技术特点，丑大致可分为文丑和武丑两大支系，表演上各有特点。

1. 文丑

文丑包括人物类型极广，除武夫外的各种丑角均由文丑扮演。

2. 武丑

武丑俗称开口跳，扮演机警幽默、武艺高超的人物，念白口齿伶俐，吐字清晰真切，语调清脆，动作轻巧敏捷，矫健有力，擅长翻跳扑跌等武功。

二、戏曲艺术的表现手法

戏曲艺术家为了把剧本的主题思想表现得更鲜明，人物形象刻画得更生动，情节安排得更紧凑，也为了让观众看懂、看好、看得有兴趣，常常要运用一些艺术手法，如悬念、惊奇、延宕、渲染、强调、突转、预示等。这里介绍几种常用的戏剧艺术表现手法。

（一）悬念

悬念是戏剧结构中的一种重要的艺术手法。所谓悬念，就是以"悬"而未决的问题使观众的心理紧张，并产生一种"欲知后事如何"的急切心情，以及让观众饶有兴趣地看完一出戏的一种艺术技巧。如话剧《最后一幕》一开场就制造了一个悬念：幕一拉开，一个青年男子紧张地跑出来，一个中年男子提着枪追了上来，"砰"的一声枪响，把那个青年男子打倒在地。紧接着，一个女人哭叫着跑了出来，伏在倒地的青年身上，指着开枪者大叫："你打死的是你的儿子。"那中年男子一下怔住了。这是怎么回事呢？观众急于想知道下文，这就是悬念。有的戏不只有一个悬念，而是一个接一个。有的戏则在总悬念之外，还附着一些小悬念。设置悬念的目的只有一个，就是为了让观众看得有滋有味。

（二）惊奇

戏剧情节的发展或一个动作的突然出现，出乎观众的意料，使人感到大吃一惊，制造这种效果的手法叫惊奇。现代京剧《红灯记》中有这样一个让人虚惊的场面：李铁梅为追寻磨刀师傅转交密电码，从里屋墙洞经邻居家外出了，家中只剩李奶奶一个人。这时，在门口监视的特务进来借火，他一见李铁梅不在，便问她哪里去了。李奶奶谎称她病了，在里屋躺着呢。特务不信，便出门叫两个同伙上门来查户口。李奶奶阻拦不住。眼看特务掀起门帘举步将进的时候，突然里屋传来姑娘的"奶奶，谁呀？"的问话声。特务一听，以为铁梅在里屋，只得走了。正当李奶奶与观众们大惑不解之际，邻居家的慧莲掀帘而出，原来是她顶替了李铁梅。惊奇很有戏剧性，它的出其不意，不仅瞒过了观众，还瞒过了在场的其他角色（如李奶奶）。不如此，观众就紧张不起来，戏剧也就达不到预期的强烈的艺术效果。

（三）延宕

延宕，也叫拖延或抑制。它与悬念有密切关系，它可以使剧情的发展和矛盾冲突的展开发生起伏，使之迂回曲折，引人入胜。如《罗密欧与朱丽叶》中，当朱丽叶急着要听乳母说罗密欧对婚事的态度时，这个婆娘一边装出累得上气不接下气的样子，一边喋喋不休地说自己骨头痛和头痛，又说罗密欧的脸、脚、手长得如何好看。朱丽叶求她先回答一个字，这消息是好还是坏，她就是避而不答，一直等她缠够了，才向朱丽叶说出"你快到劳伦斯神父的寺院里去，有一个丈夫在那边等着你去做他的妻子"这句要紧的话来。朱丽叶一听，马上向乳母说了声"再见"，便匆匆赶去了。为了让乳母说出这句话，莎士比亚写了整整一场戏。这种"急惊风偏遇慢郎中"的写法造成的矛盾、差异和对比，常能给观众带来极大的审美愉悦。

（四）渲染

渲染指一件大事将要发生，一个高潮将至，一个突出表现主题或人物性格的场面就要出现，有的剧作家便以"泼墨如云"的气势，为求淋漓尽致的艺术效果，常用大书特书、铺垫渲染的手法。《窦娥冤》第三折的中心事件是斩窦娥。关汉卿在这场戏中倾注了足够的笔墨。窦娥未出场时，先有监斩官、公人和刽子手为她出场作铺垫。窦娥一出场，又有两段从容不迫的清唱，充分地表达她心中的冤屈、怨愤和抗争。再有她与婆婆的生离死别，渲染婆媳的深情和窦娥的至孝至善，借以激起观众对窦娥的深切同情。最后，关汉卿"翻空出奇"，写出三桩誓愿当场应验的情节，把剧情的进展和窦娥的反抗性格同时推向高潮，产生了一种揪人心肠、紧张激烈的悲剧效果。

三、戏曲艺术的审美特征

中国戏曲作为世界上独树一帜的古老戏剧文化，有着自身独特的文化品性。王国维在《戏曲考原》中对戏曲的内涵作了这样的界定："戏曲者，谓以歌舞演故事也。"这里强调了戏曲在音乐性、舞蹈性、戏剧性上的统一。随着研究的不断深入，当代一些戏曲理念界的学者对戏曲艺术的基本特征进行了总结和阐述，提出了戏曲的综合性、虚拟性、程式性等。

（一）综合性

戏曲是一门综合艺术，它不像歌剧那样基本上是只歌不舞，又不像芭蕾舞那样只舞不歌，也不像话剧那样只说不唱。中国戏曲是载歌载舞、有情节、有故事的。戏曲的基本表现手段是"唱念做打"，称之为"四功"。这"四功"在传统戏曲程式的基础上，不断吸收舞蹈、杂技、武术、曲艺以及话剧、电影的表现方法，能够生动传神地表现剧中人物的动作和心理活动。比如《贵妃醉酒》里的杨贵妃，在百花亭设筵，欲与唐明皇同乐，但久候不至，后知明皇驾往别宫，于是独饮大醉，边舞边唱，把她那醉态和企盼悲怨的感情表现得淋漓尽致。《昭君出塞》中，王昭君一路上边舞边唱，通过大开大阖的舞蹈动作，把她那思念家乡和无限悲愤的心情刻画得淋漓尽致。

（二）虚拟性

虚拟是戏曲反映生活的基本手法，它是指以演员的表演，用一种变形的方式来比拟现实环境或对象，借以表现生活。中国戏曲的虚拟性首先表现在对舞台时间和空间处理的灵活性方面，所谓"三五步行遍天下，六七人百万雄兵""顷刻间千秋事业，方丈地万里江山"，这就突破了西方戏剧的"三一律"与"第四堵墙"的局限。另外，在具体的舞台气氛调度和演员对某些生活动作的模拟方面，诸如刮风下雨、船行马步、穿针引线等，更集中、更鲜明地体现出戏曲虚拟性特色。戏曲脸谱也是一种虚拟方式。中国戏曲的虚拟性，不仅仅是戏曲舞台简陋、舞美技术落后的局限性带来的结果，更主要是追求神似、以形写神的民族传统美学思想积淀的产物。这是一种美的创造，它极大地解放了作家、舞台艺术家的创造力和观众的艺术想象力，从而使戏曲的审美价值获得了极大的提高。

（三）程式性

程式是戏曲反映生活的表现形式，它是指对生活动作的规范化、舞蹈化表演，并被重复使用。程式直接或间接来源于生活，但它又是按照一定的规范对生活经过提炼、概括、美化而形成的。此中凝聚着古往今来艺术家们的心血，又成为新一代演员进行艺术再创造的起点，因而戏曲表演艺术才得以代代相传。在程式方面，我们举几个例子，比如"趟马"就是一个表演程式，又叫"马趟子"。演员右手执鞭，通过圆场、转身、勒马、三打马（表示催马加鞭）等身段动作，配合快速的锣鼓节奏，表示策马疾驰的情景。再如"起霸"，是表现武将整盔束甲、准备上阵的情景，主要由三抬腿、云手、踢腿、整袖、紧甲等基本动作结合而成，给人一种战斗即将开始的气氛。另外，如大家熟悉的"跑圆场""耍下场""劈叉""摔僵尸"以至吃饭、睡觉、喝酒、读书、写字、开门、关门、喜、怒、哀、乐等都有程式。除了表演程式外，戏曲的剧本形式、角色行当、音乐唱腔、化妆服装等各个方面，都有一定的程式。优秀的艺术家能够突破程式的某些局限，创造出自己具有个性化的规范艺术。

四、戏曲艺术的欣赏方法

（一）认真阅读剧本，把握矛盾冲突

欣赏剧本跟欣赏其他体裁的作品一样，首先要认真阅读剧本。只有阅读了剧本，才能对剧本的故事情节、所产生的背景、思想内容、主要人物形象及艺术特色等有一个了解。只有这样，才能达到欣赏的目的。

在认真阅读剧本、了解剧情的过程中，首先要搞清楚剧本产生的背景。如在欣赏莫里哀的《伪君子》这一剧本时，先要搞清这一剧本产生的时期，法国天主教"圣体会"这一反动组织的成员打着宗教的旗帜，到处刺探自由思想，霸人妻女，占人钱财。《伪君子》的目的就在于揭露天主教"圣体会"的欺骗性和虚伪性。

搞清了剧本产生的背景，其次是要掌握剧情。每一个剧本都有一个完整的故事情节，在欣赏时，先要对整个剧本的故事情节有一个大体的了解，以便于欣赏整个剧本的其他方面，得到思想上的启发、感情上的愉悦，也就是受到美感教育。

在了解剧情之后，紧接着就要理清剧情发展脉络，把握矛盾冲突，为分析人物形象打下基础。每一个剧本都是一个完整的故事，而每一个完整的故事又都是由一个一个的情节组成的，每个情节之间又是密切联系着的，有其发展脉络。剧本的矛盾冲突也就是通过剧情的发展脉络展现出来的，所以在欣赏某一剧本时，必须搞清剧情发展的脉络，这样才能抓住这一剧本的矛盾冲突。

如王实甫的《西厢记》就是紧紧地抓住恋爱这一事件，一切围绕崔莺莺、张生的恋

爱这一中心来写，整个情节的发展脉络是很清楚的。故事的开端是书生张生与已故相国的女儿崔莺莺在普救寺一见钟情。故事的发展是叛军孙飞虎包围普救寺，声言要娶莺莺为妻，老夫人在危急关头设下退兵之计，将莺莺许婚。张生设法退兵，理应与莺莺结为夫妻，但危机过后老夫人赖婚，故事进入了高潮。丫鬟红娘挺身而出，帮助莺莺、张生克服了重重障碍，以她的机智、勇敢战胜了老夫人，迫使老夫人答应了两人的婚事。一波未平，一波又起，老夫人又耍花招，以相国门第"不招白衣女婿"为名，硬逼张生求取功名后方可成亲。在此，故事进入了尾声，张生中了状元，终于与莺莺结婚。在这一情节的发展过程中，矛盾冲突十分突出，有叛军孙飞虎与崔家的矛盾，有张生、莺莺与老夫人的矛盾，还有红娘为帮助张生、莺莺与老夫人的矛盾。这些矛盾冲突都很尖锐，而且都是围绕爱情这一主线，再通过一系列的剧情发展表现出来的，从而深刻地揭示并批判封建礼教，歌颂婚姻自由，"愿普天下有情的都成了眷属"这一主题。

(二)欣赏人物语言,分析人物形象

语言是构成剧本的基础，是戏剧塑造人物形象，推动情节发展的重要手段。戏曲语言包括人物语言和舞台说明。人物语言也叫台词，包括对白、独白、旁白等。戏曲作家通过人物语言来展开戏曲冲突，塑造人物形象，揭示戏曲主题，表达自己对生活的认识。舞台说明是一种叙述语言，用来说明人物的动作、心理、布景、环境等，直接展示人物的性格和戏曲的情节。

1. 要品味个性化的人物语言

所谓个性化，是指受人物的年龄、身份、经历、教养、环境等影响而形成的个性特点。如老舍《茶馆》的第二幕中用个性化的人物语言来表现不同的人物形象是一个很突出的特点。作者笔下的人物都说自己的话，符合各自的出身、身份、年龄、经历、性格以及所处的环境等，说的话没有一个相同。雇工李三说："改良！改良！越改越凉，冰凉！"这反映出他对时局的不满和无可奈何的心情。至于唐铁嘴说："大英帝国的香烟，日本的'白面儿'，两大强国伺候我一个，这点福气还小吗？"不仅切合说话人的身份，而且话中有话，无形中点出了帝国主义无孔不入地侵略中国的惨痛事实，起到了深化主题的作用，人物形象栩栩如生。

2. 要品味富有动作性的人物语言

动作性，有时表现为人物之间的动作冲突，如《雷雨》中周萍打鲁大海；有时表现

为人物内心的活动，如鲁侍萍看见周萍打鲁大海后的那种痛苦。也就是说，动作性包括外部动作，也包括内部动作，即内心活动。我们常常说"言为心声"，语言是人的内在感情的一种外在表现形态。从这个角度说，人物语言的动作性主要指人物的内心动作。这种显示动作性的语言，从人物的内心发出，能够展示人物丰富的内心世界。如《雷雨》第二幕，当周朴园说死去的侍萍和周家"有点亲戚"关系时，有下边一段对话：

鲁侍萍：亲戚？

周朴园：嗯，我们想把她的坟墓修一修。

鲁侍萍：哦，那用不着了。

这一"嗯"一"哦"，语言很简单，但发自人物的内心，揭示出人物丰富的内心世界，表现了这两个人物在特定情境下的特殊心态。

3. 要品味人物语言中蕴含的丰富的潜台词

好的潜台词总是以最少的语言表达最丰富的内容，给人以品味、想象的空间。比如《雷雨》中，周朴园听出侍萍的无锡口音后，便问起往事，称当时的侍萍为"梅小姐"，说她"很贤惠，也很规矩"。已知实情的侍萍听到他的谎言，想起自己的遭遇，满怀悲愤，于是语带嘲讽而又意味深长地反复说"她不是小姐，她也不贤惠，并且听说是不大规矩的"，表现了她痛苦的内心和对周朴园的不满。

(三)欣赏人物动作，分析人物形象

戏剧艺术的基本手段是动作，包括形体动作、言语动作、静止动作及各种主观表现手段。

1. 通过戏剧动作，可以看出人物的地位和性格

《茶馆》中茶客们喝茶，不同的人物，喝茶的方式便全然不同。唐铁嘴流浪江湖，以算卦糊口，贫困寒酸，一生"偷喝"王掌柜的剩茶，常常趁人不备端起茶杯"急饮"，属"牛饮式"，一气喝完，他喝茶是为了解渴。洋教徒马五爷，吃洋饭，信洋教，成了当时上层社会的要人，终日养尊处优，游手好闲，他到茶馆多是沏上自带的名茶，喝茶时细细品味，他喝茶不是因为口渴，而是为了消遣，为了炫耀自己的悠闲和富有。通过喝茶这一行为，人物的处境、目的、性格便表露无遗，观众可由人物的动作得知他们的地位、性格。

2. 通过戏剧动作，可以窥视到人物复杂微妙的内心世界

契诃夫的喜剧《蠢货》中的寡妇波波娃，听说外面的男人要见她时，她口口声声说谁都不见，要进修道院躲避这些讨厌的男人，却又情不自禁地摘了一朵鲜花插在头上。这个动作泄露了她内心的情感。她表面上厌烦男人，内心却喜欢男人接近她，和她交往。一旦有男人要见她，她便想"这个男人已爱上了自己"，并不自觉地要"女为悦己者容"，表露自己的好感。这个插花动作就是波波娃自作多情、表里不一的绝妙表现。

3. 通过戏剧动作，还可以领会人物之间的关系，把握戏剧冲突

关汉卿的悲剧《窦娥冤》中，窦娥遭诬陷后，张驴儿作为原告，一进大堂，官老爷楚州太守倒向他跪下了，并声称："但来告状的，就是我的衣食父母。"太守这个"跪"的动作，表面上是给告状人下跪，引起观众的哈哈大笑，实质上是在给"钱"下跪，他并没有把告状人当作子民，而是把他们看作钱的来源。因为有人告状，就会有人给太守送礼，有案子，太守就有生意可做，做生意嘛，谁给的钱多，当然就把"打赢官司"卖给谁。可见太守心里根本没有公平断案、主持正义的意识，一心一意惦记着受贿。这不仅揭露出太守昏庸、贪婪的本性，而且暗示着窦娥与张驴儿的矛盾冲突将扩大为窦娥与太守、与整个腐败官场的冲突，使观众预感到窦娥将面临不祥的命运。一个插科打诨式的动作，包含了如此丰富的内容。

（四）用综合艺术的眼光进行欣赏

戏剧是多种艺术的综合。因此，对戏剧艺术的欣赏就不同于一般单体艺术的欣赏，它要求欣赏者具备诸多的审美能力，要善于用综合艺术的眼光进行欣赏，即从剧本、导演、表演的有机结合，"单体部件"与"整体结构"的有机结合，内容与形式的有机结合等方面进行欣赏。

例如，欣赏戏曲，首先欣赏其声乐美和器乐美。戏曲的声乐唱腔既要抒发人物的思想感情，又要和剧情相衔接，推动矛盾冲突的发展；器乐伴奏既给演员托腔，又要渲染、烘托环境气氛，增强剧情的感染力。其次，欣赏演员的服饰美和表演美。任何戏剧都离不开演员的舞台表演，要依靠演员扮演的角色来演绎剧情，形成冲突，完成故事叙述。最后，欣赏舞台装饰美，如灯光、布置、舞台场地以及由此构成的三堵墙立体空间等。这些舞台美术不仅要展现环境，还要有意境感，使景物造型与戏曲内容、人物感情相协调。

拓展阅读:《美学理论》	实践操作	过关测试

参考文献

1. 徐朔方.汤显祖全集笺校.北京：北京古籍出版社，1999.

2.汤显祖.牡丹亭.北京：人民文学出版社，1963.

3.白先勇.四百年青春之梦·姹紫嫣红·牡丹亭.桂林：师范大学出版社，2004.

4.沈德符.顾曲杂言.上海：上海古籍出版社，1959.

5.毛效同.汤显祖研究资料汇编.上海：上海古籍出版社，1986.

6.张庚，郭汉城.中国戏曲通论.上海：上海文艺出版社，1989.

7.黄文锡，吴风雏.汤显祖传.北京：中国戏剧出版社，1986.

8.白先勇.说昆曲.桂林：广西师范大学出版社，2004.

9.刘明澜.论昆曲·牡丹亭.音乐艺术，1986（2）：5-14.

10.李学勤，刘起釪，王钟翰.经史说略.北京：北京燕山出版社，2003.

11.刘毓庆.国学概论.北京：北京师范大学出版社，2009.

12.刘德江.论语正解.北京：中国山峡出版社，2007.

13.袁行霈.中国文学史.北京：高等教育出版社，2009.

14.郑权中.史记选讲.北京：中国青年出版社，1959.

15.魏振斌.史记智慧全集.北京：中国商业出版社，2008.

16.姜卉.颜氏家训的教育智慧.乌鲁木齐市：新疆青少年出版社，2009.

17.洪兴祖.楚辞补注.北京：中华书局，1983.

18.朱熹.楚辞集注.上海：上海古籍出版社，1979.

19.王夫之.楚辞通释.北京：中华书局，1965.

20.唐兰.古文字学导论.济南：齐鲁书社，1981.

21.林沄.古文字研究简论.长春：吉林大学出版社，1986.

22. 余冠英. 诗经选注释. 重庆：重庆出版社，1982.

23. 陈鼓应. 老子今注今译. 北京：商务印书馆，2004.

24. 杨润根. 老子新解. 北京：中国文学出版社，1994.

25. 汪征鲁. 中国史学史教程. 福州：福建人民出版社，2006.

26. 张国刚. 中国学术史. 北京：东方出版社，2002.

27. 朱禄义. 朱子百家. 上海：同济大学出版社，2002.

28. 程时用. 中国传统文化概论. 南京：南京大学出版社，2018.

29. 张霭堂译注. 颜之推全集. 济南：齐鲁书社，2004.

30. 程时用. 美学与艺术欣赏. 北京：中国人民大学出版社，2013.

31. 张新奎，项安安著. 国学概论. 杭州：浙江大学出版社，2019.

32. 陈代湘主编. 国学概论. 湘潭：湘潭大学出版社，2017.

33. 马瀛. 国学概论. 北京：中央编译出版社，2017.

34. 曹聚仁整理. 国学概论. 上海：上海古籍出版社，2008.

35. 章太炎. 国学概论. 上海：泰东图书馆，1922.6.

36. 程时用. 国学基础教程. 广州：暨南大学出版社，2013.